Jahrbuch für Sozialökonomie und Gesellschaftstheorie

Restauration im Recht

AF862113

Sonderausgabe für die
Hochschule für Wirtschaft und Politik Hamburg

Jahrbuch für Sozialökonomie
und Gesellschaftstheorie

Restauration im Recht

Veröffentlichung der Hochschule für
Wirtschaft und Politik Hamburg

Westdeutscher Verlag

Der Westdeutsche Verlag ist ein Unternehmen der Verlagsgruppe Bertelsmann.

Alle Rechte vorbehalten
© 1988 Westdeutscher Verlag GmbH, Opladen

Das Werk einschließlich aller seiner Teile ist urheberrechtlich geschützt. Jede Verwertung außerhalb der engen Grenzen des Urheberrechtsgesetzes ist ohne Zustimmung des Verlags unzulässig und strafbar. Das gilt insbesondere für Vervielfältigungen, Übersetzungen, Mikroverfilmungen und die Einspeicherung und Verarbeitung in elektronischen Systemen.

Umschlaggestaltung: Horst Dieter Bürkle, Darmstadt

ISBN 978-3-531-11930-4 ISBN 978-3-322-88216-5 (eBook)
DOI 10.1007/978-3-322-88216-5

Inhalt

Autorenverzeichnis

Eickhoff, Bärbel, Dipl. Sozialökonomin, geb. 1954, arbeitet als Leiterin einer Sozialstation.

Hund, Wulf D., Professor Dr. phil., geb. 1946, Hochschullehrer für Soziologie an der Hochschule für Wirtschaft und Politik, Hamburg; Veröffentlichungen zur Gesellschaftstheorie, Kommunikationssoziologie, Politischen Soziologie und Geschichte der Arbeiterbewegung.

Mayer, Udo, Privatdozent Dr. jur., geb. 1944, Hochschullehrer für Arbeits- und Sozialrecht an der Hochschule für Wirtschaft und Politik, Hamburg; Veröffentlichungen zu arbeits-, verfassungs- und völkerrechtlichen Problemen abhängiger Arbeit.

Paech, Norman, Professor Dr. jur., geb. 1938, Hochschullehrer für Öffentliches Recht an der Hochschule für Wirtschaft und Politik, Hamburg; Veröffentlichungen zum Völkerrecht und internationalen Beziehungen sowie zum Verfassungsrecht.

Rabofsky, Eduard, Professor Dr. jur., geb. 1911, Veröffentlichungen zur Rechtsphilosophie und Sozialpolitik, zum Arbeitsrecht und Strafrecht sowie zur Alpinistik und Unfallkunde; lebt in Wien.

Seegert, Christian, Dr. jur., geb. 1945, Hochschullehrer für Arbeitsrecht an der Hochschule für Wirtschaft und Politik, Hamburg; Veröffentlichungen zum Arbeits- und Verfassungsrecht, zur Gewerkschaftstheorie und -geschichte.

Voegeli, Wolfgang, Professor Dr. jur., geb. 1946, Hochschullehrer für Zivilrecht an der Hochschule für Wirtschaft und Politik, Hamburg; Veröffentlichungen u.a. zu Familienrecht, Rechtssoziologie, Familienpolitik und Rechtsgeschichte.

Wieland, Claus-Dietrich, M.A., geb. 1952, Studium der Geschichts- und Rechtswissenschaften; Veröffentlichungen zur Rolle der Juristen im Nationalsozialismus; lebt in Frankfurt.

Willenbacher, Barbara, Dr. phil., Dipl.-Soz., Akademische Rätin am Fachbereich Rechtswissenschaften der Universität Hannover; Veröffentlichungen u.a. zu Familiensoziologie, Rechtssoziologie, Familienpolitik und Familienrecht.

Zechlin, Lothar, Professor Dr. jur., geb. 1944, Hochschullehrer für Öffentliches Recht an der Hochschule für Wirtschaft und Politik, Hamburg; Veröffentlichungen zum Verfassungs-, Polizei- und Arbeitskampfrecht.

Wulf D. Hund, Christian Seegert

Bürgerliche Hegemonie und konservative Kontinuität der Justiz

Das Beispiel der Wiedereröffnung des Hanseatischen Oberlandesgerichtes in Hamburg 1945

Als in Hamburg am 22. September 1945 das Oberlandesgericht feierlich neu eröffnet wurde, konnte die konservative Juristenelite der Hansestadt einen bedeutenden Erfolg verbuchen. Selbstverständlich bestand er nicht etwa darin, daß die militärische Zerschlagung des deutschen Reiches unter den Rechtswahrern des Faschismus keine Opfer gefordert hätte, denn wie an anderer Stelle und anderenorts auch, wurden insbesondere die Spitzenrepräsentanten des Systems ihres Amtes enthoben. Was aber der späteren sich in spartanischer Genügsamkeit oder vornehmer Zurückhaltung auf diese Ebene beschränkenden Eliteforschung als Indiz des Wandels erscheinen sollte[1], war in Wirklichkeit eine eigenwillige Variante des in seinem angeblich demokratischen Gehalt oft beschworenen Kreislaufs der Eliten – anstatt Individuen oder Gruppen unterschiedlicher sozialer Herkunft oder politischer Haltung zirkulierten Mitglieder ein und derselben nahezu geschlossenen Gesellschaft. Dabei kehrte mit dem 1933 in den Ruhestand versetzten Präsidenten des Hanseatischen Oberlandesgerichts Wilhelm Kiesselbach 1945 ein Jurist an seine Spitze zurück, dessen extrem konservative Einstellung im Verein mit hoher, klassenspezifisch geprägter Standessolidarität wesentlicher Garant für das ungebrochen fortdauernde soziale und politische Klima in der Hamburger Justiz war.

An dieser Kontinuität überrascht auf den ersten Blick vor allem zweierlei. Zunächst mag der Zeitpunkt verwundern, zu dem sie bereits als ungefährdet gelten kann. Nur knapp zwei Monate nach der Potsdamer Konferenz, aber fast ein halbes Jahr vor dem durch das Befreiungsgesetz zonenübergreifend symbolisierten Beginn umfangreicher Entnazifizierungsaktivitäten der Spruchkammern und Spruchgerichte waren im Bereich des hamburgischen Rechtswesens die Verhältnisse, die zumindest durch das viel beklagte iustitium, den Stillstand der Rechtspflege, nach außen hin formal gestört schienen, so weit konsolidiert, daß von dieser Basis aus die weitere Entwicklung unbeschadet überstanden wurde. In diesem Zusammenhang kann weiter die Tatsache erstaunen, daß dieser Prozeß verantwortlich von einem Mann gestaltet werden konnte, dessen fundamentaler Konservatismus gelegentlich sogar in den Reihen der Besatzungsmacht auf herbe Kritik stieß. So mußte er sich etwa nur wenige Tage, ehe das Oberlandesgericht eröffent wurde, von einem britischen Offizier als umlaufendes Gerücht vorhalten lassen, man brauche nur Nationalsozialist gewesen zu sein, um im Bereich der Justiz weiter tätig sein zu können.[2]

Beide Umstände sind zudem im Lichte angeblicher Hamburger Tradition zu betrachten. Die Stadt, von der auch die heutige sozialdemokratisch dominierte Regionalgeschichtsschreibung Bebels Wort aus der Kaiserzeit, sie sei die Hochburg der Arbeiterbewegung, deswegen gern gelten läßt, weil sie diese bei aufgesetztem marxistischen Bekenntnis doch vom praktischen Wirken her als wesentlich reformistisch begreift, wäre nach Maßgabe nämlicher Forschungsrichtung in der Weimarer Republik Modell im Kern gelungener sozialliberaler Integrationspolitik gewesen. Daß sich diese Auffassung hinsichtlich der Geschichte der frühen dreißiger Jahre mit bürgerlich-konservativen Retrospektiven trifft, nimmt wenig Wunder. „Hitler kam selten nach Hamburg. Es war ihm zu „rot" und zu „hanseatisch": fand sich die Koalition solcher Vernunft anläßlich des fünfzigsten Jahrestages der Machtübergabe an den Faschismus bündig zusammengefaßt.[3]

Vor der Behauptung eines derartigen Bündnisses muß es freilich um so mehr irritieren, daß die Zäsur vom 3. Mai 1945, des Tages der Besetzung Hamburgs, keinen fundamentalen Einschnitt in den Justizinstitutionen der Stadt mit sich brachte – was nicht zuletzt deswegen hätte erwartet werden können, weil der sie während der faschistischen Ära lange Zeit repräsentierende Jurist zu den Angeklagten und Verurteilten der Nürnberger Prozesse gehörte. Curt Rothenberger, Jahrgang 1896, Absolvent des hamburgischen Wilhelm-Gymnasiums, Student der Rechte, schloß 1920 sein Studium mit Staatsprüfung und Promotion ab, wurde 1925 Richter am Landgericht in Hamburg und 1931 zum Landgerichtsdirektor ernannt. Seit dieser Zeit arbeitete er intensiv mit der NSDAP zusammen, was später dazu führen sollte, daß seine offiziell erst 1933 erworbene Parteimitgliedschaft auf das Jahr 1931 rückdatiert wurde. Im März 1933 übernahm Rothenberger als Senator die politische Leitung der Justiz; als die Rechtshoheit 1935 auf das Reich überging, wurde er Präsident des Hanseatischen Oberlandesgerichts. Ab 1942 kurzfristig Staatssekretär im Reichsjustizministerium, kehrte der in den einstweiligen Ruhestand versetzte Rothenberger bald wieder nach Hamburg zurück, wo er 1944 Beauftragter des Gauleiters für die Durchführung des totalen Kriegseinsatzes wurde. Sein weiteres Schicksal war im Vergleich zu seinen ehemaligen Hamburger Kollegen zunächst insofern untypisch, als er im Nürnberger Juristenprozeß zu sieben Jahren Gefängnis verurteilt wurde, um sich dann wieder zu normalisieren, als er, nach fünf Jahren aus der Haft entlassen, vom Kieler Hauptausschuß für die Entnazifizierung in Kategorie V als Entlasteter eingestuft wurde und schließlich wieder im Bereich des hamburgischen Rechtswesens wirkte: als Repetitor bei der Juristenausbildung.[4]

Rothenbergers Vita zeigt so jenen Bruch, dessen spätere wenn auch nicht völlige Kittung im Begriff der Restauration eine plausible Erklärung zu finden scheint. Danach wäre trotz der sozialökonomischen Begrenzung des westalliierten Antifaschismus und des schon vor der endgültigen Zerschlagung des nationalsozialistischen Staates im Lager der Anti-Hitler-Koalition offen ausbrechenden Systemkonflikts eine Abrechnung mit den Förderern und Trägern des Faschismus wie mit jenen möglich gewesen, die ihn aktiv unterstützten, Nutzen aus ihm zogen und seinen Terror, seine Rechtsbeugung und seine Verbrechen wissentlich duldeten.

Zwar ist es richtig, daß der Kalte Krieg, der mit der Übernahme des Präsidentenamtes der USA durch Truman 1945 einen entschlossenen Feldherrn erhielt, nicht erst von dessen Atombombendiplomatie eingeleitet und in der mit seinem Namen verbundenen Doktrin zwei Jahre später offiziell erklärt wurde. Insbesondere das Großbritannien Churchills hatte diese Option schon früher formuliert und war auch, wie es ab 1944 in Griechenland demonstrierte und 1945 durch sein Verhalten gegenüber der Regierung Dönitz andeutete, durchaus willens, die Auseinandersetzung nötigenfalls militant zu führen. Doch darf darüber nicht verkannt werden, daß die vollständige Umwandlung des Entnazifizierungsinstrumentariums in eine Rehabilitationsmaschine oder Mitläuferfabrik sich in mehreren Etappen immerhin über einen Zeitraum von nahezu drei Jahren hinzog und auch die westlichen Alliierten in der Phase der automatischen Entlassungen und des automatischen Arrests partiell jene rigide Haltung einnahmen, deren Ton noch die Direktive Nr. 24 des Alliierten Kontrollrats über die Entfernung von aktiven Mitgliedern der NSDAP und Personen, die den Bestrebungen der Alliierten feindlich gegenüberstanden, aus öffentlichen Ämtern und bedeutenden privatwirtschaftlichen Stellungen vom Januar 1946 kennzeichnete.[5]

Was der Einzelfall zeigt, gilt, im Umriß betrachtet, auch für den Bereich der Hamburger Justiz insgesamt. Eckdaten der Entwicklung liefern die Entnazifizierungsanweisung der britischen Militärregierung vom 17.5.1945 einerseits und die Erklärung des Hamburger leitenden Ausschusses für die Entnazifizierung vom 28. 6.1948 über die Einstellung seiner Arbeit bzw. der Bericht des Rechtsoffiziers für die britische Zone vom 21.10.1948 über „Renazification of the German Judiciary and Legal Cicil Service“ andrerseits.[6] Für die Vermittlung von Entnazifizierungsanordnung und Renazifizierungsverdacht scheint der Hinweis auf die Verschärfung des Kalten Krieges und damit einhergehender sich beschleunigender und ausbreitender Restaurationstendenzen eine globale Erklärung zu liefern. Zusätzlich gestützt wird sie durch die Betonung der wachsenden Einengung des britischen Handlungsspielraums hinsichtlich einer selbständigen Besatzungspolitik in dem Maße, in dem seine desolate ökonomische Lage Großbritannien zwang, in der Deutschlandfrage insgesamt eine politische Richtlinienkompetenz der USA anzuerkennen.

Was die ungebrochene Kontinuitätssicherung im Bereich der hamburgischen Justiz anbelangt, versagt jedoch dieser Interpretationszusammenhang nicht nur. Vielmehr ist darüber hinaus zu vermuten, daß die bereits bis zur Eröffnung des Oberlandesgerichts gefestigten Positionen der konservativen Juristenelite nicht zuletzt auch dazu genutzt wurden, die weitere Entwicklung maßgeblich zu beeinflussen. Der erklärte Wille der Militärregierung zur Entnazifizierung einerseits und die behauptete sozialliberale Tradition andererseits, an die nach der Unterbrechung durch den Faschismus direkt angeknüpft worden sein soll, müssen daher danach befragt werden, ob die Richtung, in der die Justiz sich in den ersten Monaten nach der Befreiung vom Faschismus entwickelte, ihnen entweder aufgezwungen, von ihnen übersehen oder durch sie falsch eingeschätzt wurde, oder aber ob sie von ihnen in Kauf genommen wurde bzw. gewollt war.

Die Analyse des Neuaufbaus der Justiz in Hamburg stößt auf diese Weise auf politisch-soziale Verbindungslinien zwischen Militärregierung, Rathaus, Handelskammer, Gewerkschaftshaus und Oberlandesgericht. Während sich der politische Zusammenhang dieses Institutionenquintetts für seine führenden Repräsentanten vor der negativen Folie des Antikommunismus herstellte, ergab sich seine soziale Vermittlung aus deren gemeinsamem bourgeoisen Klassenhintergrund.

Bereits bei der Bestallung des Bürgermeisters und seines Stellvertreters sollte sich diese elementare Kombination bewähren. Die britische Militärregierung in Hamburg stand unter dem Kommando des Colonel H.W.H. Armytage und seines Stellvertreters Colonel R. Allhusen. Beide hatten eine bürgerlich konservative Einstellung: bei dem in Kategorien positivistischer Sozialstrukturanalyse der oberen Mittelklasse entstammenden Armytage geprägt durch seine Laufbahn als Berufsoffizier, bei dem aus einer wohlhabenden Familie von Börsenmaklern kommenden Allhusen, der nach seinem Militärdienst selbst wieder Broker wurde, durch seine zivile Berufstätigkeit im zentralen Nervensystem der kapitalistischen Gesellschaft, die ihm zudem besondere Sympathien für die Hamburger Kaufmannschaft ermöglichte. Oberste Ziele beider Offiziere waren die Sicherung der britischen Position durch Aufrechterhaltung von Ruhe und Ordnung und die Wiederherstellung des städtischen Wirtschaftslebens. Lag die Bedeutung des letzteren sowohl darin, Großbritanniens ökonomischen Interessen dadurch zu nutzen, daß einmal die eigenen Mittel nicht übermäßig zur Unterstützung der deutschen Bevölkerung angetastet werden mußten und weiter die Voraussetzungen für die Zahlung von Reparationen geschaffen wurden, als auch darin, der Gefahr einer Ausbreitung kommunistischen Einflusses bei einer durch Unterversorgung und Mangel unzufrieden gewordenen Einwohnerschaft vorzubeugen, so mußten, wie Allhusen sich später erinnerte, die britischen Sicherheitsinteressen durch ein hiermit in einem wichtigen Punkt übereinstimmendes Vorgehen verfolgt werden: „by denazifying German public life and keeping communist influence to a minimum."[7] Da es zur Umsetzung beider Ziele einer funktionstüchtigen deutschen Verwaltung bedurfte, die Sorge vor dem Anwachsen kommunistischen Einflusses aber zur vorsichtigen und zurückhaltenden Prüfung und Behandlung von in diese Richtung gehenden Angeboten oder gar Forderungen aus dem Arbeiterwiderstand gemahnte, konnte Entnazifizierung nur schrittweise im Rahmen des Möglichen betrieben werden. Als ihr erster gleichsam symbolischer Akt wurde so am 4. Mai zwar der Reichsstatthalter Karl Kaufmann verhaftet. Dessen Befugnisse fanden sich aber gleichzeitig auf den faschistischen Bürgermeister Carl Vincent Krogmann übertragen, der die Verwaltung der Stadt mit den bewährten Kräften weiterführte. Seine und die Verhaftung anderer leitender Beamter am 11. Mai blieb als zweiter gewissermaßen pragmatischer Akt der Entnazifizierung insofern dezent, als die Militärregierung seiner Bitte an den Präses der Gauwirtschaftskammer Joachim de la Camp um Fortführung seiner Arbeit und Teilnahme an den Besprechungen im Rathaus nichts in den Weg legte und auch einige höhere Beamte, unter ihnen Senator Oskar Martini und Senatssyndikus Paul Lindemann, weiter im Amt ließ. Nachdem sie von der Militärregierung aufgefordert worden waren, einen Kandidaten für das Amt des Bürgermeisters zu benennen, wandten sich u.a. Martini — (der schon vor dem ersten Weltkrieg in den hamburgischen Staatsdienst eingetreten war und es vor 1933 zum stellvertretenden Präses der Sozialbehörde brachte, in der Weimarer Republik politisch der DVP angehörte, 1937 der NSDAP beitrat, als während des Faschismus für die Sozialbehörde zuständiger Senator die Vernichtungspolitik in Hamburg mitverantwortete und erst im Herbst 1945 zum Rücktritt gezwungen werden sollte, um im Entnazifizierungsverfahren zunächst als Mitläufer in Kategorie IV und schließlich als unbelastet in Kategorie V eingestuft zu werden) – und Lindemann – (der seit 1923 in Hamburg im Staatsdienst stand, vor 1933 Mitglied zunächst der DDP und dann der Staatspartei, ab 1937 der NSDAP war, im Herbst 1945 entlassen, auf Betreiben des Bürgermeisters aber wieder eingestellt werden sollte um pensioniert werden zu können und seinen so erzwungenen Ruhestand anschließend als Mitbegründer und Geschäftsführer des Überseeklubs nutzte) – an die Gauwirtschaftskammer und deren Präses de la Camp – (der als Angehöriger der hamburgischen Kaufmannschaft und ehemaliger Freikorpskämpfer schon 1932 zur NSDAP gefunden hatte, 1933 zunächst als Staatskommissar in die Handelskammer delegiert wurde, um nach ihrer Umwandlung in die Gauwirtschaftskammer 1937 deren Präses zu werden, und doch schließlich, wenngleich während des Krieges zum Wehrwirtschaftsführer ernannt, 1948 von der Zentralstelle für die Hamburger Berufungsausschüsse als Mitläufer des Faschismus in Kategorie IV weitgehend entlastet werden würde). Nachdem er nach dem Einmarsch der britischen Truppen sowohl von Bürgermeister Krogmann als auch von dessen Nachfolger Petersen gebeten worden war, seine Tätigkeit in der Gauwirtschaftskammer fortzusetzen, legte de la Camp dieses Amt im Juni 1945 mit den Worten nieder: „Ich glaube auch, wir können stolz darauf sein, daß die Wirtschaft Hamburgs auch in den schwersten Zeiten immer wieder ihren Mann gestanden hat. So, wie beim Umbruch 1933 ein Mann der Hamburger Wirtschaft und Mitglied der Handelskammer, Herr Krogmann, zum Bürgermeister ernannt wurde, so wurden wiederum bei dem Zusammenbruch 1945 die wichtigsten Stellen der hamburgischen Verwaltung mit 2 Herren aus dem Beirat der Kammer besetzt: Herr Petersen wurde zum Bürgermeister und Herr Kruse zum Leiter der Verwaltung für Handel, Schiffahrt und Gewerbe berufen. Es zeigt dies, daß die Wirtschaft über ihren Rahmen hinaus in Hamburg von ausschlaggebender Bedeutung ist und bleiben wird."[8] Das von naivem Zynismus geprägte Selbstbewußtsein dieser Sätze nährt sich nicht zuletzt aus der Rolle der bei der Umsetzung ihres strukturellen Gehalts individuell beteiligten Person ihres Verfassers, der nicht nur 1933 die Machtübergabe an den Faschismus mitgestaltete, sondern nach dessen politisch-militärischem Bankrott 1945 auch noch Gelegenheit fand, einen zuverlässigen Konkursverwalter mitzubenennen. Der von der Rumpfmannschaft des Rathauses und der Gauwirtschaftskammer gemeinsam erarbeitete Vorschlag wurde von der Militärregierung akzeptiert und Rudolf Petersen zum Bürgermeister ernannt.

Obwohl es in Hamburg nie Geschlechtertürme gab und auch die heutige Stadtgeschichtsschreibung mit Hinweisen auf den Mangel an einem erblichen Patriziat nicht geizt, demonstrierte die Ernennung Petersens die gleichwohl bis ins 20. Jahrhundert bewahrte Bedeutung der ratsfähigen Familien. Der von seinen Klassenfreunden deutscherseits gekürte und britischerseits ernannte erste nachfaschistische Hamburger Bürgermeister Rudolf Petersen entstammte einer angesehenen Familie von Kaufleuten und Juristen, die mit seinem Bruder Carl und seinem Großvater Carl Friedrich schon vor ihm zwei Bürgermeister hervorgebracht hatte. Seine Eltern, der Doktor der Rechte Gustav Petersen, Zivilvorsitzender der Militärersatzkommission, und Anna Maria Behrens, Tochter eines bekannten Hamburger Bankiers, vereinten, was durchaus üblich war, en famille jene glückliche soziale Kombination, durch die allein in einer durch kaufmännisch-finanziellen Unternehmungsgeist und juristisch-vertragliche Sicherheit geprägten großen Handelsmetropole seit alters her Geltung zu erringen war.

Einem Betrachter aus der zweiten Hälfte des 19. Jahrhunderts, der Zeit, die die für Väter und Mütter und deren in ihr heranwachsenden noch kindlichen und jugendlichen Nachkommen wie späteren Darsteller von Hauptrollen der unmittelbaren Nachkriegsgeschichte Hamburgs nach der Zerschlagung des Faschismus maßgeblichen soziokulturellen Verhaltens- und Denkmuster bestimmte, erschien die Zusammensetzung der herrschenden Klasse ganz unfraglich: „Angeborene Herrschaftsansprüche besaßen nach hamburgischer Anschauung eben nur Kaufleute und Advokaten – zwei Menschengattungen, die ohne den Besitz eines materiellen Rückhalts nicht denkbar sind. Gern bereit, jeder anderen Art menschlicher Tätigkeit – mochte sie von Handwerkern, Technikern, Gelehrten oder Künstlern ausgeübt werden – Gerechtigkeit widerfahren zu lassen, sah man in den Trägern dieser Tätigkeiten doch nur Mitbürger zweiter Klasse."[9] Dem neuen Bürgermeister, der selbst die Laufbahn des Kaufmanns eingeschlagen und durch die Vermählung mit Olga Sieveking, Tochter des ersten Präsidenten des Hanseatischen Oberlandesgerichts, intakten Klasseninstinkt bewiesen hatte, erschienen diese Verhältnisse 1945, als er die politischen Strukturen seiner Heimatstadt knapp umriß, nicht wesentlich verändert. Danach war Hamburg schon seit Jahrhunderten „Republik mit zwei regierenden Gremien, die ... in immer demokratischerer Form bis zum Jahre 1933 den Aufstieg Hamburgs herbeiführten. Die noch jetzt herrschenden Auffassungen seiner überwiegend kaufmännisch tätigen Bevölkerung wurden in der Zeit der Hanse i(m) 14. Jahrhundert geformt... Wie stark der Einfluss de(s) Außenhandelskaufmanns war, geht daraus hervor, dass der Senat bis zum Jahre 1918 zur Hälfte aus Kaufleuten, zur Hälfte aus Juristen bestehen musste, denn dieses waren eben die beiden einzigen Berufe, die in Hamburg etwas galten. In welcher Stadt Deutschlands wäre es möglich gewesen, dass Börse und Rathaus direkt miteinander verbunden waren und auch jetzt noch sind."[10]

Rudolf Petersen war in dieser Tradition aufgewachsen. Nach dem Schulbesuch auf dem Johanneum, der angesehensten und konservativsten Lehranstalt für die Söhne der Bourgeoisie, unterzog er sich einer umfassenden kaufmännischen Ausbildung, an die sich 1911 die Gründung einer eigenen Import-Export-Firma anschloß. Durch seine Mitgliedschaft in einer Kommission für die Klärung des Schicksals deutscher Kriegsgefangener in Rußland machte er 1918 in Moskau seine erste direkte Bekanntschaft mit dem Kommunismus, dessen Bedeutung ihm offenbar sofort klar wurde – wußte er doch in seinen Lebenserinnerungen zu berichten:

„Wie stark mein Eindruck durch den Kommunismus war, geht aus der Tatsache hervor, dass ich sehr bald nach meiner Rückkehr nach Deutschland, wo mich der Zusammenbruch während meiner Tätigkeit im Kriegsministerium erreichte, mit einer Reihe anderer Herren und früherer Gefangener aus Moskau eine Vereinigung gründete, um den Kommunismus zu bekämpfen". Da sich, wie sich schnell zeigen sollte, für diesen Kampf genügend auf ökonomischem Gebiet weniger profilierte Kandidaten anboten, wie etwa der ebenfalls in Moskau als Mitarbeiter der dortigen deutschen Botschaft der kommunistischen Gefahr ansichtig gewordene Eduard Stadtler mit dem Generalsekretariat zum Studium und zur Bekämpfung des Bolschewismus und der Antibolschewistischen Liga, konnte sich Petersen wieder voll und ganz seiner wirtschaftlichen Tätigkeit widmen. Deren Erfolg brachte nicht nur eine Reihe bedeutsamer Funktionen in Interessenverbänden mit sich – wie die Mitgliedschaft in der Handelskammer Hamburg, den Vorsitz des Vereins Hamburger Exporteure, den Vorsitz des Verbands Deutscher Exporteure, die Vizepräsidentschaft des Reichsverbands des Deutschen Groß- und Überseehandels und die Mitgliedschaft im Vorstand des Arbeitgeberverbands des Großhandels in Hamburg – sondern ließ ihn auch den konservativ-antirepublikanischen Kreisen um den nach seinem unglücklichen Versuch als Reichskanzler 1922/23 ab 1930 auf die Nachfolge Hindenburgs hinarbeitenden und dazu auch um Unterstützung der NSDAP nachsuchenden Direktor der Hamburg-Amerika-Line und Vorsitzenden des Hamburger Nationalklubs, Wilhelm Cuno, geeignet erscheinen, in einer die Angriffe der Harzburger Front auf das erste Kabinett Brüning flankierenden Initiative zur Regierungsumbildung bei Hindenburg als Mitglied eines Beirats führender Kräfte der Wirtschaft zur Unterstützung der Regierung vorgeschlagen zu werden.[11]

Die Machtübergabe an den Faschismus führte für Petersen wohl zum Verlust seiner Verbandsfunktionen, ließ ihn aber im wirtschaftlichen Bereich nach seiner eigenen Aussage im wesentlichen unberührt: „Meine Firma wurde zwar nicht gefördert, aber auch nicht schikaniert, ja ich wurde von der Handelskammer gelegentlich zu Beratungen (h)inzugezogen, trotzdem ich niemals einen Hehl aus meiner Abstammung oder politischen Einstellung machte". Solche trotz verweigerter Kollaboration und jüdischer Herkunft seiner Mutter unbehelligte Existenz erklärte er mit der vergleichsweise liberalen, eben nachgerade hanseatischen Variante faschistischer Machtausübung in Hamburg: „Eine solche Einstellung gegenüber Nichtparteimitgliedern ... war nur in Hamburg möglich! Die hiesige Atmosphäre war so einheitlich und stark, dass selbst ein Statthalter der Nazis, ein Nichthamburger, dem Einfluss des Milieus erlag, sodass er im Vergleich zu seinen Kollegen im Reich, einer Gruppe von Verbrechern und Phantasten, relativ verständig und gemässigt regierte."[12]

Die Argumentationsfigur des hanseatischen Faschismus plädiert ersichtlich in zwei Richtungen. Zum einen will sie plausibel machen, warum man in Hamburg auch ohne Zugeständnisse an den Faschismus ungestört seinen Geschäften nachgehen konnte. Zum anderen soll sie ermöglichen, selbst die Mitgliedschaft oder das Innehaben von Funktionen in der an den liberalen Geist der Stadt assimilierten Partei verständlich und gegebenenfalls auch entschuldbar zu machen.

Daß und in wessen Interesse Petersen in diese Richtung dachte, wurde deutlich, als er im Herbst 1945 seine Auffassung von Entnazifizierung zu Papier brachte. Wohl ließ er für eine erste Säuberungsphase das Konzept der Besatzungsmacht gelten, das stark auf die formale Mitgliedschaft in der Partei abstellte und dabei Eintritte vor April 1933 oder Parteifunktionen als schwere Belastung mit der weiteren Wahrnehmung öffentlicher Ämter wie privater Führungspositionen für unvereinbar hielt. Als befriedigendes Verfahren auf Dauer könnte es aber nicht gelten. Vielmehr müßte in jedem besonderen Fall der politische Charakter des einzelnen gewürdigt werden. Darüber hinaus dürfte aber auch aus grundsätzlichen Überlegungen heraus die Tatsache der Parteimitgliedschaft zu keinem automatischen Ausschlußkriterium gemacht werden: „Der wesentliche Punkt ... ist der, welche Grundsätze angewandt werden sollen und welche Ergebnisse dieselben zeitigen werden. Will man den Prozentsatz der auszuscheidenden Personen aus dem öffentlichen Leben, und besonders aus der Wirtschaft, möglichst gross halten oder wird er sich auf einem ziemlich kleinen Umfange halten. Ich möchte vorschlagen, dass der letztere Weg eingeschlagen wird, da andernfalls Gefahr besteht, dass eine grosse Anzahl von Personen, worunter zweifellos viele erste und wertvolle Kräfte sind, sich zu einem Kreis von Unzufriedenen vereinigen, der jeder Art von Radikalismus zugänglich ist. Wenn dagegen die De-Nazifikation beschränkt bleibt auf eine kleine Zahl von Personen, würde weniger Unheil angerichtet, da die Mehrheit der früheren Parteigänger wahrscheinlich für die neue Ordnung gewonnen würde und vertrauenswürdige Mitglieder unserer Gemeinschaft würden."[13] Zusätzlich zur Beschwörung der Probleme, die aus einer Verprellung nicht zuletzt der ersten Kräfte unter den ehemaligen Parteigenossen resultieren könnten, verwies Petersen pragmatisch darauf, daß ihr Fehlen in Wirtschaft und Verwaltung auch den ökonomischen Wiederaufbau ernstlich hemmen würde und nahm damit ein Argument wieder auf, mit dem er bereits unmittelbar nach Amtsantritt darauf gedrungen hatte, bei der Handhabung der Entnazifizierungsanordnung zur Aufrechterhaltung der Funktionstüchtigkeit der städtischen Administration Ausnahmeregelungen zuzulassen, „da es häufig vorkommen könne, daß ... besonders gut geeignete Herren zufällig unter die Bestimmung der Auszuscheidenden fielen".[14]

In der Frage des Umgangs mit den besonders gut geeigneten Herren und ersten wie wertvollen Kräften kam es entsprechend von Anfang an zu einem zähen Ringen zwischen dem von ihrer Integrität überzeugten Bürgermeister und der Militärregierung, die lange Zeit an der Minimalforderung ihrer formalen Entnazifizierungsanordnung festhielt, die von Colonel Armytage noch im August 1945 im Hinblick auf die Entnazifizierung der Wirtschaft gegenüber Petersen bekräftigt wurde: „Grundsatz sei, dass alle in der Wirtschaft tätigen führenden Nationalsozialisten, soweit sie bis zum 1. Mai 1937 in die Partei eingetreten seien, beseitigt werden müssen... Unter „führenden Männern der Wirtschaft" verstehe er einmal die Inhaber der Firmen, bzw. die Vorstandsmitglieder, ferner Prokuristen und unter Umständen auch einfache Angestellte, sofern sie unter Ausnutzung der Macht der Nazi-Partei Handel getrieben haben."[15]

Weil die Vorstellungen des Bürgermeisters von diesem Konzept durchaus abwichen, mußte er mehrfach Korrekturen seiner personalpolitischen Entscheidungen hinnehmen. Hatte er mit seiner Bitte an den Präses der Gauwirtschaftskammer um Fortführung der Geschäfte zunächst einen alten Kämpfer im Amt gehalten, so war auch die Einsetzung von dessen Nachfolger, dem Reeder und Generaldirektor der Maschinenfabrik Kampnagel, Max Mörck, der bereits von 1928 bis 1945 dem Plenum der Handelskammer angehört hatte, in den Augen der Besatzungsmacht keine glückliche Wahl. Als die Militärregierung schon nach kurzer Zeit seine Absetzung befahl, zeigte sich Mörck, der auch später hinsichtlich seiner Selbstdarstellung auf dem Bild des unpolitischen Wirtschaftsfachmanns bestand, über die dabei vorgetragenen Gründe ernsthaft entrüstet. In einem Schreiben an den Bürgermeister betonte er sein Unverständnis darüber, wie ein Parteimitglied behandelt zu werden und verwies auf seine bekannt liberale Haltung. Sie schien für ihn offensichtlich in keinem Widerspruch zu stehen mit Funktionen, auf Grund derer ihn die Besatzungsmacht für sein Amt ungeeignet hielt: „Member of the former National Club of 1919 which had the reputation of being a right-wing reactionary organisation. ‚Förderndes Mitglied der S.S.' He was an active supporter of the „Führerprinzip" and was closely associated with the former President de la Camp, who was removed because of his political sympathies."[16]

Ähnlich wie mit dem Präses der Handelskammer erging es dem Bürgermeister mit dem Leiter der Wirtschaftsbehörde, als den er zunächst seinen ehemaligen Stellvertreter im Vorstand des Vereins Hamburger Exporteure, das Mitglied der Handelskammer bzw. Gauwirtschaftskammer Hans E. B. Kruse ernannte, um ihn aber alsbald wieder entlassen zu müssen, weil er nach Meinung der Militärregierung „zu sehr mit der Nazizeit verbunden"[17] gewesen wäre, woraufhin er mit Max Detlef Ketels nicht nur einen langjährigen Bekannten sondern auch ein weiteres ehemaliges Nationalklubmitglied zu dessen Nachfolger machte.

Dieser Organisation hatte auch der vom Bürgermeister zum Leiter der Finanzverwaltung berufene Hermann Willink angehört, dessen ultrakonservative Haltung – wie sie etwa in einer von ihm entworfenen Grußadresse des Klubs an den scheidenden Reichskanzler v. Papen anklingt, dem mit der Versicherung, Deutschland könne „nur wieder gesunden unter der Führung von Herren, die nicht der Masse sondern lediglich sich selbst gegenüber verantwortlich sind" dafür gedankt wird, daß „er es für richtiger hielt für das Wohl des Volkes zu sorgen anstatt dessen Willen zu erfüllen" – sich offenbar so wenig geändert hatte, daß Petersen den ihm befreundeten Bankier selbst nicht länger im Senat meinte halten zu können.[18]

Von der Militärregierung hingegen wurde er zur Entlassung des mit ihm verwandten, ebenfalls dem Nationalklub zugehörigen Klaus Basedow gezwungen, den er zu seinem Privatsekretär ernannt hatte, weil dessen vorherige Funktion als Sonderführer in Paris mit einem öffentlichen Amt für unvereinbar gehalten wurde.[19]

Wenngleich nicht auf Dauer, so mußte schließlich auch Hans Biermann-Ratjen, der auch zu den Mitgliedern des Nationalklubs gezählt hatte, seinen Senatssitz räumen. Der Sohn eines hamburgischen Rechtsanwalts und Notars, der seit 1929 selbst dieses Amt versah, war nämlich nicht, wie seine spätere Legende wissen wollte, „nach dem Zusammenbruch des braunen Alpdrucks von Bürgermeister Petersen einfach geholt (worden), als neuer Mann und unbeschriebenes Blatt“[20], sondern hatte bereits 1933 einen Beitrittsantrag zur NSDAP gestellt, der allerdings unter den Aufnahmestopp fiel. Doch wurde er, obwohl er 1936 wegen Auseinandersetzungen mit der Reichskulturkammer um eine von ihm zu verantwortende Ausstellung sein Ehrenamt als Vorsitzender des Kunstvereins niederlegen mußte, 1937 Mitglied der Partei und war nach der Reduktion der Rechtsanwalts- und Notarkammern durch die zweite Kriegsmaßnahmenverordnung vom September 1944 geschäftsführender Präsident der hamburgischen Notarkammer, womit er ein Amt innehatte, daß nur mit Einverständnis der Reichsführung des Bundes nationalsozialistischer deutscher Juristen besetzt werden konnte.

Fast hätte für den von Bürgermeister Petersen vorgeschlagenen neuen Präsidenten des Hanseatischen Oberlandesgerichts seine Amtszeit ähnlich fatal geendet. Dabei bildete Wilhelm Kiesselbach für das hamburgische Gerichtswesen sowohl von seiner politischen Einstellung wie von seiner sozialen Herkunft her ein geradezu kongeniales Pendant dessen, was Petersen für das Rathaus der Stadt darstellte. Aus einer angesehenen Bremer Juristenfamilie stammend – sein Großvater war Advokat und Syndikus der Elterleute, sein Vater, zunächst Rechtsanwalt, hatte die Tochter des bremischen Bürgermeisters Duckwitz geheiratet – übersiedelte er mit der Berufung seines Vaters zum Rat am Hanseatischen Oberlandesgericht 1879 nach Hamburg. Nach der Schulzeit auf dem Johanneum absolvierte er ein Jurastudium, promovierte 1891 zum Doktor der Rechte und ließ sich 1895 nach seinem Assessorexamen als Anwalt in Hamburg nieder, wo er die Tochter des ehemaligen Senators Rapp ehelichte. Durch die Novemberrevolution wurde sein weiterer Weg in die Spitze der städtischen Honoratioren zunächst unterbrochen: „Den Zusammenbruch im November 1918 und die Revolution, insbesondere den Straßenkampf im Juni 1919 habe ich dann, da mein Bureau am Rathausmarkt lag, mit allen damit verbundenen Schrecknissen aus nächster Nähe miterlebt. Dieser Zusammenbruch hat auch meinem Leben eine andere, als die anscheinend vorgesehene Richtung gegeben. Eine Anfrage aus Senatskreisen hatte mich mit der ziemlich sicheren Wahrscheinlichkeit einer demnächstigen Zuwahl in den Senat rechnen lassen. Mit dem Aufhören dieser angesehenen Körperschaft in seiner selbständigen und unabhängigen Funktion erledigte sich diese Möglichkeit ohne Weiteres.“[21]

Hatte die Demokratisierung der politischen Verhältnisse Hamburgs, die seinen Bürgern erst jetzt das allgemeine und gleiche Wahlrecht brachte und die höchste Gewalt im Staate ausschließlich der Bürgerschaft als Volksvertretung übertrug, von der der Senat von nun an für die jeweilige Legislaturperiode gewählt werden und der er verantwortlich sein sollte, Kiesselbach auch einen Karriereweg verlegt, so eröffnete ihm die militärische Niederlage des Kaiserreichs doch einen anderen. Er wurde 1922 als deutscher Kommissar Mitglied der gemischten Schadenskommission in Washington und erreichte bis 1928 in zähen Verhandlungen die Freigabe von 80 Prozent des während des Krieges beschlagnahmten deutschen Privatvermögens. Durch diesen Erfolg wurde er nicht nur weit über die Grenzen Hamburgs hinaus bekannt, der deutsche Industrie- und Handelstag würdigte seine Tätigkeit auch dadurch, daß er ihm für sein Wirken bei der Freigabe deutscher Vermögen ein Ehrenhonorar von 500000 Reichsmark zuerkannte. Noch im selben Jahr wurde er von den Senaten Hamburgs, Bremens und Lübecks zum Präsidenten des Hanseatischen Oberlandesgerichts berufen, in ein Amt, das er die nächsten fünf Jahre hindurch versehen sollte: „Am 15. Juli 1933 bin ich dann in Verfolg der nationalsozialistischen Revolution in den Ruhestand getreten, da die Dienstzeit vom 70sten Jahre auf das 65ste herabgesetzt wurde. Seitdem habe ich neben einer allmählich sich verringernden Tätigkeit als Obmann in Schiedsgerichten und neben der Erfüllung der Pflichten eines Vorsitzenden in einigen Aufsichtsräten, zurückgezogen auf dem schönen Aumühler Besitz im Kreise der Meinigen gelebt."

Sowenig freilich, wie hier durch mehrere Aufsichtsratvorsitze Kiesselbachs Verbindung zum Wirtschaftsleben abriß, so wenig verlor er den Kontakt zur Justiz der Hansestadt, war er doch mit einem der Senatspräsidenten des Oberlandesgerichts befreundet und stand die ganzen Jahre bis 1945 mit ihm in engster Verbindung. Sie sollte im Frühjahr 1945 wieder offiziellen Charakter annehmen, als Kiesselbach kurze Zeit nach dem Einmarsch der britischen Truppen mit der Geschäftsführung der Justiz beauftragt wurde. Die Grundsätze, mit denen er in dieser Eigenschaft über die Wiedereinstellung von Richtern und Staatsanwälten entschied, legte er im Juni 1945 in einem Memorandum zur Entnazifizierung der Justiz nieder. Als es an die Öffentlichkeit gelangte, wurde es sowohl von britischer wie von deutscher Seite scharf kritisiert, was schließlich dazu führte, daß die Hamburger Militärregierung auf seine Entlassung drängte, die dann aber durch den Einsatz des für die britische Zone zuständigen Rechtsoffiziers verhindert wurde.[22]

Kiesselbachs Memorandum zur Entnazifizierung zeigt dieselben konservativen sozialen und politischen Denkmuster, wie sie in den Überlegungen Petersens deutlich werden. Es teilt mit ihnen die elitäre Grundhaltung, wie sie beim Bürgermeister in der Sorge um die ersten und wertvollen Kräfte, beim Oberlandesgerichtspräsidenten im Verständnis dafür zum Ausdruck kommt, daß schon 1933 „viele angesehene Männer den Eintritt in die Partei warm befürwortet und für die Partei gewirkt" haben bzw. für „den Beitritt so zahlreicher einwandfreier Männer 1937 und auch das Verbleiben in der Partei der früher Eingetretenen". Hinsichtlich der latent antiparlamentarischen Züge, die beim Bürgermeister in der wohlwollenden Erinnerung an die Zeiten deutlich wird, in denen im Hamburger Senat nur Kaufleute und Juristen zugelassen waren, geht der Oberlandesgerichtspräsident entschlossen einen Schritt weiter und bescheinigt der NSDAP, „(s)ie richtete sich gegen die Republik und das parlamentarische System, aber sie bekämpfte nicht ... den demokratischen Gedanken." Der demokratische Charakter der faschistischen Machtübernahme, die er im übrigen ohne Zögern mit den Revolutionen Englands von 1648 und 1688, Amerikas von 1776 und Deutschlands von 1848 vergleicht, ergibt sich ihm weiter daraus, daß sich in der Harzburger Front die NSDAP mit den Deutschnationalen Hugenbergs, den „angesehenen Tories der Deutschen", und mit dem „aus warmer Vaterlandsliebe geborene(n) Stahlhelm" gefunden sowie am 5. März 1933 „mit 52% der abgegebenen Stimmen die absolute Mehrheit erlangt()" habe.

Nachdem so die Machtübergabe an den Faschismus als legale Revolution und die faschistische Diktatur als Führerdemokratie legitimiert sind, stand nach Kiesselbachs Meinung der weiteren positiven Entwicklung des faschistischen Deutschlands nichts im Wege – Unheil drohte nicht vom System, sondern allein, was damals aber nicht erkennbar gewesen wäre, vom Charakter Hitlers und seiner engsten Vertrauten: „Kein objektiver Historiker wird jemals bestreiten können, daß Hitler damals unerhörte, dem Frieden dienende Chancen gehabt hätte, wenn er ein Staatsmann gewesen wäre." Diese Chancen sollen zunächst, wie Kiesselbach ausführlich durch die Aufzählung der wirtschafts-, sozial- und außenpolitischen Erfolge des Faschismus bis 1937 bzw. 1939 zu dokumentieren glaubt, auch genutzt worden sein und wurden genau genommen erst verspielt durch die „skrupel- und ruchlose Ausübung der Regierungsgewalt durch Hitler und seine vielleicht zum Teil noch minderwertigeren Gesellen, wie sie namentlich während des Krieges erfolgte, und besonders in seinen letzten Phasen und jetzt nachträglich bekannt geworden ist". Selbst die meisten Mitglieder der Partei lebten so infolge einer „eiserne(n) Censur" in Unkenntnis der Verbrechen ihrer Führer, weshalb nachträglich bloße Parteizugehörigkeit auch für die Entnazifizierung kein Kriterium sein könne und nicht zur Entlassung führen dürfe.

Die Konsequenzen einer von solcher Auffassung her betriebenen Personalpolitik verdeutlichen die Beispiele des Senatspräsidenten Melchior von der Decken und des Landgerichtsdirektors Adolf Gernet.

V. d. Decken stand seit 1913 im Hamburger Justizdienst. Zwischenzeitlich arbeitete er während mehrerer Jahre in der deutsch-amerikanischen Schadenskommission in Washington eng mit Kiesselbach zusammen. Der 1927 zum Rat am Hanseatischen Oberlandesgericht Berufene trat 1930 dem Hamburger Nationalklub bei und wurde 1937 Mitglied der NSDAP. Ein Jahr später erfolgte seine Ernennung zum Senatspräsidenten am Oberlandesgericht. Gemäß den ersten formalen Entnazifizierungskriterien erlaubte ihm der späte Parteibeitritt 1945 die Fortsetzung seines Dienstes. Dies führte einerseits dazu, daß er von Kiesselbach als neuer Präsident des Zivilsenats vorgesehen werden und beratend zu einer Kommission hinzugezogen werden konnte, die die justizinterne Entnazifizierung betrieb, während andererseits Verdacht über seine politische Zuverlässigkeit entstand und er im August von der Polizei vernommen wurde. In dem von ihm offensiv geführten Gespräch kam es u.a. zu einer Auseinandersetzung über die Auffassung des Polizeibeamten, Deutschland sei durch die Alliierten vom Faschismus befreit worden: „Ich fragte noch einmal ausdrücklich, ob er die Russen, Engländer und Franzosen nicht als unsere Feinde ansähe. Er bestätigte das ausdrücklich. Ich erklärte darauf, ich sei anderer Ansicht und sei überzeugt, daß meine Ansicht von Millionen anständiger Soldaten geteilt werde."[23] Kiesselbach intervenierte beim Bürgermeister gegen solches Vorgehen und verbat sich Eingriffe der Polizei in seine Behörde mit dem Hinweis, dies „führ(te) zurück in die schlimmsten Zeiten der Gestapo". Gegenüber der Besatzungsmacht bestand er auf v. d. Deckens lauterer Gesinnung, die er beurteilen könnte, weil er mit ihm befreundet wäre und daher wisse, daß er nie nazistisch eingestellt gewesen wäre. Der Partei wäre er nur unter äußerstem Druck beigetreten und beim Nationalklub handelte es sich um keine nationalsozialistische Organisation, wäre er doch schon 1919 gegründet worden und 1933 nur knapp der Auflösung entgangen.

Konnte v. d. Decken auf diese Weise im Amt gehalten werden, so ergaben sich bei Gernet hierbei Schwierigkeiten aus seinem früheren Parteibeitritt. Er hatte eine geradlinige Karriere mit den Stationen Assessor 1909, Staatsanwalt 1912, Amtsgerichtsdirektor 1926 und Landgerichtsdirektor im Januar 1933 hinter sich. Politisch betätigte er sich in den zwanziger Jahren in der DNVP, trat 1930 in den Nationalklub ein und im Mai 1933 der NSDAP bei, für die er auch Funktionen in der Parteigerichtsbarkeit übernahm. Im Januar 1945 wurde er zur Beförderung vorgeschlagen: „Landgerichtsdirektor Gernet hat seit Kriegsbeginn ... als ... ständiger Vertreter des Landgerichtspräsidenten bei dessen Verhinderung die Geschäfte am Landgericht geführt. Er hat sich hierbei als ein sehr verständiger Leiter der Behörde erwiesen... Hinzukommt, dass Gernet sich auch als Leiter des Nationalclubs in Hamburg einen Namen in der hamburgischen Öffentlichkeit erworben hat. Aus dieser Tätigkeit heraus besitzt er gute Beziehungen, insbesondere zur hamburgischen Kaufmannschaft und zur Wehrmacht. Ebenso hat er eine gute Fühlung zur Partei. Er ist Vorsitzender des Kreisgerichts des Kreises 1 der NSDAP... Gernet hat sich auch in seiner Tätigkeit als Richter besonderes Ansehen erworben. Er ist ein ausgezeichneter Leiter grosser Strafverhandlungen... Politisch ist Gernet ein unbedingt zuverlässiger Nationalsozialist."[24] Nach der Besetzung Hamburgs war er zunächst in kleinem Kreis zusammen mit Kiesselbach, v. d. Decken u. a. an der Planung für die Neueröffnung der Gerichte beteiligt. Danach wurde er verhaftet und in Neuengamme interniert. Gleichwohl sah ihn eine Vorschlagsliste vom Juli 1945 als Landgerichtsdirektor und Vorsitzenden der ersten Strafkammer vor. Seitens der Militärregeirung abgelehnt, schlug ihn eine von Kiesselbach eingesetzte justizinterne Überprüfungskommission, der neben dem Oberlandesgerichtspräsidenten u. a. der Rechtsanwalt Herbert Ruscheweyh und beratend auch Melchior von der Decken angehörten, im August erneut zur Einstellung vor. Als auch diese Initiative scheiterte, versuchte Kiesselbach beim zuständigen Rechtsoffizier der Besatzungsmacht mit dem Argument, Hamburgs Justiz könne auf tüchtige Leute wie Gernet nicht verzichten, doch noch die Bewilligung zu dessen Weiterverwendung zu erhalten, die ihm aber mit dem Hinweis auf Gernets Tätigkeit in der Parteigerichtsbarkeit verweigert wurde. So konnte er sich schließlich mit Erfolg nur noch dafür einsetzen, daß Gernets bedingungslose Entlassung in eine Pensionierung umgewandelt wurde.

Kiesselbachs kollegial fürsorgliche Personalpolitik deutet zwar darauf hin, daß Standessolidarität[25] zu den Maximen seines Vorgehens rechnete, das damit gleichwohl einerseits von seinem Selbstverständnis her noch nicht hinreichend beschrieben und vor allem andrerseits hinsichtlich der Rahmenbedingungen, die ihm ermöglichten, sich durchzusetzen, nicht erklärt ist.

Die Standessolidarität Kiesselbachs bezog sich nämlich keineswegs auf den

Stand der Juristen insgesamt, sondern bewies dabei ein fein differenzierendes Klassenbewußtsein. Wie unabdingbar dies war, ist von einem Mitglied der Hamburger Bourgeoisie für das vergangene Jahrhundert eindringlich beschrieben worden: „Sozial setzte sich die Advokatenschaft seit jeher und auch noch im 19. Jahrhundert bunt zusammen. Ihre Oberschicht bildeten die Söhne der führenden Familien, die es gern sahen, wenn einer aus der Sippe den Doktorhut erwarb. Eine Mittelschicht setzte sich aus solchen zusammen, die eingewandert waren, also höchstens durch ihre Frau Verwandtschaft und dadurch Beziehungen besaßen, und anderen, die dank des akademischen Titels über die mittel- oder kleinbürgerliche Schicht hinausgewachsen waren, der sie entstammten. Darunter gab es aber auch noch eine Schicht von Winkeladvokaten, die man als Advokatenproletariat bezeichnen darf: man spürte sie eigentlich nur in unruhigen Zeiten, in denen bisher völlig Unbekannte plötzlich zu einer Rolle gelangen konnten".[26] Wie diese Charakterisierung auch über Hamburg hinaus noch im 20. Jahrhundert Geltung behalten sollte, zeigte sich im November 1918, als der Jurist Karl Liebknecht, in der Terminologie ihres Verfassers zweifelsfrei ein Winkeladvokat, die sozialistische Republik Deutschland proklamierte. Im Frühjahr 1945 zeigte es sich auch in Hamburg selbst, als aus den Reihen der allerdings offiziell noch nicht wieder zugelassenen KPD der Vorschlag – dem sowohl der Bürgermeister wie auch der Oberlandesgerichtspräsident mit Erfolg aus dem Weg gehen konnten – laut wurde, einen kommunistischen Rechtsanwalt zum Generalstaatsanwalt zu machen. Dagegen setzte Kiesselbach nachdrücklich auf die konservativen Vertreter der juristischen Elite, deren soziale Zuverlässigkeit außer Frage stand, auch wenn einige von ihnen ein in seinen Augen freilich entschuldbares, unglückliches politisches Engagement eingegangen waren.

So wenig sich Kiesselbach intensiver um die Mitarbeit anderer Kollegen bemühte, so skeptisch stand er auch der Einstellung von sogenannten Ostjuristen gegenüber, deren Flucht nach Westen in Hamburg geendet hatte. Im Vorwurf der Cliquenwirtschaft, den er sich dafür seitens des britischen Rechtsoffiziers zuzog, ist über dessen Intention hinaus enthalten, daß der soziale Zusammenhalt der Bourgeoisie, eben weil sie eine kleine und deswegen nachgerade in ihrem biologischen Bestand gefährdete Klasse ist, nicht nur über ein exklusives Konnubium kontrolliert werden muß, sondern zusätzlich verläßlicher Integrationsmuster hinsichtlich der Anschauungen und Verhaltensweisen ihrer Mitglieder bedarf. Die standesgemäße eheliche Verbindung wurde daher in Hamburg während des Kaiserreichs wie während der Weimarer Republik ergänzt durch die Ansiedlung in bestimmten Stadtvierteln, den Besuch des Johanneums oder einer der ganz wenigen anderen angemessenen Schulen, die kaufmännische Ausbildung in einem dem väterlichen partnerschaftlich verbundenen Kontor oder das Studium der Rechte an einer der von hamburgischen Studenten traditionell bezogenen Universitäten, den regelmäßigen gemeinsamen Frühstückstisch der Geschäftsleute und Juristen in der Nähe der Börse und die Mitgliedschaft in mehreren der zahlreichen Klubs für unterschiedliche Anlässe. „(D)ie Klassengenossen verkehren gesellschaftlich, verehelichen sich überwiegend in ihrer Klasse, sie tragen gleiche oder ähnliche Kleider, haben ähnliche Gewohnheiten des Essens, ähnliche Sitten und Zeremonien": faßte ein zeitgenössischer Sozialwissenschaftler derlei Bindungsmechanismen zusammen.[27] Regionale Prägung gehört zu ihnen nicht etwa als provinzielle Beschränkung, sondern als über die Vertrautheit alltäglichen Umgangs vermittelte Steigerung ihrer Effizienz.

Damit der bürgerliche Klassenzusammenhalt konservativer Prägung, der auch das Gros der faschistischen Parteigänger unter den Kollegen nicht fallen ließ, in den ersten Wochen und Monaten nach der Besetzung Hamburgs im Bereich der Justiz unmittelbar in Personalpolitik umgesetzt werden konnte, welche Widerstände nur durch die immer wieder auf einigen formalen Bestimmungen ihrer Entnazifizierungsanordnung beharrende Militärregierung und offene Kritik lediglich durch das den Verdacht der Renazifizierung äußernde Komitee der ehemaligen politischen Gefangenen fand, bedurfte es des Rückhalts solcher Vorgehensweise bei der politischen Kraft, die schon in der Weimarer Republik einerseits mit Erfolg große Teile der Arbeiterschaft integriert und andrerseits alles ihr mögliche zur Stabilisierung der bürgerlichen Gesellschaft beigetragen hatte. Diesen Rückhalt fanden die Repräsentanten der Hamburger Bourgeoisie aus Wirtschaft und Justiz, die das politische Leben der Stadt im Rathaus, in der Handelskammer und im Oberlandesgericht neu organisierten, bei den bürgerlichen und verbürgerlichten Elementen in der Arbeiterbewegung, den reformistischen Führungskadern aus SPD und freien Gewerkschaften der Weimarer Republik.

Wie notwendig solche Unterstützung war, zeigte sich unmittelbar nach der Übergabe Hamburgs an die britischen Truppen, als sich aus verschiedenen Teilen und Formen des Widerstands hervorgegangene Kräfte der ehemaligen sozialdemokratischen und kommunistischen Parteien, des Internationalen Sozialistischen Kampfbundes und der Gewerkschaften zur Bildung einer Einheitsorganisation, der Sozialistischen Freien Gewerkschaft, zusammenfanden. Sie lehnten zwar die Mitarbeit der alten reformistischen früheren Funktionäre nicht ab, waren aber von sich aus nicht bereit, sie ohne weiteres wieder in ihre ehemaligen Führungstellungen einrücken zu lassen. In einer konzertierten Aktion, bei der es diese reformistischen Kräfte verstanden, ihre Interessen über die Betonung der potentiellen Gefahr unkontrollierbarer antifaschistischer Basisaktivitäten, das Herausstreichen ihrer Auffassung vom notwendig unpolitischen Charakter gewerkschaftlicher Tätigkeit und die Charakterisierung der Einheitsorganisation als kommunistisch oder gar totalitär mit denen der Besatzungsmacht zu koordinieren, wurde die Sozialistische Freie Gewerkschaft in Zusammenarbeit von Militärregierung, Rathaus und alten Funktionären liquidiert.[28] Daran beteiligt waren Adolph Schönfelder als stellvertretender Bürgermeister und Franz Spliedt als zukünftiger Gewerkschaftsvorsitzender.

Franz Spliedt hatte einschlägige Erfahrung in der Klassenkollaboration. Der 1877 in Hamburg geborene Tapezierer war 1904 hauptamtlicher Gewerkschaftsfunktionär und 1912 Vorsitzender des Tapeziererverbands geworden. Als der deutsche Imperialismus militärisch, ökonomisch und politisch verspielt zu haben schien, gehörte er zu jenen Kräften in der Gewerkschaftsbewegung, die angesichts von Revolution und revolutionärer Nachkriegskrise 1918 und in den Jahren danach zusammen mit führenden Repräsentanten der Monopolbourgeoisie im Stinnes-Legien-Abkommen ein Auffangnetz für das Fortbestehen des Verhältnisses von Lohnarbeit und Kapital beschlossen, das mit der Zentralarbeitsgemeinschaft geknüpft wurde, in die die Arbeitnehmerseite als ihren Geschäftsführer den „sehr kompromißbereiten Gewerkschaftsvertreter Spliedt"[29] delegierte. Seine innergewerkschaftliche Karriere setzte Spliedt 1921 fort, als er Mitglied im Bundesvorstand des ADGB wurde. Die Berufung in den vorläufigen Reichswirtschaftsrat 1929 brachte ihm eine Funktion, die im Lager der Arbeitgeber auch Rudolf Petersen zuteil wurde. Politisch hatte sich Spliedt in der SPD organisiert, für die er 1931 in den Reichstag einzog. Die Jahre des Faschismus verbrachte er als Arbeitsloser und Pflichtarbeiter in Hamburg, wo er sich 1945 erfolgreich für die Bekämpfung der Einheitsorganisation und die Ausschaltung der linken Kräfte aus Führungspositionen der Gewerkschaftsbewegung engagierte, was ihm anschließend den Vorsitz im Verwaltungsausschuß der hamburgischen Gewerkschaften einbrachte.

Da aber auch weiterhin im Prozeß der Neukonstitution der Parteien Vertreter linker Positionen in der SPD dem Einheitsgedanken anhingen, setzte sich Spliedt in Verhandlungen mit bürgerlichen Kreisen, an denen auch Bürgermeister Petersen und andere später der CDU beigetretene Politiker teilnahmen, für die Bildung einer deutschen Labour-Party ein, die nach seiner Darstellung aber scheiterten, da „(i)n der Sozialdemokratie ... erhebliche Gegenstömungen vorhanden gewesen (sc. seien), die sich gegen eine „Verbürgerlichung" der Partei ausgesprochen hätten."

Wenn auch das zeitweilige politische Einverständnis zwischen dem großbürgerlichen Kaufmann und dem verbürgerlichten Gewerkschaftsfunktionär keine organisatorischen Früchte trug, so war es doch stabilisierendes Element für den Handlungsrahmen der konservativen Repräsentanten der hamburgischen Bourgeoisie. Mußten sie auf Grund der jüngsten Vergangenheit ohnehin ungewöhnliche Zugeständnisse an die neuen Verhältnisse machen, zu denen u.a. die Berufung kommunistischer Senatoren durch den Bürgermeister und seine Zuflucht zu antikapitalistischer Rhetorik rechneten[30], so hätten sie ihr dahinter verfolgtes Stabilisierungsprogramm gegen den entschiedenen Widerstand einer geschlossen auftretenden Arbeiterbewegung nicht so reibungslos durchsetzen können, zumal ihr offen vorgetragenes Verständnis für die meisten jenes Teils ihrer Klasse, der sich während des Faschismus politisch exponiert hatte, selbst bei den ihnen ansonsten wohlwollend gegenüberstehenden konservativen Offizieren der Besatzungsmacht Irritationen auslöste.

Was Spliedt als Gewerkschaftsvorsitzender im wirtschaftlichen Bereich, garantierte Schönfelder als zweiter Bürgermeister im politischen Raum. Adolph Schönfelder wurde 1875 als Sohn eines ehemaligen Tischlergesellen geboren, der nach der Rückkehr aus dem deutsch-französischen Krieg zur Polizei gegangen und Konstabler geworden war. Der gute Schüler absolvierte nach sechs Jahren Volksschulbesuch eine vierjährige Lehre als Zimmermann im Betrieb des Halbbruders seines Vaters. Neben der langen, im Sommer zwölfstündigen Arbeitszeit wurde der junge Schönfelder eifriger Besucher von Theater und Oper und reger Benutzer der öffentlichen Bücherhallen. Obrigkeitsorientierung der Familie und Familiarität des Arbeitsplatzes führten dazu, daß er erst 1898 den Weg zur Gewerkschaft fand. 1902 trat er der SPD bei. Sein früherer Bildungshunger kam im schnell zugute und trug mit dazu bei, daß er mit 28 Jahren 1903 jüngstes Mitglied im Zentralvorstand des Zimmererverbands wurde. Nach dem ersten Weltkrieg erhielt er bei den Bürgerschaftswahlen des Jahres 1919 ein Mandat und im gleichen Jahr brachte er es zum Beisitzer im Vorstand der hamburigschen SPD. 1925 wurde er mit Bildung der großen Koalition aus SPD, DDP und DVP Senator und übernahm nach kurzer Zuständigkeit für die Baubehörde 1926 die Polizeibehörde. Als Polizeisenator erfüllte der auf dem rechten Flügel seiner Partei beheimatete Schönfelder jene innenpolitische Ordnungsfunktion, die der in dieser Beziehung vorbildliche Noske als Rolle des Bluthundes bezeichnet hat. Er verwuchs dabei so stark mit dieser zentralen Unterdrückungsinstanz des bürgerlichen Staates, daß er auch nach dem 30. Januar 1933 mit allen Mitteln gegen die KPD vorging und Anfang März die erfolgreiche Verhaftung von etwa 75 Funktionären der KPD an das Berliner Innenministerium meldete. Nachdem er wenig später seinen Posten hatte räumen müssen, erklärte er, um die Zahlung seiner Pension zu sichern, gegenüber dem faschistischen Senat seinen Austritt aus der SPD.

Der Gewerkschaftsfunktionär des Kaiserreichs, Polizeisenator der Republik und Pensionär des Faschismus hatte 1945 angesichts der sich neu konstituierenden, auf Einheit drängenden Arbeiterbewegung genug Gespür, um öffentlich seine völlige politische Ambitionslosigkeit zu erklären. Nahezu gleichzeitig kam er jedoch mit Bürgermeister Petersen überein, dessen Stellvertreter zu werden.[31] Als er schließlich offiziell dieses Amt übernahm, stand die Sozialistische Freie Gewerkschaft kurz vor ihrer Auflösung. Hatten damit nur etwas mehr als einen Monat nach der Befreiung vom Faschismus die linken Einheitskräfte der Arbeiterbewegung eine empfindliche Niederlage hinnehmen müssen, so war es den alten reformistischen Funktionsträgern der SPD mit Spliedt und Schönfelder gelungen, für die weitere Entwicklung zentrale Positionen im Gewerkschaftsbereich und im Staatsapparat zu besetzen, von denen aus sie in enger Kooperation mit den konservativen Kräften der Bourgeoisie die weitere Entwicklung mitbestimmende wichtige Entscheidungen vorbereiten und umsetzen halfen.

Wird als „Charakteristikum hanseatischer Sozialdemokratie" zusammenfassend festgehalten: „Wie der Antikommunismus gehörte auch das Bündnis mit dem Bürgertum zum undiskutierten Bestandteil der politischen Auffassungen der führenden und langgedienten Hamburger Sozialdemokraten"[32], so ist in solcher Kennzeichnung zwar die Oberfläche eines Politikverständnisses erfaßt, nach dem die leitenden Funktionäre der hamburgischen Sozialdemokratie unter allen Bedingungen danach strebten, in einer Koalition mit bürgerlichen Parteien Regierungspolitik zu betreiben – wie 1919, als sie trotz der absoluten Mehrheit in der Bürgerschaft einem Kandidaten der Bourgeoisie den Vortritt zum Amt des ersten Bürgermeisters ließen, weil sie der Meinung waren, es gebühre einem Mann, der den alten Familien nahestünde – oder wie 1925, als die Koalition mit dem Bürgertum um die DVP erweitert und u.a. der von ihr als Senator präsentierte Hermann C. Vering akzeptiert werden mußte, der sich 1920 als Leiter der Einwohnerwehr geweigert hatte, diese notfalls gegen die Putschisten um Kapp und Lüttwitz einzusetzen und 1923 als Leiter des die verbotene Organisation Escherich ersetzenden Bundes der Niederdeutschen an der Koordination der rechten Umsturzpläne beteiligt war (um dann als Senator Stellvertreter Schönfelders für die Polizeibehörde zu werden, der ihm nachträglich bescheinigte, immer ausgezeichnet zusammengearbeitet zu haben, nach seinem politischen Amt dann Präses der Gewerbekammer wurde, nach 1933 dem Plenum der Handelskammer angehörte und 1938 zum Wehrwirtschaftsführer ernannt wurde, woran nach 1945 seine von ihm angestrebte Berufung in den leitenden Ausschuß für die Entnazifizierung scheitern sollte) – oder wie 1927, als sie die Fortsetzung dieser Koalition dem praktischen Versuch einer Arbeiterregierung vorzogen, wie er auf Grundlage der aus den Bürgerschaftswahlen hervorgegangenen Mandatsmehrheit von SPD und KPD möglich gewesen wäre – oder wie 1933, als im Mai auf Initiative des Ortsausschußvorsitzenden des ADGB und Bürgerschaftsabgeordneten der SPD sechs Gewerkschaftsfunktionäre aus der sozialdemokratischen Bürgerschaftsfraktion austraten und sich in ein Hospitationsverhältnis zur NSDAP begaben (von denen zwei nach der Niederlage des Faschismus aktiv die Anstrengungen Spliedts zur Zerschlagung der Sozialistischen Freien Gewerkschaft unterstützten) – oder wie schließlich 1945, als sie die Bemühungen linker Kräfte ihrer Partei um die Bildung einer Einheitsorganisation hintertrieben und statt dessen die bewährte Kooperation fortsetzten.[33] Was aber auf der Ebene der Parteienpolitik in Kategorien wie Bündnis und Koalition ausgedrückt werden muß, enthüllt noch nicht die soziale Gemeinsamkeit der daran beteiligten Partner, deren einer aus Tradition bourgeoise Teil zwar den anderen, über die erfolgreiche Adaption an zentrale Funktionen der Aufrechterhaltung des ökonomischen und politischen Systems des Kapitalismus verbürgerlichten Teil noch nicht in seine privaten Veranstaltungen einbezieht, ihn aber im öffentlichen Leben als ebenso verläßlich wie unentbehrlich schätzen gelernt hat.

Gestärkt wurde solcher Zusammenhalt noch durch Kräfte, die sich nicht, wie der ehemalige Tapezierer Spliedt und der frühere Zimmerer Schönfelder dem mühsamen Prozeß der Verbürgerlichung unterziehen mußten, sondern von Haus aus wenigstens vom unteren Rand des Spektrums der Bourgeoisie her in die Lebensweise dieser Klasse eingeweiht waren und sich in ihrer weiteren Entwicklung mit deren höheren Ausdrucksformen vertraut machen konnten. Zu ihnen rechnete der 1892 in Hamburg als Sohn eines Hausmaklers geborene Herbert Ruscheweyh, der nach dem Besuch des Gymnasiums in Wandsbek Rechtswissenschaften studiert, 1914 in einer Notprüfung das erste juristische Examen abgelegt hatte und anschließend als Kriegsfreiwilliger zu den Fahnen geeilt war. Als Leutnant der Reserve mit dem Eisernen Kreuz zweiter Klasse und dem Hanseaten-Kreuz dekoriert konnte er 1918 promovieren und 1921 seine zweite Staatsprüfung ablegen, woraufhin er sich in Hamburg als Rechtsanwalt niederließ. Obwohl sich der durch die Kriegserlebnisse politisierte Ruscheweyh in der Weimarer Republik der SPD angeschlossen hatte, wurde er 1927 in den Vorstand der Hanseatischen Rechtsanwaltskammer berufen und damit die seine politische Mesalliance verkraftende soziale wie fachliche kollegiale Anerkennung des gehobenen Teils seiner Standesgenossen deutlich.

Sie hielt auch 1933, als der zwischenzeitlich als Abgeordneter in die Bürgerschaft eingezogene und seit 1931 als deren Präsident amtierende Ruscheweyh seine politische Laufbahn beenden und sich auf seine anwaltliche Tätigkeit beschränken mußte: „Bezeichnend möge dafür sein, wie er in der ersten Anwaltsversammlung des NSRB nach der Gleichschaltung aufgenommen wurde. Er kam erst, als ein großer Teil der Versammlungsteilnehmer schon anwesend war, und die Gespräche verstummten, als er in der Tür erschien, wohl in dem Gefühl, daß dies etwas Ungewöhnliches sei, und in der Erwartung, daß nunmehr etwas Ungewöhnliches geschehen würde. Es geschah aber etwas sehr Gewöhnliches: ein sehr angesehener älterer Hamburger Anwalt stand auf, ging durch den ganzen Saal auf den in der Tür zögernden Herbert Ruscheweyh zu, begrüßte ihn besonders herzlich und bat ihn an seinen Tisch. Das war eine Demonstration in einem Zeitpunkt, als man sich ohne Schwierigkeiten anders hätte verhalten können. Herbert Ruscheweyh hat während der nationalsozialistischen Zeit viele Schwierigkeiten gehabt. Man war mißtrauisch gegen ihn, weil er nach Meinung der Mißtrauenden zu oft – allein 1934 zwölfmal – in „politischen“ Strafsachen verteidigte, weil man dahinter einen organisatorischen Zusammenhang vermutete, weil man einfach nicht wollte, daß der frühere Sozialdemokrat jetzt Sozialdemokraten und Kommunisten verteidigte. Aber wo auch immer diese Fragen erwogen wurden und von wem auch immer, der Ruscheweyh kannte: Bis in die Jahre 1944 und 1945 hinein ging man bei jeder Maßnahme davon aus, daß es sich um einen angesehenen, auch unter Kollegen und Richtern angesehenen Rechtsanwalt handele.“[34] Nach dem 20. Juli 1944 verhaftet, aber auf Initiative des Staatssekretärs Ahrens wieder entlassen, war er bis zur Kapitulation Hamburgs als Anwalt tätig und gehörte im Mai 1945 wie Schönfelder u.a. zu jenen Sozialdemokraten, mit denen der gerade ernannte Bürgermeister Petersen Gespräche über ihre Beteiligung am politischen Leben führte. Ruscheweyh, der sich für eine standespolitische Tätigkeit entschied, wurde am 19. Mai in den geschäftsführenden Ausschuß der Anwaltsversammlung gewählt. Seine Ernennung zum Präsidenten der Rechtsanwaltskammer sollte im Oktober 1945, zum Vizepräsidenten des Hanseatischen Oberlandesgerichts im Januar 1946 folgen.

Von Anfang an war Ruscheweyh in die Justizpolitik Kiesselbachs involviert. Er gehörte einem von diesem eingesetzten Ausschuß an, der sich unter anderem um die Wiederzulassung von der Militärregierung bereits abgelehnter Kollegen, wie etwa des Landgerichtsdirektors Gernet, bemühte. Wenn dabei auch nicht jeder Fall befürwortet wurde, so spielte selbst bei den negativen Entscheidungen die Kollegialität eine bedeutsame, die politischen Maximen teils überlagernde, teils sich mit ihnen vermischende Rolle, wie sie beispielhaft in Ruscheweyhs Stellungnahme zum Fall des Landgerichtsdirektors Gütschow zum Ausdruck kommt, der 1933 der NSDAP beigetreten und SA-Scharführer geworden war: „Am 3. August suchte mich RA. Dr. Ruscheweyh auf und nahm auf meine Bitte zum Fall Gütschow Stellung. Er erklärte mir, er kenne Gütschow nur als einen grundanständigen Menschen, der sich ehrlich um die Erfüllung der ihm gestellten Aufgaben bemühe. Gütschow sei unselbständig und würde deshalb ein weitaus besserer Verwaltungsbeamter als Richter sein. Gütschow habe sich leider voll für den NS. eingesetzt und auch dort restlos die ihm auferlegten Pflichten erfüllt. Wenn überhaupt, so könne Gütschow nur völlig abseits, etwa im Grundbuchamt, Verwendung finden. Er selbst achte Gütschow sehr, trage aber Bedenken gegen seinen Einsatz als Richter."[35]

Als Ruscheweyh zwei Jahre danach in der Festschrift für Wilhelm Kiesselbach, dessen Nachfolge als Oberlandesgerichtspräsident er mittlerweile angetreten hatte, nachdem dieser an die Spitze des Zentraljustizamtes und damit zum obersten deutschen Juristen der britischen Zone berufen worden war, auf die Entwicklung der hanseatischen Justiz zurückblickte, bettete er sie bereits in einen Interpretationsrahmen, der erst wesentlich später unter dem Schlagwort von der verhinderten Neuordnung populär werden sollte. Danach wären die Militärregierungen zentrales Hindernis für eine Umgestaltung der wirtschaftlichen Verhältnisse in Richtung Wirtschaftsdemokratie und Sozialisierung und damit letztlich des gesellschaftlichen Systems des Kapitalismus überhaupt gewesen. Zog dieser Ansatz aber auch die zögernde und jeder Massenmobilisierung ablehnend gegenüberstehende Politik insbesondere der Gewerkschaften aber auch der Sozialdemokratie mit in das Ursachengeflecht der verhinderten Neuordnung ein, so diente bei Ruscheweyh der Hinweis auf die bewaffnete Besatzungsmacht nicht nur der Legitimation des eigenen Unwillens zu radikalen Veränderungen, sondern mußte zusätzlich noch die Aufrechterhaltung der Kontinuität des Rechts als erzwungen rechtfertigen: „Die Deutschen waren nicht frei in ihren politischen Entschlüssen. Alle Regungen, die vielleicht zu einer offenen revolutionären Erhebung gegen die früheren Machthaber gedrängt hätten, mußten angesichts der bewaffneten Besatzungsmacht schweigen. Sie übernahm die Staatsverwaltung und brachte eine große Anzahl eigener Gesetze fertig mit. Damit waren uns in vielfacher Hinsicht entscheidende Grenzen gesteckt. Zwei Konsequenzen ergaben sich daraus: Die deutsche Rechtspflege konnte sich nur in dem ihr vorgeschriebenen Rahmen eigenständig entwickeln. Und: Da die Besatzungsmacht eine Revolution nicht zuließ, mußte der deutsche Jurist folgerichtig die Kontinuität des Rechts, auch in bezug auf den einzelnen Rechts- und Verwaltungsakt aus der vergangenen nationalsozialistischen Epoche anerkennen."[36]

Als sich ein anderer Beteiligter, der Senator der ersten Stunde Biermann-Ratjen, diese Entwicklung zwanzig Jahre danach ins Gedächtnis zurückrief, spielten zwar die Elemente des Zwangs der Besatzungsmacht und der Wahrung der Rechtskontinuität ebenfalls eine Rolle, hatten sich jetzt aber angesichts der nicht mehr notwendigen Rücksichtnahme auf grundlegende Veränderungen erhoffende Massenstimmungen zumindest soweit verkehrt, daß sie einer Abbildung der damaligen Justizentwicklung wesentlich mehr entsprachen: „Es kam darauf an, unter den Hemmungen schwerster Notzeiten und unter scharfer Kontrolle einer den deutschen Rechtsüberlieferungen fremden Besatzungsmacht eine neue, wieder ganz dem Ideal des Rechtsstaates verpflichtete Justiz aufzubauen, dabei aber eine der wesentlichsten Voraussetzungen der richterlichen Unabhängigkeit, nämlich den Grundsatz der Kontinuität der Rechtssprechung nicht gänzlich abreißen zu lassen."

Daß die Entwicklung der hamburgischen Justiz in den ersten Monaten nach der Zerschlagung des Faschismus nicht etwa von einer Gruppe verhinderter Revolutionäre um den designierten Oberlandesgerichtspräsidenten Kiesselbach betrieben wurde, die sich nur zähneknirschend dem Zwang der Besatzungsmacht zur Anerkennung der Kontinuität des Rechts „aus der vergangenen nationalsozialistischen Epoche" gefügt hätte, sondern daß vielmehr der großbürgerlich-konservative Jurist Kiesselbach mit Unterstützung so unterschiedlicher Standeskollegen wie des vom Faschismus in seiner Karriere nicht behinderten NSDAP-Mitglieds v. d. Decken und des während dieser Zeit nur mit Einschränkungen als Anwalt tätig sein könnenden SPD-Mitglieds Ruscheweyh „unter scharfer Kontrolle der Besatzungsmacht" die Aufgabe zur Wahrung der Rechtskontinuität so weit verstand, daß sie auch die Weiterbeschäftigung der Rechtswahrer jener Epoche umfaßte und wie er diese Aufgabe mit überraschendem Erfolg zu lösen verstand, macht die wirkliche Geschichte der Entwicklung der hamburgischen Justiz in den Monaten bis zur Wiedereröffnung des Hanseatischen Oberlandesgerichts aus. Zu ihr rechnet freilich hinzu, daß in der britischen Zone, die hinsichtlich der Justizorganisation die Oberlandesgerichtsbezirke Hamburg, Kiel, Braunschweig, Celle, Oldenburg, Hamm, Düsseldorf und Köln umfaßte, die Kontrolle der Besatzungsmacht tatsächlich wesentlich weniger scharf ausfiel, als in den anderen Besatzungsgebieten. „In der Praxis der politischen Überprüfung der deutschen Justiz rangierte – im Vergleich zu dem rigorosen Vorgehen in der SBZ – die britische Zone am anderen Ende der Skala. Anders auch als in der amerikanischen Zone war die Phase relativ strenger politischer Säuberung hier erheblich kürzer (Frühjahr-Herbst 1945) und im Ergebnis weniger drastisch."[37] Dazu mögen die organisatorischen Schwierigkeiten, in denen sich die Militärregierung in den ersten Monaten der Besatzungszeit befand, durchaus beigetragen haben. Wenn auch die für die Justizpolitik zuständige Legal Division im Rahmen der Control Commission for Germany seit 1944 aufgebaut worden war und Offiziere dieser Abteilung schon mit den Truppen der britischen Rheinarmee nach Deutschland kamen, wurde mit dem Zonal Executive Office ihr Hauptstab doch erst im Juli 1945 von London zunächst vorübergehend nach Lübbecke und schließlich ein Jahr später nach Herford verlegt, während gleichzeitig der Chef der Legal Division am Sitz des alliierten Kontrollrats in Berlin untergebracht wurde. Zuständig für die Überwachung der deutschen Justiz war das Zonal Executive Office, das von den Militärregierungen der einzelnen Besatzungsgebiete jeweils zugeordneten Rechtsabteilungen unterstützt wurde. Ihre Aufgaben für die ersten Monate nach der Besetzung sollten nach der Schließung der deutschen Gerichte in deren über die Entnazifizierung des Rechts wie der Justizjuristen zu betreibenden Wiedereröffnung bestehen, wobei als Prüfungskriterien für die Weiterverwendbarkeit des richterlichen Personals u.a. die Zulassung nach dem 1.4.1933, Publikationen, der Karriereverlauf, eine Teilnahme an Sondergerichten, die Umstände des NSDAP-Beitritts und Nebenämter wie Nebenbeschäftigungen zu berücksichtigen waren. Dabei sollte verfahrensmäßig die vorrangige Neubesetzung der Positionen der Oberlandesgerichtspräsidenten und Generalstaatsanwälte betrieben werden, die dann mit der organisatorischen Abwicklung eines ersten Durchgangs der Überprüfung des Gerichtspersonals beauftragt werden konnten. Für die Art und Weise der Durchführung dieser Aufgaben in Hamburg dürften freilich weniger organisatorische Probleme als vielmehr der Umstand maßgeblich gewesen sein, daß die örtliche Rechtsabteilung im besonderen nach den nämlichen Maximen wie die Militärregierung der Hansestadt im allgemeinen handelte.

Bis zur Wiedereröffnung des Oberlandesgerichts läßt sich ihr Vorgehen im wesentlichen in zwei Phasen einteilen, zu deren Verständnis das Nachspiel der Auseinandersetzung um ein Schreiben des Komitees der ehemaligen politischen Gefangenen mit seinem Vorwurf der Renazifizierung der hamburgischen Justiz und seiner Forderung der Entlassung Kiesselbachs entscheidend beiträgt. Die erste Phase war durch denselben Pragmatismus gekennzeichnet, der auch den Beginn der Entnazifizierung des Rathauses kennzeichnete. Der letzte Oberlandesgerichtspräsident der faschistischen Ära fungierte über den Tag der Besetzung Hamburgs hinaus und konnte so, zusammen mit anderen im Amt belassenen Kollegen und unterstützt von kooperationsbereiten unbelasteten Standesgenossen, am Findungsprozeß für seinen Nachfolger mitwirken. Die zweite in sich mehrfach gegliederte Phase umfaßte das dem Einsatz des Bürgermeisters für von ihm trotz zum Teil erheblicher Vorbelastung für unverzichtbar gehaltene erste und wertvolle Kräfte vergleichbare Bemühen des Oberlandesgerichtspräsidenten um den Amtserhalt für die angesehenen und einwandfreien Männer unter seinen Kollegen, die sich überwiegend dem Faschismus verschrieben oder jedenfalls nicht verweigert hatten, das schließlich insoweit von Erfolg gekrönt wurde, als es gelang, gegenüber der Besatzungsmacht das Kriterium der Tüchtigkeit dem der politischen Belastung gegenüber in den Vordergrund zu rücken. Das Nachspiel war nach den Gesetzen der griechischen Tragödie als Satyrspiel angelegt, in dessen Verlauf der Oberlandesgerichtspräsident sein erfolgreiches Vorgehen dadurch parodierte, daß er alle Kritik an dessen Ergebnisse an die Besatzungsmacht verwies, bei der ja schließlich die endgültige Entscheidungskompetenz gelegen hätte, und die Besatzungsmacht ihren Entnazifizierungswillen dadurch parodierte, daß der zuständige Rechtsoffizier überlegte, den Verfasser des Schreibens des Komitees der ehemaligen politischen Gefangenen, der für den Vorwurf der Renazifizierung der Justiz verantwortlich zeichnete, wegen falscher Anschuldigung anzuklagen.

Die erste Phase der Nachkriegsjustizpolitik reichte vom Einmarsch der britischen Truppen in Hamburg am 3. Mai 1945 bis zur Verhaftung des bisherigen Oberlandesgerichtspräsidenten Schmidt-Egk am 28. Mai 1945 bzw. zur zunächst vorläufigen Beauftragung Kiesselbachs mit der Leitung der Justiz am 29. Mai 1945. Waren die Juristen der Hansestadt noch am Vormittag des 3. Mai ihrem Beruf nachgegangen, so erzwang die mit der Besetzung wirksam werdende zweitägige Ausgangssperre ohnehin zunächst ihre völlige Untätigkeit. Als sie ihre Arbeit am 5. Mai wieder aufnehmen wollten, erfuhren sie durch Anschlag in den Gerichten, daß gemäß des Gesetzes Nr. 2 der Militärregierung alle Partei- und Sondergerichte abgeschafft, die übrigen Gerichte geschlossen und alle Richter, Staatsanwälte, Rechtsanwälte und Notare ihre Amtes enthoben wären und vor Fortsetzung ihrer Arbeit neu zugelassen werden müßten.[38]

Ungeachtet solch formal radikalen Bruchs mit der Justiz des Faschismus waren ihre führenden Repräsentanten aber faktisch weiter tätig und wurden sofort für administrative Zuarbeiten herangezogen. So erhielt der Präsident des Oberlandesgerichts noch am 5. Mai die Aufforderung, der Militärregierung eine nach Funktionen gegliederte Aufstellung des richterlichen Personals aller drei Instanzen, weiterhin der Staatsanwälte sowie der Rechtsanwälte und Notare zur Verfügung zu stellen. Der Teilnehmerkreis einer Sitzung am 12. Mai, auf der die britischen Rechtsoffiziere Major Kaberry und Major Spence die wechselseitigen Beziehungen dahingehend erläuterten, sie sprächen „als Vertreter der Militärregierung zum Instrument der deutschen Rechtspflege", machte deutlich, daß dieses Instrument zu jenem Zeitpunkt aus führenden Juristen der Zeit des Faschismus einerseits, die diesen aktiv getragen, in ihm Karriere gemacht oder sich ihm stillschweigend angepaßt hatten, sowie aus solchen Juristen amalgamiert war, die aus unterschiedlichen Gründen als unbelastet gelten konnten und während derselben Zeit einer verschiedentlich eingeschränkten und behinderten anwaltlichen Tätigkeit nachgegangen waren.

Neben v. d. Decken, dem vertrauten Kollegen des zukünftigen Oberlandesgerichtspräsidenten, waren dessen Vorgänger Schmidt-Egk, die Richter und Senatspräsidenten am Oberlandesgericht Herr und Priess, die Präsidenten des Landgerichts, Korn, und des Amtsgerichts, Schwarz, sowie Landgerichtsrat Brückmann anwesend. Ferner nahmen die Rechtsanwälte Bussmann, Dohrmann, Geestefeld, Majens, Ruscheweyh und Stegemann teil.

Oberlandesgerichtspräsident Albert Schmidt-Egk hatte sein Amt 1943 in Nachfolge Rothenbergers angetreten. An der Wahrung der Kontinuität konnte er noch bis zu seiner Verhaftung am 28. Mai 1945 mitwirken. Mit seiner Entlassung aus dem Amt Anfang September sollte seine Justizkarriere trotz der Bemühungen seines Nachfolgers beendet sein, die immerhin soweit gingen, daß er im ersten gerichtsinternen Besetzungsplan für das wiederzueröffnende Oberlandesgericht als Vorsitzender in einem der drei Zivilsenats vorgesehen wurde. – Senatspräsident Erich Herr hatte der NSDAP seit 1933 angehört, war seit dieser Zeit Richter am Sondergericht Hamburg und in den Jahren 1944 und 1945 Vorsitzender des ersten Strafsenates gewesen. Wenngleich er nach den Entnazifizierungsbestimmungen unter allen genannten Aspekten für eine zukünftige Richtertätigkeit disqualifiziert war, sollte auch ihm die besondere Fürsorge des künftigen Oberlandesgerichtspräsidenten u.a. dadurch gelten, daß dieser ihn als Beisitzer in einem der Zivilsenate des Oberlandesgerichts vorsah. Zwar war diesen Plänen ebenso wie den Bemühungen um eine vorzeitige Entlassung Herrs aus dem Arrest kein Erfolg beschieden. Gleichwohl konnte er doch im November 1946 wieder in den Justizdienst eintreten, wenn auch in der Position eines Amtsgerichtsrates. – Friedrich Prieß hatte der Marine-SA und seit Mai 1937 der NSDAP angehört. Seine Ernennung zum Senatspräsidenten erfolgte im November 1944. Wenngleich ebenfalls kurze Zeit später von der Besatzungsmacht arrestiert, sollte seine Justiztätigkeit ebenfalls, nicht zuletzt aufgrund mehrfacher Intervention seitens des künftigen Oberlandesgerichtspräsidenten bei der Besatzungsmacht, nur vorübergehend unterbrochen werden. Die Zulassung zum richterlichen Dienst konnte allerdings erst unter Kiesselbachs Nachfolger Ruscheweyh erreicht werden, so daß Prieß im Jahre 1948 wieder als Landgerichtsdirektor tätig war. – Die Präsidenten des Landgerichts wie des Amtsgerichts waren im Mai 1933 der NSDAP beigetreten. Während Landgerichtspräsident Ferdinand Korn in der Folgezeit darüber hinaus am Sondergericht Hamburg tätig gewesen war und im NS-Kraftfahrer-Korps (NSKK) den Rang eines Obersturmführers innegehabt hatte, war Amtsgerichtspräsident Georg Schwarz Sturmführer in der SA gewesen. Er konnte auf ausdrücklichen Wunsch eines Rechtsoffiziers der Militärregierung noch bis Juli 1945 die Verwaltung des Amtsgerichts leiten und war an den Vorbereitungen für dessen Wiedereröffnung nicht zuletzt in personeller Hinsicht beteiligt, bevor er in Arrest genommen und im September aus seinem Amt entlassen werden sollte. Dagegen war der Landgerichtspräsident bereits im Juni auf einer Liste verhafteter Juristen verzeichnet und wurde gleichfalls im September entlassen. – Anders erging es dagegen Landgerichtsrat Werner Brückmann, der, nach 1933 im NS-Rechtswahrerbund (NSRB) als Schulungswart tätig und der NSDAP im Jahre 1940 beigetreten, bis zur Verhaftung im Juli 1945 noch die Geschäfte im Landgericht führen sollte und im Oktober nach mehrfacher Fürsprache von Kiesselbach wieder zum richterlichen Dienst zugelassen war.[39]

Hinsichtlich der an dieser Sitzung beteiligten Justizjuristen war es mithin ein um die Spitzen des Landgerichts und des Amtsgerichts ergänzter innerer Kreis alter Funktionsträger aus dem Oberlandesgericht, der hier der Besatzungsmacht gegenübertrat, zu deren vergleichsweise pragmatischen Handlungsmaximen nicht nur rechnete, unter den Gesichtspunkten von Ruhe und Ordnung sowie der Kontinuität administrativer Funktionen die weitere Tätigkeit der Gerichtspräsidenten ausdrücklich gutzuheißen, sondern auch hinsichtlich der Auswahl des weiteren Personals, welches den Fortgang der Verwaltungstätigkeit gewährleisten und die Wiedereröffnung der Gerichte vorbereiten sollte, nicht die Vorgabe antifaschistischer Qualifikation zu machen, die einen personalpolitischen Neubeginn hätte erzwingen können. Hiergegen wurde von seiten der an der Sitzung ebenfalls beteiligten Vertreter der insgesamt ungleich weniger belasteten Anwaltschaft kein ausdrücklicher Protest vorgetragen, und auch Ruscheweyh als einer der bedeutenden Repräsentanten der städtischen Sozialdemokratie der Weimarer Zeit, der sowohl parteipolitisch wie standespolitisch dazu legitimiert gewesen wäre – hatten sich seine Partei doch der verfassungswidrigen Illegalisierung und zahlreiche seiner Genossen brutaler Verfolgung und Willkür ausgesetzt gesehen und war er selber im Verlauf seiner anwaltlichen Tätigkeit unter dem Faschismus vielfach mit dem politisierten Justizapparat konfrontiert worden, dessen nicht unmaßgebliche Vertreter ihm auch jetzt gegenübersaßen – orientierte sich hier wie im weiteren Verlauf der Entwicklung nicht an der Perspektive eines radikalen Bruchs mit der Vergangenheit, sondern war bereit, seinen Kollegen unter standessolidarischen Auspizien weitgehend entgegenzukommen.

Den sich ihnen damit eröffnenden Spielraum für ein die eigenen Interessen wahrendes Vorgehen verstanden die alten Justizjuristen sofort zu nutzen, indem sie einerseits die Möglichkeiten einer dann in den folgenden Wochen und Monaten virtuos variierten subversiven Strategie der Verzögerung und Unterlaufung militärbehördlicher Anordnungen zu erproben begannen und andererseits am Findungsprozeß eines dieser Interessenlage standesmäßig verbundenen Nachfolgers des Oberlandesgerichtspräsidenten mitwirkten, von dessen Einstellung ihr weiteres Schicksal nicht unwesentlich abhängig sein würde.

Was die Verzögerungsstrategie anbelangt, so zeigte sich ihre Zielsetzung etwa im Umgang mit der Entnazifizierungsanweisung der Militärregierung vom 17. Mai 1945. Dem Bürgermeister war an diesem Tag durch einen Vertreter der Militärregierung erklärt worden, es hätten alle jene Beamten aus dem Dienst auszuscheiden, die bis zum 1. April 1933 der NSDAP beigetreten wären, welche Bestimmung hinsichtlich der leitenden Beamten dahingehend verschärft wurde, daß von ihnen auch alle diejenigen entlassen werden sollten, die die Parteimitgliedschaft bis zum 1. Mai 1937 erworben hatten. Im Anschluß an eine Besprechung über das Verfahren im Rathaus am 24. Mai wurde dem Bürgermeister aus dem Oberlandesgericht mitgeteilt, die vor April 1933 der NSDAP beigetretenen Beamten bei den Hamburger Gerichten seien beurlaubt worden. „Bei den Richtern erübrig(e) sich eine Beurlaubung“: weil die Rechtsprechung gegenwärtig ohnehin ruhe. Diese Praxis stand zwar in doppeltem Widerspruch zur Anweisung der Militärregierung, doch wußte sie sich durch die Vorgehensweise des Bürgermeisters gedeckt, der in einer Verfügung an alle Verwaltungen selbst lediglich die Beurlaubung und nicht die Entlassung aller vor April 1933 der NSDAP beigetretenen Beamten angeordnet hatte. Hinsichtlich der eigenen Positionen innerhalb der Justizhierarchie hatte man darüber hinaus selbst von einer Beurlaubung gemeint, absehen zu können.[40]

Was die Findung eines neuen Oberlandesgerichtspräsidenten anbelangt, so enthielt die bestehende Handlungskonstellation in sich wesentliche Grundlagen für das Einverständnis mit der Person Wilhelm Kiesselbachs. Den alten Justizjuristen und nicht zuletzt dem mit ihm auch in den Jahren des Faschismus in Verbindung gebliebenen v. d. Decken war er als einer der ihren bekannt. Sein erzkonservativer Charakter konnte für den Bürgermeister als Repräsentanten der Hamburger Bourgeoisie Garant sein für eine Justizpolitik, die nach den gleichen Maßstäben verfahren würde, wie er sie im Rathaus anlegte. Die Zustimmung der Besatzungsmacht durfte angesichts des Ausscheidens Kiesselbachs aus dem Justizdienst 1933 und des Umstands, daß sein Name auf einer weißen Liste vermerkt war, erwartet werden. Solche Unbelastetheit in Verbindung mit Kiesselbachs anerkannter Qualifikation erlaubte auch die Zustimmung jener Juristen, die dem Faschismus ablehnend gegenübergestanden hatten.

Die Verhaftung des alten und vorerst geschäftsführende Einsetzung des neuen Oberlandesgerichtspräsidenten am 28. bzw. 29. Mai markierten den Übergang von der ersten zur zweiten Phase der Entwicklung im hamburgischen Justizwesen, an deren Ende die Eröffnung des Oberlandesgerichts am 22. September 1945 stand. Ihr zentraler Inhalt waren die dafür erforderlichen Personalentscheidungen, ihre innere Struktur erhielt diese Phase durch das im Laufe der knapp vier Monate mehrfach durch Maßnahmen der Militärregierung bzw. ihrer Rechtsabteilung veränderte Handlungsgefüge zwischen ihr und der Spitze des Oberlandesgerichts. Deren weitreichendste betraf die Anordnung an den Chefpräsidenten Mitte August, eine große Kommission zur Überprüfung des noch nicht zugelassenen richterlichen Personals und der Staatsanwälte einzurichten, was insofern eine Zäsur darstellte und die Unterteilung der zweiten Phase des Entwicklungsprozesses in wiederum zwei Etappen zuläßt, als dadurch nicht nur die bisherige Vorgehensweise im Oberlandesgericht indirekt kritisiert, sondern auch der Übergang vom informellen Charakter interner Beratergremien unter letztendlicher Entscheidungskompetenz Kiesselbachs zu einem offiziellen Gremium mit dem Auftrag der Zuarbeit für die Militärregierung erzwungen wurde.

Die Etappe der auf informeller Grundlage versuchten internen Reorganisationspolitik der Justiz begann zunächst in einem ersten Schritt damit, daß der Oberlandesgerichtspräsident einerseits und die zuständigen Stellen der Militärregierung andererseits weitgehend getrennt ihre Vorstellungen für den Fortgang der Dinge entwickelten. Während sich Kiesselbach dabei inhaltlich auf die Formulierung von Entscheidungsmaximen in Form eines Memorandums konzentrierte und organisatorisch bemüht war, den Prozeß der Entnazifizierung der Justiz unter seine Kontrolle zu bekommen, fällte die Militärregierung an ihren Entnazifizierungsvorstellungen orientierte praktische personalpolitische Entscheidungen, die sich in einer ersten Zulassungsliste für Richter und Staatsanwälte vom 29. Juni 1945 niederschlugen und in deutlicher Diskrepanz zu den justizinternen Bestrebungen standen.

Zwar bot die Entnazifizierungsanweisung der Militärregierung insoweit erheblichen Spielraum, als der Parteizugehörigkeit erst im Zusammenhang mit dem Eintrittsdatum entscheidendes Gewicht zugemessen wurde. Damit hätte für mehr als hundert Richter die Entlassung vermieden werden können, da sie im Mai 1937 oder später Mitglieder der NSDAP geworden waren. Andererseits wäre auch nach solch formaler Bestimmung für mehr als die Hälfte der Standeskollegen und zumal die älteren unter ihnen die Entlassung vorerst unvermeidlich gewesen.[41] Das aber lief den von Kiesselbach in seinem Memorandum zur Entnazifizierung der Justiz entwickelten Auffassungen grundsätzlich zuwider. Nach seiner Darstellung des Faschismus konnte Zugehörigkeit zur NSDAP generell und unabhängig vom Eintrittsdatum kein Verdikt über die Betroffenen begründen, da deren zunächst freiwilliger Beitritt auf durchweg ehrenwerten Motiven beruht habe und später dann angesichts veränderter Verhältnisse unter äußerem Druck erzwungen worden sei, wobei aber den so in die Partei gepreßten wie den alten Mitgliedern die Verbrechen der nationalsozialistischen Führungsclique verborgen geblieben wären. Angesichts dieses Spektrums der gewöhnlichen Parteimitglieder, welches hiernach in Idealisten und Zwangsmitglieder voll innerer Ablehnung zerfiel, könnte ein Schuldvorwurf mit der Konsequenz der Entlassung nur wenige einzelne treffen.

Schon näher als die Entnazifizierungsanordnung der Besatzungsmacht kam diesem Konzept ein im Rathaus entworfenes Gesetz.[42] Hier, wo auch Kiesselbach, der als Chef der Justizverwaltung dem Bürgermeister unterstand, an den Sitzungen des

Rumpfsenates teilnahm, galt angesichts der Tatsache, daß die Militärregierung definitiv an ihren Entnazifizierungsvorstellungen orientierte Personalentscheidungen forderte, die erste Sorge einer Regelung des Problems in einem von der Besatzungsmacht möglichst unabhängigen Verfahren, welches neben dem unvermeidlichen Entlassungstatbestand auch andere Lösungswege enthielt. Der dazu eingeschlagene Weg sollte kurioser Weise politische Selbstreinigung nach deutschen Beamtenrecht ermöglichen, wie es insbesondere 1933 im Gesetz zur Wiederherstellung des Berufsbeamtentums seine Ausprägung gefunden hatte. Tatsächlich hieß es in den Erläuterungen, mit denen das im Rathaus entworfene Gesetz der Militärregierung zugestellt wurde, daß „die besonders aktiven Nationalsozialisten den gleichen Bestimmungen unterworfen (werden), die im Jahre 1933 für die Kommunisten galten". Daneben enthielt der Gesetzentwurf aber eine Kannbestimmung, nach der Entlassungen von Beamten, die nach dem 30. März 1933 der Partei oder einer ihrer Gliederungen beigetreten waren, möglich aber nicht zwingend sein sollten. Selbst in letzterem Fall hätte es sich um eine Frühpensionierung gehandelt, da den Betroffenen drei Viertel ihrer regulären Bezüge verbleiben sollten. Hinsichtlich der Justiz betraf diese Fallkonstellation den größeren Teil der Richter und Staatsanwälte, die in erheblicher Zahl seit 1933 und in einigen Fällen bereits davor Mitglieder der NSDAP gewesen waren. Nahezu alle hatten daneben dem NSRB und der Nationalsozialistischen Volkswohlfahrt (NSV) angehört und etwa die Hälfte der Richter war Mitglied weiterer Organisationen wie der SA, der SS, dem NSKK oder des NS-Fliegerkorps (NSFK) gewesen.

Derlei Versuche, im Wege möglichst kollektiver Verfahren Entlassungen zu verhindern oder direkt mit Wiedereinstellungs- oder wenigstens Pensionierungszusage zu verbinden, konnten aber nicht erfolgreich abgeschlossen werden, da die Entnazifizierungsvorstellungen der Militärregierung grundsätzlich vom Ausscheiden aus dem Justizdienst und der Einzelfallprüfung anläßlich des Wiedereinstellungsantrages ausgingen. Im Rahmen der jetzt beginnenden politischen Überprüfungsverfahren, die von deutscher Seite vorbereitet und seitens der Militärregierung zur vorläufigen Zulassung oder Ablehnung gebracht wurden, ging daher Kiesselbachs Bemühen dahin, sich hierbei einen möglichst weiten Entscheidungsspielraum zu sichern. Nachdem der Bürgermeister ihm die Prüfung der Fragebögen der Beamten und Angestellten des Oberlandesgerichts übertragen hatte, wurde am 20. Juni vereinbart, „daß die Justiz die Überprüfung bei sich selbst vornimmt".[43] Erste weitgehende Entscheidungen traf der Präsident im Rahmen seiner administrativen Vorschläge gegenüber der Militärregierung. Zwei Berichten über Organisationsaufbau und Tätigkeit des Amtsgerichts und des Landgerichts seit 1938 folgte auf Anforderung ein Organisationsschema zur Wiedereröffnung der sechs Hamburger Amtsgerichte und des Landgerichts, worin der entsprechende Personalbedarf vermerkt war. Dieser wurde in vier weiteren Verzeichnissen hinsichtlich des Justizpersonals aufgeschlüsselt, wobei sowohl die aufgrund erster Überprüfungen zugelassenen Richter und Staatsanwälte als auch die nichtzugelassenen sowie weiterhin solche berücksichtigt waren, deren Fragebögen der Militärregierung noch nicht vorlagen, die aber „für den vorläufigen Geschäftsbetrieb des Amtsgerichts

Hamburg erforderlich sind" bzw. „bei den Strafkammern des Landgerichts zu beschäftigen vorgeschlagen wird."

Diese auf die Logik der Unentbehrlichkeit bewährter Fachkräfte setzende Argumentation zeigte ihren nur schwach die sozial-politischen Motive ihrer Verfechter verdeckenden vorgeschobenen Charakter freilich nicht nur in dem Versuch, die Entnazifizierungsanordnung der Besatzungsmacht zu unterlaufen, sondern auch im Verzicht auf die Umsetzung von Alternativen, wie sie im Verlauf der Reorganisationsüberlegungen durchaus formuliert wurden. So hätte etwa der Rückgriff auf andere Berufsgruppen die konsequente Erhöhung des Anteils der Nichtparteimitglieder unter den Richtern erlaubt.[44] Bei den Rechtsanwälten z. B. lag der Prozentsatz der Parteimitglieder erheblich niedriger, wie eine Liste vom Oktober 1945 zeigte. Danach hatten von 307 Rechtsanwälten 223 der NSDAP nicht angehört, vierundsechzig seit 1937 und nur bei weiteren zwanzig Anwälten lag das Eintrittsdatum vor diesem Zeitpunkt. Anläßlich der ersten Besprechungen über den Richtereinsatz am Oberlandesgericht hatten die Rechtsanwälte Krauel vom provisorischen Kammervorstand und Klaas denn auch die Möglichkeit angesprochen, „geeignete Anwälte als Hilfsrichter zu benennen ... (, sc. sofern ihnen) die Ausübung der anwaltlichen Tätigkeit nebenher gestattet" bliebe.[45] Kurz zuvor hatte Oberst Kaberry den gleichen Vorschlag gemacht und schließlich sollte es ein Ausschuß des Senats sein, der auf diesen Weg verwies, nachdem die Ergebnisse fünfmonatiger Personalpolitik in der Justiz publik gemacht worden waren.

Kiesselbachs grundsätzlich in anderer Richtung verlaufende Überlegungen wurden in dieser Situation am 29. Juni 1945 von einer Zulassungsliste der Militärregierung für Richter und Staatsanwälte konterkariert, die ihm strukturell wie inhaltlich schlagartig die Notwendigkeit verstärkter taktischer Absicherung seiner personalpolitischen Strategie verdeutlichen mußte und insofern den Beginn eines zweiten Schrittes dieser Etappe der Entwicklung markierte, als sich der Oberlandesgerichtspräsident umgehend um erhöhte Effektivität und Legitimität seiner justizinternen Reorganisationsanstrengungen bemühte. Formal zeigte sich, daß die Militärregierung die Planungen aus dem Oberlandesgericht weder abgewartet noch sich selbst vorbehaltlos an dem ihnen zugrunde liegenden Argument eines Vorrangs des Sachverstandes vor politischer Belastung orientiert hatte. Vielmehr waren die in deren Liste enthaltenen Personalentscheidungen, wie im Gericht handschriftlich auf ihr vermerkt wurde, „ohne jede Anhörung des OLG ausgesprochen" worden. Inhaltlich machten diese Entscheidungen deutlich, daß sich die Offiziere der Besatzungsmacht nach wie vor im wesentlichen in ihrem bekannten Entnazifizierungsraster bewegten. Die Liste enthielt dreiundfünfzig Namen von Richtern und Staatsanwälten aller drei Instanzen, wobei unter den fünf Senatspräsidenten und Räten am Oberlandesgericht Melchior von der Decken und drei ohne Parteimitgliedschaft genannt waren, ebenso neun unter den siebzehn Landgerichtsdirektoren und -räten, deren übrige bis auf zwei seit 1937 Mitglied der NSDAP gewesen waren. Keiner der drei Amtgerichtsdirektoren hatte der NSDAP angehört, desgleichen acht der zweiundzwanzig Räte, die übrigen waren erst 1937 oder später Mitglieder geworden. Von einem Fall abgesehen, schien mithin das Prinzip befolgt, daß Angehörige der NSDAP mit einem vor 1937 liegenden Eintrittsdadtum wenn nicht generell vom künftigen Richterdienst ausgeschlossen, so doch erst in zweiter Linie unter den ehemaligen Parteimitgliedern berücksichtigt werden sollten.[46]

Der praktische Widerspruch zwischen diesen Personalentscheidungen und den personalpolitischen Vorstellungen im Oberlandesgericht löste dort erhebliche Aktivitäten aus, so daß bis zur Vorlage neuer Geschäftsverteilungs- und Kammerbesetzungspläne bei der Militärregierung knapp vierzehn Tage später in einer Reihe von Besprechungen Grundsätze für das weitere Vorgehen beschlossen und darauf basierende Entscheidungen gefallen waren, die vom Auswahlstandard der Zulassungsliste der Militärregierung allerdings erheblich abwichen. Dabei erfolgte die weitere Umsetzung dieser Personalpolitik innerhalb des Oberlandesgerichts auf zwei Ebenen, wenn auch für die in den Besetzungsplänen niedergelegten Personalentscheidungen ebenso wie für weitere Personalanforderungen gegenüber der Militärregierung Kiesselbach allein die Verantwortung zu tragen hatte.

Zum einen stand dem Präsidenten seit Juni 1945 ein interner Kreis von Beratern zur Seite, dem neben dem Senatspräsidenten von der Decken Landgerichtsdirektor Gernet – bis zur Verhaftung im Juli – und als persönlicher Referent Amtsgerichtsdirektor Reinhart Vogler angehörten. War nach den Entnazifizierungsstandards insbesondere Gernet durch seine NSDAP-Mitgliedschaft seit 1933 und seine Tätigkeiten am Parteigericht sowie am Sondergericht für den Richterdienst disqualifiziert und unter diesen Gesichtspunkten auch für jegliche mitwirkende Tätigkeit in Personalangelegenheiten denkbar ungeeignet, so konnte auch Vogler nicht als unbelastet angesehen werden. Wie Kiesselbach aus Aumühle kommend, hatte er jedoch seit 1933 der NSDAP angehört und war Zellenobmann im NSRB sowie Organisationswart in der NSV gewesen. Bis 1944 Landgerichtsdirektor, wechselte er dann in die Position des Amtsgerichtsdirektors und wurde zugleich stellvertretender Amtsgerichtspräsident. Seine richterliche Laufbahn war 1945 keinesweg beendet, wenngleich er zu den namentlich kritisierten Juristen im Schreiben des Komitees ehemaliger politischer Gefangener vom November 1945 gehörte. Auf Kiesselbachs Vorschlag hin, ihn in der Verwaltung des Oberlandesgerichts zu beschäftigen, erfolgte am 5. September 1945 die entsprechende Zulassung. Nach erneuter Prüfung durch einen unter Ruscheweyhs Präsidentschaft eingesetzten Prüfungsausschuß sollte Voglers richterliche Zulassung 1947 erfolgen, so daß er 1948 wieder als Landgerichtsdirektor tätig war. 1960 schließlich würde er Ruscheweyh im Amt des Präsidenten des Oberlandesgerichts folgen. Dem internen Beraterkreis gehörte weiterhin Landgerichtsdirektor Willers an. Auch er war der NSDAP im Mai 1933 beigetreten und nach 1941 als Ministerialdirigent in der hamburgischen Justizverwaltung tätig gewesen. Seine richterliche Zulassung sollte im September 1945 erfolgen, seine Ernennung zum Senatspräsidenten im April 1947. Schließlich nahm an den ersten Besprechungen bis zur Verhaftung Amtsgerichtspräsident Schwarz teil. In diesem internen Kreis wurde noch am Tage des Eingangs der ersten Zulassungsliste beschlossen, daß „die Richter eingesetzt werden, ohne Rücksicht darauf, ob ihre Zulassung durch die Militärregierung schon erfolgt ist oder nicht“[47], weiterhin, daß bereits erfolgte Pensionierungen auch angesichts des Verbots seitens des Bürgermeisters, Alterspensionierungen auszusprechen, bestehen bleiben sollten.

Zum anderen berief Kiesselbach am gleichen Tag eine kleine Kommission ein, welche ihn bei der Auswahl der Richter beraten sollte, „die bei der Wiedereröffnung der Gerichte vorerst ohne (die so schnell nicht erreichbare) Zustimmung der Militärregierung eingesetzt werden können im Amts- und Landgericht." Ihr gehörten die Rechtsanwälte Krauel, Ruscheweyh und Klaas sowie Landgerichtsdirektor Willers und zwei Amtsrichter an, die nicht Mitglied der NSDAP gewesen waren. Auf dieser Ebene sollten die im kleinen Kreis gefaßten Beschlüsse einmal justizintern mit einem breiteren Konsens versehen und bestätigt werden. Weiter konnten die durch diese Kommission ergangenen Personalbeschlüsse, durch die immerhin das von der Militärregierung vorgesehene Zulassungsverfahren ignoriert wurde, ihr gegenüber im Konfliktfalle etwa unter dem Aspekt der politischen Gutgläubigkeit insoweit verteidigt werden, als sie fast nur von Juristen gefaßt worden waren, die nicht der NSDAP angehört hatten und zur Hälfte nicht einmal der zu beurteilenden Gruppe der Richter zugehörten.

Freilich hinderte das nicht die Hinzuziehung bewährter Kollegen zur praktischen Arbeit. So waren etwa in der Besprechung am 3. Juli außer den Genannten und Kiesselbach zusätzlich aus dem internen Kreis von der Decken und Vogler anwesend. Die Beurteilungen wurden in drei vorgelegten Richterlisten eingetragen, die nach „Nicht-Parteimitgliedschaft" sowie im weiteren nach dem Parteieintrittsdatum gegliedert waren. In dieser „vom Bürgermeister angeordneten Reihenfolge", wie der Präsident erläuterte, sollte die Besetzung der Abteilungen und Kammern erfolgen, solange zugelassene Richter nicht in genügender Zahl vorhanden seien. Ablehnungen ohne Einschränkung wurden mit Durchstreichen des Namens markiert, eine Klammer um den Namen sah eine Beschäftigung nur dann vor, „wenn es sich um einen außergewöhnlich tüchtigen Richter handelt", Zustimmung zum Einsatz wurde durch ein Kreuz vermerkt. Ohne Anmerkungen blieben die Namen der Richter am Oberlandesgericht. Ablehnungsgründe wurden teilweise handschriftlich vermerkt, wie im Fall des Landgerichtsrates Prinz dessen Tätigkeit am Sondergericht. Andererseits wurde etwa der Einsatz des Landgerichtsdirektors Gernet befürwortet, obwohl dieser sowohl am Kreisgericht wie am Sondergericht tätig gewesen war. – Nach dem gleichen Verfahren besprach am folgenden Tag die Kommission drei vorgelegte Staatsanwaltslisten, wobei anstelle der Amts- und Landrichter zwei Staatsanwälte teilnahmen.

Für die Entscheidungen der Kommission waren ungeachtet der Gliederung der Listen nach dem Parteieintrittsdatum offensichtlich weitere bzw. andere Kriterien maßgebend gewesen. Von den dreiundvierzig abgelehnten Richtern hatte der größere Teil Führungsfunktionen in der NSDAP innegehabt, vierzehn von ihnen waren Truppführer, Scharführer oder Rottenführer in der SA und in einigen Fällen in der SS, andere fördernde Mitglieder der SS oder der SA-Reserve zugeteilt gewesen. Gleichwohl machten diese ergänzenden Funktions- und Tätigkeitsbeschreibungen die Auswahl nicht einsichtiger, da diese auf viele der befürworteten Richter in gleicher oder vergleichbarer Weise zutrafen. Einen großen Teil der Genannten verband jedoch ein weiteres Tätigkeitsgebiet, dessen Bekanntgabe oder Bekanntwerden im Zulassungsverfahren allein nach dem Handbuch der Militärregierung zur Entlassung oder Suspendierung führen mußte: siebzehn der abgelehnten bzw. nur im Falle außergewöhnlicher Tüchtigkeit befürworteten Amts- und Landrichter waren Beisitzer oder Vorsitzende am Sondergericht Hamburg gewesen.[48]

Wurde das Gewicht dieser Tätigkeit bei der Personalbeurteilung auch seitens der Rechtsoffiziere durchaus gesehen[49], so sollte ein späterer Vorfall zeigen, wie gering ihre Kenntnis der Kammerbesetzungen am Sondergericht noch sechs Monate nach Beginn der Überprüfungen war. Am 31. Oktober 1945 erschien ein Vertreter der Militärregierung bei Vogler und forderte innerhalb von dreißig Minuten Angaben darüber, „welche zugelassenen Richter und Staatsanwälte am Volksgerichtshof, am Sondergericht, an den Parteigerichten tätig gewesen sind", woraufhin ihm drei Namen bekanntgegeben wurden.

Mochte die Tätigkeit am Sondergericht in einer Reihe von Fällen entscheidendes Gewicht für die Ablehnung von Richtern bei den Mitgliedern der kleinen Kommission gehabt haben, so blieb gleichwohl eine Anzahl von Entscheidungen erklärungsbedürftig, in denen ehemalige Richter am Sondergericht wie etwa im Falle Gernet ausdrücklich befürwortet wurden oder in den Listen ohne Bewertung blieben. Derartige Befürwortungen konnten nicht nach den Entnazifizierungsrichtlinien erfolgt sein, sondern allenfalls aufgrund persönlicher Beurteilungen besonderer Tüchtigkeit, wie sie Kiesselbach bereits in der ersten Sitzung den Kommissionsmitgliedern als Reservekriterium genannt hatte. Freilich stand solche Beurteilung typischerweise allein den dienstrechtlichen Vorgesetzten, kaum jedoch den Amtsrichtern oder Rechtsanwälten zu, welche der kleinen Kommission mehrheitlich angehörten.

Tatsächlich zeigte dann auch eine „Aussprache" des Präsidenten mit dem Rechtsoffizier Oberst Kaberry am 5. Juli, daß Kiesselbach nach der internen Akzeptanz diesen Beurteilungsmaßstab auch gegenüber der Rechtsabteilung der Militärregierung durchsetzen konnte. Jedenfalls erhielt er in dieser Besprechung das Einverständnis mit seinen Vorschlägen, „daß ... soweit die Zahl der Zugelassenen nicht ausreicht, solche Richter vorläufig eingesetzt werden, die der NSDAP möglichst erst 1937 beigetreten waren. Auch die 1933 Eingetretenen können verwandt werden, soweit sie besonders tüchtig sind; ihre politische Eignung ist in zweiter Linie zu berücksichtigen."[50] Indem damit sieben Wochen nach der ersten Entnazifizierungsanweisung im Umgang zwischen der Rechtsabteilung der Militärregierung und der Spitze des Oberlandesgerichts die fachliche Kompetenz vor die politische Eignung gesetzt worden war, konnte der Entscheidungsrahmen auf deutscher Seite gegenüber der Besatzungsmacht in der Frage der Entnazifizierung in bedeutendem Maße erweitert werden. Stützten sich die Beurteilungen der Rechtsoffiziere zu dieser Zeit jedenfalls offensichtlich in erster Linie auf die Parteimitgliedschaft bzw. das Eintrittsdatum der Betroffenen, d.h. auf Kriterien, die wohl ein Indiz, aber keine Auskunft über das Maß der Aktivitäten der Betroffenen zugunsten der rechtspolitischen Zielsetzungen des faschistischen Staates geben konnten, so waren jetzt nicht nur die in diesem Rahmen gesetzten Zäsuren des Eintrittsdatums zur Disposition gestellt. Mit dem Vorrang der „besonderen Tüchtigkeit" wurde darüber hinaus die Beweislast umgekehrt: Es war Sache der Besatzungsmacht, die Ungeeignetheit eines zur Wiederzulassung Vorgeschlagenen gegenüber dem Votum des Präsidenten zu begründen, wobei der Anknüpfungspunkt der Parteimitgliedschaft nach dieser Vereinbarung argumentativ verbraucht war. Mit diesen personalpolitischen Leitlinien waren wesentliche Konsequenzen aus dem Memorandum Kiesselbachs zu akzeptierten Handlungsanweisungen verdichtet worden.

Da Kiesselbachs personalpolitische Initiativen ersichtlich weder innerhalb des Oberlandesgerichts auf grundsätzlichen Widerspruch trafen, noch von seiten der Rechtsoffiziere entschieden abgelehnt wurden, mochten sie das weitere Vorgehen beflügeln, denn die Entscheidungen der kleinen Kommission wurden in zweierlei Hinsicht verändert. Einmal wurde in einer internen Besprechung am 11. Juli beschlossen, deren ablehnende Voten in sechzehn Fällen aufzuheben. Im Rahmen einer Besprechung im größeren Kreis zwei Tage später wurden die tags zuvor den Präsidenten des Amts- und des Landgerichts übersandten Personalentscheidungen der kleinen Kommission „(i)m allseitigen Einverständnis nochmals durchgesprochen." Dabei wurden u. a. die für neun Amts- und acht Landrichter verfügten Beschränkungen hinsichtlich ihres Einsatzes wieder aufgehoben, da „die Bedenken nicht so schwerwiegender Natur sind." Diese Entscheidungen deckten sich mit den am 11. Juli im internen Kreis getroffenen Beschlüssen.

Die zweite Modifikation der Beschlüsse der kleinen Kommission bestand darin, daß die ohne jede Einschränkung abgelehnten Richter nur einstweilig nicht beschäftigt werden, also entgegen den Kommissionsentscheidungen zu einem späteren Zeitpunkt durchaus wieder eingesetzt werden sollten. In diesem Sinne gingen am 12. Juli Schreiben an den Amts- und den Landgerichtspräsidenten, worin nach Parteieintrittsdaten gegliedert die Namen von neunzehn Amts- bzw. sechsundvierzig Landrichtern aufgeführt waren, die wegen Eintritts in die Partei vor dem 1.4. 1933 „nicht beschäftigt" (das betraf fünf Amts- und vier Landrichter), trotz späteren Eintritts „einstweilen nicht beschäftigt" (zehn Amts- und dreißig Landrichter) oder „nur bei ganz besonderer Leistungsfähigkeit beschäftigt werden" sollten (zwei Amts- und sieben Landrichter). – Die nicht aufgeführten Richter konnten „ohne weitere Prüfung verwendet werden", wobei der vorläufige Charakter der Beschäftigung betont und um vertrauliche Behandlung des Schreibens gebeten wurde.[51]

Den vorläufigen Abschluß dieser personalpolitischen Maßnahmen in Reaktion auf die Zulassungsliste von Ende Juni markierte eine Besprechung des internen Kreises am 12. Juli über die künftige Besetzung der Senate des Oberlandesgerichts, wenn auch ein Zeitpunkt für dessen Wiedereröffnung noch kaum absehbar war. Zugleich konnte in der Personalplanung, die an diesem Tage von Kiesselbach, von der Decken und Vogler für die dritte Instanz fixiert wurde, der Kulminationspunkt einer konservativen Justizpolitik gesehen werden, welcher die personalpolitische Kontinuität und Rehabilitation selbst der verantwortlichen richterlichen Justizspitzen aus der Zeit des Faschismus Programm war. Eine zugrundeliegende Liste des richterlichen Personals am Oberlandesgericht umfaßte dreiundfünfzig Namen, darunter zwölf Senatspräsidenten, von denen neun im Rahmen des automatischen Arrestes verhaftet waren. Für den Vorsitz der drei vorgesehenen Zivilsenate wurde neben Kiesselbach und von der Decken tatsächlich der ehemalige OLG-Präsident Schmidt-Egk vorgesehen. Als Vertreter Kiesselbachs im ersten Senat wurde Georg W. Bacmeister notiert, der, 1933 der NSDAP beigetreten, von 1934 bis 1936 Mitglied im Strafsenat, von 1939 bis 1942 Vorsitzender eines bzw. 1942 beider Strafsenate und 1944 bis 1945 wieder Mitglied eines Strafsenates gewesen war. Seit 1935 hatte er darüber hinaus den Vorsitz am Erbgesundheitsobergericht in Hamburg innegehabt. Noch nachdem die Militärregierung Anfang September 1945 die Vervollständigung der Richterlisten gefordert hatte, wurde Bacmeister unter den ortsabwesenden Richtern aufgeführt, die „deshalb noch keinen Fragebogen eingereicht haben". Dieser wurde dann am 17. September zusammen mit anderen der Rechtsabteilung der Militärregierung übersandt, verbunden mit der Bemerkung, daß insbesondere Bacmeister ein „vorzügliche(r) und erfahrene(r) Richter" sei. Zwei Tage darauf erhielt Vogler die ablehnende Antwort verbunden mit dem Vorwurf, diesen Richter überhaupt wieder zum Einsatz vorgeschlagen zu haben. Die Pensionierung sollte jedoch gestattet werden, woraufhin Kiesselbach im Oktober Bacmeister mitteilte, daß dieser „auf sein Gesuch hin" mit Wirkung vom 1.2.1946 pensioniert werde.[52]

Als Vertreter Schmidt-Egks und, „falls Dr. Schmidt-Egk von der Militärregierung nicht zugelassen wird", als Vorsitzender des dritten Zivilsenates wurde der verhaftete Senatspräsident Friedrich Davids vorgesehen. Den Vorsitz des ersten Strafsenates sollte Senatspräsident Engels und im Falle ausbleibender Zustimmung von der Militärregierung Senatspräsident Rudolf Seyfferth übernehmen. Engels war im Mai 1933, Seyfferth 1937 Mitglied der NSDAP geworden, letzterer weiterhin Beisitzer am Gauehrengericht gewesen und beide befanden sich in Haft. Nachdem sie auf der Liste nicht zugelassener Richter der Militärregierung vom 14. August verzeichnet waren, wurde kurz darauf von der großen Kommission im Oberlandesgericht ihre Zulassung befürwortet, die als vorläufige am 5. September 1945 erfolgte. Während Engels am 18.1.1946 pensioniert werden sollte, konnte Seyfferth nach kurzer Zeit wieder seine alte Position einnehmen.[53]

Dem zweiten Strafsenat schließlich sollte Vizepräsident Struve oder, „falls dieser lieber einen Zivilsenat nimmt", von der Decken vorstehen. – Als Beisitzer für die Zivil- und Strafsenate waren neunzehn Namen vermerkt, darunter ein Richter ohne NSDAP-Mitgliedschaft und fünf Beisitzer bzw. Vorsitzende der Strafsenate sowie zwei ehemalige Mitglieder am Gaugericht. Der inhaftierte Senatspräsident Prieß sollte „zur persönlichen Verfügung des OLG-Präsidenten" bleiben. – Am 13. Juli wurde die Liste der OLG-Richter durchgesprochen, wobei jedoch die Personalbeschlüsse vom Vortag nicht zur Sprache kamen sondern hinsichtlich einer Reihe weiterer Richter, überwiegend Räte am Oberlandesgericht, beschlossen wurde, daß sie „vorerst nicht zu beschäftigen" seien. Unter ihnen befanden sich zwei ehemalige SS- bzw. SA-Führer, zwei weitere waren im Rassepolitischen Amt in Hamburg und je einer am Sondergericht bzw. in einem Strafsenat sowie einer Rassenschandekammer tätig gewesen.

Mitte Juli 1945 waren damit justizintern bereits weitgehende personalpolitische Entscheidungen gefallen, die vom Präsidenten und seinem Kreis engster Berater vorstrukturiert und anschließend unter Beteiligung von Amtsrichtern, Staatsanwälten und Vorstandsmitgliedern der Rechtsanwaltskammer in einzelnen Fällen verändert, jedoch hinsichtlich des gesamten Verfahrens und der darin manifestierten Tendenz gebilligt wurden. Diese Tendenz ging dahin, nachdem gegenüber der Besatzungsmacht mit dem Kriterium des Parteieintritts vor dem 1. April 1933 der Kreis der hiernach Auszuschließenden zu diesem Zeitpunkt bereits unerwartet klein gehalten werden konnte, die gleichwohl zahlreichen Fälle aktiver Betätigung für die Ziele des faschistischen Regimes, sei es innerhalb der Justiz oder in der NSDAP bzw. weiteren NS-Organisationen, entweder einstweilen zurückzuhalten, was sich nur mit der Erwartung günstigerer Umstände im Entnazifizierungsverfahren erklären läßt, oder sie mittels des Präsidentenvotums über die besondere Tüchtigkeit des Betroffenen einstweilen wieder zum Richteramt zuzulassen, so daß im ungünstigsten Falle später die Pensionierung gesichert sein würde, sollten sich weitere und förmliche Entnazifizierungsverfahren anschließen. Daneben schließlich wurde versucht, Pensionierungen sowohl aus Altersgründen wie auch zu dem Zweck vorzunehmen, damit ein folgenreiches Entnazifizierungsverfahren zu umgehen, da seitens der Militärregierung angeordnet war, daß auch Pensionsanwartschaften verloren gingen, wenn Entlassene bis zum 31.12.1945 nicht wieder beschäftigt waren.[54] Schien also zu dieser Zeit die Umsetzung von Kiesselbachs Forderung, daß die Mitgliedschaft in der NSDAP grundsätzlich kein Anknüpfungspunkt für Entlassungen sein dürfe, in greifbare Nähe gerückt, so waren seine personalpolitischen Maßnahmen und Planungen doch zugleich die praktische Widerlegung seiner Auffassung im Memorandum, es habe nur einen kleinen Kreis von Helfershelfern um Hitler gegeben, die für die begangenen Verbrechen verantwortlich und zur Rechenschaft zu ziehen seien. Sie hatten in erheblicher Zahl auch innerhalb der Justiz an entscheidender Stelle die Rechtspolitik des faschistischen Staates gestaltet oder geduldet, an Sondergerichten die politische Verfolgung in Kenntnis der Konsequenzen juristisch formuliert und unterstützt oder in großem Umfang neben der richterlichen Tätigkeit Leitungsfunktionen zumeist in der SA und anderen NS-Organisationen innegehabt. Von wenigen Fällen abgesehen, galten ihrem Schutz die Bemühungen innerhalb der Justiz.

Mit welcher Konsequenz der Präsident diese Personalpolitik auch gegenüber der Militärregierung vertrat und teilweise umsetzen konnte, bevor diese ihm Mitte August erstmals verfahrensrechtliche Vorgaben für sein weiteres Vorgehen machen sollte, zeigten drei personalpolitische Initiativen bzw. Beurteilungen richterlicher Vorschlagslisten.

Die erste Maßnahme betraf die – angeforderte – Übersendung von Besetzungsplänen für die Hamburger Amtsgerichte und das Landgericht, die in erheblichem Umfang über die Zahl der bis dahin vorläufig zugelassenen Richter hinausging und sich an den Entscheidungen von Anfang Juli sowie an den Namenslisten in den Schreiben an den Amts- und Landgerichtspräsidenten vom 12. Juli orientierten.[55]

Zum zweiten unternahm Kiesselbach Ende Juli gegenüber dem Chef der Hamburger Rechtsabteilung Oberst Kaberry den Versuch, die Entlassung eines Teils der OLG-Richter und einiger Richter am Landgericht aus dem Arrest zu erwirken, wobei er erläuterte, zu ihrer Auswahl aufgrund von Beratungen mit einer Kommission von drei OLG-Richtern, darunter von der Decken, und drei Land- und Amtsgerichtsdirektoren gekommen zu sein, die bereits zugelassen wären und bis auf zwei OLG-Richter der NSDAP nicht angehört hatten. Die Kommission habe befunden, „that the attitude of each towards the Nazi-Regime has doubtlessly been strongly adverse." Ergänzend verbürgte der Präsident sich persönlich für die Betroffenen: „I therefore do not hesitate to assume full guarantee for the abovenamed judges who are in custody."[56] – Alle benannten OLG-Richter, das waren neben Vizepräsident Struve die Senatspräsidenten Davids, Schultz, Seyfferth und F. Prieß und der Rat Joachim Lohse, waren in der Planungssitzung für die Eröffnung des Oberlandesgerichts berücksichtigt worden. Lohse war seit 1933 Mitglied in der NSDAP und Blockleiter gewesen, weiterhin Zellenobmann im NSRB, seit November 1933 SA-Sturmmann und in den Jahren 1944 und 1945 Richter im zweiten Strafsenat. Bereits 1941 und 1942 auf Vorschlagslisten für eine Ratsstelle am Oberlandesgericht vermerkt, wurde er 1943 vom Amtsgerichts- zum Oberlandesgerichtsrat ernannt. In der Planungssitzung am 12. Juli war er als Beisitzer am Oberlandesgericht, in dem der Militärregierung übersandten Geschäftsverteilungsplan dagegen für eine Strafkammer des Amtsgerichts vorgesehen. – Unter den vier Richtern am Landgericht war Landgerichtsrat Walter Pelzer genannt, der seit 1933 NSDAP-Mitglied und Blockleiter, weiterhin im Kreisrechtsamt und schließlich am Sondergericht tätig gewesen war. – Ein schneller Erfolg war dieser Initiative Kiesselbachs nicht vergönnt, denn von einem zwischenzeitlichen Entlassungsverfahren abgesehen, standen alle Genannten noch drei Monate später unter Arrest. Erst am 17. Oktober 1945 wurden die Fragebögen von Lohse und Pelzer eingereicht, verbunden mit starker Befürwortung einer Wiedereinstellung. Lohse hatte bereits im August zu den ersten vier endgültig aus dem Amt entlassenen Richtern gehört, was am 27. Oktober bestätigt wurde. Die Rangliste Hamburger Richter von 1948 sollte ihn gleichwohl unter den Hilfskräften führen, während für Pelzer am 27. Oktober 1945 die endgültige Zulassung als Amtsgerichtsrat erreicht werden konnte. Hieran änderte sich auch nichts, als vier Tage später der Militärregierung seine Tätigkeit am Sondergericht mitgeteilt werden mußte.

Schließlich wurde das Gewicht des Präsidentenvotums in Personalfragen der örtlichen Militärregierung gegenüber deutlich, als ihm anläßlich seiner und des Amtsgerichtspräsidenten Vereidigung auf das Gesetz Nr. 2 der Militärregierung am 2. August eine Liste mit fünfzig Namen übergeben wurde „for his comments".[57] Bereits am folgenden Tag entschieden Landgerichtsdirektor Schierach, Amtsgerichtspräsident Müller sowie aus dem Kreise des OLG-Präsidenten Vogler und Willers, über welche der aufgeführten Richter „noch Ermittlungen angestellt werden" sollen bzw. gegen welche „keine Einwände zu erheben" seien. Der Amtsgerichtspräsident empfahl im Bericht für seinen Bereich in einem Fall die Pensionierung, hatte andererseits keine Bedenken hinsichtlich weiterer Verwendung im Falle eines ehemaligen Beisitzers am Kreisgericht und eines Richters am Sondergericht.[58] Letzteres erwähnte der Bericht jedoch nicht. In einem Fall schließlich sollten noch weitere Auskünfte eingeholt werden, „da die Akten in verschiedener Hinsicht Ungünstiges enthalten". Darauf war wohl auch die spätere Entlassung begründet, die erst aufgrund des Einspruchs beim Fachausschuß Justiz für die Entnazifizierung im November 1947 wieder rückgängig gemacht werden konnte. Der Bericht für die Landrichter führte in vier Fällen zur Befürwortung, worunter sich – nicht vermerkt – ein Beisitzer in einer Rassenschandekammer und am Gaugericht befand, in zwei weiteren dazu, eine Befürwortung zurückzustellen, wofür Kiesselbach anstelle eines „Yes" in der für seine Stellungnahme vorgesehenen Spalte in der Richterliste ein „Pending" einsetzte. Gleiches tat er hinter den Namen von drei der insgesamt zehn genannten Richter am Oberlandesgericht.

Dazu gehörte Franz Lang[59], der, von Kiesselbach am 12. Juli bereits als Beisitzer vorgesehen, von 1936 bis 1945 Mitglied des ersten Strafsenates, seit 1941 Mitglied in beiden und ab 1943 schließlich stellvertretender Vorsitzender eines Strafsenates gewesen war. Nach der Ablehnung durch die große Beurteilungskommission am 21. August von Kiesselbach auf eine Entlassungsliste gesetzt, bat dieser im September gegenüber der Rechtsabteilung um Zustimmung, „den entlassenen Oberlandesgerichtsrat Dr. Franz Lang als Tarifangestellten ... ein(zu)stelle(n), um ihn in der Gesetzeskommission zur Erneuerung des materiellen und formellen Strafrechts arbeiten zu lassen. Dr. Lang ist ein außergewöhnlich kluger Kopf, dessen Kenntnisse und Fähigkeiten das gewöhnliche Maß weit übersteigen. Er wird deshalb auch als Tarifangestellter nutzbringend verwandt werden können, ohne doch eine richterliche Tätigkeit auszuüben." Wenngleich die Rechtsabteilung auf der Entlassung bestand, wurde drei Wochen später mitgeteilt, sein Fall sei „still under consideration". Erst im Zuge der politischen Angriffe auf die Entnazifizierungspraxis konzentrierten sich die Bemühungen darauf, die Entlassung mit der Pension zu verbinden, was auch gelingen sollte.

Oberlandesgerichtsrat Otto Prosiegel gehörte ebenfalls zu den Pending-Fällen. Er wurde am 13. Juli in der Gruppe der einstweilen nicht zu Beschäftigenden aufgeführt, ohne daß, von seiner NSDAP-Mitgliedschaft seit 1933 abgesehen, die Gründe ersichtlich waren, die jedoch hinreichend schwerwiegend und bekannt sein mußten, da Prosiegel, der von 1936 bis 1939 einem, zeitweilig beiden Strafsenaten angehört hatte, von der großen Beurteilungskommission abgelehnt und von der Rechtsabteilung entlassen werden sollte. Es folgte kurze Zeit später allerdings die Zulassung unter Versetzung in die Position eines Amtsgerichtsrates. Aufgrund erneuter Prüfung durch eine von Kiesselbachs Nachfolger einberufene Kommission sollte er angesichts des vorliegenden Entlastungsmaterials in dieser Position verbleiben.

Auch Oberlandesgerichtsrat Gustav Hollburg war nach seiner Abordnung an das Landgericht unter den einstweilig nicht zu beschäftigenden Richtern genannt. Seit Mai 1933 Mitglied der NSDAP, hatte er von 1934 bis 1940 einem Strafsenat angehört und war in einer Kammer für Rassenschandefälle tätig gewesen. Sein weiteres Schicksal bis Ende 1945 war durchaus beispielhaft. Der Ablehnung durch die große Beurteilungskommission im August folgte die Entlassung seitens der

Rechtsabteilung der Militärregierung, Anfang November dann jedoch seine Zulassung als Landgerichtsdirektor. Zwei Wochen, nachdem Vogler in der Zulassungsmitteilung seiner Freude über die rückgängig gemachte Entlassung Ausdruck gegeben hatte, erreichte ihn die Mitteilung der Rechtsabteilung, daß die Zulassung zurückgenommen und ein sofortiges Beschäftigungsverbot angeordnet wäre. Die weitere Anweisung der pensionslosen Entlassung konnte allerdings später rückgängig gemacht werden. – Unter den von Kiesselbach befürworteten sieben OLG-Richtern waren drei weitere ehemalige Mitglieder der Strafsenate, die jedoch seitens der Militärregierung binnen vierundzwanzig Stunden ebenso wie alle anderen mit der Stellungnahme „Yes“ versehenen Richter zugelassen wurden.

Der Eindruck weitgehender Akzeptanz von Kiesselbachs Personalpolitik seitens der Militärregierung wurde noch am 10. August durch ein Gespräch Voglers mit dem Rechtsoffizier Schobbers verstärkt. Nachdem dieser sich als möglicherweise künftiger Überwachungsoffizier für die Hamburger Gerichte vorgestellt und seine Befürwortung durch Kiesselbach bei seinem Vorgesetzten Kaberry angeregt hatte, plädierte er eindringlich für Ruscheweyh als zukünftigen Präses im Vorstand der Hamburger Rechtsanwaltskammer und erklärte sich hinsichtlich des weiteren Zulassungsverfahrens beim richterlichen Personal bereit, „sämtliche Nein-Fälle nochmals insoweit zu überprüfen, als der Herr Chefpräsident eine Zulassung befürworte. Er schenke uns vollstes Vertrauen, fordere demgegenüber aber, dass ihm nur die wirklich einwandfreien Fälle empfohlen würden. Er erwarte, dass wir mit grösster Sorgfalt prüften. Bei seiner Prüfung werde er sich dann auf unser Urteil verlassen.“ Schobbers werde eine Liste der abgelehnten Richter zur Prüfung schicken ohne Vermerk, „dass es sich um abgelehnte Fälle handelt, damit wir die Richter vorläufig in der Gesetzeskommission und der Referendar-Ausbildung weiterbeschäftigen können. Die Richter sollen von der Ablehnung nicht unterrichtet werden, damit unnötige Aufregung vermieden wird.“ Schobbers empfahl schließlich, auf keinen Fall „die Frage der Zulassung abgelehnter Richter mit Major Spence zu erörtern, der ihn vertrete und einen schärferen Standpunkt einnehme.“

Diese Einschätzung des englischen Rechtsoffiziers illustrierte, daß bei der Rechtsabteilung der Hamburger Militärregierung ungeachtet ihrer im allgemeinen konservativen Ausrichtung keineswegs einheitliche Meinungen darüber bestanden, in welchem Umfang und insbesondere mit welcher personalpolitischen Konsequenz die Entnazifizierung der Justiz betrieben werden sollte. Innerhalb des konservativen Apparates gab es einerseits Kräfte, welche durch die Überprüfungsverfahren alle Juristen aus ihren Positionen zu entfernen gedachten, die sich politisch und in ihrer Berufstätigkeit als aktive Anhänger des faschistischen Regimes erwiesen hatten und die sich dabei stellenweise nicht nur allein an dem formalen Maßstab der Parteizugehörigkeit orientierten, wie etwa die Überlegungen hinsichtlich der Juristen an den Sondergerichten zeigten. Auf der anderen Seite waren Offiziere wie Schobbers offensichtlich zu weitestgehender Kooperation mit der konservativen Justizspitze unter Bedingungen bereit, die von deren standespolitischen Kontinuitätsinteressen geprägt waren, hinter denen die Entnazifizierungsaufgabe beinahe alles Gewicht verlor.

Der hier in Aussicht genommene weitere Gang der Überprüfungs- und Zulassungsverfahren wurde jedoch Mitte August unterbrochen, als die Militärregierung die Einrichtung eines Überprüfungskomitees für das richterliche Personal am Oberlandesgericht anordnete, womit jene Etappe der Entnazifizierungspolitik beendet schien, in der sich die Militärregierung allein auf die Person Kiesselbachs stützte. Mochte in dieser Verfügung, den justizinternen Entscheidungsprozeß in diesen Fragen auf eine breitere Grundlage zu stellen, auch ein Mißtrauen gegenüber dem Präsidenten des Oberlandesgerichts zum Ausdruck kommen, so zeigten die weiteren Maßnahmen bis zur Eröffnung des Oberlandesgerichts zugleich die starke Verunsicherung der Militärregierung hinsichtlich ihrer eigenen Entscheidungsgrundlagen, als der Anordnung, die Überprüfungskommission zu bilden, kurz darauf die weitere folgte, bei der Militärregierung Personallisten einzureichen, aus denen die bisherigen Zulassungen und Ablehnungen sowie die Wünsche des Präsidenten hervorgingen, welche Richter, die abgelehnt oder über die noch nicht entschieden sei, er wieder zu beschäftigen gedenke. Hierauf erst wurden in größerem Umfang Entlassungen seitens der Militärregierung ausgesprochen und im weiteren der Oberlandesgerichtspräsident unter Hinweis auf die Verbindlichkeit dieser Entscheidungen zu entsprechendem Handeln angehalten. Das Verhalten der Rechtsoffiziere war so einerseits durch wachsendes Mißtrauen und andererseits durch unveränderte Konzilianz etwa hinsichtlich der Beurteilungskriterien gekennzeichnet, wie sie Kiesselbach ihnen gegenüber bereits im Juli gewichtet hatte.

In der folgenden Etappe, die bis zur Eröffnung des Oberlandesgerichts am 22. September 1945 reichte, gewannen die beiden skizzierten rechtspolitischen Linien innerhalb der Militärregierung deutlichere Konturen, woraus die Widersprüchlichkeit mancher ihrer Entscheidungen zu erklären war. Diese damit in der Politik der Militärregierung angelegte Konfliktsituation sollte sich nach der Eröffnung des Oberlandesgerichts erst zuspitzen, als durch die Denkschrift des Komitees ehemaliger politischer Gefangener auch die Entnazifizierungspolitik der Militärregierung zur Diskussion gestellt wurde und der Anweisung Armytages, Kiesselbach zu entlassen, nur durch beharrlichen Widerstand seitens der örtlichen wie der zonalen Rechtsabteilung gegengesteuert werden konnte. Insgesamt war es Kiesselbach jedoch auch in dieser zweiten Etappe angesichts enger werdender Spielräume möglich, dem bisherigen Weg zu folgen und er reagierte dementsprechend auf die erste Aufforderung aus dem Rathaus am 8. August, für die weitere Überprüfung des richterlichen Personals eine Kommission einzurichten, ablehnend.[60] Für das nichtrichterliche Personal bestehe bereits eine Kommission ohne NSDAP-Mitgliedschaften und das richterliche Personal werde schon von der Militärregierung geprüft: „In Anbetracht dieser besonders angeordneten und durchgeführten Regelung sehe ich davon ab, dem Wunsch der Hauptverwaltung, Kommissionsmitglieder zu benennen, zu entsprechen. Ich bemerke, daß die getroffene Sonderregelung durchaus meine Zustimmung findet.“

Nachdem am 14. August von der Militärregierung eine Liste der bisher nicht zugelassenen Richter eingegangen war, kam es allerdings „auf Veranlassung von Oberst Kaberry“ zur Bildung einer großen Kommission[61], der nach Kiesselbachs

Anweisung neben dem ehemaligen Rechtsanwalt und jetzigen Generalstaatsanwalt Klaas[62] die Rechtsanwälte Ruscheweyh und Krauel, weiterhin vier Richter am Landgericht und fünf Amtsrichter sowie ein Oberlandesgerichtsrat angehörten. Wie bereits jene kleine Kommission im Juli entschied allerdings auch diese Kommission nicht allein sondern im Beisein Kiesselbachs sowie seines internen Beraterkreises, denn für Aktenauskünfte und gegebenenfalls die Beschaffung weiterer Unterlagen sollten Senatspräsident von der Decken, Landgerichtsdirektor Willers und Vogler „hinzugezogen werden".

Nachdem Oberst Kaberry Vogler gegenüber erklärt hatte, bei den Ablehnungsentscheidungen der Militärregierung handle es sich um vorläufige, die „aufgrund der Kommissionsbeschlüsse in manchen Fällen" verändert werden könnten, erläuterte Kiesselbach die Aufgabe der Kommission auf der ersten Sitzung am 17. August[63] dahin, „daß es sich darum handle zu prüfen, ob er sich für eine Anzahl Richter und Staatsanwälte, deren Namen er im einzelnen noch bekanntgeben werde, gegenüber der Militärregierung einsetzen könne. Grundsätzlich sei dies nur möglich bei solchen Richtern und Staatsanwälten, die nicht eifrige Anhänger der nationalsozialistischen Anschauung gewesen seien und sich dementsprechend zurückgehalten hätten. Für die 1933 zur Partei Gekommenen könne nur dann eingetreten werden, wenn sie besonders gute Leistungen aufzuweisen hätten." Gleiches sollte gelten, wenn Betroffene „niedrige Ämter in Partei, SA, NSKK, NSFK oder angeschlossenen Verbänden innegehabt hätten." Ein Kommissionsmitglied schied wegen Parteimitgliedschaft aus, blieb jedoch anwesend. In zwei Sitzungen befürwortete die Kommission neunundfünfzig der von der Militärregierung abgelehnten Richter und Staatsanwälte, darunter sieben „unter der Voraussetzung, daß sie sich pensionieren lassen" und lehnte eine Wiederzulassung in einundzwanzig Fällen ab. Zu den zwölf auswärtigen Richtern und Staatsanwälten wurden keine Stellungnahmen abgegeben und in vier weiteren Fällen schließlich „weitere Ermittlungen" für erforderlich gehalten, mit denen Kiesselbach einen OLG-Richter betraute.

Wie bereits bei den Entscheidungen der kleinen Kommission vom 3. Juli läßt sich auch hier kein signifikanter Unterschied zwischen der Gruppe der abgelehnten und den befürworteten Richtern ausmachen, was das Eintrittsdatum in die NSDAP wie Leitungsfunktionen in ihr oder in angeschlossenen Verbänden bzw. in der SA und SS betraf. Unter den befürworteten Richtern waren zahlreiche ehemalige Block- und Gaustellenleiter oder Rotten- und Scharführer bzw. als Trupp- und Obertruppführer überwiegend in der SA tätig gewesene. Je vier der abgelehnten und der befürworteten Richter waren am Sondergericht, fünf der befürworteten Richter, darunter Gernet, als Beisitzer oder Vorsitzende an Parteigerichten tätig gewesen. Welches Gewicht die persönlichen Stellungnahmen[64] und Kenntnisse der Kommissionsmitglieder und übrigen Anwesenden für die Entscheidungen haben mußten, illustrierte der Fall des Amtsgerichtsrates Gustav Middel, dessen Einsatz als „Leiter des Konservatoriums für Referendare" Generalstaatsanwalt Klaas beanstandete, weil dieser ein „besonders aktiver Nationalsozialist" gewesen sei. Mehrere Kommissionsmitglieder bestätigten dies und es wurde dem Präsidenten die Übersendung von „Ausführungen Middels über Bevölkerungspolitik" zugesagt.

Der Fall Middel illustrierte weiterhin den beharrlichen Widerstand der administrativen Spitze im Oberlandesgericht gegenüber Entscheidungen der von ihr selbst einberufenen Kommissionen, wenn die den intern gesetzten personalpolitischen Prioritäten zuwiderliefen. Schließlich warf dieser Fall ein Licht auf den Entscheidungsprozeß auf Seiten der Rechtsabteilung der Militärregierung, der sowohl derartige interne Differenzen verborgen blieben als auch Personalkenntnisse etwa auf dem Niveau der Personalakten fehlten. Middel hatte noch 1944 auf einer Anwärterliste für die Position eines Landgerichtsdirektors gestanden und gehörte gleichfalls zu der Gruppe von Richtern, die am 29. Juni auf der ersten Zulassungsliste der Militärregierung verzeichnet waren, was auf einer weiteren Zulassungsliste vom 3. August bestätigt wurde.[65] Andererseits wurde Middel sowohl von der kleinen Kommission am 3. Juli abgelehnt, aber nicht gestrichen, wie ein handschriftlicher Vermerk zeigte und ebenso von der großen Kommission auf ihrer zweiten Sitzung am 21. August seine weitere Beschäftigung kritisiert, ohne daß er allerdings im Protokoll unter den nicht befürworteten Fällen verzeichnet war. Es folgte daher kurze Zeit später die Bestätigung über die vorläufige und Mitte September die endgültige Zulassung, die erst infolge der Denkschrift des Komitees ehemaliger politischer Gefangener wieder zurückgenommen werden und – soweit ersichtlich – zum einzigen Fall einer pensionslosen Entlassung in diesem Zusammenhang führen sollte.

Am Ende der zweiten Sitzung der großen Kommission von Kiesselbach um ihre Beurteilung der „Pending"-Fälle in der Liste der Militärregierung vom 1. August gebeten, lehnte diese eine Befürwortung der Oberlandesgerichtsräte Lang, Prosiegel und Hollburg sowie zweier weiterer Richter ab und befürwortete die verbleibenden vier Richter nur unter der Voraussetzung, daß drei von ihnen pensioniert würden. Den Weg der Zulassung mit anschließender Pensionierung hatte Vogler noch am Tage zuvor Oberst Kaberry gegenüber drohenden pensionslosen Entlassungen vorgeschlagen, ohne jedoch eine generelle Zustimmung für dieses Verfahren zu erhalten. Kaberry bestand auf der Prüfung jedes einzelnen Falles: „(W)ürde man anders verfahren, so könne es dazu kommen, daß bisherige Beamte einer ‚verdienten Bestrafung' entzogen würden."[66]

Ungeachtet wiederholter Anregungen und schließlich energischer Aufforderungen seitens der Militärregierung, angesichts des Mangels an unbelasteten Richtern die sogenannten Ostrichter und andere nicht aus Hamburg stammende Bewerber zu berücksichtigen, wurde dieser Weg im Oberlandesgericht mit Konsequenz nicht gegangen. Bereits vor der ersten Sitzung der großen Kommission hatte Vogler mit der Sekretärin des beurlaubten Sachbearbeiters Schobbers vereinbart, daß die auswärtigen Nichtzugelassenen eingeklammert, d.h. nicht behandelt würden. Die Nichtbehandlung aller auswärtigen Richter ordnete Kiesselbach zwei Wochen später noch einmal an, nachdem die Militärregierung die Aufstellung von Listen des richterlichen Personals gefordert hatte. In diesem Zusammenhang sprach Oberst Carton wenig später von einer Cliquenwirtschaft, wo qualifizierte Juristen ohne politische Belastung abgewiesen und „in Hamburg in der Jusitz in allen Dienstgraden noch Parteigenossen beschäftigt würden." Vogler erwiderte, daß den

Behauptungen, niemals der Partei angehört zu haben, leider vielfach „mit größtem Mißtrauen begegnet werden müsse." Bereits am folgenden Tag wiederholte Carton seine Vorwürfe unter Hinweis auf „Angriffe gegen die Jusitz" aus der Hamburger Bevölkerung und den „Wunsch der Militärregierung, in Hamburg auswärtige Richter, die nicht Pg. waren, einzustellen zur Ablösung von Richtern, welche der Partei angehörten. ... (D)ie Frage der Einstellung von Nichtparteigenossen in Hamburg müsse sofort im Sinne der Militärregierung entschieden werden, wenn nicht die Mil.Reg. die Überzeugung gewinnen solle, daß zugunsten der Mitglieder der NSDAP eine Cliquenwirtschaft getrieben werde." In zwei nachfolgenden Besprechungen in Aumühle mit dem Oberlandesgerichtspräsidenten bestand Einigkeit, „daß dem verschärften Kurs der Militärregierung Rechnung getragen werden muß, soweit dadurch keine Überfremdung mit auswärtigen Richtern stattfindet." Auf eine erneute Nachfrage Cartons am 3. September, „wie es mit der Einstellung der bezirksfremden Richter sei", entgegnete Vogler, „daß der Chefpräsident grundsätzlich einverstanden sei, soweit ein Bedarf entstehe, soweit keine Überfremdung eintrete und Qualifikationen der Bewerber ernsthaft nachgeprüft werden können."

Noch bevor die Beratungsergebnisse der großen Kommission an die Militärregierung übersandt waren, kam es zu einer neuen Regelung des Verfahrens, als Oberst Carton am 27. August die Aufstellung dreier Listen der bereits im Dienst befindlichen sowie jener Richter forderte, über deren Zulassung noch nicht entschieden sei und die „der Oberlandesgerichtspräsident wieder zu beschäftigen gedenkt." In die dritte Liste sollten die Richter eingetragen werden, die bereits abgelehnt sind, „deren Weiterbeschäftigung (sc. jedoch) gewünscht wird." Dabei seien Parteieintrittsdatum und -funktionen anzugeben, „nicht erforderlich" seien jedoch Angaben über Mitgliedschaften und Funktionen in „angeschlossenen Verbänden sowie betreuten und anderen Organisationen." Carton betonte, daß „grundsätzlich ... die vor 1937 in die NSDAP Eingetretenen nicht im Amte bleiben (sc. sollen); es können jedoch Ausnahmen gemacht werden, wenn es sich um überdurchschnittlich tüchtige und charakterlich einwandfreie Richter und Staatsanwälte handle. Insoweit werde es weitgehend auf das Urteil des Oberlandesgerichtspräsidenten ankommen."[67]

Diese Maßnahme und insbesondere die näheren Instruktionen des Rechtsoffiziers kontrastierten dem gerade zuvor angeordneten Kommissionsverfahren in mehrfacher Hinsicht. Einmal wurde generell die Bedeutung des Präsidentenvotums im internen Vorbereitungsverfahren wie für die Entscheidungen der Militärregierung hervorgehoben, des weiteren kamen unter den Organisationszugehörigkeiten als belastenden Faktoren nur noch der Parteimitgliedschaft vor 1937 Gewicht zu und schließlich wurden die genannten Maßstäbe, die wenn nicht gerade die geeignetsten[68] so wegen ihrer Formalisierung immerhin praktikabel gewesen wären, durch das als vorrangig gewichtete Urteil überdurchschnittlicher Tüchtigkeit und einwandfreien Charakters faktisch wieder aufgehoben. Bei dieser Entscheidungsstruktur kam der Person Kiesselbachs die Funktion einer Widerspruchsinstanz gegenüber Ablehnungen der Militärregierung zu, vor der die Ablehnungsgründe nach den Entnazifizierungsrichtlinien nicht mehr ins Gewicht fielen. Während personalpolitische Vorstellungen der englischen Rechtsoffiziere, soweit sie nicht auf die Zustimmung des Kreises um den Oberlandesgerichtspräsidenten trafen wie etwa hinsichtlich der auswärtigen Juristen, kaum eine Durchsetzungschance hatten, lagen die Grenzen von Kiesselbachs Personalpolitik erst dort, wo der Militärregierung Tatsachen bekannt wurden, die den Vorgeschlagenen als aktiven Anhänger des Nationalsozialismus desavouierten. Dies konnte auf nachdrückliche Rückfragen hin geschehen, durch Ermittlungen der eigenen Dienste oder schließlich im Wege öffentlicher politischer Kontroverse, welche die Entnazifizierungsmaßstäbe in der Justiz thematisierte. – Die Unsicherheit in dieser Frage bei der Rechtsabteilung der Militärregierung machten die von Schobbers und Carton genannten Auflagen deutlich. Auch ließ die Aufforderung, eine Liste der bereits im Dienst befindlichen Richter zu erstellen, Zweifel daran erkennen, daß nur vorläufig oder endgültig zugelassene wiederbeschäftigt waren. Schließlich mochte die erhebliche Diskrepanz zwischen der Anzahl Hamburger Richter, die der Militärregierung im Juni auf einer Liste genannt worden war, und den nach drei Monaten noch fehlenden Fragebögen Anlaß zu Bedenken geben. Diese Diskrepanz hatte ihre Ursache nicht alleine darin, daß ein Teil der Richter in Gefangenschaft oder aus anderen Gründen nicht in Hamburg war. Vielmehr hatte das Bestreben, besonders belastete Richter aus dem Entnazifizierungsverfahren vorerst möglichst herauszuhalten, um Entlassungsentscheidungen zu vermeiden, für eine Anzahl von ihnen ja bereits zur einstweiligen Nichtbeschäftigung geführt. Deren Fragebögen wurden folglich gleichfalls zunächst der Militärregierung nicht vorgelegt. In diesem Sinne erging im Anschluß an den Auftrag zur Erstellung der drei Listen eine Anordnung Kiesselbachs für einige Richter, darunter die Senatspräsidenten Herr und Hirsche, die bereits am 12. Juli im Besetzungsplan für das Oberlandesgericht als Beisitzer vorgesehen waren, also zur Gruppe der noch nicht entschiedenen Fälle gehörten, deren Weiterbeschäftigung der Präsident wünschte. Ihre Aufnahme in die Liste Nr. 2 unterblieb jedoch, da sie „zur Zeit durch ihre Tätigkeit als Vorsitzende der Strafsenate so belastet (handschriftlich korrigiert durch: gefährdet) ... (sc. erscheinen), daß es ratsam ist, ihre Zulassung erst nach der Entlassung aus der Haft zu betreiben."

Die Liste Nr. 3 enthielt die zweiundfünfzig Namen der Richter aus der Ablehnungsliste der Militärregierung vom 14. August, die von der großen Kommission befürwortet worden waren. Liste Nr. 2 führte neunzehn Richter auf, darunter fünf des Oberlandesgerichts und sieben Landrichter, über deren Fragebogen noch nicht entschieden sei und deren weitere Beschäftigung der Präsident wünsche. In der Liste Nr. 1 waren die vorläufig oder endgültig zugelassenen Richter verzeichnet, das waren beim Oberlandesgericht siebzehn Richter sowie fünfunddreißig Land- und neunundvierzig Amtsrichter.

Von den in der „Liste Hamburger Richter" aufgeführten zweiundsechzig Richtern am Oberlandesgericht waren in diesen Aufstellungen erst neunundzwanzig enthalten, weiterhin erst zweiundsechzig der dort verzeichneten zweiundfünfzig Direktoren und siebenundsiebzig Räte des Landgerichts sowie schließlich einundachtzig der dort verzeichneten 126 Amtsrichter, darunter zwölf Direktoren und 114

Räte. Nach entsprechender Aufforderung überreichte Kiesselbach daher am 1. September die weiteren Listen Nr. 4 bis 7, deren Nr. 4 zehn Namen enthielt, unter den fünf OLG-Richtern auch die der Senatspräsidenten Herr und Hirsche, „über die meine Ermittlungen noch nicht abgeschlossen sind und zu deren Zulassung ich daher heute noch nicht Stellung nehmen kann." Liste Nr. 5 enthielt einhundert Namen von Richtern, darunter von zwölf OLG-Räten und sechsunddreißig Landrichtern, „die vom Wehrdienst noch nicht zurückgekehrt sind oder aus anderen Gründen ortsabwesend sind und deshalb noch keinen Fragebogen eingereicht haben." In der Liste Nr. 6 waren elf Richter verzeichnet, die wegen Eintritts in die NSDAP vor dem 1.4.1933 „zu entlassen" sind und in der Liste Nr. 7 schließlich zwei pensionierte Richter.

Die Personalentscheidungen der Militärregierung auf der Grundlage der vorgelegten Listen aus dem Oberlandesgericht, insbesondere der ersten drei, bestätigten die seit der ersten Augusthälfte erkennbare Tendenz, das von ihrer Seite her stärker strukturierte Verfahren auch hinsichtlich der Entscheidungen zu einem auch vorläufigen Abschluß zu bringen, bevor das Oberlandesgericht eröffnet werden sollte. Wenn auch eine Reihe von Fällen überwiegend inhaftierter Richter noch unentschieden blieben, so kam es doch zu Entlassungsentscheidungen in erheblich größerem Umfang, als im Oberlandesgericht angenommen worden war. Die weiteren Aktivitäten der Militärregierung konzentrierten sich dann darauf, daß die beschlossenen Entlassungen auch umgesetzt wurden. Dementsprechend wurde in der Folgezeit von seiten der Spitze des Oberlandesgerichts in mehreren Gesprächen versucht, die Zahl der Entlassungen zu reduzieren und soweit sie unvermeidlich werden sollten, mit der Pensionierungszusage zu verbinden. Diese Auseinandersetzungen prägten das Bild über den Zeitpunkt der Eröffnung des Oberlandesgerichts hinaus bis zum Erscheinen der Denkschrift des Komitees ehemaliger politischer Gefangener.

Die Militärregierung bestätigte[69] die bisherigen Zulassungen laut Liste Nr. 1 weitgehend. Die Fälle zweier Landrichter wurden als „schwebend" bezeichnet und für zwei Amtsrichter die Entlassung angeordnet. Aus der Liste Nr. 2 der bisher nicht entschiedenen Fälle wurde lediglich einer der fünf verzeichneten Richter am Oberlandesgericht, der nicht inhaftierte Rat Werner Kollhoff[70] vorläufig zugelassen, der allerdings wenig später wegen seiner bekannt gemachten Tätigkeit an den Strafsenaten pensioniert werden sollte. Von den in dieser Liste verzeichneten Landrichtern wurden zwei Fälle entschieden, die zu einer Pensionierung sowie zur Ablehnung des Rates Gustav Framhein führten, der seit 1933 der NSDAP und der Marine-SA als Scharführer angehört hatte und am Sondergericht Hamburg tätig gewesen war. Auf seinen Einspruch gegen die Entlassung hin sollte er im August 1947 durch den Berufungsausschuß Justiz wieder in seine alte Position, allerdings mit dreijähriger Beförderungssperre, zugelassen werden. Schließlich wurde für vier der in der Liste Nr. 2 verzeichneten Amtsrichter die Pensionierung genehmigt. Die meisten Entlassungen waren in der Liste Nr. 3 der bereits einmal abgelehnten Richter verzeichnet, deren weitere Beschäftigung die große Kommission im August befürwortet hatte. Die Militärregierung bestand bei drei der sieben

OLG-Richter auf der Entlassung, ebenso bei acht der zwanzig aufgeführten Richter am Landgericht, worunter auch Gernet fiel, dessen erneute Überprüfung beim Hauptquartier trotz eindringlicher Fürsprache Kiesselbachs durch Oberst Carton verweigert wurde. Schließlich wurde auch bei acht der fünfundzwanzig verzeichneten Amtsrichter die Entlassung bestätigt, damit insgesamt in neunzehn der zweiundfünfzig von der großen Kommission befürworteten Fällen. Carton betonte in seinem Bericht dieser Ergebnisse Vogler gegenüber, daß alle abgelehnten und die von der deutschen Kommission nicht befürworteten Richter entlassen wären und es „zwecklos sei, daß die Abgelehnten vor Ablauf weiterer 10–12 Monate ihren Antrag auf Zulassung wiederholten. Dann aber könnte erneut geprüft werden."

Dieses Ergebnis bemühte sich Kiesselbach auf drei Ebenen zugunsten der Betroffenen zu korrigieren. Zum einen setzte er sich gegenüber dem Chef der Legal Division bei der Britischen Kontrollkommission, Brigadegeneral Dunbar, „entschieden unter Darlegung der deutschen Beamtenverhältnisse für eine ... Aufrechterhaltung der Pensionsbezüge für diejenigen aus politischen Gründen entlassenen Beamten ein, die nicht zu den völlig untragbaren Kategorien gehören."[71] Der Hamburger Rechtsabteilung der Militärregierung gegenüber hob er am folgenden Tag hervor: „Das deutsche Beamtenrecht sieht die Möglichkeit einer Entlassung von Richtern und Beamten gegen deren Willen ohne ein voraufgegangenes Disziplinarverfahren nicht vor."

Zum zweiten versuchte der Oberlandesgerichtspräsident, durch besondere Fürsprache in einigen ausgesuchten Fällen die Entlassung abzuwenden, wofür er an die Zusage Cartons erinnerte, die abgelehnten Fälle vor dessen Abreise „nochmals mit mir zu erörtern und zu prüfen, ob in einigen mir besonders wichtig erscheinenden Fällen die Entscheidung geändert werden kann." In dieser Besprechung am folgenden Tag führte Kiesselbach lebhafte Klage darüber, daß „so viele von ihm vorgeschlagene Richter abgelehnt ... (sc. worden seien). ... Es handele sich fast ausnahmslos um besonders tüchtige Richter, deren Verlust die Justiz nicht verschmerzen könne." Weiterhin forderte er die Freilassung insbesondere der benannten Senatspräsidenten. „Es sei für ihn unmöglich, die Gerichtsbarkeit im Oberlandesgericht wieder aufzunehmen, wenn ihm seine besten Leute fehlten."[72]

Auf die erreichten Zusagen hin fragte Kiesselbach an, ob er die besprochenen Fälle, da ihm „an der Erhaltung dieser hochqualifizierten Richter besonders viel lieg(e)", bis zur Entscheidung im Hauptquartier nicht wie am 5. September geschehen als entlassen, sondern „als ‚Pending' ... betrachten" und in der Gesetzeskommission beschäftigen könne, was am folgenden Tag gestattet wurde. Betroffen waren die Richter Prieß, Lau, Fedder und Bielenberger. – Oberlandesgerichtsrat Georg Prieß[73], der, bereits seit Juli in der Referendarausbildung tätig, von der großen Kommission befürwortet, seitens der Militärregierung jedoch bereits zweimal abgelehnt worden war, ohne daß die Gründe ersichtlich wurden, war seit 1937 NSDAP-Mitglied und seit 1933 in der SA „Fürsorgereferent mit Rang vom Sturmführer" gewesen. Oberlandesgerichtsrat Lau war der NSDAP 1933 beigetreten, Rottenführer in der SA, in den Jahren 1937 und 1938 Mitglied beider Strafsenate und am Reichskriegsgericht tätig gewesen. Bereits am 12.7.1945 als Beisitzer in einem der künftigen Strafsenate des Oberlandesgerichts eingeplant, wurde er von der Militärregierung abgelehnt und auch von der großen Kommission am 21. August eine Entscheidung wegen erforderlicher weiterer Ermittlungen zurückgestellt. Auf Kiesselbachs Anordnung vom 29. August in die Liste Nr. 3 der abgelehnten aber für weitere Beschäftigung erwünschten Richter aufgenommen, lehnte die Militärregierung seine Zulassung erneut ab. – Landgerichtsdirektor Fedder war seit 1933 Mitglied der SA und Truppführer gewesen, seit 1937 hatte er der NSDAP angehört und war trotz Befürwortung durch die große Kommission erneut abgelehnt worden. – Landgerichtsdirektor Bielenberg war seit 1933 NSDAP-Mitglied und Scharführer in der SA gewesen und gehörte zu den wiederholt Abgelehnten. – Während für die drei Erstgenannten am 7. November 1945 die endgültige Zulassung durch die Militärregierung erfolgte, nachdem das Hauptquartier in Lübbecke in diesen wie in einer Reihe weiterer Fälle ein besonderes Tätigwerden nicht für erforderlich gehalten hatte, sollte Bielenbergs Zulassung als Landgerichtsrat erst im Oktober 1946 erfolgen. Alle Genannten waren in der Rangliste Hamburger Richter von 1948 verzeichnet, Lau jedoch nicht als Richter am Oberlandesgericht, sondern als Amtsgerichtsrat.

Die dritte Ebene betraf die Umsetzung der Entlassungsanordnungen, hinsichtlich deren Verbindlichkeit im Oberlandesgericht scheinbar Zweifel bestanden, bis die Militärregierung nach mehreren schriftlichen Hinweisen in einem dritten Schreiben an den Präsidenten „nachdrücklich darauf hin(wies), daß eine Nichtbeobachtung der in diesen Listen und in allen späteren Ergänzungen enthaltenen Entscheidungen eine ernsthafte Verletzung der Gesetzesbestimmungen darstellt."[74] Daraufhin wurden am 12. und 13. September 1945 die entsprechenden Entlassungsmitteilungen erstellt, wonach die Entlassung aus dem Beamtenverhältnis auf Anweisung der Militärregierung erfolgt sei und Pensions- oder sonstige Versorgungsansprüche auf Anordnung der Militärregierung nicht beständen. Ein Teil dieser Mitteilungen wurde jedoch nicht abgesandt, weil einerseits die Betroffenen noch abwesend waren, andererseits wohl weiterhin die Erwartung bestand, in einer Reihe von Fällen doch noch die Entlassung in eine Pensionierung umzuwandeln oder gar die Weiterbeschäftigung zu erreichen. So wurde der Landgerichtspräsident am 18. Oktober um die Rücksendung von sechs auf den 13. September datierten Entlassungsschreiben an den OLG-Präsidenten gebeten. Die betroffenen fünf Landgerichtsdirektoren und ein Oberlandesgerichtsrat waren sämtlich Vorsitzende an Sondergerichten gewesen. Im Begleitschreiben teilte der Landgerichtspräsident wenige Tage darauf mit, er habe weitere vier Entlassungsschreiben, darunter jenes für Gernet „noch ... zurückbehalten." Von dem Fall Gernet abgesehen konnten jedoch Änderungen für die übrigen nicht erreicht werden, zumal die Militärregierung jetzt auf den bislang vernachlässigten Ausschlußgrund der Tätigkeit am Sondergericht aufmerksam geworden war.

Zu dieser Zeit waren die organisatorischen und personalpolitischen Voraussetzungen für die Wiedereröffnung des Oberlandesgerichts geschaffen, nachdem die Amtsgerichte und die strafrechtliche Abteilung des Landgerichts schon seit August wieder in Funktion waren. Am 3. September 1945 übertrug die Militärregierung alle die Justiz betreffenden Kompetenzen, darunter die bis dahin beim Bürgermeister gelegene Personalhoheit, auf den Präsidenten des Oberlandesgerichts. Dem folgte auf die Entlassung Schmidt-Egks aus seinem Amt die Ernennung Kiesselbachs und die Anweisung Nr. 1 an alle Oberlandesgerichtspräsidenten in der britischen Zone, worin das weitere Verfahren bis zur Eröffnung der Oberlandesgerichte angeordnet und die Befugnisse gegenüber der Militärregierung abgegrenzt waren.[75] Unter Berücksichtigung der am 8. September ausgesprochenen 116 vorläufigen bzw. endgültigen Zulassungen wurden neue Geschäftsverteilungspläne für das Amts- und Landgericht erstellt, desgleichen für das Oberlandesgericht für die Verwaltung und vorerst einen Straf- und einen Zivilsenat.

Hatte bis zur Eröffnung des Hanseatischen Oberlandesgerichts am 22. September 1945 die Militärregierung damit erst über ein gutes Drittel des richterlichen Personals entschieden, so war diese Zahl doch beträchtlich angesichts des Umstandes, daß auf deutscher Seite die Entnazifizierungsmaßnahmen keinerlei institutionellen Rahmen hatten, der etwa eine Mitwirkung anderer politischer und sozialer Gruppierungen ermöglicht hätte. Da die Entnazifizierung justizintern blieb, woran sich auch in der Folgezeit nichts ändern sollte, konnten jene berufs- und standespolitischen Interessen zumal in ihrer institutionell-hierarchischen Formierung ausschlaggebend werden, wodurch die Justiz seit jeher als Teil des Staats- und gesellschaftlichen Herrschaftsapparates charakterisiert war. Mochte das Memorandum Kiesselbachs in seiner apologetischen Interpretation des Faschismus die Grenzen selbst des Weimarer Justizkonservatismus überschritten haben, so lag sein Interesse doch zuerst darin, Eingriffe in die von ihm repräsentierte soziale Gruppe und in den Berufsstand insgesamt abzuwehren, konkret, soziale und wirtschaftliche Belastungen bis auf die unvermeidlichen Fälle fernzuhalten, wie sie seiner Profession als Entnazifizierung drohten. Dem entsprach die möglichste Nutzung und Ausdehnung seiner Entscheidungsspielräume.

Die Maßnahmen der Militärregierung hatten diese Entwicklung bisher kaum im Sinne der alliierten Entnazifizierungsbeschlüsse korrigieren können und sie teilweise eher noch befördert. Trugen hierzu einerseits personelle Konstellationen in der Hamburger Rechtsabteilung der Militärregierung, aber auch in Lübbecke bei, wodurch die Zusammenarbeit mit der konservativen Juristenelite vor dem Entnazifizierungsauftrag rangierte, so eröffneten auch die weiteren Beschlüsse zur Entnazifizierung der Justiz in der britischen Zone keinen Weg, diese Entwicklungstendenz zu verändern, insofern sie weiterhin auf die Parteimitgliedschaft als maßgebendes Beurteilungskriterium abstellten. Das kam in der Regelung vom Oktober 1945 zum Ausdruck, wonach bei den Zulassungen zum Richterdienst der Anteil ehemaliger NSDAP-Mitglieder 50 Prozent nicht überschreiten sollte, nachdem erste Überlegungen im zentralen Entnazifizierungskomitee bei der britischen Kontrollkommission angesichts der Verhältnisse in Braunschweig sogar von 75 Prozent ausgegangen waren. Sowohl angesichts der alliierten Entnazifizierungsbestimmungen wie vor dem Hintergrund der bisherigen Zulassungspraxis der Militärregierung bot diese Regelung der konservativen Kritik hinreichende Ansatzpunkte und wurde insbesondere vom Celler Oberlandesgerichtspräsidenten Hodenberg als Vertreter eines Bezirks mit neunzig-prozentiger NSDAP-Mitgliedschaft scharf angegriffen, was zu ihrer Wiederaufhebung innerhalb weniger Monate durchaus beigetragen haben mochte.[76] – Darüber hinaus verfügten die Rechtsabteilungen auf örtlicher wie auf Zonenebene in Lübbecke häufig nicht über die zur Beurteilung der Zulassungsanträge erforderlichen Personalinformationen, wie Zulassungsmitteilungen an die Militärregierung Hamburg zeigten.[77]

Unter diesen Umständen änderte sich auch nach Eröffnung des Oberlandesgerichts bis zum Beginn der Entnazifizierungsverfahren auf Grund der Kontrollratsdirektive im Januar 1946 an der bisherigen Praxis nur wenig, wenngleich nach der Potsdamer Konferenz die Entnazifizierungskategorien unter anderem hinsichtlich des automatischen Arrestes, der obligatorischen und fakultativen Entlassungen und der Pensionsansprüche für die britische Zone neu geregelt worden waren.[78]

Die aus der Sicht der konservativen Hamburger Juristenelite erfolgreiche Neueröffnung des Hanseatischen Oberlandesgerichts sollte freilich ein Nachspiel haben, das nicht nur einigen Schatten auf deren bislang nur wenig getrübte Zuversicht warf, sondern darüber hinaus ebenso den von ihr mit Delikatesse erweiterten und mit standessolidarischem Inhalt gefüllten Handlungsspielraum ex post ausleuchtete wie auch die ungenutzten Möglichkeiten einer antifaschistischen Reorganisation des Justizwesens maliziös andeutete. Es hätte eigentlich Mitte November 1945 mit einem Flugblatt der Liga für Demokratischen Aufbau beginnen können, das massive Angriffe gegen die Spitze der hamburgischen Justiz enthielt, dessen Verbreitung aber von einem Offizier der Militärregierung verhindert werden konnte. So nahm es erst wenige Tage später seinen Anfang, als am 20. November das Komitee ehemaliger politischer Gefangener einen Brief an den Senat schrieb mit dem Betreff: „Die bei der Entnazifizierung erfolgte nationalsozialistische Durchsetzung der Rechtspflege in Hamburg".[79]

Das Komitee beklagte die „Überschwemmung der hamburgischen Justiz mit ehemaligen Pg's" im allgemeinen und daß sie selbst schwer belastete Juristen ins Amt zurückgebracht habe im besonderen, wobei es namentlich die Fälle Middel und Hollburg aufführte und auf die weiterbeschäftigten Mitglieder des Strafsenats hinwies. Es erklärte diese Entwicklung im wesentlichen mit der Person Kiesselbachs, dem aber weder, wie es kurz zuvor die Intelligence Review der britischen Rheinarmee formuliert hatte, sein extremer Nationalismus vorgeworfen noch dessen antifaschistische Haltung bezweifelt wurde, wie dies wenig später seitens der Spitze der Militärregierung in Hamburg geschah, sondern der deswegen als ungeeignet für das Amt des Oberlandesgerichtspräsidenten und insbesondere die damit verbundene Aufgabe der Entnazifizierung der Justiz galt, weil er die Zeit des Faschismus isoliert in Aumühle verbracht hätte, wo er nur gelegentlich und vom Hörensagen vom Terror des Nationalsozialismus und der Rolle der Justiz erfahren habe. Nur so wäre einerseits zu erklären, „dass er in seiner berühmten und berüchtigten Denkschrift, die in nationalsozialistischen Kreisen weite Verbreitung gefunden hat, für die nationalsozialistisch gewordenen Richter eigentlich nur Worte des Verstehens und des Verzeihens" fände. Nur dies mache andererseits verständlich, „dass er sich als Personalreferenten, als Organe der Entnazifizierung, Richter beigesellt hat, die – es ist schwer, keine Satire zu schreiben – Pg's waren", nämlich v. d. Decken, Willers und Vogler.

Vor dem Hintergrund dieser nachgerade exkulpierenden Erklärung, die nicht zuletzt davon genährt wurde, daß sie sich auf einen „Jurist(en) von hohen Qualitäten" bezog, der „einen internationalen Ruf geniesst", verteidigte sich Kiesselbach in doppelter Weise offensiv, indem er einmal die vom Komitee vorgetragenen Fakten in wesentlichen Punkten als falsch bezeichnete und im übrigen weiter auf die der gesamten Entwicklung letztendlich zugrunde liegende Entscheidungskompetenz der Besatzungsmacht verwies.

Irrig wäre vor allem die Annahme, er hätte ehemalige Parteimitglieder als Personalreferenten zur Entnazifizierung herangezogen. Tatsächlich habe er sich bei der Prüfung des richterlichen Personals durch eine Kommission beraten lassen, deren Mitglieder sämtlich nicht der NSDAP angehört hätten. Lediglich zu Auskunftszwecken, nicht aber als stimmberechtigte Teilnehmer wären auch v. d. Decken, Willers und Vogler bei den Kommissionssitzungen anwesend gewesen. Darüber hinaus hätte aber die Justiz ohnehin nur insoweit bei den Neueinstellungen mitgewirkt, „als sie Personalakten unterbreitet und Auskunft gegeben habe; aber die Entscheidung sei immer bei den Engländern geblieben."[80]

Colonel Armytage als Kommandeur der Hamburger Militärregierung ließ sich von dieser Argumentation, die er für bloße Rechtfertigung hielt, und die er in Verbindung mit Kiesselbachs Memorandum zur Entnazifizierung der Justiz brachte, aus dem ihm keine strikt antinazistische Haltung zu sprechen schien, nicht überzeugen, sondern wies vielmehr die örtliche Rechtsabteilung an, den Oberlandesgerichtspräsidenten abzulösen. Der aber fand in dieser Situation sowohl die Unterstützung der zuständigen Rechtsoffiziere in Hamburg, Squadron Leader Carton, wie an vorgesetzter Stelle in Lübbecke, Colonel Rathbone, der sich als „ein energischer Verbündeter der deutschen Justiz"[81] erwies. Rathbone lehnte nicht nur unter Hinweis auf Kiesselbachs Qualifikation und Reputation dessen Entlassung ab, sondern wußte auch noch einen weiteren gegen sie sprechenden Grund: „it is clearly undesirable for us to be unduly influenced by communistic political pressure, amounting to a form of Naziism in reverse". Hinsichtlich solcher Charakterisierung des Komitees der ehemaligen politischen Gefangenen wurde Rathbone von Carton voll unterstützt: „The Committee may have been intended as an organisation to assist former political prisoners in their return to normal civil life... In practice it has developed into a pressure-gang of politically ambitious party representatives". „The Committee of Former Political Prisoners is a small but noisy organisation dominated by communists and discontented office-seekers." An diese Einschätzung schloß Carton nicht nur die Überlegung an, ob gegen die vom Komitee genannten Richter vorgegangen werden sollte, falls sich eine der vorgebrachten Anschuldigungen als zutreffend erweisen würde, sondern fragte weiter: „(M)ay action be taken in Mil Gov Courts to have the writers of the memorandum prosecuted for false accusations?" „As the questionnaires in particular contain information only available to people within the judiciary, may disciplinary action be taken, providing sufficient proof of breach of professional secrecy is available?"

Diese Strategie, in der sich die Unterstützung konservativer Eliten nahtlos mit der antikommunistischen Attitüde verband, sollte sich einerseits grosso modo als erfolgreich erweisen. Die Legal Division konnte sich nicht nur gegenüber der entschiedeneren Haltung der Hamburger Militärregierung durchsetzen, die zwar von keiner weniger konservativen Grundhaltung geprägt war, hinsichtlich ihrer Entnazifizierungsvorstellungen aber immer noch von den Bestimmungen ihres wenngleich formal beschränkten, so doch aufgrund der starken Affinität der hamburgischen Richterschaft zum Faschismus gleichwohl verhältnismäßig tief greifenden Konzepts auszugehen bereit war. Es gelang Rathbone auch, den amtsmüden Kiesselbach zur Weiterarbeit zu bewegen, indem er ihn auf die ernsthaften Auswirkungen hinwies, die unter den gegebenen Bedingungen sein Rücktritt für die gesamte britische Zone haben würde, ihm weiter volle Unterstützung zusicherte und abschließend festhielt: „To retire in the face of these communist agitations would be an admission of defeat."[82] In dieser Haltung stärkte ihn nicht nur Kiesselbachs konservative Einstellung; er ließ sich in ihr auch nicht dadurch beirren, daß diese mit einer Standessolidarität gepaart war, die auch angesichts der teilweise von jenen selbst nicht entschuldbaren Verfehlungen seiner Kollegen unteilbar blieb. So war z.B. bei einem Treffen der Richter am Oberlandesgericht der unwidersprochene Vorschlag gemacht worden, die entlassenen Kollegen durch eine freiwillige Umlage finanziell zu unterstützen. Von Rathbone danach befragt, konnte ihm Kiesselbach solche Haltung voll verständlich machen: „Dr. Kiesselbach's attitude is perfectly understandable. When I discussed this question with him he stated that he personally would even be prepared to assist Kurt Rothenberger, a man whom he detests and despises, if he saw him and his family starving. This spirit of free-masonry existing among the legal profession is not to be condemned."

Andererseits enthielten die Vorwürfe des Komitees der ehemaligen politischen Gefangenen eine Reihe ebenso massiver wie unbestreitbarer Hinweise auf die Renazifizierung der Justiz, daß sich auch die Legal Devision Konsequenzen nicht völlig verschließen konnte. So wurde das Oberlandesgericht angewiesen, die alten Mitglieder des Strafsenats zu entlassen. Wie in anderen Fällen auch, setzte sich Kiesselbach dafür ein, den betroffenen Richtern ein Ruhegehalt zu gewähren. Diese wurden daraufhin aufgefordert, die dazu beamtenrechtlich notwendigen Voraussetzungen herzustellen.[83] Obwohl Carton darüber hinaus Entlassungen nicht für notwendig hielt, mußten auch die vom Komitee namentlich erwähnten Richter Hollburg und Middel ihr Amt aufgeben.[84]

Die Initiative des Komitees der ehemaligen politischen Gefangenen machte so deutlich, daß die ebenso beharrliche wie dezente Arbeit am Erhalt überkommener Strukturen und Positionen, wie sie unter Kiesselbachs umsichtiger Leitung im Bereich der Justiz betrieben wurde, trotz der antikommunistischen Vorbehalte nicht unwesentlich gestört werden und die Umsetzung von Entnazifizierungsmaßnahmen wenigstens partiell erzwungen werden konnte. Im Senat, in den kurz zuvor zwei Kommunisten als Mitglieder aufzunehmen sich nicht hatte vermeiden lassen, fühlte sich Bürgermeister Petersen sogar bemüßigt, das Plädoyer eines kommunistischen Senators „für die Einführung der Friedensrichter nach russischem

Vorbild" insoweit zu unterstützen, als er „aus eigener Erfahrung" bestätigte, „daß das Institut der Friedensrichter sich in Russland früher bewährt habe", was freilich gleichzeitig mit der Bitte verbunden wurde, derlei „grundsätzliche() Fragen einer späteren Erörterung zu überlassen."[85] In den Vorschlägen einer gleichzeitig gebildeten Senatskommission wurden sie denn auch nicht weiter verfolgt, wohl aber die Möglichkeiten formuliert, „dass aus den Kreisen der Anwaltschaft geeignete Persönlichkeiten zum Richteramt bestellt werden können" und „dass es sogar das kleinere Übel sein würde, wenn die Gerichte nicht voll besetzt werden, als dass Persönlichkeiten, besonders in höheren Richterstellungen, tätig bleiben, die nicht politisch einwandfrei sind."

Gegenüber der Militärregierung war die vom Komitee geäußerte Kritik offenbar auch von anderer Seite unterstützt worden. In einem Schreiben Colonel Armytages an die Legal Division hieß es dazu: „During meetings with the leaders of the political parties, recently formed in Hamburg, it has become clear that there is considerable concern, amongst the general public, at the retention on the benches of a number of judges who are definitely connected, in the public mind, with the Nazi regime."[86] Dort erweckte diese Mitteilung freilich Erstaunen, wußte man sich doch selbst in engem Kontakt mit dem öffentlichen Leben Hamburgs und Repräsentanten seiner politischen Parteien und hatte dabei ganz andere Informationen erhalten. Ein Gespräch mit Ruscheweyh wurde hier so zusammengefaßt: „Only at a recent conversation with one of the leaders of the Socialist Party, probably the largest party in Hamburg, who at the same time is president of the Bar Association, a wellknown political figure, an out-spoken anti-nazi and a respected citizen, it was explained that the administration of the German Courts is proving most satisfactory to all concerned. With all due modesty it is believed that other quarters, German and British, share these views." Q.e.d.

Anmerkungen

Abkürzungen:

ETG	Ernst Thälmann Gedenkstätte Hamburg
HOLG	Hanseatisches Oberlandesgericht Hamburg
PRO	Public Record Office London
StAH	Staatsarchiv Hamburg

1 Vgl. z.B. W. Zapf: Wandlungen der deutschen Elite. Ein Zirkulationsmodell deutscher Führungsgruppen 1919–1961, München 1965, S. 138, wo hinsichtlich der jeweiligen Spitzenpositionen für den Zusammenhang des Wechsels der Staatsform 1919, 1933 und 1945/49 für letzteren hinsichtlich nahezu aller gesellschaftlichen Bereiche einschließlich der oberen Gerichte (mit den deutlichen Ausnahmen der Großunternehmen und der Kirchen) ein hundertprozentiger Wandel ausgewiesen wird. Die Vermutung, die Jahre nach 1945 hätten die Verantwortung an eine Koalition von Eliten übergehen lassen, die zuvor dem Faschismus überwiegend gleichgültig, d.h. weder als überzeugte Faschisten noch als erklärte Gegner des Regimes, gegenübergestanden hätten (vgl. L. J. Edinger: Post-totalitarian Leadership: Elites in the German Federal Republic. In: The American Political Science Review, 54, 1960, 1, S. 76), läßt dagegen zwar die Diagnose einer bedingten Kontinuität zu, die sie aber nur negativ durch die Rekrutierungsprobleme beim auf auf Westintegration zielenden Neuaufbau im Gebiet der späteren Bundesrepublik zu erklären vermag. Als knappe Übersichten zu den

gesellschaftstheoretischen Hintergründen der Elitekonzeptionen vgl. u.a. T. D. Bottomore: Elite und Gesellschaft. München 1966 und D. Herzog: Politische Führungsgruppen. Probleme und Ergebnisse der modernen Eliteforschung; zur Kritik siehe R. Rilling: Das vergessene Bürgertum. Über eine Unterlassung der Politischen Soziologie. In: Das Argument, 1982, 131, S. 34–47.

2 Vgl. J. R. Wenzlau: Der Wiederaufbau der Justiz in Nordwestdeutschland 1945 bis 1949. Königstein 1979, S. 125. Als Überblick zu den Zielsetzungen und Phasen der Entnazifizierung siehe nach wie vor J. Fürstenau: Entnazifizierung. Berlin 1969; Übersichten über die Literatur zur Entnazifizierung bzw. zur Entnazifizierung der Jusitz geben W. Albrecht: Die Entnazifizierung. In: Neue Politische Literatur, 1979, 1, S. 73 ff. und B. Eickhoff: Entnazifizierung der Justiz (in diesem Band).

3 Hamburger Abendblatt vom 2.2.1983. Zur sozialliberalen Variante dieses Interpretationsrahmens für die Geschichte Hamburgs in der ersten Hälfte dieses Jahrhunderts vgl. U. Büttner: Politische Gerechtigkeit und sozialer Geist. Hamburg zur Zeit der Weimarer Republik. Hamburg 1985. Die Betonung der reformistischen Elemente in der Geschichte der Hamburger Arbeiterbewegung ist charakteristisch für zahlreiche Beiträge in: Arbeiter in Hamburg. Hrsg. v. A. Herzig, D. Langewiesche, A. Sywottek. Hamburg 1983.

4 Zu Rothenberger vgl. W. Johe: Die gleichgeschaltete Justiz. Organisation des Rechtswesens und Politisierung der Rechtssprechung 1933–1945 dargestellt am Beispiel des Oberlandesgerichtsbezirks Hamburg. Hamburg 1983 (Nachdruck der Ausgabe Frankfurt 1967), S. 61 ff.; GAL-Fraktion in der Hamburger Bürgerschaft (Hrsg.): „Es ist Zeit für die ganze Wahrheit". Die Aufarbeitung der NS-Zeit in Hamburg. Hamburg 1985, S. 11; Fall 3. Das Urteil im Juristenprozeß. Hrsg. v. P. A. Steiniger, K. Leszcynski. Berlin 1969, S. 234 ff.

5 Die Direktive Nr. 24 des Alliierten Kontrollrats ist u.a. abgedruckt in Ursachen und Folgen. Vom deutschen Zusammenbruch 1918 und 1945 bis zur staatlichen Neuordnung Deutschlands in der Gegenwart. Hrsg. v. H. Michaelis, E. Schrapler. Bd. 23. Berlin o.J., S. 352 ff. Zu den Ursachen und zur Geschichte des Kalten Krieges vgl. neben vielen D. Horowitz: Kalter Krieg. Berlin 1969; W. Loth: Die Teilung der Welt 1941–1955. München 1980; V.A. Rothwell: Britain and the Cold War 1941–1947. London 1982. Zur britischen Besatzungspolitik der unmittelbaren Nachkriegsphase siehe zusammenfassend U. Schneider: Nach dem Sieg: Besatzungspolitik und Militärregierung 1945. In: J. Foschepoth, R. Steininger (Hrsg.): Britische Deutschland- und Besatzungspolitik 1945–1949. Paderborn 1985, S. 47- 64. Zur Entnazifizierung als Rehabilitierungsinstrument vgl. L. Niethammer: Die Mitläuferfabrik. Die Entnazifizierung am Beispiel Bayerns. 2. Aufl. Berlin, Bonn 1982.

6 Durch die Entnazifizierungsanordnung im Mai 1945 verfügte die Militärregierung, daß alle leitenden und höheren Beamten, die bis zum 1.5.1937 der NSDAP beigetreten waren, zu entlassen wären (vgl. Besprechung zwischen Bürgermeister Petersen und dem Wing-Commander am 17.5.1945. StAH Senatskanzlei II 039.15-1/1). In der Erklärung des Leitenden Ausschusses für die Entnazifizierung/Kategorisierung der Hansestadt Hamburg vom 28.7. 1948 hieß es: „Der Leitende Ausschuß für die Entnazifizierung/Kategorisierung hat sich in mehr als einjähriger Arbeit bemüht, die durch mangelhafte gesetzgeberische Grundlagen und ihre ungleichmäßige Anwendung entstandenen Ungerechtigkeiten in der Entnazifizierung zu mildern. Nachdem durch Befehl der Militärregierung eine Reihe von Berufsgruppen der Entnazifizerung entzogen worden ist und damit insbesondere belastete Angehörige gehobener Berufe wieder tätig sein dürfen, kann der Leitende Ausschuß die Fortführung seiner Tätigkeit im Augenblick nicht verantworten." (HOLG 1053-2b/3/). Zur Besorgnis der Besatzungsmacht wegen einer Renazifizierung der Justiz vgl. Zonal Office of the Legal Adviser (Herford) to Political Division, H.Q., C.C.G. (B.E.) (Berlin) vom 21.10.1948 (PRO FO 1014/856).

7 Zur Charakterisierung der beiden leitenden britischen Offiziere wie zu ihrer Auffassung von den Leitlinien der Besatzungspolitik vgl. H. A. Balshaw: The british occupation in Germany, 1945–1949. With special reference to Hamburg. Masch.Diss. Oxford 1972, S. 38 ff.; das Zitat findet sich S. 41 und gibt in indirekter Rede Informationen eines Interviews mit R. Allhusen wieder.

8 Dokumente zur Geschichte der Handelskammer Hamburg. Hamburg o. J., S. 207. Zu de la Camp vgl. StAH ZAS A 753; Hamburgisches Geschlechterbuch. Bd. 12. Bearb. v. H. v. Marchtaler. Limburg 1975, S. 127 ff.; H. Bielfeldt: Vom Werden Groß-Hamburgs – Citykammer, Gauwirtschaftskammer, Handelskammer – Politik und Personalia im Dritten Reich. Hamburg 1980, S. 116 f., 144, 299. Zu den Bitten Krogmanns und Petersens um

Fortführung seiner Geschäfte siehe Niederschrift über die Beiratssitzung der Gauwirtschaftskammer Hamburg am 7.5.1945. In: Dokumente der Handelskammer, S. 210 und Schreiben von J. de la Camp an R. Petersen vom 16.5.1945 sowie von R. Petersen an J. de la Camp vom 16.5.1945 (StAH Familie Petersen 0 40 Bd. 1). Zu Lindemann und Martini vgl. die diversen Hinweise in StAH Familie Lindemann 14; W. Johe: Bürgermeister Rudolf Petersen. Ein Beitrag zur Geschichte der politischen Neuordnung in Hamburg 1945–1946. In: Jahrbuch des Instituts für Deutsche Geschichte der Universität Tel Aviv, 3, 1974, S. 388; K. H. Roth: Ein Mustergau gegen die Armen, Leistungsschwachen und „Gemeinschaftsunfähigen". In: A. Ebbinghaus, H. Kaupen-Haas, K. H. Roth (Hrsg.): Heilen und Vernichten im Mustergau Hamburg. Hamburg 1984, passim. Zu den auf das Rathaus bezogenen Ereignissen der ersten Tage nach der Besetzung Hamburgs und der Suche nach einem neuen Bürgermeister vgl. die Aufzeichnungen P. Lindemanns (StAH Familie Lindemann 13 und StAH Familie Petersen 0 43); ein davon leicht abweichendes Dokument – Senatssyndikus Lindemann über die Ereignisse vom 11. bis 15. Mai 1945 – ist abgedruckt bei H. Stubbe-da Luz: Von der „Arbeitsgemeinschaft" zur Großstadtpartei – 40 Jahre Christlich-Demokratische Union in Hamburg (1945–1985). Hamburg o. J., S. 161 ff.; P. Gabrielsson: Zwischen Kapitulation und Senatsbildung. Die hamburgische Verwaltung in den ersten Nachkriegstagen 1945. In: Zeitschrift des Vereins für Hamburgische Geschichte. Bd. 71, 1985, S. 183–188.

9 J. v. Eckardt: Lebenserinnerungen. 1. Bd. Leipzig 1910, S. 200.

10 Memorandum von R. Petersen vom 6.11.1945. StAH SKE 22. Zu Petersen siehe Hamburgisches Geschlechterbuch, Bd. 12, S. 273 ff.; StAH ZAS A 765; Johe, Bürgermeister Petersen; seine erste Begegnung mit dem Kommunismus schildert er in seinen Lebenserinnerungen (StAH Familie Petersen 0 1) – dort findet sich auch das folgende Zitat. Zu Stadtler und der Antibolschewistischen Liga vgl. u.a. H. Blechschmidt: Antibolschewistische Liga. In: Die bürgerlichen Parteien in Deutschland. Hrsg. v. D. Fricke. Bd. 1. Berlin 1968, S. 30 ff.; J. Petzold: Wegbereiter des deutschen Faschismus. Die Jungkonservativen in der Weimarer Republik. Köln 1983 (2. Aufl.), S. 61 ff.; R. Opitz: Faschismus und Neofaschismus. Frankfurt 1984, S. 95 ff. In der regionalgeschichtlichen Literatur ist die Person Petersens im übrigen umstritten. Johe, Bürgermeister Petersen, der in einem längeren Beitrag dessen konservative Haltung herausgearbeitet hat, wurde von einem Rezensenten vorgeworfen, seine Arbeit wäre „nicht sine ira geschrieben" (H.-D. Loose: Der Neuanfang 1945/46 und Hamburg. In: Zeitschrift des Vereins für Hamburgische Geschichte. Bd. 62, 1976, S. 121). In einer neueren Geschichte der Bürgerschaft heißt es dagegen: „Rudolf Petersen ... repräsentierte ... liberale hansestädtische Tradition" (A. Schildt, A. Sywottek: Die Bürgerschaft nach dem Zweiten Weltkrieg. In: Geschichte der Hamburgischen Bürgerschaft. 125 Jahre gewähltes Parlament. Berlin 1984, S. 101).

11 Zu Petersens Verbandsfunktionen vgl. G. Wenzel: Deutscher Wirtschaftsführer. Hamburg, Berlin, Leipzig 1929, S. 1687; zu seiner vorgesehenen Funktion im Wirtschaftsbeirat eines umzubildenden Kabinetts Brünung siehe Schreiben von H. v. Meibom an W. Cuno vom 6.10. 1931, abgedruckt bei D. Stegmann: Kapitalismus und Faschismus in Deutschland 1929–1934. In: Gesellschaft. Beiträge zur Marxschen Theorie 6. Frankfurt 1976, S. 84. Zu Cuno siehe die allerdings vergleichsweise unergiebige Arbeit von H.-H. Kohlhaus: Die HAPAG, Cuno und das Deutsche Reich, 1920–1933. Masch.Diss. Hamburg 1952; seine wirtschaftlichen Funktionen sind aufgeführt bei Wenzel, Deutscher Wirtschaftsführer, S. 413 f., auf seine Rolle im Hamburger Nationalklub verweist W. Jochmann: Im Kampf um die Macht. Hitlers Rede vor dem Hamburger Nationalklub von 1919. Frankfurt 1960, S. 33; Cunos Bemühungen um eine mögliche Nachfolge Hindenburgs behandelt H. A. Turner: Die Großindustrie und der Aufstieg Hitlers. Berlin 1985, S. 159 ff., seine Aktivitäten im Zusammenhang mit der Umbildung des Kabinetts Brünung werden diskutiert bei Stegmann, Kapitalismus und Faschismus, S. 40 f.

12 Memorandum von R. Petersen vom 6.11.1945. StAH SKE 22; daraus auch das vorstehende Zitat. Die hier von Petersen früh formulierte „Kaufmann-Legende" über die moderate politische Praxis des hamburgischen Gauleiters und Reichsstatthalters wurde in apologetischer Form entwickelt bei K. D. Möller: Das letzte Kapitel. Geschichte der Kapitulation Hamburgs. Hamburg 1947 und zieht sich seitdem durch die historische Auseinandersetzung mit diesem Teil der Stadtgeschichte. In einer Broschüre der Landeszentrale für politische Bildung H. Hohlbein: Hamburg 1945. Kriegsende, Not und Neubeginn. Hamburg 1985 existiert sie so ungebrochen fort, daß es in der Kritik u.a. heißt: „Der Nazifunktionär wird geradezu als Widerstandskämpfer dargestellt" (H. Zorn: Vom Saulus zum Paulus. In: Ham-

burger Lehrerzeitung, 6. 1986, S. 38). Zu Kaufmanns Bedeutung für die Verbesserung der Kontakte zwischen Hamburger Bourgeoisie und NSDAP siehe Th. Kruse: Von der Sekte zur Massenbewegung. Die Hamburger NSDAP von 1922 bis 1933. In: „Hier war doch alles nicht so schlimm". Wie die Nazis in Hamburg den Alltag eroberten. Hamburg 1984, S. 28 ff., zu seiner Entwicklung nach 1945 und seine Rolle im u.a. mit der faschistischen Penetration der FDP befaßten „Naumann-Kreis" in den fünfziger Jahren vgl. W. Skrentny: Was aus Hamburgs Nazis wurde. A.a.O., S. 139 f. und Opitz, Faschismus, S. 266 ff.

13 Memorandum von R. Petersen (Betr.: De-Nazifikation) vom 15.10.1945 (StAH Senatskanzlei II 039.15-1/1).

14 Besprechung zwischen Bürgermeister Petersen und dem Wing-Commander am 15.5.1945 (StAH Senatskanzlei II 039.15-1/1).

15 StAH Verbindungsstelle zur Militärregierung I 1, Protokolle der Besprechungen zwischen der Militärregierung und dem Bürgermeister, Protokoll der Sitzung vom 13.8.1945.

16 Notes on Members of Hamburg Chamber of Commerce. Apps.D to Pol(itical) Int(erim) Report (Hamburg) (for period 9th-23rd Oct.) (1945) (PRO FO 1014/544). Zu Mörck siehe Wenzel, Deutscher Wirtschaftsführer, S. 1521; StAH ZAS A 762; Bielfeldt, Handelskammer, S. 117 ff.; zu seiner Reaktion auf seine Amtsenthebung vgl. Schreiben von M. Mörck an R. Petersen vom 20.11.1945, zit. a.a.O., S. 121; zu seinem auch öffentlich verbreiteten Selbstbild siehe Die Welt vom 23.1.1958: „Mörck betont, daß er niemals Mitglied einer politischen Partei oder Organisation war. Er ist der Vertreter einer Kaufmanns-Generation, die durch Zielstrebigkeit, Unternehmungslust und Freude an der Verantwortung gekennzeichnet wird." Zu Mörcks Mitgliedschaft im Nationalklub, dem er 1931 beigetreten war, siehe Mitgliederverzeichnis des Nationalklubs von 1919 Hamburg (Stand 10.2.1939).

17 Schreiben von R. Petersen an A. Frowein vom 28.11.1945 (StAH Familie Petersen 0 40 Bd. 2). Zu Kruse siehe Bielfeldt, Handelskammer, S. 115 ff.; Johe, Bürgermeister Petersen, S. 390 f.; Wenzel, Deutscher Wirtschaftsführer, S. 1265. Zu Ketels vgl. Stubbe-da Luz, Christlich-Demokratische Union in Hamburg, S. 260 f.; Mitteilungen der Handelskammer Hamburg vom 7.1.1959; zu seiner Bekanntschaft mit dem Bürgermeister siehe Schreiben von R. Petersen an A. Frowein vom 28.11.1945; Ketels Mitgliedschaft im Nationalklub datiert von 1930 (vgl. Mitgliederverzeichnis 1939).

18 Zu Willink vgl. Wenzel, Deutscher Wirtschaftsführer, S. 2465; W. Matthies: Vereinsbank in Hamburg. Hamburg 1970, S. 303; zu seiner Mitgliedschaft im Nationalklub siehe Mitglieder-Verzeichnis des Nationalklubs von 1919 Hamburg (Stand Februar 1933); zu seinem Entwurf eines Schreibens an Papen siehe Schreiben an die Vorstandsmitglieder des Nationalklubs vom 5.12.1932 (StAH Familie Krogmann I C 7/3); die Beziehung zwischen Petersen und Willink und dessen Rücktritt behandelt Johe, Bürgermeister Petersen, S. 390 f.

19 Vgl. Schreiben der Militärregierung an den Bürgermeister vom 4.12.1945 (PRO FO 1014/ 165): „Owing to his position as Sonderführer in Paris under Dr. BEST during the war Dr. BASEDOW will not be re-employed in any position of importance in the CIVIL Administration". Zu Basedows Ernennung siehe H. Dreckmann: Hamburg nach der Kapitulation. Erinnerungen an 1945–1946. Hamburg 1970, S. 35; R. Petersen: Bürgermeister in schwerer Zeit. In: Neues Hamburg. 1. Folge. Hamburg 1947, S. 17; zu seiner Mitgliedschaft im Nationalklub vgl. Mitgliederverzeichnis 1939.

20 Die Welt vom 28.4.1969. Zu Biermann-Ratjen, der im Dezember 1945 seines Postens enthoben wurde, ab 1953 dann allerdings wieder dem Hamburger Senat angehörte, siehe Wer ist wer? Berlin 1955, S. 84 und StAH ZAS A 752; zu seiner Mitgliedschaft im Nationalklub vgl. Mitgliederverzeichnis 1939; hinsichtlich seiner Parteimitgliedschaft vgl. Central Denazification Panel, Report vom 29.5.1946 (StAH Verbindungsstelle zur Militärregierung III 1 e); sein Konflikt mit der Reichskulturkammer wird herausgestellt im Hamburger Abendblatt vom 31.3.1966. Zur zweiten Kriegsmaßnahmenverordnung vom 27.9.1944 vgl. Reichsgesetzblatt Nr. 49 vom 5.10.1944, S. 236 f.; Biermann-Ratjens Funktion als Präsident der Notarkammer geht hervor aus dem Schreiben des Präsidenten der Notarkammer an den Präsidenten des Hanseatischen Oberlandesgerichts vom 7.5.1945 (HOLG 916-2a/1/).

21 Lebenslauf von Wilhelm Kiesselbach vom Juli 1942 (mit Nachtrag vom Mai 1954) StAH Familie Kiesselbach A 2) – dort auch das folgende Zitat. Zur politischen Verfassung Hamburgs vor und nach 1918 vgl. u.a. J. Bolland: Die Hamburgische Bürgerschaft in alter und neuer Zeit. Hamburg 1959; H.W. Eckardt: Privilegien und Parlament. Die Auseinandersetzungen um das allgemeine und gleiche Wahlrecht in Hamburg. Hamburg 1980. Zu Kiesselbachs Freundschaft mit dem Senatspräsidenten am Oberlandesgericht Melchior von der

Decken siehe Schreiben des Präsidenten des Hanseatischen Oberlandesgerichts an die Rechtsabteilung der Militärregierung in Hamburg vom 30.11.1945 (PRO FO 1060/1032); zu seiner Rückkehr ans Oberlandesgericht vgl. H. Ruscheweyh: Die Entwicklung der hanseatischen Justiz nach der Kapitulation bis zur Errichtung des Zentral-Justizamtes. In: Festschrift für Wilhelm Kiesselbach. Hrsg. v. Zentral-Jusitzamt für die britische Zone. Hamburg 1947, S. 37 ff.

22 Vgl. Schreiben der Hamburger Militärregierung an die Legal Division, Main H.Q. – Subject: Denazification of Judiciary Hansestadt Hamburg – vom 3.12.1945: „Dr. Kiesselbach ... is too old and weak to be the head of such an important profession ... By his own writings it is clear that he cannot be decribed as a „confirmed anti-Nazi", as it should be possible to describe him ... if he is to hold such an important post as President of the Oberlandesgericht... In consequence Legal Branch of this Det has been instructed to find a replacement for Dr. Kiesselbach at the earliest possible moment and on relief he will be retired" (PRO FO 1014/165) und Schreiben von Colonel Rathbone, Legal Division, an D/chief, Legal Division – Subject: Denazification of Judiciary Hansestadt Hamburg – vom 8.12.1945: „Colonel Armytage wants Kiesselbach to go and so apparently does the Comd. 8 Corps. I feel that, unless there is definite proof of pro-Nazi activities or inefficiency on his part, we should support him as far as possible" (PRO FO 1060/1032). Zur Kritik der Kiesselbachschen Überlegungen vgl. von deutscher Seite Schreiben des Komitees ehemaliger politischer Gefangener an den Senat der Hansestadt Hamburg zu Händen des Herrn Bürgermeister Petersen vom 20.11.1945 – Betrifft: Die bei der Entnazifizierung erfolgte nationalsozialistische Durchsetzung der Rechtspflege in Hamburg (ETG Ordner Entnazifizierung) und von britischer Seite A Nationalist and the Nazis. In: Interim British Army of the Rhine Intelligence Review. Nr. 10 vom 22.10.1945, S. 13–26 (ein Exemplar dieser Ausgabe befindet sich in der Bücherei des Ministry of Defence, London). Kiesselbachs Memorandum ist abgedruckt im Dokumentenanhang zu J. Breuer, W. D. Hund, Ch. Seegert: Konservatives Faschismusbild und Entnazifizierung 1945. Das Memorandum Wilhelm Kiesselbachs zur Entnazifizierung der Justiz. In: Demokratie und Recht, 13, 1985, 2, S. 140–152 und 238–246, hier: S. 238 ff. Die folgenden nicht näher gekennzeichneten Zitate sind diesem Dokument entnommen.

23 Schreiben von M. v. d. Decken an den Präsidenten des Hanseatischen Oberlandesgerichts W. Kiesselbach vom 9.8.1945 (HOLG 1053-2a/2/). Zu v. d. Decken vgl. StAH ZAS A 754; Mitgliederverzeichnis 1939 des Nationalklubs; Schreiben des Präsidenten des Hanseatischen Oberlandesgerichts an die Rechtsabteilung der Militärregierung in Hamburg vom 30.11.1945 (PRO FO 1060/1032). Zu Kiesselbachs Protest gegen das Vorgehen der Polizei siehe Schreiben des Präsidenten des Hanseatischen Oberlandesgerichts an den Bürgermeister der Hansestadt Hamburg vom 10.8.1945 (HOLG 1053-2a/2/); zu seiner Charakterisierung des Nationalklubs vgl. sein Schreiben an die Militärregierung vom 30.11.1945.

24 Schreiben des Präsidenten des Hanseatischen Oberlandesgerichts an den Reichsminister der Justiz vom 23.1.1945 (HOLG 2200 E-2f/2/2/). Zu Gernet vgl. Hamburgisches Geschlechterbuch. Bd. 1. Hrsg. v. B. Koerner. Görlitz 1910, S. 99 ff.; Mitgliederverzeichnis des Nationalklubs 1939; Liste Hamburgischer Richter (1946) (HOLG 2200 E-5a/1/). Zu seiner Teilnahme an den ersten Nachkriegssitzungen im Oberlandesgericht siehe die Vermerke über die Besprechungen vom 29.6.1945 und vom 13.7.1945 (HOLG 2200 E-5a/2/). Sein Name steht auf der Vorschlagsliste in Appendix C des Report of SO I Legal 609 Mil Gov Det vom 19.7.1945 (PRO FO 1060/1032). Zum Antrag der justizinternen Kommission siehe Niederschrift über die Sitzung vom 17.8.1945 (HOLG 2200 E-5a/2/). Gernets erneute Ablehnung geht hervor aus der Liste der zugelassenen und abgelehnten Richter vom 5.9.1945 (HOLG 2200 E-5a/3/). Zu Kiesselbachs anschließender Intervention siehe Vermerk Voglers über ein Gespräch zwischen Oberst Carton und Präsident Kiesselbach vom 8.9.1945 (HOLG 2200 E-5a/3/): „Präsident Kiesselbach sprach sein Bedauern darüber aus, daß die Militärregierung so viele von ihm vorgeschlagene Richter abgelehnt habe. Er bat, die Entscheidung noch einmal zu überprüfen. Es handle sich fast ausnahmslos um besonders tüchtige Richter, deren Verlust die Justiz nicht verschmerzen könne. Insbesondere legte er das Interesse der Gerichtsbarkeit an den Richtern ... Gernet (sc. u.a.) ... dar. Der Oberst erklärte nach eingehender Erörterung, daß er die Fälle Gernet ... (sc. u.a.) nach wie vor ablehne und den höheren Instanzen zur Nachprüfung nicht übergeben könne. Gernet ... sei() Kreisrichter gewesen und als solche(r) nach den gegebenen Richtlinien der Mil.Reg. nicht tragbar." Im folgenden wurde justizintern versucht, durch Zurückhaltung des Entlassungs-

schreibens Gernets Amtenthebung hinauszuschieben (vgl. Schreiben des Landgerichtspräsidenten an den Präsidenten des Hanseatischen Oberlandesgerichts vom 23.10.1945 (HOLG 2200 E-5a/3/)). Zur endlichen Umwandlung der Entlassung in eine Pensionierung siehe Schreiben des Präsidenten des Hanseatischen Oberlandesgerichts an die Legal Division der Militärregierung Hamburg vom 20.12.1945 (HOLG 2200 E-5a/3/): „Der Landgerichtsdirektor Gernet ist auf Grund eines Befehls der Militärregierung aus seinem Amt entlassen worden, nachdem er aus der Internierung im Lager Neuengamme zurückgekehrt ist... Landgerichtsdirektor Gernet hat zeitlebens seinen Beruf sehr ernst genommen und seine Pflichten unparteiisch und gerecht erfüllt. Ich würde es begrüssen, wenn die Militärregierung in diesem Ausnahmefall ihre Entscheidung der bedingungslosen Entlassung dahin abändern würde, daß Gernet unter Gewährung einer Pension in den Ruhestand zu versetzen ist." Das Schreiben trägt den handschriftlichen Vermerk Cartons vom 21.12.1945: „Approved".

25 Vgl. z.B. M. Stolleis: Rechtsordnung und Justizpolitik 1945–1949. In: N. Horn (Hrsg.): Europäisches Rechtsdenken in Geschichte und Gegenwart. München 1982, S. 395: „Die Solidarität unter Juristen, der Hinweis auf „hohe fachliche Qualifikation" und der Antikommunismus – als einziges legitimes Traditionselement der NS-Weltanschauung – waren insgesamt stärker als die Leitlinie, Richter mit nationalsozialistischer Vergangenheit sollten nicht eingestellt werden."

26 P.E. Schramm: Neun Generationen. Dreihundert Jahre deutsche „Kulturgeschichte" im Lichte der Schicksale einer Hamburger Bürgerfamilie (1648–1948). Bd. 2. Göttingen 1964, S. 41. Zum Vorschlag der KPD für einen Generalstaatsanwalt siehe Protokoll der Besprechung zwischen Militärregierung und Bürgermeister Petersen vom 27.6.1945 (StAH Verbindungsstelle zur Militärregierung I 1). Zur Frage der Ostjuristen siehe Vermerk von 31.8. 1945 (HOLG 2200 E-5a/2/): Oberst Carton erklärte, „die „Cliquenwirtschaft" in Hamburg müsse aufhören. Es könne nicht für zulässig betrachtet werden, daß Beamte, die beispielsweise aus dem Osten des Reichs nach Hamburg geflüchtet seien und die qualifiziert und nicht Parteiangehörige wären, abgewiesen würden, während in Hamburg in der Jusitz in allen Dienstgraden noch Parteigenossen beschäftigt würden."

27 G. Schmoller: Die soziale Frage. Klassenbildung, Arbeiterfrage, Klassenkampf. Leipzig 1918, S. 147.

28 Vgl. W.D. Hund: Die Sozialistische Freie Gewerkschaft. In: Marxistische Studien. Jahrbuch des IMSF. 8, 1985, S. 165–195.

29 G.D. Feldman, I. Steinisch: Industrie und Gewerkschaften 1918–1924. Die überforderte Zentralarbeitsgemeinschaft. Stuttgart 1985, S. 116; seine Funktion in der ZAG bildete auch noch 1945 einen wichtigen Bestandteil von Spliedts Selbstverständnis – vgl. F. Spliedt: Kurze Darstellung der Entwicklung der deutschen Gewerkschaften, insbesondere der „freien" Gewerkschaften, und die Entwicklung des Deutschen Arbeitsrechts und der gewerkschaftlichen Mitwirkung in Fragen der Wirtschaft (als Manuskript gedruckt als Eingabe an die Militärregierung). Hamburg (September) 1945, S. 5f. Zu Spliedt siehe StAH ZAS A 768; W. Walter: Werden und Wirken des DGB. Landesbezirk Nordmark 1945–1970. Hamburg o.J., S. 224ff.; J. Glöe: Die Entwicklung der Gewerkschaftsorganisation in Hamburg 1945–1947. (Masch. M.A.-Arbeit) Hamburg 1978, S. A 20. Zu Spliedts Vorgehen gegen die SFG vgl. Hund, Sozialistische Freie Gewerkschaft; zu seinen Plänen für eine Labour-Party siehe F. Moraw: Die Parole der „Einheit" und die Sozialdemokratie. Bonn-Bad Godesberg 1973, S. 123 sowie H.G. Wieck: Die Entstehung der CDU und die Wiedergründung des Zentrums im Jahre 1945. Düsseldorf 1953, S. 180ff. – dort, S. 180, findet sich auch das folgende Zitat, das ein Gespräch Wiecks mit Spliedt vom 8.1.1952 wiedergibt; vgl. auch Th. Steltzer: Sechzig Jahre Zeitgenosse. München 1966, S. 182 über ein Gespräch politischer Vertreter unterschiedlicher Richtungen im Spätsommer 1945: „Thema der Aussprache war die Gründung einer deutschen Labour-Partei, für die sich der mir von früher her bekannte Gewerkschaftsführer Spliedt, Rudolf Petersen und die Herren vom Bauernverein einsetzten".

30 Hinsichtlich der kommunistischen Forderung nach zwei Senatorenposten versuchte Petersen vergeblich, den Militärkommandanten zum Einspruch zu bewegen (vgl. Protokoll der Besprechung zwischen der Militärregierung und dem Bürgermeister vom 27.6.1945 (StAH Verbindungsstelle zur Militärregierung I 1)); im November 1945 berief er schließlich zwei Kommunisten in den Senat (vgl. Dreckmann, Hamburg, S. 42). Zur antikapitalistischen Rhetorik siehe z.B. die Sylvesteransprache Petersens 1945, in der es u.a. hieß: „Die Macht-

politik in Verbindung mit der Herrschaft des Kapitalismus hat in Deutschland Schiffbruch erlitten" (zit. n. Stubbe-da Luz, Christlich-Demokratische Union in Hamburg, S. 47).

31 Zu Schönfelder vgl. StAH ZAS A 769; E. Lüth: Hamburgs Schicksal lag in ihrer Hand. Geschichte der Bürgerschaft. Hamburg 1966, S. 159 ff.; F.-W. Witt: Die Hamburger Sozialdemokratie in der Weimarer Republik. Hannover 1971, S. 51 und passim; zu seiner Politik nach dem 30. Januar 1933 vgl. a.a.O., S. 167; zu seiner Parteiaustrittserklärung siehe K. Ditt: Sozialdemokraten im Widerstand. Hamburg in der Anfangsphase des Dritten Reiches. Hamburg 1984, S. 73; hinsichtlich seiner Ernennung zum zweiten Bürgermeister vgl. die Aufzeichnungen Lindemanns und Hund, Sozialistische Freie Gewerkschaft.

32 H. Christier: Sozialdemokratie und Kommunismus. Die Politik der SPD und der KPD in Hamburg 1945–1949. Hamburg 1975, S. 263.

33 Vgl. zu 1919 Bolland, Bürgerschaft, S. 91 ff.; Witt, Hamburger Sozialdemokratie, S. 19 ff.; zu 1925 U. Büttner: Hamburg in der Staats- und Wirtschaftskrise 1928–1931. Hamburg 1982, S. 52 ff.; speziell zu Vering siehe a.a.O., S. 58 sowie Schreiben der Militärregierung an den Bürgermeister vom 10.4.1947, Schreiben von Senatssyndikus K. Sieveking an H. C. Vering vom 19.4.1947 und diverse Anlagen, alle in StAH Senatskanzlei II 108.10-3 und Lüth, Hamburgs Schicksal, S. 203 f.; zu 1927 J. Berlin, W. D. Hund, A. Schildt: KPD und SPD im Bürgerschaftswahlkampf 1927. In: Arbeiterregierung in Hamburg? Die Verhandlungen zwischen ADGB, KPD und SPD nach den Bürgerschaftswahlen 1927. Hamburg 1983, S. 5–36; zu 1933 Ditt, Sozialdemokraten, S. 52 ff.; zu 1945 Hund, Sozialistische Freie Gewerkschaft und Christier, Sozialdemokratie und Kommunismus.

34 W. Drexelius: Rechtsanwalt in Hamburg 1921–1946. In: Herbert Ruscheweyh 1892–1965. Gedächtnisschrift. Hrsg. v. der Landesjustizverwaltung der Freien und Hansestadt Hamburg. Hamburg 1966, S. 14. Zu Ruscheweyh vgl. die Zeittafel a.a.O., S. 11 f.; Wer ist Wer? Berlin 1948, S. 201 f.; StAH ZAS A 767; zu seiner Verhaftung siehe auch Hamburger Freie Presse vom 19.2.1949. Zu seiner Ernennung zum Stellvertreter Kiesselbachs vgl. R. Vogler: Präsident des Hanseatischen Oberlandesgerichts 1946–1960. In: Gedächtnisschrift Ruscheweyh, S. 28 ff., wo es S. 31 u.a. heißt: „Für die innere Haltung, mit der er seine neue Tätigkeit begann, ist es kennzeichnend, daß sein erster Brief ein Gruß an Dr. Karl Struve war, der bis 1945 Viezepräsident des Oberlandesgerichts gewesen war."

35 Vermerk von R. Vogler vom 4.8.1945 (HOLG 2200 E-5a/2/). Zu Gütschow vgl. Liste hamburgischer Richter (1946) (HOLG 2200 E-5a/1/). Dessen nach mehrfachen Ablehnungen am 15.11.1945 schließlich ausgesprochene Zulassung wurde acht Tage darauf wiederrufen, „as additional information has been received." Schreiben der Militärregierung Hamburg v. 22.11.1945 (HOLG 2200 E-5a/3/).

36 Ruscheweyh, Die Entwicklung der hanseatischen Justiz, S. 39 f.; zum folgenden Zitat siehe H.-H. Biermann-Ratjen: Abschiedsworte für Herbert Ruscheweyh. In: Gedächtnisschrift Ruscheweyh, S. 8. Die Argumentationsfigur der verhinderten Neuordnung wurde entwickelt bei E. Schmidt: Die verhinderte Neuordnung 1945–1952. Frankfurt 1970.

37 M. Broszat: Siegerjustiz oder strafrechtliche „Selbstreinigung". Aspekte der Vergangenheitsbewältigung der deutschen Justiz während der Besatzungszeit 1945–1949. In: Vierteljahreshefte für Zeitgeschichte, 29, 1981, 4, S. 508. Hinweise zur Vorbereitung und zum Aufbau des organisatorischen Rahmens britischer Justizpolitik finden sich a.a.O., S. 502 ff. sowie bei Wenzlau, Wiederaufbau der Justiz, S. 38 ff. – hier, S. 56, werden auch die im Technical Manual enthaltenen Entnazifizierungskriterien aufgeführt.

38 Vgl. Ruscheweyh, Entwicklung der hanseatischen Justiz, S. 40 f. sowie Wenzlau, Wiederaufbau der Justiz, S. 53; zur weiteren Heranziehung des Oberlandesgerichtspräsidenten siehe Ruscheweyh, a.a.O., S. 42; zu seiner Beauftragung mit der Erstellung von Übersichten über das Justizpersonal vgl. Vermerk von G. Prieß vom 6.5.1945 (HOLG 916-2a/1/); zu den Teilnehmern der Sitzung vom 12.5.1945 siehe Wenzlau, a.a.O., S. 104, sowie Bericht über eine Besprechung zwischen Major Kaberry u.a. und OLG-Präsident Schmidt-Egk u.a. vom 12.5.1945 (HOLG 916-2a/2/) – dort findet sich auch die unten zitierte Passage.

39 Zur Verhaftung von Schmidt-Egk vgl. H. Ruscheweyh: Die Entwicklung der hanseatischen Justiz, S. 42 und die Liste verhafteter Richter vom 26.6.1945 (HOLG 916-2a/5/); zu seiner vorgesehenen weiteren Beschäftigung vgl. Vermerk über die erste Besprechung vom 12. Juli 1945 betr. die Wiedereröffnung des Hanseatischen Oberlandesgerichts, von Vogler verfaßt am 14.7.45 (HOLG 2200 E-5a/2/); zur Entlassung Schmidt-Egks aus dem Amt vgl. Vermerk Voglers vom 8.9.45 betr. Mitteilung der Militärregierung vom 5.9.45 (HOLG 2200

E-2f/1/). – Hinsichtlich Herr vgl. zu seiner Tätigkeit am Sondergericht Hamburg W. Johe: Die Gleichschaltung der Justiz, S. 82; zu seiner Ernennung zum Senatspräsidenten Schreiben vom 5.4.1943 (HOLG 3131 E-1d), zu seiner Tätigkeit im Strafsenat die Liste der Strafsenatsmitglieder ohne Datum (Dezember 1946, HOLG 1053-2b/2/) und zu seiner erneuten Zulassung Schreiben Sommerfelds vom 11.11.46 (HOLG 2200 E-2f/4/) sowie die Rangliste hamburgischer Richter im Anhang zum Schreiben Sommerfelds an die Senatskommission für die Justizverwaltung vom 30.6.1948 (HOLG 2200 E-1b/1c/2/). – Hinsichtlich Prieß vgl. Schreiben Kiesselbachs an die Militärregierung vom 17.10.1945 (HOLG 2200 E-5a/3/), Schreiben der Rechtsabteilung vom 26.10.1945 betr. seine endgültige Zulassung in der Position eines Landgerichtsdirektors, jedoch unter Verbot richterlicher Tätigkeit (HOLG 2200 E-5a/3/); zu seiner erneuten Überprüfung durch den Überprüfungsausschuß Justiz vgl. Protokoll über die Besprechung beim Chef-Präsidenten (Ruscheweyh) am 24.1.1947 (HOLG 2200 E-5a/3/) sowie die Rangliste hamburgischer Richter vom 30.6.1948 (HOLG 2200 E-1b/1c/2/). – Hinsichtlich der Tätigkeit von Korn am Sondergericht vgl. Schreiben des Landgerichtspräsidenten an den OLG-Präsidenten vom 15.1.1947 mit Richterliste (HOLG 1053-2b/2/), die Entlassungsentscheidung der Militärregierung im Schreiben vom 17.9. 1945 (HOLG 2200 E-5a/3/). – Hinsichtlich der weiteren Tätigkeit von Schwarz bis Juli 1945 vgl. Vermerk Voglers vom 5.7.1945 (HOLG 2200 E-5a/2/) und zu seiner Entlassung Vermerk Voglers vom 8.9.1945 (HOLG 2200 E-2f/1/). – Hinsichtlich Brückmann vgl. zu seiner wie der übrigen Genannten Verhaftung Schreiben des General Department to British Military Government (Hamburg) – Subject: Denazification of the Administration vom 25.7.1945 (StAH Verbindungsstelle zur Militärregierung III 1a) mit anhängender Nominal roll showing Arrests of officials of the höheren Beamten since date of surrender, Oberlandesgericht sowie die Arrestliste zum Schreiben der Legal Division (Hamburg) To C.S.I.B. HQ 8 Corps District vom 26.9.1945 (PRO FO 1060/1032); weiterhin Schreiben Kiesselbachs an die Rechtsabteilung vom 17.10.1945 mit Fragebogen und Beurteilung Brückmanns (HOLG 2200 E-5a/3/) und die Zulassungsentscheidung der Militärregierung im Schreiben vom 27.10.1945 (HOLG 2200 E-5a/3/).

40 Zur Entnazifizierungsanweisung vom 17.5.45 siehe Protokoll der Besprechung des Bürgermeisters mit einem Vertreter der Militärregierung vom gleichen Tag (StAH Senatskanzlei II 039.15-1/1); zur Mitteilung Kiesselbachs wegen Beurlaubungen vgl. HOLG 1053-2a/1/ sowie zur vorausgegangenen Anweisung des Bürgermeisters deswegen StAH Senatskanzlei II 108.30-4 – dort auch das Zitat. Die Militärregierung akzeptierte diesen Umgang mit der Entnazifizierungsanweisung keineswegs, sondern veranlaßte eine weitere Verfügung des Bürgermeisters vom 9.6.1945, „die Beamten, die der NSDAP, der SS oder SA vor dem 1. April 1933 angehörten und inzwischen verhaftet, suspendiert oder beurlaubt sind, mit sofortiger Wirkung zu entlassen.“ Die Formulierung des Schreibens an die Betroffenen machte deutlich, daß es sich um Entlassungen durch die Besatzungsmacht und nicht nach deutschem Beamtenrecht handelte, vgl. die Abschrift des Schreibens des Bürgermeisters an Verwaltungen vom 9.6.1945 betr. Entlassungsanordnung der Militärregierung (HOLG 1053-2a/1/).

41 Zu den Mitgliedschaften in der NSDAP vgl. die Liste hamburgischer Richter (HOLG 2200 E-5a/1/), die bis Kriegsende 318 Namen anführte. Von den Genannten hatten 287 der NSDAP angehört, davon waren wiederum 166 am 1.5.1933 oder früher beigetreten. Achtzig Parteimitglieder waren Block- oder Zellenleiter gewesen, sechzehn hatten Beisitzer- oder Vorsitzendenfunktionen am Kreisgericht der Partei gehabt. Unter den Mitgliedschaften in sog. Gliederungen nannte die Liste zehn fördernde Mitglieder der SS und einundzwanzig Mitglieder, weiterhin 105 SA-Zugehörigkeiten überwiegend mit Rängen und vierzehn NSFK-Mitglieder. – Eine Liste von Staatsanwälten vom 4.7.1945 (HOLG 2200 E-5a/2/) wies für das Oberlandesgericht unter vier Namen keine Parteimitgliedschaft aus, für das Landgericht unter 28 Namen sechsundzwanzig ehemalige NSDAP-Mitglieder und für das Amtsgericht sieben von acht Amtsanwälten. – Das im Folgenden angesprochene Memorandum Kiesselbachs ist mit zusammenhängenden Dokumenten abgedruckt bei Breuer, Hund, Seegert: Konservatives Faschismusbild. In: Demokratie und Recht. Heft 2, 1985, S. 238 ff. Noch im Februar 1946 sollte es Aufsehen erregen, wie Briefwechsel zwischen englischen Rechtsoffizieren zeigten, denen das Memorandum „durch Reichspostkanäle“ in die Hände gekommen war. Vgl. Schreiben vom 21.2.1946 mit einer weiteren Übersetzung (PRO FO 1060/1066).

42 Zum Entnazifizierungsgesetz vgl. das Schreiben Voglers an die Präsidenten des Amts- und des Landgerichts und weitere OLG-interne Stellen vom 23.6.1945 mit Vermerk „Vertraulich" und den Gesetzestext im Anhang (HOLG 1053-2a/1/). Erläuterungen dazu finden sich im Entwurf eines Schreibens des Bürgermeisters an die Militärregierung ohne Tagesdatum („Juni 1945"; StAH Senatskanzlei II 108.30-4) – dort auch das Zitat. Zu Kiesselbachs Teilnahme an den Senatssitzungen vgl. H. Ruscheweyh: Die Entwicklung der hanseatischen Jusitz. S. 45; zu den Mitgliedschaften in faschistischen Organisationen siehe die Liste hamburgischer Richter (HOLG 2200 E-5a/1/).

43 Zur Überprüfungsvereinbarung vgl. die Besprechung vom 19.6.1945 und Vermerk Voglers vom 20.6.1945 mit dem Zitat (HOLG 1053-3a/4/). – Vgl. zum Folgenden die Berichte des Präsidenten des Amtsgerichts vom 1.6.1945 und des Landgerichts vom 13.6.1945 sowie das Organisationsschema und Geschäftsverteilungspläne für das Amts- und Landgericht als Appendix A bis E zum Report der Militärregierung Hamburg (Kaberry) vom 19.6.1945 (PRO FO 1060/1032); die Zitate sind dem Appendix B und C entnommen.

44 Die Liste hamburgischer Richter (HOLG 2200 E-5a/1/) führte siebenundzwanzig Nichtparteimitglieder an, daraunter sechs wiedereingestellte und drei neueingestellte Richter; eine weitere Liste ohne Datum (Ende Juni) nannte dreiundzwanzig Nichtparteimitglieder mit fast durchgängigem Vermerk „eingesetzt", handschriftlich ergänzt um dreißig weitere Namen ohne Vermerk (HOLG 2200 E-5a/2/). – Bis Anfang August lagen dem OLG-Präsidenten fünf Wiedereinstellungsanträge von Richtern vor, die aufgrund des Gesetzes zur Wiederherstellung des Berufsbeamtentums vom 7.4.1933 pensioniert worden waren, vgl. Schreiben Kiesselbachs an den Personalrat/Rathaus vom 6.8.1945 (HOLG 2200 E-2f/2/). – Vgl. zum Folgenden eine Rechtsanwaltsliste vom 9.10.1945, nach Eintrittsdatum in die NSDAP gegliedert (PRO FO 1060/1032).

45 Vermerk über eine Besprechung vom 13. Juli 1945 betr. die erweiterte Wiedereröffnung der Gerichte ohne Unterschrift (HOLG 2200 E-5a/2/). – Vgl. zum Folgenden zum Vorschlag von Oberst Kaberry Vermerk Voglers vom 5.7.1945 (HOLG 2200 E-5a/2/), sowie zu Schönfelders Vorschlag die Drucksache für die Senatssitzung Nr. 68 verteilt am 14. Dezember 1945. Betr.: Entlassung von Nationalsozialisten (ETG, Ordner Entnazifizierung).

46 Vgl. hinsichtlich der ersten Zulassungsliste das Schreiben der Rechtsabteilung an den OLG-Präsidenten vom 29.6.1945 mit anhängender Namensliste (HOLG 2200 E-5a/1/) sowie Vermerk Voglers vom 2.7.1945 mit anhängendem Original dieser Liste, worauf sich die handschriftlichen Vermerke befinden (HOLG 2200 E-5a/2/). – Vgl. zum Folgenden hinsichtlich Voglers NSDAP-Mitgliedschaft und der weiteren Funktionen die Liste hamburgischer Richter (HOLG 2200 E-5a/1/), zu seiner Versetzung 1944 (HOLG 2200 E-2f/1) und der Zulassung im September 1945 die Richterliste im Anhang zum Vermerk Voglers vom 5.9.1945 (HOLG 2200 E-5a/3/) sowie zu seiner Überprüfung 1947 das Protokoll über die Besprechung beim Chef-Präsidenten (Ruscheweyh) am 24.1.1947 mit anhängendem Richterverzeichnis (HOLG 2200 E-5a/3/) und schließlich die Rangliste hamburgischer Richter vom 30.6.1948 (HOLG 2200 E-1b/1c/2/). – Wenzlaus Darstellung der Überprüfungsverfahren: „Zu der ersten Überprüfung zogen sich die Chefpräsidenten, die über keine direkten Personalkenntnisse aus ihrem Oberlandesgericht verfügten, ... als persönliche Referenten einen unbelasteten Richter ihres Sprengels heran. Unbelastet zu sein bedeutete sowohl der NSDAP nicht angehört zu haben als auch in Prozessen nicht mitgewirkt zu haben, deren Entscheid das politische Interesse der Partei berührte." (Wiederaufbau der Justiz, S. 122) traf insoweit für Hamburg nicht zu. – Hinsichtlich Willers Tätigkeit in der Hamburger Jusitzverwaltung vgl. HOLG 2200 E-2e/1/, zu seiner Zulassung die Mitteilung aus Lübbecke an die Hamburger Rechtsabteilung vom 22.9.1945 (PRO FO 1060/1032) und die Liste 1 der Militärregierung im Anhang zum Schreiben vom 8.9.1945 an den OLG-Präsidenten „Subject: Admission of judges" (HOLG 2200 E-5a/3/), worin die endgültige Zulassung von Willers vermerkt war. Hinsichtlich seiner Ernennung zum Senatspräsidenten vgl. Mitteilung Kochs vom 3.4.1947 (HOLG 2200 E-2g2/4a/).

47 Vermerk über die Besprechung am Freitag, den 29.6.1945 von Vogler (HOLG 2200 E-5a/2/). – Vgl. im Folgenden zur Einrichtung einer kleinen Kommission und ihrem Auftrag den handschriftlichen Vermerk Voglers auf der Zulassungsliste vom 29.6.1945 (HOLG 2200 E-5a/2/) – dort auch das folgende Zitat. Hinsichtlich der Kommissionssitzungen vgl. die Niederschrift über eine Besprechung vom 3.7.1945 – dort die weiteren Zitate – mit drei anhängenden Richterlisten sowie die Niederschrift vom 4.7.1945 mit anhängender Liste der Staatsanwälte, beide von Vogler verfaßt am 11.7.1945 (beide HOLG 2200 E-5a/2/).

48 Eine vom Landgerichtspräsidenten am 15.1.1947 dem OLG-Präsidenten übersandte Liste führte vierundvierzig Namen von Richtern auf, beginnend mit Gernet und handschriftlich um sieben weitere ergänzt, die „bei dem Sondergericht Hamburg im Laufe der Jahre tätig gewesen sind" (HOLG 1053-2b/2/). Vgl. auch das Kapitel „Die Sondergerichte" bei W. Johe: Die gleichgeschaltete Justiz. Hamburg 1983 (2. Aufl.) – Die Liste enthielt nicht die Namen derjenigen Hamburger Richter, die insbesondere seit 1940 in den besetzten Ostgebieten an Sondergerichten tätig gewesen waren.

49 Dies zeigte beispielsweise eine Beurteilung Anfang August, als die Gründe für den Ausschluß vom öffentlichen Dienst neu definiert und gewichtet worden waren: „This (list of disqualifications) does not rely solely upon the question, whether a candidate for office has been a member of the Nazi-Party, as this does not in all cases provide a satisfactory criterion. For example a number of the most unsatisfactory characters, o.g. judges who set on Sondergerichte and prosecutors before the same courts were not always Party-members but they should clearly be disqualified." Schreiben der Legal Division Main Head Quarter to HQ 21 Army Group vom 1.8.1945 „Subject: De-nazification of Legal Personnel" (PRO FO 1060/1024). – In der „Directive on the Arrest and Removal and Exclusions of Nazis from Office" vom 5.9.1945 für die britische Zone (PRO FO 1060/1066) wurden unter den zu Entlassenden an den Sondergerichten aufgeführt „All Presiding and other permanent judges and prosecutors". – Vgl. zum Folgenden wegen der Anfrage betr. die Tätigkeit am Sondergericht Vermerk Voglers vom 31.10.1945 – dort das Zitat – und sein Schreiben an die Militärregierung vom gleichen Tag (HOLG 2200 E-5a/3/).

50 Vermerk Voglers vom 5.7.1945 über den Bericht Kiesselbachs ihm und von der Decken gegenüber (HOLG 2200 E-5a/2/). – Hinsichtlich der Besprechung vom 11.7.1945 vgl. die handschriftlichen Amerkungen in den Richterlisten, die der kleinen Kommission am 3.7. 1945 vorlagen (HOLG 2200 E-5a/2/). – Zum Kreis der am 13.7.1945 Versammelten gehörten u.a. die Mitglieder der kleinen Kommission bis auf die Amtsrichter und Rechtsanwalt Ruscheweyh, vgl. den Vermerk über eine Besprechung vom 13. Juli 1945 betr. die erweiterte Wiedereröffnung der Gerichte ohne Unterschrift (HOLG 2200 E-5a/2/) – dort die beiden weiteren Zitate. – Vgl. zum Folgenden das Schreiben des OLG-Präsidenten an die Präsidenten des Amts- und Landgerichts vom 12.7.1945 mit dem Vermerk „Vertraulich" (HOLG 2200 E-2a/2/) mit den entsprechenden Zitaten.

51 Zu den einstweilig nicht zu beschäftigenden Richtern gehörte Landgerichtsrat Otto Prinz, der erst 1940 der NSDAP beigetreten und Beisitzer am Gauehrengericht sowie seit 1942 am Sondergericht Hamburg als stellvertretender Vorsitzender tätig gewesen war. Noch bevor am 29. Juni die erste Zulassungsliste der Militärregierung im Oberlandesgericht vorlag, war er bereits mit Kiesselbach und zwei anderen Richtern auf einer Liste aus dem Rathaus vermerkt, nach welcher vorläufige Weiterbeschäftigungen gestattet worden waren. Wenngleich trotz der vorstehenden Vorsichtsmaßnahmen im September 1945 abgelehnt und entlassen, sollte Prinz 1948 wieder als Landgerichtsrat tätig sein. Vgl. das Schreiben Schmidt-Egks an den Reichsjustizminister vom 25.11.1944 wegen der Besetzung zweier OLG-Ratsstellen mit Beurteilungen der Vorgeschlagenen (HOLG 2200 E-2f/1/5/); weiterhin zur vorläufigen Weiterbeschäftigung Schreiben Schönfelders an Kiesselbach vom 28.6.1945 mit anhängendem Auszug aus einer Liste vorläufig Weiterbeschäftigter (HOLG 2200 E-5a/1/); die Entlassungsmitteilung an Prinz vom 20.9.1945 (HOLG 2200 E-5a/3/) und die Rangliste hamburgischer Richter vom 30.6.1948 (HOLG 2200 E-1b/1c/).

52 Wegen Bacmeister vgl. die Liste der Strafsenatsmitglieder ohne Datum (Dezember 1946, HOLG 1053-2b/2/); weiterhin das Schreiben Kiesselbachs an die Militärregierung vom 17.9. 1945 mit Fragebogen und der zitierten positiven Beurteilung Bacmeisters, wegen seiner Ablehnung das Schreiben der Militärregierung vom 19.9.1945 und den Vermerk Voglers vom gleichen Tag wegen der Vorwürfe Cartons (alle HOLG 2200 E-5a/3/); weiterhin Schreiben Kiesselbachs an Bacmeister vom 10.10.1945 betr. die Pensionierung auf dessen Gesuch hin (HOLG 2200 E-2f/3/). Vgl. auch W.G. Bacmeister: Das Erbgesundheitsobergericht, In: C. Rothenberger (Hg.): Das Hanseatische Oberlandesgericht. Gedenkschrift zu seinem 60-jährigen Bestehen. Hamburg 1939, S. 233ff. – Zu Davids als Vertreter Schmidt-Egks vgl. Vermerk Voglers vom 14.7.1945 über die Besprechung vom 12.7.1945 betr. die Wiedereröffnung des Hanseatischen Oberlandesgerichts (HOLG 2200 E-5a/2/) mit dem Zitat.

53 Zur Inhaftierung von Engels und Seyfferth vgl. „List a" zum Schreiben der Militärregierung an CSIB HQ 8 Corps District vom 26.9.1945 (PRO FO 1060/1032); wegen Engels Pensionierung die Mitteilung Voglers vom 18.1.1946 an ihn (HOLG 2200 E-2f/3/) und zu Seyf-

ferth die Rangliste hamburgischer Richter von 1948 (HOLG 2200 E-1b/1c/2/). – Vgl. im Folgenden zu Struve Vermerk Voglers vom 14.7.1945 über die Besprechung vom 12.7. 1945 (HOLG 2200 E-5a/2/) mit dem Zitat. Auch Struve gehörte zu den verhafteten Richtern und sollte im Januar 1946 pensioniert sein. Vgl. Mitteilung Voglers an die Justizkasse vom 17.12.1945 (HOLG 2200 E-2f/3/). – Zu Prieß siehe Vermerk Voglers vom 14.7.1945 über die Besprechung vom 12.7.1945 (HOLG 2200 E-5a/2/) mit dem entsprechenden Zitat. – Zur Besprechung der Liste der OLG-Richter am 13.7.1945 vgl. Vermerk Voglers vom 18.7.1945 (HOLG 2200 E-5a/2/).

54 In einem Vermerk Voglers vom 2.8.1945 über eine Besprechung im Rathaus mit Senatssyndikus Schultz hieß es hierzu: „Diese gegenüber den hamburgischen Plänen sehr harte Regelung lege den Gedanken nahe, Alterspensionierungen in den zweifelhaften Fällen vorzunehmen, um allzu großen Härten vorzubeugen. ... Man müsse jetzt dem Gedanken näher treten, ob es nicht richtiger sei, die ursprüngliche Bestimmung des D(eutschen) B(eamten) G(esetzes) wieder anzuwenden, nach welcher Beamte auf eigenen Antrag schon vom 62. Lebensjahr ab pensioniert werden könnten." (HOLG 3131 E-1g/4/)

55 Vgl. das Organisationsschema sowie die Geschäftsverteilungs- und Besetzungspläne für die Amtsgerichte und das Landgericht als Appendix A bis E zum Report der Rechtsabteilung (Hamburg/Kaberry) an die Militärregierung (Hamburg) vom 19.7.1945: „Subject: Reopening of Indigenous Courts in Hansestadt Hamburg" (PRO FO 1060/1032).

56 Schreiben Kiesselbachs an die Militärregierung/Hamburg vom 27.7.1945 wegen vorzeitiger Entlassungen (PRO FO 1060/1032). – Im Folgenden siehe hinsichtlich Lohses Schreiben Schmidt-Egks an den Reichsjustizminister vom 10.2.1943 mit Beurteilungen sowie das Ernennungsschreiben (HOLG 3131 E-1d/5/3/ sowie /4/); zu seiner endgültigen Entlassung vgl. Vermerk Voglers vom 27.8.1945 (HOLG 2200 E-5a/1/); weiterhin Schreiben Kiesselbachs an die Militärregierung vom 17.10.1945 mit Lohses Fragebogen und seiner und Pelzers Befürwortung (HOLG 2200 E-5a/3/) und das Schreiben der Militärregierung vom 27.10.1945 betr. die Ablehnung Lohses und die Zulassung Pelzers (HOLG 2200 E-5a/ 3/); Rangliste hamburgischer Richter von 1948 (HOLG 2200 E-1b/1c/2/).

57 Abschrift: Reopening of Courts in Hansestadt Hamburg vom 2.8.1945 (HOLG 2200 E-5a/ 2/); List of Judges in Hansestadt Hamburg ohne Anschreiben mit handschriftlichem Vermerk: „eingegangen am 1.8.45" (HOLG 2200 E-5a/2/). – Zum weiteren siehe Vermerk Willers über Besprechung beim Herrn Oberlandesgerichtspräsidenten vom 3.8.1945 (HOLG 2200 E-5a/2/) mit den beiden weiteren Zitaten.

58 Schreiben des Amtsgerichtspräsidenten an den OLG-Präsidenten vom 6.8.1945 (HOLG 2200 E-5a/2/). – Zu den Landrichtern vgl. Vermerk Voglers vom 7.8.1945 betr. die mündliche Stellungnahme des Landgerichtspräsidenten (HOLG 2200 E-5a/2/). – Kiesselbachs Stellungnahmen sind eingetragen in der Liste 2, eingegangen am 8.8.1945 (HOLG 2200 E-5a/2/).

59 Hinsichtlich Lang vgl. die Liste der Strafsenatsmitglieder ohne Datum (Dezember 1946, HOLG 1053-2b/2/); wegen seiner Einstellung als Tarifangestellter das Schreiben Kiesselbachs vom 24.9.1945 (HOLG 2200 E-5a/3/) mit dem Zitat und die Antwort der Militärregierung vom 26.9.1945 – daraus das entsprechende Zitat – sowie zur Pensionierung den weiteren Vermerk Voglers vom 15.12.1945 (alle HOLG 2200 E-5a/3/). – Zu Prosiegel vgl. weiterhin das Entlassungsschreiben Kiesselbachs vom 13.9.1945 (HOLG 2200 E-2f/3/), die Zulassungsschreiben Voglers vom 19.11.1945 (HOLG 2200 E-5a/3/) und Kiesselbachs vom 28.11.1945 (HOLG 2200 E-2f/4/), zur erneuten Überprüfung seines und anderer Fälle das Protokoll der Besprechung beim Präsidenten (Ruscheweyh) vom 24.1.1947 (HOLG 2200 E-5a/3/) und die Rangliste hamburgischer Richter von 1948 (HOLG 2200 E-1b/1c/ 2/). – Zu Hollburg vgl. die Schreiben der Militärregierung vom 1.11.1945 betr. seine Zulassung und vom 22.11.1945 betr. deren Widerruf (HOLG 2200 E-5a/3/), die Zulassungsschreiben Voglers vom 7.11.1945 (HOLG 2200 E-5a/1/) und Kiesselbachs vom 12.11.1945 (HOLG 2200 E-2f) sowie zu Hollburgs Pensionierung den Vermerk Voglers vom 15.12. 1945 (HOLG 2200 E-5a/3/). – Vgl. zum Folgenden wegen der Besprechung mit Schobbers Vermerk Voglers vom 10.8.1945 (HOLG 2200 E-5a/2/) – daraus die entsprechenden Zitate.

60 Diese Initiative der Militärregierung betraf keineswegs allein die Justiz, sondern war eine Reaktion auf das Entnazifizierungsverfahren im Rathaus. Am 8. August wurde dem Bürgermeister die Bildung von Überprüfungskomitees ohne NSDAP-Mitglieder in allen Verwaltungszweigen befohlen. Würde die dafür gesetzte Frist nicht eingehalten, erklärte ihm

Colonel Armytage, „müssen Rathaus und Handelskammer geschlossen werden." Protokoll der Besprechung zwischen Petersen und Armytage vom 8.8.1945 (StAH Senatskanzlei II 039.15-1/1). Zum Folgenden vgl. Schreiben Kiesselbachs an die Hauptverwaltung/Rathaus vom 8.8.1945 (StAH Senatskanzlei II 108.10-5) betr. die Ablehnung einer Kommissionsbildung, dort das Zitat.

61 Vgl. seitens der Militärregierung „List of Judges and Prosecutors not approved" ohne Anschreiben, mit handschriftlichem Vermerk: „eingeg. 14.8.45" (HOLG 2200 E-5a/2/), hinsichtlich der Kommissionsbildung und ihrer Zusammensetzung Vermerk Voglers vom 15.8. 1945 (HOLG 2200 E-5a/2/), in dem der Hinweis auf die Veranlassung durch Kaberry handschriftlich ergänzt ist; dort auch das folgende Zitat betr. die Hinzuziehung der weiteren Richter sowie das anschließende Zitat betr. die mögliche Änderung von Ablehnungsbescheiden. – Mit 106 Namen umfaßte diese Liste der Militärregierung kaum die Hälfte des bis zu diesem Zeitpunkt noch nicht überprüften richterlichen Personals, wie die vier Tage zuvor aus dem Amts- und Landgericht dem OLG-Präsidenten zugesandten Listen der „bisher nicht zugelassenen Richter" zeigten. Diese umfaßten fünfundachtzig bzw. neunundneunzig Namen, zu denen noch fünfunddreißig nicht zugelassene Richter am Oberlandesgericht kamen. Vgl. diese Anschreiben vom 10.8.45 mit jeweils anhängender Richterliste (HOLG 2200 E-5a/2/).

62 Klaas war am 23.7.1945 von Kiesselbach der Militärregierung für diese Position vorgeschlagen worden, seine Ernennung folgte am 6. August 1945 (HOLG 2200 E-2f/1/). – Als im Juni Bürgermeister Petersen Armytage von dem Wunsch der Kommunistischen Partei berichtete, „den Posten des GStA in die Hand des kommunistischen Rechtsanwalts Hegewisch zu legen", hatte Armytage erwidert, daß es bei Vorliegen der erforderlichen Qualifikation „dem Bürgermeister völlig selbst überlassen (sei)", wen er zur Mitarbeit heranziehe. Vgl. das Protokoll der Besprechung vom 27.6.1945 (StAH Senatskanzlei II 039.15-1/1).

63 Vgl. die Niederschrift über die Sitzung vom 17. August 1945 und vom 21. August 1945 (HOLG 2200 E-5a/2/), dort die folgenden Zitate.

64 Vogler hatte den Amtsgerichtspräsidenten am Vortage gebeten, „die Qualifikationsberichte über die Betreffenden mit(zu)bringen". Vgl. Schreiben vom 29.8.1945 mit anhängender Richterliste (HOLG 2200 E-5a/2/). – Hinsichtlich der folgenden Zitate betr. die Intervention von Klaas vgl. die Niederschrift über die Sitzung vom 21.8.1945 (HOLG 2200 E-5a/2/).

65 Hinsichtlich Middel vgl. den Vorschlag für eine Stelle als Landgerichtsdirektor 1944 (HOLG 2200 E-5a/2/); zur Bestätigung seiner vorläufigen Zulassung vgl. „List of Judges and Prosecutors approved" der Militärregierung ohne Anschreiben mit handschriftlichem Vermerk: „eingegangen am 3.8.45" (HOLG 2200 E-5a/2/). In einem Schreiben der Rechtsabteilung Lübbecke an die in Hamburg vom 19.8.1945 war sein Name unter der Rubrik „still under consideration" vermerkt (PRO FO 1060/1032). Hinsichtlich seiner endgültigen Zulassung vgl. Vermerk Voglers vom 15.9.1945 über eine entsprechende mündliche Mitteilung von Carton an Kiesselbach (HOLG 2200 E-5a/3/). Zur pensionslosen Entlassung Middels vgl. die Vermerke von Vogler vom 13. und 15.12.1945 (HOLG 2200 E-5a/3/) und Schreiben Kiesselbachs an die Militärregierung vom 29.12.1945, worin alleine für Middel die pensionslose Entlassung, für die weiteren betroffenen Richter am Oberlandesgericht hingegen festgehalten wurde, „daß sie nicht mehr beschäftigt, jedoch unter Anwendung des deutschen Rechts in den Ruhestand versetzt werden sollen" (HOLG 2200 E-5a/3/).

66 Notiz betreffend Besprechung mit Herrn Oberst Kaberry am 20. August 1945 mit Unterschriften Vogler und Paulig (HOLG 2200 E-5a/2/). – Im Folgenden vgl. hinsichtlich der Nichtbehandlung der auswärtigen Richter und Staatsanwälte den Vermerk Voglers vom 15.8.1945 über eine Besprechung mit der Sekretärin von Schobbers (HOLG 2200 E-5a/ 2/), weiterhin Vermerk Voglers vom 29.8.1945 betr. Kiesselbachs Anordnung der Nichtbehandlung auswärtiger Richter (HOLG 2200 E-5a/2/); zu Cartons Vorwurf der Cliquenwirtschaft vgl. Vermerk Voglers vom 31.8.1945 mit den zwei Zitaten und vom 1.9.1945 mit den anschließenden zwei Zitaten (HOLG 2200 E-5a/2/) sowie hinsichtlich der Besprechungen in Aumühle Vermerk Voglers vom 3.9.1945, dort das betreffende Zitat (HOLG 2200 E-5a/3/). Wegen der weiteren Nachfrage Cartons am 2. September vgl. den weiteren Vermerk Voglers vom gleichen Tag (HOLG 2200 E-5a/3/), dort die beiden Zitate. – Ein derartiges Vorgehen, die Abwesenheit des verantwortlichen Rechtsoffiziers für die Durchsetzung von Personalentscheidungen zu nutzen, wurde auch später in Fällen mit geringer Erfolgsaussicht praktiziert, wie sich anläßlich des mehrwöchigen Weggangs von Oberst

Carton im März 1946 zeigen sollte: „Wir dürfen einerseits unsere Quote nicht verschlechtern, andererseits meine ich aber auch, diese Gelegenheit nicht vorübergehen zu lassen, wenn wir irgendeinen besonders qualifizierten Kollegen durchsetzen wollen. In diesem Zusammenhang denke ich in erster Linie an Landgerichtsrat Behr und in zweiter Linie an Amtsgerichtsrat Blome. Bitte überlegen Sie sich diese Anregung." In diesem Aktenvermerk Kiesselbachs für Vogler vom 2.3.1946 (HOLG 2200 E-5a/3/) ergänzte Vogler handschriftlich „Evtl. auch Fall Sommerkamp und Reimers" und für alle Genannten konnte schließlich erfolgreich eingetreten werden, wenngleich Behr zu den besonders belasteten Richtern gehörte, insofern er, seit 1933 NSDAP-Mitglied und SA-Scharführer, seit 1933 am Sondergericht und in den Jahren 1944 und 1945 Richter im ersten Strafsenat gewesen war. Ab Februar 1948 sollte er wieder als Landgerichtsrat tätig sein. Vgl. die Liste der Strafsenatsmitglieder (HOLG 1053-2b/2/) und die Aufstellung der ehemaligen Richter am Sondergericht Hamburg im Schreiben des Landgerichtspräsidenten an den OLG-Präsidenten vom 15.1.1947 (HOLG 1053-2b/2/) sowie das Zulassungsschreiben vom 12.2.1948 (HOLG 2200 E-2g^2/4a/). -- Blome, ehemaliges NSDAP-Mitglied und SA-Sturmmann und im Februar 1943 vom Gerichtsassessor zum Landgerichtsrat befördert, war im Oktober 1945 abgelehnt und entlassen, jedoch im September 1946 als Landgerichtsrat wieder zugelassen worden. Vgl. Entlassungsschreiben Kiesselbachs vom 29.10.1945 sowie die Ernennungsmitteilung von Ruscheweyh vom 23.9.1946 (HOLG 2200 E-2f/5/), die Ernennungsmitteilung vom 1.2. 1943 (HOLG 3131 E-1d/5/3/). – Landgerichtsdirektor Sommerkamp gehörte zu den inhaftierten Richtern, um deren vorzeitige Freilassung sich Kiesselbach bereits in seinem Schreiben vom 27.7.1945 bemüht hatte und dessen Entlassungsschreiben zu den im Oktober zurückgehaltenen gehörte. Er war in der Rangliste hamburgischer Richter vom Juni 1948 (HOLG 2200 E-1b/1c/2/) als Amtsgerichtsrat verzeichnet, desgleichen Reimers.

67 Vermerk Voglers vom 27.8.1945 über ein Gespräch mit Carton und Schobbers (HOLG 2200 E-5a/2/), dort auch die vorhergehenden Zitate.

68 Sowohl die Potsdamer Erklärung vom 2.8.1945 wie die späteren Entnazifizierungsdirektiven unterschieden zwischen nomineller NSDAP-Mitgliedschaft und aktiver Unterstützung des Regimes hinsichtlich der zu ergreifenden Maßnahmen. Von Kiesselbach auf diese Passage im Potsdamer Abkommen angesprochen, sah Kaberry darin „lediglich eine Bestätigung des bereits von englischer Seite befolgten Prinzips ..., wonach die Mitgliedschaft bei der Partei allein kein Ausschließungsgrund sei. Demgemäß seien von ihm auch viele 33iger Richter zugelassen." Vermerk Voglers vom 9.8.1945 (HOLG 2200 E-5a/2/). – Vgl. zum Folgenden hinsichtlich der Anordnung Kiesselbachs betr. Herr und Hirsche Vermerk Voglers vom 29.8.1945 (HOLG 2200 E-5a/2/), dort auch das Zitat betr. die Liste Nr. 2; Schreiben Kiesselbachs an die Militärregierung vom 29.8.1945 mit drei anhängenden Listen des richterlichen Personals, jeweils nach Instanzen gegliedert (HOLG 2200 E-5a/2/) sowie Schreiben Voglers an die Militärregierung vom 1.9.1945 mit den weiteren Richterlisten Nr. 4 bis Nr. 7 in der Anlage (HOLG 2200 E-5a/3/), dort auch die betr. Zitate.

69 Vgl. zu den mündlichen Erläuterungen Cartons am 5.9.1945 Vogler gegenüber dessen Vermerk vom gleichen Tag mit anhängender Aufstellung der Personalentscheidungen, gegliedert nach vorläufigen und endgültigen Zulassungen sowie nach offenen Fällen und Ablehnungen (HOLG 2200 E-5a/3/); weiterhin Schreiben der Militärregierung vom 8.9.1945 an den OLG-Präsidenten mit anhängenden Richterlisten Nr. 1 bis Nr. 3, jeweils nach Instanzen gegliedert mit Entscheidungsvermerk und Unterschrift Kaberrys (HOLG 2200 E-5a/3/).

70 Kollhoff hatte der NSDAP seit 1933 sowie dem Reichskolonialbund angehört und war von 1934 bis 1942 zeitweise in beiden Strafsenaten tätig gewesen; vgl. die Liste der Strafsenatsmitglieder vom Dezember 1946 (HOLG 1053-2b/2/); Kiesselbach hatte ihn im Besetzungsplan für das Oberlandesgericht vom 12.7.1945 als Beisitzer in einem Strafsenat vorgesehen. Die am 7.11.1945 ausgesprochene endgültige Zulassung (vgl. Schreiben der Rechtsabteilung der Militärregierung/Hamburg vom 7.11.1945 an den OLG-Präsidenten HOLG 2200 E-5a/3/) wurde von Oberst Rathbone am 13.12.1945 Kiesselbach gegenüber für „6 Mitglieder des Strafsenats" in Form einer Entlassungsforderung widerrufen (vgl. Vermerk Voglers vom gleichen Tag HOLG 2200 E-5a/1/), konnte jedoch für alle Betroffenen noch in eine Pensionierung umgewandelt werden. Vgl. Vermerk Voglers vom 17.12.1945 und Schreiben Kiesselbachs vom 29.12.1945 an die Militärregierung wegen der Pensionierung (HOLG 2200 E-5a/3/). – Hinsichtlich Framhein vgl. wegen seiner Tätigkeit am Sondergericht Schreiben des Landgerichtspräsidenten an den OLG-Präsidenten vom 15.1.1947

mit Aufstellung der Richter am Sondergericht Hamburg (HOLG 1053-2b/2/) sowie W. Johe, Die gleichgeschaltete Jusitz, S. 66 ff.; zu Framheins Zulassung vgl. Schreiben Sommerfelds vom 23.8.1947 (HOLG 2200 E-2f/5/). – Zu Cartons abschlägigem Bescheid gegenüber Vogler (mit dem entsprechenden Zitat) vgl. anschließend Voglers Vermerk vom 5.9.1945 (HOLG 2200 E-5a/3/).

71 Auszug aus einer Niederschrift über die am 6. September 1945 stattgefundene Besprechung bei dem Herrn Oberlandesgerichtspräsidenten (HOLG 2200 E-5a/3/), an der neben Dunbar und den Hamburger Rechtsoffizieren Carton und Spence Vogler, Generalstaatsanwalt Klaas und Amtsgerichtspräsident Müller teilnahmen. Hinsichtlich des Entlassungstextes vgl. Schreiben Kiesselbachs an die Hamburger Rechtsabteilung vom 7.9.1945 (HOLG 2200 E-5a/3) mit dem Zitat.

72 Vermerk Voglers vom 8.9.1945 (HOLG 2200 E-5a/3/), dort auch das vorhergehende Zitat; hinsichtlich Kiesselbachs „Pending"-Vorschlag vgl. sein Schreiben an die Rechtsabteilung vom 10.9.1945 (HOLG 2200 E-5a/3/) mit den weiteren Zitaten sowie die Genehmigung hierfür im Antwortschreiben der Rechtsabteilung vom 11.9.1945 (HOLG 2200 E-5a/3/) unter Nr. IV.

73 Vgl. hinsichtlich der Zulassungen von G. Prieß, Lau und Fedder Schreiben der Rechtsabteilung Lübbecke an die der Hamburger Militärregierung vom 25.10.1945 (PRO FO 1060/1032) und das Schreiben der Hamburger Rechtsabteilung an den OLG-Präsidenten vom 7.11.1945 (HOLG 2200 E-5a/3/) sowie die Rangliste hamburgischer Richter (HOLG 2200 E-1b/1c/2/). – Vgl. zum Folgenden hinsichtlich der Tätigkeit Laus am Reichskriegsgericht die Niederschrift über die Sitzung der großen Kommission vom 21.8.1945 (HOLG 2200 E-5a/2/).,zu seiner Aufnahme in die Liste 3 der erwünschten Weiterbeschäftigungen Anhang zum Schreiben Kiesselbachs an die Militärregierung vom 29.8.1945 (HOLG 2200 E-5a/2/) und die Mitteilung über die Entlassung von Lau im Schreiben Kiesselbachs an den Amts- und den Landgerichtspräsidenten vom 28.9.1945 (HOLG 2200 E-5a/3/). – Hinsichtlich Bielenberg vgl. das Schreiben Sommerfelds vom 11.11.1946 an ihn betr. die Zulassungsentscheidung der Militärregierung vom 21.10.1946 (HOLG 2200 E-$2g^2$/4a/).

74 Schreiben der Militärregierung vom 8.8.1945 mit anhängenden Namenslisten sowie zwei weitere Schreiben vom 11.9.1945 (alle HOLG 2200 E-5a/3/). Das Zitat findet sich im Schreiben vom 11.9.1945 unter Nr. V. – Wegen der Rücksendung von Entlassungsmitteilungen vgl. Schreiben Kiesselbachs an den Landgerichtspräsidenten vom 18.10.1945 und dessen Antwort vom 23.10.1945 (beide HOLG 2200 E-5a/3/).

75 Hinsichtlich der Kompetenzenregelung vgl. Schreiben der Rechtsabteilung Lübbecke an die Militärregierung Hamburg vom 24.8.1945 (PRO FO 1060/1032) sowie das Schreiben der Militärregierung (Allhusen) an den Bürgermeister vom 3.9.1945 Betrifft: Befugnisse des Oberlandesgerichtspräsidenten Hamburg (StAH Oberschulbehörde IV/II. Rundschreiben Okt. 43 – Sept. 45, Bd. 14). Vgl. zur Neuregelung der Zuständigkeiten im einzelnen H. Ruscheweyh, Die Entwicklung der hanseatischen Justiz, S. 45 ff. – Hinsichtlich der Entlassung von Schmidt-Egk vgl. Vermerk Voglers vom 8.9.1945 und Schreiben des Oberlandesgerichts an Kiesselbach vom gleichen Tag betr. seine Ernennung durch Urkunde vom 6.8.1945 (HOLG 2200 E-2f/1/). Hinsichtlich der Anweisung Nr. 1 vgl. Schreiben der Rechtsabteilung Lübbecke an alle Militärregierungen/Rechtsabteilung vom 10.9.1945: „Instructions to Presidents of the German Ordinary Courts of Appeal" (PRO FO 1060/1021) sowie Hanseatisches Justizverwaltungsblatt 1946, S. 72 ff. – Vgl. zum Folgenden die Geschäftsverteilungspläne für das Amts- und das Landgericht vom 19.9.1945 sowie ein Schreiben vom 18.9.1945 betr. den Umfang der Eröffnung des Oberlandesgerichts mit anhängender Besetzungsliste für die Verwaltung und die Senate (PRO FO 1060/1032); hinsichtlich der Eröffnung des Oberlandesgerichts vgl. die Verordnung über die Wiedereröffnung der Hamburger Gerichte (Hamburgisches Verordnungsblatt vom 29.9.1945, S. 21 ff.) und die Ansprachen Kiesselbachs sowie des Generalmajors Barker (PRO FO 1060/1032 und Hamburger Nachrichtenblatt Nr. 83 vom 24.9.1945).

76 „Es kann aber keine Rede davon sein, daß 40% der Richter und Staatsanwälte (sc. die nach diesen Regelungen zu entlassen wären) tatsächlich Aktivisten der NSDAP gewesen wären. Gerade die Jusitz war vielmehr dauernden Anfeindungen durch die Partei ausgesetzt, weil sie mit Recht weithin als Hort der Parteigegnerschaft galt." Schreiben Hodenbergs an die Militärregierung Hannover vom 6.11.1945 (HOLG 3131 E-1g/5/). Hodenberg war auch der Initiator einer Eingabe, welche sich gegen die Entnazifizierungsrichtlinien der

Engländer richtete und um deren Unterstützung durch die übrigen OLG-Präsidenten der britischen Zone er sich nach Bekanntgabe der 50%-Regelung verstärkt bemühte. Seit Ende September 1945 kamen diese in monatlichen Abständen zu Konferenzen zusammen. Vgl. den Briefwechsel in dieser Sache zwischen den OLG-Präsidenten Hermsen (Hamm), Lingemann (Düsseldorf), Schetter (Köln), Mansfeld (Braunschweig), Kuhnt (Kiel), sowie Kiesselbach und Hodenberg (HOLG 3131 E-1g/5/). – Zur Diskussion der 50%-Regelung auf englischer Seite vgl. Schreiben des Sekretärs des Standing Commitee on Denazification bei der Kontrollkommission vom 9.10.1945 sowie das Protokoll des Zonentreffens von Vertretern der örtlichen Rechtsabteilungen vom 15.10.1945 und das Schreiben der Rechtsabteilung Lübbecke an alle Militärregierungen/Rechtsabteilung vom 19.10.1945: „Denazification: Appointment of Legal Personnel" und Appendix A „Principles of Vetting and Appointment of Legal Officials" (alle PRO FO 1060/1066). Zur Aufhebung der Regelung vgl. das Schreiben des Standing Commitee on Denazification vom 12.2.1946 und der Rechtsabteilung Lübbecke (Rathbone) vom 5.4.1946 (PRO FO 1060/1066).

77 Vgl. die Mitteilungen der Rechtsabteilung Lübbecke an die Militärregierung/Rechtsabteilung Hamburg vom 19.8.1945, 11.9., 22.9., 26.9., 8.10. und 25.10.1945 (PRO FO 1060/1032). Unter den Richtern, gegen deren Anstellung danach „keine Einwände" bestanden, waren viele seit 1933 NSDAP-Mitglieder gewesen, häufig mit weiteren Funktionen in der SA und anderen Organisationen und schließlich auch Richter der Strafsenate und an Sondergerichten genannt. – An Informationsquellen wurden in den Principles of Vetting (vgl. Appendix A zum Schreiben der Rechtsabteilung Lübbecke vom 19.10.1945 PRO FO 1060/1066) der allgemeine und der berufsbezogene besondere Fragebogen genannt, weiterhin örtliche Informanten und die von den OLG-Präsidenten dem Reichsjustizminister regelmäßig zugesandten Berichte mit Richterbeurteilungen, welche in Teilen über das Ministerial Collecting Center der Besatzungsmacht in Kassel verfügbar waren. Nicht angeführt wurden die Personalakten, so daß deren Einsichtnahme keineswegs zu den grundsätzlichen Voraussetzungen einer endgültigen Zulassung gehörte, wie Wenzlau annimmt (vgl. derselbe, Wiederaufbau der Justiz, S. 128). Vielmehr blieb der allgemeine Fragebogen die überwiegende Informationsgrundlage, wie Colonel Rathbone im Schreiben an das Standing Commitee on Denazification vom 17.11.1945 ausführte: „(T)he General Fragebogen – which in the majority of cases is the only data in our possession – does not call for the *rank* held in Nazi organisation, but only the *Appointment*" (PRO FO 1060/1066, Unterstreichung im Original). Diese Fragebogen gingen schließlich in vielen Fällen erst lange nach der Anstellung der betroffenen Richter in Lübbecke zur Beurteilung der Anträge ein. So lagen dort im August 1945 erst sechzig Fragebogen aus Hamburg vor, als hier bereits 120 Richter zugelassen waren, vgl. Schreiben an die Rechtsabteilung in Hamburg vom 24.8.1945 (PRO FO 1060/1032). Noch sechs Monate später hatte sich diese Situation kaum gebessert, wie ein weiteres Schreiben aus Lübbecke vom 28.2.1946 zeigte: „... so far this HQ has only received notifications of approval in respect of 57 judges and 10 prosecutors although the number of judges and prosecutors now employed in your Region totals 159 and 35" (PRO FO 1060/1066).

78 Vgl. Head Quarter British Army of the Rhine (BAOR): Directive on the Arrest and Removal and Exclusion of Nazis from Office vom 5.9.1945 (PRO FO 1060/1066). In den Principles of Vetting hieß es: „4(b)i Even nominal members of the NSDAP will not be appointed to legal appointments unless absolutely necessary. ... 4(c)ii Persons will be compulsorily removed if they held any of the ranks or offices shown in Annexure I to this Appendix at any time before the occupation." – Den Beschluß des Standing Commitee on Denazification, „that all persons who held even minor rank in any Nazi Party organisation should automatically be excluded from any judicial office", lehnte Rathbone allerdings ab, vgl. Schreiben an das Komitee vom 17.11.1945 (PRO FO 1060/1066). – Wie sehr auch weitere Entnazifizierungsentscheidungen an diesen Vorschriften vorbeigingen, zeigte etwa der Fall des Landgerichtsdirektors Herbert Wulff, der seit 1933 Mitglied der NSDAP, Beisitzer in einer Rassenschandekammer und Vertrauensmann im NS-Rechtswahrerbund gewesen und von 1942 bis 1944 in die „besetzten Ostgebiete ... abgeordnet" war. Nachdem Kiesselbach, von der Rechtsabteilung in Lübbecke zu einer Stellungnahme aufgefordert, mitteilte, von Wulff sei unter den Kollegen bekannt, „daß er seit langen Jahren ein entschiedener Gegner des nationalsozialistischen Regimes war" und Oberst Carton die Einstellung gleichfalls stark befürwortete, erging eine entsprechende Entscheidung. Vgl. das Schreiben der Rechtsab-

teilung Lübbecke vom 2.10.1945 (PRO FO 1060/1032), die Stellungnahme Kiesselbachs vom 6.10.1945 – dort auch die Zitate (HOLG 2200 E-5a/3/) und das Schreiben Cartons vom 8.10.1945 (PRO FO 1060/1032). – Andere von Kiesselbach gleichfalls stark befürwortete Wiedereinstellungsanträge wurden hingegen wegen der noch stärkeren Belastung der Betroffenen abgelehnt, verbunden mit starken Vorwürfen an den OLG-Präsidenten, so der bereits genannte Senatspräsident und ehemalige Vorsitzende des Erbgesundheitsobergerichts Bacmeister, der ehemals am Sondergericht Hamburg und beim Volksgerichtshof tätige Landgerichtsdirektor Heider und Amtsgerichtsrat Adolph Leinweber, der wegen Parteibeitritts vor 1933 bereits im September auf der Entlassungsliste gestanden hatte. Vgl. das Schreiben Kiesselbachs vom 17.9.1945 mit Befürwortung von Bacmeister und Heider (HOLG 2200 E-5a/3/) und Vermerk Voglers vom 19.9.1945 wegen der Ablehnung und Vorwürfe Cartons (HOLG 2200 E-5a/3/), wegen Leinweber weiterhin Schreiben Kiesselbachs vom 24.9.1945 und die Antwortschreiben der Rechtsabteilung vom 25. und 26.9. 1945 (HOLG 2200 E-5a/3/).

79 Vgl. Schreiben des Komitees ehemaliger politischer Gefangener an den Senat der Hansestadt Hamburg zu Händen des Herrn Bürgermeister Petersen vom 20.11.1945 (ETG Ordner Entnazifizierung) – dort die folgenden Zitate.

80 Ausführungen Kiesselbachs nach dem Senatsprotokoll vom 27.11.1945 (StAH Senatskanzlei Protokolle und Drucksachen A 2). Zur obigen Argumentation siehe Schreiben Kiesselbachs an die Rechtsabteilung der Militärregierung Hamburg vom 26.11.1945 (HOLG 2200 E-5a/3/) und vom 30.11.1945 (PRO FO 1060/1032). – Im Folgenden siehe zur Position von Armytage sein Schreiben an die Rechtsabteilung in Lübbecke vom 3.12.1945 (PRO FO 1014/165).

81 M. Broszat: Siegerjustiz, S. 511. – Vgl. zum Folgenden das Schreiben der Rechtsabteilung Lübbecke (Rathbone) an die Militärregierung Hamburg vom 8.12.1945 (PRO FO 1060/ 1032) – dort das folgende Zitat; weiterhin Schreiben Cartons/Rechtsabteilung Hamburg an die Rechtsabteilung bei der Britischen Kontrollkommission in Berlin vom 8.12.1945 (PRO FO 1060/1032) – dort die weiteren Zitate.

82 Schreiben der Legal Division Lübbecke an den Chef der Legal Division vom 16.12.1945 (PRO FO 1060/1032) – dort auch das folgende Zitat.

83 Vgl. Vermerk Voglers vom 17.12.1945: „Ich habe heute den Herren Hollburg, Classen, Kollhoff, Dietrich, Horstkotte, Rosenbaum und Frau Hansen mitgeteilt, daß eine Weiterbeschäftigung dieser Mitglieder des früheren Strafsenats von der Militärregierung sowohl auf der Straf- als auch auf der Zivilseite verboten sei, daß jedoch in Aussicht stehe, daß eine Pensionierung nach deutschem Recht durchgeführt werden dürfe. Ich habe den Herren anheimgegeben, eine dem Beamtengesetz entsprechende amtsärztliche Bescheinigung beizubringen." (HOLG 2200 E-5a/3/)

84 Daß dies inhaltlich an sich nicht gerechtfertigt wäre, begründete Carton bei Middel („On the face of his record he should not be barred from office as he is only a party member since 1937 and did not belong to any of the affiliated organisations") wie für Hollburg („Though nominally member of the racial offences court during the last two years, this court never operated because of cutting-down of the court business in the absence of non-arians") – Anhang 1 zum Schreiben der Rechtsabteilung der Hamburger Militärregierung an deren Kommandeur vom 11.12.1945 (PRO FO 1060/1032). – Daß selbst diese Entscheidungen nicht endgültig sein mußten, sollte der Fall Horstkotte zeigen. Dieser war seit 1933 NSDAP-Mitglied und anfangs als Hilfsrichter, später als Oberlandesgerichtsrat Mitglied eines Strafsenates in den Jahren 1935 und 1936 sowie 1944 und 1945, weiterhin Vorsitzender des Erbgesundheitsgerichts Hamburg und später Stellvertreter Bacmeisters am Erbgesundheitsobergericht sowie schließlich Vorsitzender des Bezirksehrenhofes in Hamburg gewesen. Seiner Berufung gegen die Einstufung in Kategorie IV der Entnazifizierungsrichtlinien sollte im November 1948 stattgegeben werden, woraufhin er später Richter im ersten Zivilsenat des Hanseatischen Oberlandesgerichts war, der zu Beginn der fünfziger Jahre vielfach in Wiedergutmachungssachen entschied. Vgl. die Liste der Strafsenatsmitglieder (HOLG 1053-2b/2/), zu seiner Tätigkeit am Erbgesundheitsgericht vgl. Bacmeister, Das Erbgesundheitsobergericht, weiterhin den Aufhebungsbeschluß des Fachausschusses Justiz vom 24.11.1948 (HOLG 1053-2b/5/). – Zu den Auseinandersetzungen wegen der Spruchpraxis dieses Senates in Wiedergutmachungssachen aufgrund der Gesetzgebung zu Art. 131 GG vgl. HOLG 1053-2b/6/.

85 Senatsprotokoll vom 27.11.1945 (StAH Senatskanzlei, Protokolle und Drucksachen A 2); zum folgenden siehe Drucksache für die Senatssitzung Nr. 68 vom 14.12.1945 (ETG Ordner Entnazifizierung) – dort auch die Zitate.

86 Schreiben der Militärregierung Hamburg an die Legal Division, Main H.Q., Lübbecke vom 3.12.1945 (PRO FO 1060/1032). Zum folgenden vgl. Schreiben der Rechtsabteilung der Hamburger Militärregierung an den Chef der Legal Division vom 8.12.1945 (PRO FO 1060/1032) – dort auch das Zitat.

Eduard Rabofsky

Verschweigen und vergessen

Österreichische Formen von Restauration

Jede kritische Untersuchung von Vorgängen in der Zeit nach dem Dritten Reich verlangt selbst in einem kleinen Land wie Österreich viel historischen Aufwand[1]. Dies schon allein deshalb, weil ohne Rückgriff bis auf den 1. Weltkrieg manche der hier darzustellenden Linien, die nach 1945 wirksam waren, zusammenhangslos erscheinen müssen. Hingegen läßt eine skizzenhafte Schilderung des Wirkens von Staatsmännern der Republik und rechtswissenschaftlich potenter Personen Rückentwicklungsbemühungen erkennen, die von diesen gerne vergessen oder verschwiegen werden.

Ohne standortbedingte Beziehung zu dem politischen Gegenstand der Restauration und den führend handelnden Menschen dieses Zeitraums lassen sich Betrachtungen darüber nicht anstellen. Umsoweniger von einem langjährig Beteiligten an vielen tragischen Ereignissen in Österreich, die jedes für sich mitunter anders abliefen als vermutet, aber in ihren Zügen schon frühzeitig erkennbar waren.

Der Verlauf ökonomischer, sozialer und politischer Hauptzüge der österreichischen Nachkriegsgeschichte muß als einigermaßen bekannt vorausgesetzt werden. Die umfangreiche Literatur dazu soll durch den vorliegenden Einblick in die politische Kultur mancher einst in Österreich wirkenden Persönlichkeiten ergänzt werden. War die Ausgangsstellung Österreichs nach dem Zusammenbruch Großdeutschlands ökonomisch auch keineswegs leicht und hatte es den verbrecherischen Zielen der NS-Herrschaft nicht nur hunderttausende Menschen opfern müssen, waren auch hohe materielle Verluste – von dem Goldschatz der Ersten Republik angefangen – zu verzeichnen, so hatte es dennoch 1945 gegenüber 1918 günstigere Voraussetzungen[2]. Diese beruhten nicht nur darauf, daß Österreich sich als der erste der von Hitlerdeutschland überfallenen Staaten darstellen konnte, vielmehr waren deutsche Investitionen in Energiewirtschaft und Industrie, zwar nicht aus spezifisch österreichischen Interessen, eingebracht worden, die sich nach Kriegsende als potentieller Nutzen für die Alpenrepublik erwiesen[3]. Wenn es 1945 in Österreich „fast nur Bettler" gegeben hatte[4], so gab es doch genügend Kriegsgewinner und sehr bald auch Nachkriegsgewinner, deren ökonomische Interessen einer ideologischen Umorientierung von NS-Staat auf die demokratische Republik bedurften. Dafür eigneten sich die Erfahrungen angefangen von 1918 bis 1920. Damals war gegen die Sozialisierungsversprechungen zu argumentieren, ab 1955 gegen den Block des in österreichischen Staatsbesitz übergegangenen deutschen Industrieeigentums. Der klägliche Versuch einer Sozialisierung führte 1920 zu der völligen Diskreditierung dieses von den Spitzen der Sozialdemokratie wohl selbst nicht ernst genommenen Vorschlages[5]. Hingegen bedurfte es jahrzehntelanger Bemühungen um die noch 1961 als ausgewogen und dynamisch betrachtete Industriestruktur, beruhend auf einer entscheidenden schwerindustriellen Basis der verstaatlichten Betriebe[6] sowohl materiell wie auch ideologisch, für eine schrittweise Reprivatisierung reif zu machen[7]. Das Problem dieser im Gange befindlichen Restauration soll hier nicht weiter verfolgt werden, obgleich es der zentrale Faktor ist, der Staatsmänner und Staatsrechtslehrer letzten Endes zum „Handeln" aber auch zum „Unterlassen" bestimmt.

Seit dem Wiener Kongreß im Jahre 1815 wurde Restauration begrifflich mit den Bemühungen über die Wiederherstellung solcher politischer und gesellschaftlicher Zusammenhänge verbunden, die durch die Französische Revolution grundlegend verändert wurden. Inzwischen wird darunter allgemein die Summe jener Bemühungen verstanden, die eingesetzt werden, um wesentliche gesellschaftliche Veränderungen rückläufig zu machen. Dazu gehört auch die Beseitigung des Einflusses von Kräften, die geeignet wären, soziale und politische Macht zur Überwindung konservativer Strukturen zu entwickeln. Österreich hat eine umfangreiche Restaurationstradition, ohne daß es von einem Ereignis berührt wurde, das an die Explosivität der mit 1789 und 1917 eingeleiteten Umwälzungen auch nur einigermaßen herankommt. Der mit dem Sturz der Habsburger einhergehende Verfall der Monarchie Österreich-Ungarn, mitunter als „Österreichische Revolution" bezeichnet, befriedigte gerade den Nachholbedarf an solcher bürgerlichen Demokratie, die schon dem Kaiser zumutbar war[8]. Daß sich eine Reihe von Nationen des Österreichischen Völkerkerkers entledigten, machte den revolutionären Kern der Ereignisse des November 1918 in Österreich aus.

Die Versuche einer Wiedererrichtung der Monarchie scheiterten in Österreich nicht zuletzt an dem Friedensvertrag von St. Germain. Zwar beeilte sich der katholische Faschismus nach dem Verbot der marxistischen Arbeiterorganisationen im Februar 1934, den § 2 des Habsburger Gesetzes vom 3.4.1919 StGBl. Nr. 501, aufzuheben. Das Haus Habsburg-Lothringen erhielt damit sein Vermögen zurück und die Landesverweisung wurde aufgehoben. Für das Dritte Reich ergab sich jedoch nicht die Notwendigkeit, darauf zu reagieren[9]. Restaurationsrestgedanken äußerte kürzlich der Kaisersohn Otto, indem er erklärte: „Ich bin genauso Niederösterreichischer, wie Sudetendeutscher, Vorarlberger, wie Ungar, Salzburger, wie Slowake." Er wollte damit mehr als nur daran erinnern, daß er noch in dem Staat geboren wurde, dem auch die Bürger anderer Staaten bis 1918 angehörten[10]. Es wurden nicht nur unmittelbar nach 1945 Donauraumkonzepte angeboten, sondern auch noch in der Gegenwart[11]. Von Belgien aus, wo Otto Habsburg aufgewachsen ist, konspirierte er 1936 trotz der Aufhebung der Landesverweisung und der Vermögensgeschenke gegen Schuschnigg. Sein Staats- und Völkerrechtsratgeber war der berühmte Alfred Verdroß. Jene juristischen Kollegen in Wien, die sich bereits an Hitler vergeben hatten, informierten sich fortlaufend über diese Gespräche. Der Wiener Romanist Ernst Schönbauer erinnerte 1939 die Nazis daran, daß er 1937 das weitermelden konnte, was er auf diesem Weg erfahren konnte[12]. Daraus kann wieder die Zeitgeschichte entnehmen, daß die Rechtsgelehrten Österreichs zumindest eine wichtige Nachrichtenvermittlungsfunktion für die Restauration hatten. Ging es doch damals nicht mehr bloß um die kläglichen Versuche der Monarchisten, sondern um das Ziel Hitlers, das völkerrechtliche Anschlußverbot Österreichs aus den Angeln zu heben.

Die Wiedererrichtung der Republik Österreichs führte am 1. Mai 1945 zur Wiederinkraftsetzung des Habsburger Gesetzes[13]. Dieses ist durch Art. 10 Ziff. 2 des Staatsvertrages von Wien auch zu einer Verpflichtung der Republik Österreich gegenüber den Signatarstaaten geworden[14]. Jenen Habsburgern, die auf Herrschaftsanspruch ausdrücklich verzichteten und sich „als getreue Staatsbürger der Republik" bekannten, wurde die Rückkehr bzw. das Aufenthaltsrecht in Österreich gewährt. Nach verschiedenen läppischen Versuchen, die Herrschaftsansprüche der Habsburger auf Österreich irgendwie doch noch zu konsolidieren, entschloß sich 1961 auch der erste Sohn des letzten Kaisers von Österreich zur Abgabe einer solchen Erklärung. Seine Mutter allerdings kam nach Österreich ohne eine solche Erklärung, also illegal, wodurch Bruno Kreisky seine gemütliche Handhabung österreichischer Verfassungsgesetze demonstriert hatte.

Aber die Restauration als Teilelement des konservativen Beharrungsvermögens des Bürgertums hat in Österreich eingesetzt, ehe die demokratische Republik installiert werden konnte. Es lassen sich bei Arbeiten prominenter österreichischer Rechtslehrer dafür bereits in den letzten Monaten des 1. Weltkrieges ernsthafte Linien in dieser Richtung verfolgen. Diese sind in Detailprogrammen auch vor, während und nach dem 2. Weltkrieg festzustellen. Einen der vielen Hinweise dafür bietet der rechtswissenschaftliche Dienst der totalen politischen Antipoden Gleispach und Kelsen im Armeeoberkommando bzw. dem Kriegsministerium der k. und k. Armee. Beide waren als Militärrichter im Offiziersrang und Universitätsprofessoren durch Diensteid verpflichtet, den Befehlen gemäß gehorsam zu handeln. Sicher waren sie aber nicht zu wissenschaftlichen Leistungen verpflichtet, die über ihre eigenen Ansichten hinausgingen. Anders als bei Technikern und Ingenieuren war ihr juristischer Leistungsspielraum weder weltanschaulich noch politisch näher bestimmt. Es ist daher von großer Bedeutung, die Ansichten der Spitzenjuristen im Kriegsdienst, auf ihre Motivation hin zu untersuchen. Dies umso mehr, als sich auch die Gegenwart mit ähnlichen Fragen in Österreich zu befassen hat[15]. Jedenfalls ist davon auszugehen, daß beide ihre rechtswissenschaftlichen Dienste, insbesondere soweit es sich um Vorschläge zur Verbesserung der Wirksamkeit der k. und k. Armee handelte, in Übereinstimmung mit ihren Ansichten, also ohne Mentalreservation erbracht hatten.

Für Gleispach galt im Gegensatz zu Kelsen nicht das, was Hitler über die intellektuelle Arbeit in der Armee sagte: „Fast jeder Schreiber ein Jude und jeder Jude ein Schreiber."[16] Er war bei der Musterung zum Landsturmdienst als körperlich ungeeignet befunden, dennoch suchte er um Aufnahme in die Armee an und wurde als Landsturmoberleutnant-Auditor dem Kriegsministerium zugewiesen[17]. Über seinen Einsatz als Militärrichter bei der Armee im Felde vom Mai bis September 1916 liegen bis jetzt keine Unterlagen vor. Wohl aber über seine spätere Arbeit am Militärstrafgesetzentwurf.

Seine politische Einstellung zum 1. Weltkrieg geht aus einer strafrechtswissenschaftlichen Arbeit, Dezember 1914, hervor. Diese ist 1918 in der Versenkung verschwunden, wird aber 1946 in einer Laudatio von Ludwig Adamovich sen. erwähnt. „Die strafrechtliche Rüstung Österreichs" preßt das Strafrecht in den Dienst literarischer Kriegspropaganda billigsten Stils und verlangte wörtlich „den Tod des Staates Serbien"[18]. Für das Verbrechen des Staates gäbe es nur eine Methode der Strafrechtspflege und das ist der Krieg. In diesem Sinn bewegte sich auch die vorwiegend legistische Arbeit Gleispachs. Von Graßberger wurde er daher weniger wegen seiner wissenschaftlichen, sondern wegen seiner legistischen Begabung erwähnt. Seine „betont nationale Einstellung" war alles, was im Jahr 1964 für die österreichische Strafrechtsgeschichte erwähnenswert war[19]. Tatsächlich befaßte sich Gleispach mit reaktionären Strafrechtskonzepten verschiedener Form und wurde einer der maßgebenden Ratgeber der NS Legistik bei der Schaffung des Hitler-Kriegsstrafrechts[20]. Das kraß rechtswidrige Verhalten der strafrechtlichen Eminenz Hitlerdeutschlands und seine umfangreichen Leistungen für das monarchistische und noch mehr für das nazistische Kriegsstrafrecht fielen nach 1945 keineswegs nur deshalb der Vergessenheit anheim, weil Gleispach 1944 verstorben war. Es handelt sich vielmehr um ein organisiertes Verschweigen, weil sogar jene, die am NS Kriegsstrafrecht unbeteiligt, aber mit Gleispach fachlich zusammengearbeitet hatten, diese Verbrechen eines prominenten Strafrechtslehrers verdrängen wollten. So wurde Gleispach sowohl nach 1918, als auch nach 1945 „restauriert", wohl um das hehre Schild der österreichischen bürgerlichen Strafrechtslehre nach beiden Weltkriegen als unbefleckt erscheinen zu lassen.

Der zum Hauptmann-Auditor beförderte Gleispach hat im April 1918 im k. und k. Kriegsministerium einen als dringend bezeichneten „Gesetzentwurf zum Schutze der Kriegsmacht des Staates; Erneuerung des Militärstraf GB" vorgelegt. Allerdings wird der „Versuch, noch während des Krieges die völlige Erneuerung des Militärstrafrechts in Angriff zu nehmen, zu meinem größten Bedauern als gescheitert" betrachtet werden müssen, schreibt Gleispach in dem Konzept[21]. Eine wenigstens teilweise Erneuerung und Ergänzung des geltenden Rechts wird als unabweislich bezeichnet. Dabei wird auf eine Denkschrift des Kommandos der Südwestfront über die Bekämpfung der Irredenta verwiesen[22]. In einem von Gleispach verfaßten Schreiben an die Militärkanzlei seiner Majestät wird erwähnt, daß von der königlich ungarischen Regierung zu dem Entwurf bisher keine Mitteilung eingegangen ist.

Im Einvernehmen mit dem Armeeoberkommando wurde angestrebt, dem Entwurf ehestens Gesetzeskraft zukommen zu lassen. Dabei wurden die Schwierigkeiten erwähnt, mit denen im Parlament zu rechnen wären, weil der Entwurf die angedrohnten Strafen von Standpunkt der strengsten Ahndung gewählt hatte. Echt im Jargon Gleispachs wird verkündet: „Es sind daher die strengsten Strafen gerade noch streng genug". Neu in dem Gleispach-Entwurf waren insbesondere die „Bestimmungen gegen antimilitaristische Bewegung und das treulose Verlassen des Staatsgebietes vor Kriegsausbruch". Da schon der Versuch einer solchen Straftat die schwerste Bestrafung nach sich ziehen sollte, konnten selbst vage Beschuldigungen zur Grundlage des Kriegsjustizterrors in der Monarchie werden. Aus einem solcherart angelegten Justizglauben schöpften die keineswegs erfolgreichen Heerführer der Monarchie und ihre politischen Auftraggeber die Hoffnung, den Krieg mit der Justiz als Waffe zu gewinnen[23]. Die Restauration durch Verschweigen nach 1918 ermöglichte es Gleispach, auf die Dolchstoßlegende des 1. Weltkrieges gestützt, seine Ansichten über ein noch grausameres Kriegsstrafrecht im Dritten Reich anzubieten, mit dem letzten Endes zwar zehntausende NS Justiztote geliefert, aber der Krieg nicht gewonnen werden konnte.

Nicht so blutrünstig wie die kriegsstrafrechtlichen Arbeiten von Gleispach sind jene von Kelsen vor sich gegangen, die sich um die „Reform der verfassungsrechtlichen Grundlagen der Wehrmacht Österreich-Ungarns" bemühen. Überraschend ist der gegen Kriegsende veröffentlichte Satz von Kelsen: „Alle wirklich Tauglichen sind schon im Frieden tatsächlich militärisch auszubilden". Er wendet sich auch gegen das Recht des Parlaments, alljährlich eine an sich begrenzte Rekrutenzahl zu bewilligen, also diese Zahl nicht von vornherein zu limitieren[24]. Kelsen meint, das System der allgemeinen Wehrpflicht entstamme in einem gewissen Sinn politischem Geist des Sozialismus, obwohl er sich darauf nur berief, um einem sozialdemokratischen Abgeordneten den Habsburgermilitarismus geschmackvoller zu machen. Bei seinen Kollegen von der Wiener Universität und im Kriegsministerium, dem Grafen Gleispach und anderen Militaristen bedurfte es dessen wohl nicht. Von Kelsen stammt auch der Satz: „Aufgabe der Heeresverwaltung wäre es vornehmlich, nur zu ernten, wo eine zielbewußte Zivilverwaltung zu säen hätte". So wäre „in den Schulunterricht obligatorisch eine Art militärische Propädeutik einzuführen"[25]. Restauration durch Vergessen ermöglichte es dem Dritten Reich, diese Maßnahme einzuführen, ohne sich auf Kelsen berufen zu müssen. Da der Kelsenvorschlag erst 1917, also zu einem Zeitpunkt vorgelegt wurde, in dem auch von einem Juristen zu erkennen war, daß dieser Krieg von den Mittelmächten nicht siegreich beendet werden konnte, ist also die Anregung schlechthin nur für einen Revanchekrieg sinnvoll gewesen.

Der Verfassungstheoretiker Österreichs votiert dafür, der Gesetzgebung lediglich „die Grundsätze der Wehrverfassung" zu überlassen. Eine ausgedehnte legislative Kompetenz des Parlaments auf dem Gebiet des Heereswesens lehnte er ab, er tritt für eine „verordnungsmäßige und nicht eine gesetzmäßige Behandlung" ein. Die Angelegenheiten des Oberkommandos, außer den Verwaltungsangelegenheiten des Heeres, bleiben der „ausschließlichen, unverantwortlichen Gewalt des Monarchen unterstellt, anderes würde zu einer Lahmlegung der Kommandogewalt führen, wie die Erfahrungen dieses Krieges erkennen ließen". Die verfassungsrechtlichen Bemerkungen von Kelsen zum Recht der Wehrmacht im Krieg und Frieden sind sicher nicht von allen seinen Vorgesetzten gebilligt, aber auch nicht ausdrücklich angeordnet worden. In der Gegenwart läßt sich nicht erkennen, was Kelsen 1917 bewogen hatte, „die möglichste Einschränkung der parlamentarischen Kompetenz auf dem Gebiet des Heereswesens" als „wünschenswert" anzubieten. Er hält dies sogar „unter den Gesichtspunkten verfassungsrechtlicher Erwägungen für dringend geboten"[26].

Der Hauptmann-Auditor Kelsen verhandelte noch am 7. Oktober 1918 mit dem

Kriegsminiser, dem Chef des Generalstabes und dessen Stellvertreter, sowie dem Generalchefauditor und dem Chef der juristischen Sektion des Kriegsministeriums über die Zweiteilung der österreichisch-ungarischen Wehrverfassung. Es ging in den späten Stunden der Monarchie um mehr Garantien für die Einheitlichkeit der gesamten k. und k. Wehrmacht. Kelsen hatte ein umfangreiches Elaborat vorgelegt, aber der Chef des Generalstabes „will sich in eine Polemik gegenüber den sehr interessanten Ausführungen des Hauptmanns Professor Kelsen nicht einlassen", heißt es in den alten Akten. Es gehe im wesentlichen um zwei Fragen: „Ob die künftige Wehrmachtsorganisation auf ein Gesetz zu basieren sei und ob im Frieden das Armeeoberkommando erhalten bleiben soll". Kelsen tritt dafür ein, „daß die Kommandogewalt seiner Majestät unteilbar vorbehalten bleibe"[27]. Um den ungarischen Entwurf windet sich Kelsen herum, da dieser ein nationales Oberkommando fordert. Der Hauptmann-Professor empfiehlt dies „verläßlich zu verhindern". „Streng geheim" bleiben die Akte dieser grotesken Konferenz von politisch und militärisch bereits „toten Seelen". Sie sind mit dem Vermerk „abgesendet durch Offiziere" im Kriegsarchiv Wien gelandet.

Von dem Staat, der den Krieg und seine Macht bereits verloren hatte, konnte seinen Juristen offenbar nicht mehr mitgeteilt werden, daß ihre Tätigkeit bereits beendet sei. Gleispach und Kelsen setzten sie unter veränderten Vorzeichen, aber unmittelbar anschließend an der Wiener Universität fort, übrigens als erbitterte politische Gegner. Die Verwirklichung der Ziele von Gleispach verzögerte sich erheblich, obwohl er in Österreich lange vor der „Machtergreifung" Hitlers für dessen deutschnationale und antisemitischen Ziele eintrat[28]. Vom Rang eines wissenschaftlichen Mitarbeiters des Armeeoberkommandos gelangte Kelsen hingegen zu jenem eines Schöpfers der österreichischen Bundesverfassung. Dies wurde anläßlich der Ehrenpromotion Kelsens an der Universität Salzburg am 1.6.1967 offiziell betont[29].

Konnte man von einer Verfassung nicht erwarten, daß sie sich selbst gegen ihre Vernichtung zur Wehr setzt, so konnte umso weniger das Meisterwerk Kelsens die „Reine Rechtslehre" irgendwie zu ihrem Schutz beitragen. Bewies sich Kelsen als brillanter Verhandler, um für die zerbröckelnde Habsburger Monarchie einen verfassungsrechtlichen Ausweg zu finden, so erwies sich sein kunstvoll konstruiertes Lehrgebäude nur als geeignet, dem jeweils geltendem Recht, einen weltanschaulich-scheinneutralen Anstrich zu geben[30]. Manche der zum Nationalsozialismus übergelaufenen bürgerlichen Juristen beriefen sich auf Kelsen – das aber wohl zu Unrecht –, der ihnen durch seine wertneutrale Lehre dazu Anlaß gegeben hätte[31]. Es geht vielmehr um das Verhalten zahlreicher Intellektueller, die trotz ihrer Bindung an die Monarchie oder später gar an Hitler, weniger gebunden an alte Eide, sondern an überwunden geglaubte Ideologien, das Fundament einer staatsrechtlichen Neuordnung zu schaffen übernommen hatten. Von ihnen hing es nach 1945 in hohem Maße ab, ob sie als Politiker und wissenschaftlicher Lehrer, den jungen Akademikern Einblick in ihre eigenen Fehleinschätzungen vermitteln wollten und konnten.

Zahlreiche der dem Faschismus ablehnend gegenüberstehenden, in den Staatsapparat und die Universitäten übernommenen Persönlichkeiten verhielten sich 1945 so „ahnungslos" wie 1918. Sie beschränkten sich auf die akademisch neutrale Darstellung ihrer Lehrmeinung und unterließen es nicht nur, die gegenteiligen Ansichten der Kollegen aus dem reaktionärsten Lager zu widerlegen, sondern verschwiegen diese.

Als Beispiel hierfür mag Kelsen und sein Anhang gelten. Aus diesem Kreis kamen sowohl nach 1918 wie noch 1945 umfangreiche Publikationen gegen den Marxismus und den Kommunismus, aber keine grundsätzliche Frontstellung gegen die Repräsentanten von Krieg und Faschismus. Viel zu spät entschloß sich Kelsen etwa, dem nazistischen Staatsrechtslehrer Carl Schmitt entgegenzutreten, der den Naziterror an den deutschen Universitäten wissenschaftlich salonfähig machte.[32]

Die „vernichtende Kritik" Kelsens am Urteil des deutschen Staatsgerichtshof vom 25.10.1932, mit dem er den juristischen Staatsstreich Papens gegen die sozialdemokratische Regierung verurteilte, verdient historisch höchste Anerkennung. Aber die Radbruch folgende Schar sozialdemokratischer Juristen in Deutschland konnte damit nichts mehr anfangen sondern versuchte nur zu retten, was nicht mehr zu retten war. Sie lehnten die Ansichten von Kelsen sogar ab und verteidigten das Urteil „als brauchbare Grundlage zur Lösung der Zuständigkeitsprobleme zwischen dem Reichskommissar und der Preußen-Regierung". Die „sehr scharfsinnigen Ausführungen Kelsens, die zu lesen jedem Freund streng logischer Gedankenführung großen Genuß bereiten mußten" waren damals nur mehr Literatur[33]. Durch die Beschränkung der juristischen Aufgabenstellung auf normlogische Exerzitien bei gleichzeitigem Verbot, die Wurzeln und Wirkungen des Rechts zu ergründen, trug Kelsen maßgeblich dazu bei, die bürgerlich demokratische Republik gegenüber dem Nazismus in einen Zustand der theoretischen Wehrlosigkeit zu versetzen[34]. Während Kelsen also im Ergebnis bei der Rechtsgestaltung wie auch bei der Rechtspolemik und der Rechtsverwirklichung ergebnislos blieb, verlief der Weg seines Kriegskameraden Gleispach nach anfänglicher politischer Zurückhaltung, über das Eindringen in reichsdeutsche und internationale Strafrechtsgremien zur Entwicklung einer restaurativ massiv nutzbaren Position. Er trat als Rektor der Wiener Universität bereits vor 1930 für Großdeutschland und den Antisemitismus ein und konnte in der Folge mit seinen Arbeiten im Ersten Weltkrieg[35] zu einem der führensten Theoretiker des nationalsozialistischen Kriegsstrafrechts werden.

Obwohl Kelsen von Staatskanzler Dr. Karl Renner 1918 bei der Ausarbeitung des Konzepts zu einer österreichischen Bundesverfassung herangezogen wurde, konnte er an der Sozialdemokratie nichts Nützliches für sich finden. Er hat übrigens die von der deutschen Sozialdemokratie mitverfaßte Weimarer Verfassung für „technisch unzulänglich"[36] gehalten, ohne andererseits im Konzept der österreichischen Bundesverfassung eine rechtstechnische Sicherung gegen den juristischen Staatsstreich anzubieten. Je nach Schattierung, polemisierte er gegen Marxisten, angefangen von Max Adler bis Marx und Engels[37], wobei er es mit den Quellen wie viele Antimarxisten, nicht sehr genau genommen habe[38]. Er äußerte sich nie zu den, aufgrund der Lehren des Jahres 1933 notwendig gewordenen gesetzlichen Maßnahmen, der österreichischen Bundesverfassung einen demokratisch-antifaschistischen Charakter zu verleihen. Gemeinsam mit Teilen des österreichischen Bürgertums und sozialdemokratischer Politiker war bei ihm auch eine großdeutsche Orientierung nach 1918 erkennbar. Ohne sich jedoch zu diesem Problem grundsätzlich zu äußern, entfernte er seine großdeutschen Auffassungen unauffällig aus der dritten Auflage seines gegen die Sozialdemokraten gerichteten Buches erst im Jahr 1965.[39]

Die Bemühungen um eine staatsrechtliche Absicherung der deutsch-österreichischen Politik, die Kelsen mit Renner gemeinsam unterstützt hatte, scheiterten an den Friedensverträgen von Versailles und St. Germain. Trotz mancher frühzeitigen Motivation gegen einen Anschluß an Deutschland ließ sich dieser für manche Demokraten und Republikaner zunächst als Ziel vertretbar erklären. Aber spätestens 1930 mußte ein solcher Anschluß vor allem wegen der fortschreitenden Militarisierung Deutschlands entschieden abgelehnt werden. Als Renner am 3. April 1938 ein freudiges Ja zum Anschluß an Deutschland in einem Interview in den Raum schmetterte, hatte er entgegen politischem Verstand und moralischem Anstand gehandelt.[40] Seine jüdischen Genossen mußte er doppelt treffen, denn diese erwarben mit dem Anschluß an Deutschland den Ausschluß zunächst aus dem rechtsstaatlichen und in der Folge auch aus dem physischen Leben. Damit wird auch erkennbar, warum Kelsen nach 1945 nicht eingeladen wurde, an der rechtlichen Neugestaltung Österreichs und an der rechtswissenschaftlichen Arbeit in diesem Land führend mitzuwirken.

Es erübrigt sich die Frage, wie sich die deutsche Politik gestaltet hätte, wenn Hitler etwa auf eine Judenpolitik im Stile Mussolinis eingegangen wäre; denn mit der Verfolgung der Kommunisten hätte für das Unternehmertum die Hauptaufgabe einer faschistischen Terrorherrschaft als gelöst betrachtet werden können. Bei einer von der Gestapo durchaus zu bewältigenden Sortierung zwischen „links und rechts in der Arbeiterbewegung" wären sogar noch Publizisten zu Wort gekommen, die bei Beginn des 2. Weltkrieges am 1. September 1939, so wie der Redakteur der Wiener Arbeiterzeitung, Friedrich Austerlitz, bei Beginn des 1. Weltkrieges am 4. August 1914, in einem Leitartikel jubeln: „Der Tag der deutschen Nation".[41] Ob Renner gezwungen wurde, seine Freude über den Anschluß an Hitlerdeutschland öffentlich zu verkünden, wird bestritten. Von Seitz, dem sozialdemokratischen Bürgermeister von Wien bis 1934, einem damals in der Öffentlichkeit weit mehr als Renner geschätzten Politiker, ist dergleichen nicht bekannt.[42]

Als Renner, der nach verschiedenen Autoren in Hochwolkersdorf im April 1945 noch einmal „die Zukunft Österreichs begründet hat", kreierte er eine in der Bundespräsidentenrolle später weit verbreitete historische Vergeßlichkeit.[43] Nur wenige Tage vorher war Dr. Rudolf Kirchschläger, Bundespräsident von 1974 bis 1986, damals Hauptmann der Wehrmacht in der Offiziersschule Wiener Neustadt, unterwegs in der Richtung nach Hochwolkersdorf, wo der Stab der 3. Ukrainischen Front unter General Tolbuchin lag. Das allerdings nicht wie Renner als Gründer der Republik, sondern als letztes Aufgebot zur Verteidigung der NS Herrschaft in Österreich. Nach einem Kirchschläger von dem „Führer" telefonisch mitgeteilten Befehl, setzte er etwa 1 200 Fahnenjunker auf Fahrrädern an einem Frontdurchbruch ein. Er sollte gleichzeitig die in Flucht befindlichen Teile der SS Armee von Sepp Dietrich aufhalten und mit diesen den im Angriff auf Wien befindlichen sowjetischen Truppen geradezu an ihrem Kern entgegentreten. Man mußte nicht Lehrer an einer Offiziersakademie sein, um zu wissen, was kommen mußte: Innerhalb von wenigen Tagen endete dieser sinnlose Einsatz für hunderte der jungen Männer mit dem Tod. Der spätere Bundesminister, Dr. Kirchschläger, wurde schwer verletzt. Den ihm bekannten Opfertod hoher deutscher Offiziere am 20. Juli 1944 konnte er wegen seines Eides aus religiösen Gründen nicht als Gebrauchsanleitung zum eigenen militärischen Handeln verwerten[44]. Jahrzehntelang schwieg die österreichische Geschichte über diesen tragischen Einsatz und bis in die Gegenwart hinein hofften die Verwandten dieser jungen Menschen auf deren Rückkehr aus sowjetischer Kriegsgefangenschaft. Bei diversen Exhumierungen im niederösterreichischen Alpenvorland werden aber immer wieder einzelne von den dort bei Kriegsende umgekommenen Fahnenjunkern identifiziert.

Im Raum von Hochwolkersdorf gab es im März und April 1945 eine noch zu wenig beachtete Konzentration österreichischer politischer Kultur in einem kleinen Raum. Im Stab der dritten ukrainischen Armee wirkte z. B. der Wiener Historiker und spätere Vizepräsident der Akademie der Wissenschaften Berlin, Oberst der Sowjetarmee Professor Dr. Leo Stern, vor 1934 Mitglied der sozialdemokratischen Partei Österreichs. Von der Anwesenheit des späteren Bundespräsidenten Kirchschläger in der „Buckligen Welt" weiß man nun ebenso wie von jener des Staatsgründers Renner. Hier erschien aber auch einer der mutigsten österreichischen Militärs, der damalige Feldwebel und späteren Gendamerieoberst Dr. Ferdinand Käs, um mit dem sowjetischen Stab die kampflose Übergabe von Wien zu besprechen. Dort befand sich aber auch der nicht nur für die Geschichte „von unten" interessante Leo Hölzel, der schon 1942 die Hitlerarmee verlassen hat, um für Österreich zu kämpfen.

Für die Geschichte der Restauration ist jedoch bemerkenswert, daß Renner am 15. April 1945 in der Militärakademie Wiener Neustadt, von der aus Kirchschläger etwa zwei Wochen vorher mit Hitler telefonierte, einen Brief schrieb. Dieser war dem Oberst der Roten Armee, Leo Stern, weil er Renner noch aus der SPÖ kannte, von Anfang an nicht geheuer, obwohl er sich an Josef Wisarianowitsch persönlich wendete. Das nachstende Dokument hat – wer die Präsidentenschweigsamkeit in Österreich kennt – Seltenheitswert.

Seiner Exzellenz Marschall Stalin Moskau

Sehr geehrter Genosse!

In der Frühzeit und Bewegung haben mich mit vielen russischen Vorkämpfern enge persönliche Beziehungen verknüpft, es war mir jedoch bisher nicht vergönnt, Sie, werter Genosse, persönlich kennenzulernen.

Mit Lenin traf ich auf der Stockholmer sozialistischen Friedenskonferenz 1917 zusammen[45], mit Trotzki verkehrte ich durch die Jahre seines Wiener Aufenthaltes ständig, mit Rjasanow arbeitete ich gemeinsam in der Wiener „Arbeiter-Zeitung", viele vor dem Zarismus flüchtende

Genossen wohnten oder nächtigten wenigstens in meiner Wohnung auf der Durchreise in die Schweiz, manche von mir mit einem Paß ausgerüstet.

Nun fügt es das wechselvolle Spiel der Geschichte, daß ich in einem Alter, wo ich mit meiner öffentlichen Tätigkeit abgeschlossen zu haben glaubte, auf so ungewöhnliche und bedeutungsvolle Weise zu Ihnen in persönliche Beziehung gerate: Die Rote Armee hat mich und meine Familie bei ihrem Einmarsch in meinem Wohnort Gloggnitz (nächst Wiener Neustadt) angetroffen, wo ich mit den Parteigenossen vertrauensvoll die Besetzung abwartete. Die zuständigen Kommandanten haben mich sogleich auf das Achtungsvollste in Schutz genommen und mir die volle Handlungsfreiheit wiedergegeben, die ich seit 1934, während der Herrschaft des Dollfuß- und Hitlerfaschismus, schmerzlich entbehren mußte. Dafür danke ich der Roten Armee und Ihnen, deren ruhmbedeckten Obersten Befehlshaber, im persönlichen wie im Namen der Arbeiterklasse Österreichs aufrichtigst und ergebenst.

Der Zufall hat es so gefügt, daß ich das erste im Lande verbliebene Vorstandsmitglied der Sozialdemokratischen Partei bin, das so die Freiheit des Handelns wieder gewonnen hat. Ein glücklicher Umstand ist dabei, daß ich als letzter Präsident der damals noch freien Volksvertretung mich als berufen erklären kann, für das österreichische Volk zu sprechen. Ein weiterer Vorteil ist, daß ich als erster Kanzler der Republik Österreich mit den Modalitäten einer Staatsgründung wie mit der Einrichtung einer öffentlichen Verwaltung vertraut bin und daher mir zutrauen kann, das Werk der Wiedererweckung Österreichs aufzugreifen und anzubahnen. Ich habe es darum als absolute Pflicht betrachtet, meine Person voll und ganz in den Dienst dieser Sache zu stellen.

Berufene Organe der Armeegruppe Tolbuchin haben sich bereit erklärt, mir die notwendigen Hilfsmittel zur Verfügung zu stellen. Das war nötig, da mir nicht einmal die Schreibmaterialien zu Gebote standen, die ersten Aufrufe zu entwerfen, keine Eisenbahn, keine Post, kein Auto, um sie zu verbreiten. Ohne die Rote Armee wäre keiner meiner Schritte möglich gewesen und dafür bleibe nicht nur ich, dafür bleibt die künftige „Zweite Republik Österreich" und ihre Arbeiterklasse Ihnen, Herr Marschall, und Ihrer siegreichen Armee für alle Zukunft zum Danke verpflichtet. Uns hier hat das Hitlerregime in absoluter Hilflosigkeit zurückgelassen, hilflos werden wir vor den Schranken der Weltmächte stehen, wenn die Neuordnung Europas erfolgt. Schon heute bitte ich Sie, im Rate der Großen Österreichs wohlwollend zu gedenken und uns, soweit es die tragischen Umstände gestatten, in Ihren mächtigen Schutz zu nehmen.

Uns drohen im Augenblick Hungersnot und Seuchen, uns droht bei der Auseinandersetzung mit den Nachbarn Gebietsverlust. In unseren steinigen Alpen haben wir schon jetzt zu wenig Ackerland, uns nur kümmerlich das tägliche Brot zu schaffen – verlieren wir noch weiter Gebiet, so werden wir nicht leben können! Es kann nicht in der Absicht der Sieger liegen, uns hilflos verkommen zu lassen. Der Westen aber kennt, wie 1919 gezeigt, unsere Verhältnisse zu wenig und bringt uns nicht genug Interesse entgegen, um uns die Voraussetzungen der Selbständigkeit zu sichern. Doch will ich Sie, verehrter Genosse, nicht vorzeitig mit späteren Fragen behelligen, nur soviel bitte ich Sie, schon jetzt zur Kenntnis zu nehmen: Dank Rußlands erstaunlicher Machtentfaltung hat unser ganzes Volk die Verlogenheit zwanzigjähriger nationalsozialistischer Propaganda völlig durchschaut und ist voll Bewunderung für die gewaltige Leistung der Sowjets. Das Vertrauen der österreichischen Arbeiterklasse insbesondere in der Sowjetrepublik ist grenzenlos geworden.

Die österreichischen Sozialdemokraten werden sich mit der KP brüderlich auseinandersetzen und bei der Neugründung der Republik auf gleichem Fuße zusammenarbeiten. Daß die Zukunft des Landes dem Sozialismus gehört, ist unfraglich und bedarf keiner Betonung.

Ihr ergebener

Wiener Neustadt, den 15. April 1945. Dr. Karl Renner

Der devote Ton dieses Schreibens entspringt nicht nur Renners Rückblick auf das wechselvolle eigene Verhalten und einer dem Großdeutschtum und dem Sozialdemokratismus innewohnenden Geringschätzung der Sowjetunion. Hervorleuchtend in dem Schreiben ist das Angebot, seine Kenntnisse von den „Modalitäten der Staatsgründung" zur „Wiedererweckung Österreichs" zur Verfügung zu stellen. Vergessen war das freudige Ja zu Großdeutschland und auch wie Renner als letzter Präsident der damals noch freien Volksvertretung, im März 1933 von einigen eher verschüchterten Kriminalbeamten aus dem Parlament gebeten wurde. Man wich wie Severing 1932 in Preußen der Gewalt zu einem Zeitpunkt, als der Widerstand noch aussichtsreich und absolut legitim war.

Die „Neugründung" der Republik Österreich als überragende Leistung Renners nach 1945 anzubieten, läßt das Wesentliche vergessen, nämlich daß Karl Renner und Otto Bauer als prominente Politiker der Sozialdemokraten nicht in der Lage waren, einen aussichtsreichen Denkansatz zum Widerstand gegeben den Dollfuß- und den Hitler-Faschismus zu liefern.[46] Fatalerweise löste Renner 1933 durch seinen Rücktritt als Nationalratspräsident sogar jene juristische Kettenreaktion aus, mit der die Kelsen'sche Verfassung und der demokratische Parlamentarismus auf zwölf Jahre hin in „Vergessenheit" geraten konnte. Die Republik Österreich scheiterte aber 1933 nicht, wie Kelsen dem Weimarer Verfassungstext vorwarf, an ihrer „technischen Unzulänglichkeit" und auch nicht an dem Renner'schen Rücktrittstrick im Parlament, sondern weil die Zeit abgelaufen war, in der das Kapitol durch das Geschnatter von Gänsen zu retten gewesen wäre[47]. Die Entwicklung des Faschismus in Deutschland wie in Österreich hätte ein revolutionäres politisches Vorgehen erfordert. Die Gründe, sich auf den Rechtsweg zu beschränken, mögen sehr ehrenwert gewesen sein, aber das war zu wenig. Ist auf diese Weise die SPD, sagt Rasehorn, historisch schuldig geworden,[48] so gilt das im gleichen Sinn für die sozialdemokratische Führung Österreichs. Trotz dieser harten Aussage ist das unverzeihbare Verbrechen des katholischen Faschismus in Österreich, sowie seine Mitschuld an dem Anschluß 1938 und damit auch am Ausbruch des Zweiten Weltkrieges nicht zu vergessen. Der heroische Kampf im Februar 1934 gegen Dollfuß sollte nie so verstanden werden, um diese und andere erbärmlichen Teile der österreichischen Zeitgeschichte in Vergessenheit geraten zu lassen.

Dies gilt nicht zuletzt für einen Beitrag von Karl Renner aus dem Jahr 1938 für den Angriff der Nazi auf die Tschechoslowakei. Es handelt sich um eine fast unbekannte Druckschrift im Umfang von 85 Seiten[49]: „Die Gründung der Republik Deutschösterreich, der Anschluß und die Sudetendeutschen". Mit dem Untertitel „Dokumente eines Kampfes ums Recht, herausgegeben, eingeleitet und erläutert von Dr. Karl Renner, seinerzeit Präsident der Friedensdelegation von St. Germain en Laye"[50]. Friedrich Heer hat die tiefgreifende Anschlußorientierung der österreichischen Sozialdemokratie von 1918 bis 1944 u. a. damit belegt[51]. R. Löw stützte 1977 darauf seine Untersuchung: „Wie Karl Renner Österreich verriet"[52]. Bisher wurde der juristische Inhalt dieses Dienstes von Renner für die über Österreich hinausgreifenden Eroberungsplänen der Nazi nicht in ihrem vollen Umfang erkannt. Obgleich das Renner-Interview im April 1938 mit seinem freudigen Ja zum Anschluß für Hitlers „Volksabstimmung" zweifellos eine große Massenwirksamkeit hatte, diente die oben genannte Schrift einem überaus gefährlicheren Zweck, nämlich der direkten Aggression gegen einen Nachbarstaat.

Diese Schrift findet sich in keiner österreichischen Bibliothek und ist in den Renner-Bibliographien bisher nicht aufgenommen worden.[53] Lediglich im Archiv der Sozialistischen Internationale in Amsterdam kann in ein Original Einsicht genommen werden. Bundespräsident Dr. Adolf Schärf ließ es dort unter Sperrfrist hinterlegen. Das Dokumentationsarchiv des Österreichischen Widerstandes verfügt nur über eine Kopie. Das ZK der KPÖ besitzt die Druckfahnen des Pamphlets und meint deshalb irrig, es wäre gar nicht ausgedruckt worden, obwohl es 1950 darauf einging. Leo Stern vermutete, der ominöse Brief Renners an Stalin vom 15. Mai 1945 hätte vor allem dazu dienen sollen, dem Auftauchen dieser Schrift in der Öffentlichkeit entgegenzuwirken. Alle um das Auffinden dieser Renner-Arbeit und ihrer Zusammenhänge bemühten Personen gerieten noch 1946 unter dem Innenminister Helmer, wie der damalige Leiter der Staatspolizei Dr. Heinrich Dürmayer und Prof. Dr. Dr. h. c. Leo Stern selbst, buchstäblich in den Status von Verfolgten. Die Nazi in höheren Rängen hingegen genossen ihre Kenntnisse von dem Renner-Papier zu Rehabilitierung und Wiedereinstellung in alte Dienstposten.

Aus dem Inhalt der verschwiegenen Renner-Schrift tritt nicht nur dessen Enttäuschung über seine erfolglosen Bemühungen bei den Friedensverhandlungen von St. Germain hervor. Sie erschöpft sich auch nicht in seiner schamlosen Verbeugung für das unter der Hitlermacht kriminell gewordenen Großdeutschtum. Wesentlicher Kern und ausführlichster Dokumententeil der raschen Arbeit von Renner ist die staatsrechtliche Verbrämung der nazistischen Argumentation gegen die Minderheitenpolitik der Tschechoslowakei. Der Krieg gegen diesen Staat in Mitteleuropa sollte damit als „verständlich" ausgelegt werden, nachdem eine völkerrechtliche Begründung für einen Krieg nach dem Kellog Pakt unmöglich anzubringen war.[54]

Natürlich hätte ein entsprechend qualifizierter NS Jurist von irgendeiner Universität eine solche Schrift genauso gut oder vielleicht noch „wissenschaftlicher" zustande gebracht. Aber aus der Feder eines österreichischen Friedensdelegationsleiters, Ex-Staatskanzler und Nationalratspräsidenten a. D. hatte sie auf diplomatischer Ebene spezielle Bedeutung. Im Inland bedurften die Nazi einer solchen Schrift nicht, da hierfür der Göbbels-Apparat ausreichte. Sie wurde nur im außenpolitischen Vorfeld der Münchner-Gespräche oder im Falle des Scheiterns dieses Konzepts als Argumentstütze für einen „gerechten Krieg um die Befreiung der Sudetendeutschen" benötigt. Als Dokument eines nicht der NSDAP angehörigen österreichischen Staatsmannes erwies es sich als relativ wirksame Begründung der Forderungen Hitlers. Außer den Beamten des deutschen, englischen, französischen und italienischen Außenamtes dürfte kaum jemand den Renner-Text in die Hand bekommen haben. Letztere erhielten ihn jedoch bereits schriftlich als eine den Verhandlungsbeteiligten noch vor der drucktechnischen Fertigstellung übergebene Dokumentation.

Es stellt sich die Frage, wer diesen Clou ausgeheckt und organisiert hat? Daß Renner hierzu nicht genötigt werden mußte ist das geringste was man annehmen darf. Sein enger Freund Oskar Helmer wurde von Renner sicher davon informiert, wenn nicht über diesen selbst die Beziehungen zur Gauleitung der NSDAP liefen. Jedenfalls konnte zu dieser Zeit keine politische Schrift legal in Druck gegeben werden, für die der Reichssicherheitsdienst nicht seine Zustimmung gegeben hatte. Daß die Arbeit erst nach dem Münchner Abkommen fertiggestellt werden konnte, ändert nichts an der Tatsache, daß Renner mit einer gewissen Mischung an Deutschnationalismus, Historismus und Rechtswissenschaft" einen deutschen Krieg gegen die Tschechoslowakei als Befreiungskrieg auszuweisen versucht hat, obwohl gerade er es besser wissen konnte, was den Bürgern dieses Landes bevorstand[55]. Er setzte damit die Haltung der österreichischen Sozialdemokratie zum Krieg im Jahr 1914 fort. Die Restauration, die dem Zusammenbruch 1918 folgte, fand in dieser Zustimmung zur Fortsetzung des ersten Weltkrieges durch einen zweiten, ihren ideologischen Tiefpunkt.

Diesen „Theoretiker des sogenannten Austromarxismus" als eine der „großen Gestalten des internationalen Sozialismus" anzubieten, betrachten junge Wissenschaftler wie Dr. Heinz Fischer als zulässig. Renners „politisches Denken und Handeln ist keineswegs unumstritten" und von „vielen geradezu romanhaften Spannungselementen gezeichnet", was durch das Verschweigen wesentlicher Fakten zusätzlich verzeichnet wird.[56] Es ist für die Sozialistische Partei nach 1945 auch schwer daran überhaupt zu denken, daß Renner 1938 sagte, das „sudetendeutsche Problem fand ohne Krieg und Kriegsopfer eine volle Lösung ... die dem von der Republik Deutschösterreich 1919 eingenommenen Rechtsstandpunkt entspricht"[57]. Die Münchner Vereinbarungen hatten nach Renner neue Methoden der europäischen Geschichte eingeleitet, sie machten „die Bahn frei für andere, völlig neue Ziele"[58]. Renner, der führende Persönlichkeiten der Bourgeoisie 1918 (vermutlich berechtigt) des Landesverrates bezichtigte, von Verfolgung und Strafe sprach[59], mußte 1938 genau gewußt haben, wie seine Mitwirkung an den „friedlich" erreichbaren Kriegszielen Hitlers juristisch einzuschätzen ist. Das ist auch durch verspätete Vorwürfe an die Monarchie nicht zu entkräften, die nach Renner eine Bürokratie von „nationalfanatisierten Tschechen" in Böhmen und Mähren herrschen ließ[60]. Daß der deutsch-österreichische Staatsrat 1919 in das Sudentengebiet sogar Waffen und Munition in reichlicher Menge verschickte, wird vielen Historikern auch gegenwärtig neu erscheinen. „Aber es fehlte an wirklicher Kampfbereitschaft der Bevölkerung" – damals.[61] Diese konnte erst nach dem Machtantritt der Nazi in Deutschland erzeugt werden.

Renner sieht sich 1938 „gezwungen ... der Wahrheit gemäß zu schildern, unseren Kampf gegen den tschechoslowakischen Imperialismus aktenmäßig darzustellen"[62], und zu betonen, daß der nach St. Germain „aufgerichtete Zustand noch schlechter ist, als jener vor dem Kriege und in noch höherem Maße den Frieden bedroht"[63]. Die durch die Friedensverträge „Entrechteten und Verkürzten" sind, genötigt, eine Erlösung durch Kriegsdrohung und gegebenenfalls durch Krieg zu suchen"[64]. In einem der letzten Absätze seines Briefes an Stalin, betonte Renner, daß „unser ganzes Volk die Verlogenheit zwanzigjähriger nationalsozialistischer Propaganda völlig durchschaut" habe. Sicher hat Renner der NS Propaganda nie geglaubt, anders ist es mit seinem Respekt vor dem deutschen Heer und der Politik des „Führers".

Das NS Außenministerium benötigte die Dokumentation von Renner dringend, da aus dem sudetendeutschen Lager ernsthafte Einwendungen gegen die Anschlußforderungen Henleins erhoben wurden. Dem christlichsozialen deutschen Abgeordneten Erwin Zaijcek (1890–1976) gelang es 1938 zu dem aus London gesandten Vermittler Lord Runciman vorzudringen, um ihm auseinanderzusetzen, daß die von Henlein behauptete Einheit von Sudetendeutschtum und Nationalsozialismus eine Lüge sei. Als Karl Renner im Sommer und Herbst 1938 an seiner politisch und moralisch verwerflichen Dokumentation zur Unterstützung des Angriffs des NS Staates auf die ČSR arbeitete, waren einer der Führer der deutschen Sozialdemokraten Dr. Ludwig Cech und zwei weitere Sudetendeutsche Mitglieder der Regierung in Prag. Angesichts der Niederknüppelung aller Rechte des Volkes im Deutschen Reich war die Regierungsbeteiligung deutscher Minister zu einem manifestanten Bekenntnis zur ČSR und ihren demokratischen Grundlagen geworden.[65] Ein überstürzt einberufener Parteitag der deutschen Sozialdemokraten in der ČSR hatte mit dem Mute der Verzweiflung vergeblich beschlossen, den Kampf gegen den Nationalsozialismus unter einer verjüngten Führung fortzusetzen. Der ehemalige Parteivorsitzende und Gesundheitsminister Dr. Cech wurde nach dem Einmarsch der Wehrmacht in seinem Heimatort in Brünn verhaftet und ist in Theresienstadt ermordet worden.

Unter den späteren österreichischen Bundespräsideten war immerhin einer, der schon 1938 wußte, welches Schicksal der deutschen Armee zuteil wird, wenn sie einen Überfall auf die Sowjetunion wagt. Der ehemalige General in der k. und k. Armee und langjährige Leiter des republikanischen Schutzbundes, Theodor Körner, äußerte sich darüber in Mitteilungen gegenüber deutschen Generälen vor Beginn des Zweiten Weltkriegs. Körners damit belegte Voraussicht der „Unbesiegbarkeit der Sowjetunion in einem Verteidigungskrieg", der in der Tat zu einer Sache des gesamten Volkes geworden war, hatte sich bald als Wirklichkeit erwiesen.[66] Seine Bescheidenheit und die Politik des Verschweigens von Renner und Schärf ergaben, daß die Schriften von Theodor Körner erst nach Jahrzehnten und eher durch einen Zufall, der Öffentlichkeit bekannt werden konnten.[67] Als Schutzbundführer wendete sich Körner aus marxistischer Position gegen eine „nur militärische" Verteidigung der demokratischen Republik durch den Einsatz des republikanischen Schutzbundes, während das übrige Volk, insbesondere die Freien Gewerkschaften, nach dem strategischen Fehlkonzept der SPÖ für die Bekämpfung des Faschismus nicht herangezogen wurden. Dem halblegalen Kellermilitär der österreichischen Arbeiterbewegung räumte Körner nur dann eine reale Chance im Widerstand gegen einen faschistischen Staatsstreich ein, wenn der entscheidende Abwehrschlag durch einen Generalstreik geführt wird. Damit hatte Körner ebenso recht, wie mit seiner Einschätzung der Sowjetunion bei der Bewältigung eines Verteidigungskrieges. Für Theodor Körner war die Zerschlagung des Kapp-Putsches im Jahr 1920 das Musterbeispiel der Verteidigung der – übrigens bürgerlichen – Demokratie durch die Arbeiterklasse.[68] Seine politischen Ansichten waren wissenschafltich und militärisch ausgewogen.[69] Sie hingen nicht etwa wie bei Karl Renner von dem unmittelbaren Erscheinen von Sowjetsoldaten vor seiner Haustür ab. Theodor Körner erwies sich als Staatsmann von hohem Rang, obwohl er nicht wie Renner am 15. April 1945 erklärte, daß Österreichs Zukunft dem Sozialismus gehöre.

Nach dem Zusammenbruch der Hitlerherrschaft war die Erinnerung an das, was war und wie es geschehen war, noch ungemein tief. „Niemals vergessen" stand absolut im Vordergrund. Daß es nicht nur Hitler und Mussolini waren, sondern das Rüstungskapital, dem die Menschheit den Zweiten Weltkrieg zu verdanken hatte, war damals für die Politiker der ersten Stunde ein Axiom. Daher stellte selbst der katholische Politiker, Diplomingenieur Leopold Figl, der erste gewählte österreichische Bundeskanzler, der noch nicht lange vorher aus dem NS Kerker befreit wurde, die Forderung des österreichischen Widerstands an die Spitze seiner Regierungserklärung: „Das Österreich von morgen wird ein neues, ein revolutionäres Österreich sein. Es wird von Grund auf umgestaltet".[70] Diese euphorische Erklärung entsprach nicht etwa nur Figls Wesen, sondern auch seinem damaligen Empfinden. Bald wurde er jedoch auf die Traditionslinien des an der Erhaltung des kapitalistischen Systems gebundene Bürgertums zurückgesteuert. In dieses führte die Restauration durch kleine Schritte.

Das gelegentlich auch die Weltöffentlichkeit erregende österreichische Kaleidoskop des „Verschweigens und Vergessens" bietet nie eine vollständige Darstellung der systematischen Abwertung des antifaschistischen Verfassungsauftrages der Unabhängigkeitserklärung von 1945. Auch das hier vorgelegte Material führt zu keiner abschließenden geschichtlichen Aussage darüber, wohl aber zur Kennzeichnung der politischen Kultur dieses Landes. Als Geschichte „von unten" werden weitgehend eigene „Erfahrungen" miteingebracht, um „das Verhalten der Menschen in und zum politischen System eines Landes zu verstehen"[71] Die behördliche Unwissenheit über die „amtlichen Verbrechen", also jene in österreichischen Gerichtsgebäuden begangenen, „ergab sich nicht vom Anfang der Neugestaltung der Republik an, sondern entwickelte sich fortschreitend mit der Wiederaufnahme von nicht- bzw. nur „wenig belasteten" Beamten und Richtern, die in der Regel nur geneigt waren, NS Verbrechen außerhalb des einstigen NS Behördenapparats aufzuspüren. Zunehmend wurde die öffentliche Meinung durch die Probleme der Kriegsgefangenen, Heimatvertriebenen, usw. zur Verdrängung der NS Verbrechen umgepolt, bis im „kalten Krieg" die Amnestie der NS Kriegs- und Menschlichkeitsverbrecher gesetzlich und ideologisch perfekt wurde.[72]

Für viele andere Beispiele mag nachfolgende Begebenheit stehen. Von den davon berührten Behörden und Politikern werden solche allgemein lesbare Schilderungen symptomatischer Zustände als emotionell und von der wissenschaftlichen Fachwelt als „politische Literatur" diskriminiert. Sie besitzen jedoch beträchtliche Aussagekraft, weil sie exakt dokumentiert sind und sich ohne formale Umdeutung selbst kommentieren: Noch in der Gegenwart tritt Erstaunen über das auf, was an Geschehen aus der NS Zeit nur durch Zufall bekannt wird. Mein traurigstes Erlebnis dieser Art ereignete sich vor 1950. An einer Straßenbahnhaltestelle traf ich einen Professor für Anatomie und wechselte mit ihm einige Worte. Auf meine Frage, woher die Medizin das Material für das anatomische Institut beziehe, antwortete er salopp: „Da haben wir noch viele Leichen von den Spitzbuben, die unter Hitler den Kopf verloren." Zwei Tage später stand ich vor jener meines Bruders, des Wehrmachtssanitätsunteroffiziers Alfred Rabofsky, der am 19. September 1944 in Wien hingerichtet wurde, neben den Körpern anderer toter Genossen. Die wegen ihres Kampfes für Österreich gefallenen Opfer wurden von der Universität nach 1945 nicht einfach aus Unwissenheit vergessen, sondern geradezu verleumdet.[73]

Der bekannte katholische Historiker, Univ. Prof. Dr. Friedrich Heer fand sein Beispiel des allerhöchsten Unwissens bei Kardinal König, wie er erzählte. Als er mit dem geistlichen Würdenträger über das in Amerika erschienene Buch, „Er folgte seinem Gewissen – das einsame Zeugnis des Franz Jägerstetter", ins Gespräch kam, stellte sich heraus, daß der zutiefst kriegsfeindliche Mesner, der unter Hitler den Märtyrertod für seinen Glauben starb, dem hohen Klerus noch 1967 unbekannt war. Der oberösterreichische Bauer hatte sich entgegen den Rat des Pfarrers von St. Radegund 1943 geweigert, in der Naziwehrmacht zu dienen.[74]

Bei der Sammlung der Unterlagen über die ‚Verborgenen Wurzeln der NS Justiz' stieß Gerhard Oberkofler auf einen halben Briefbogen mit dem amtlichen Aufdruck ‚Der Reichsminister der Justiz Berlin'. Unterzeichnet war dieser Kurzbrief von einem Dr. Suchomel. Das Dokument trägt das Datum 27. November 1944 und enthält nur zwei Sätze. Einer davon lautete: „Ich habe einen weiteren Scharfrichter mit dem Wohnsitz in Wien bestellt". Der Unterzeichner, Dr. Hugo Suchomel war im März 1938 von Bundeskanzler Schuschnigg zum Sektionschef ernannt worden und diente im gleichhohen Rang im NS Justizministerium in Berlin.[75] Der mit einigen strafrechtlichen Arbeiten in der österreichischen Rechtsliteratur bekannt gewesene Hugo Suchomel ist 1946 in Österreich wieder als Sektionschef in den Dienst des Justizministeriums getreten. Er wurde 1948 nach einem Krach im Parlament pensioniert. Aber am 17. März 1957 wurde sein Doktordiplom wegen „seiner großen Verdienste im Justizministerium von 1917 bis 1948" feierlich erneuert. Die hohe Ehrung durch die Universität Wien erfolgte durch deren damaligen Dekan der juridischen Fakultät, Professor Dr. Fritz Schwind.[76] Im Jahr 1985 hoffte der Rektor der Universität Wien, Prof. Dr. Hans Tuppy, dessen Vater im März 1939 im KZ Sachsenhausen im wahrsten Sinne des Wortes zu Tode geprügelt worden war, daß die juristische Fakultät ‚über die böse Vorgeschichte nicht informiert war'.

Ähnliches kann über das Wirken des Strafrechtsprofessors und NS Kriegsgerichtsrats in Wien, Dr. Erich Schwinge, berichtet werden. Er hatte vor seiner Abreise aus Wien 1945 nur einen Teil seiner Kriegsgerichtsakte vernichten können. Als 1984 ein von ihm gefälltes Todesurteil über einen jugendlichen Wehrmachtsangehörigen bekannt wurde, der ein geringfügiges Delikt begangen hatte, eilte er nach Wien, um in den Archiven festzustellen, was noch an Akten über ihn vorhanden wäre.[77] Sorgen brauchte er sich dennoch nicht zu machen, da sowohl die bundesdeutsche wie die österreichische Justiz keine amtliche Untersuchung einleitete.

Als der Justizsenator von Berlin fast 40 Jahre nach Kriegsende Untersuchungen gegen Richter und Staatsanwälte des NS Volksgerichtshofes anordnete, ergab sich außer dem Selbstmord eines der noch lebenden Blutrichter, nur eine Serie von ärztlichen Attesten über die Vernehmungsunfähigkeit der anderen. Da die stillschweigende Amnestie gerade der hochrangigen, strafrechtlich zweifellos schuldigen NS Schreibtischmörder als Nebeneffekt der kaum getarnten Absolution der wissenschaftlich Mitschuldigen des Hitlerregimes von der Nachkriegsgeneration zunehmend hinterfragt wurde, kam es auf offiziellen Ebenen zu kläglichen Vergangenheitsbewältigungsversuchen. Diese führten in der Folge zu peinlichen Konfrontationen von politischen Aufsteigern mit ihren Jugenderlebnissen. Die offizielle Vergeßlichkeit des 1945 neu gegründeten Rechtsstaates paarte sich mit dem subjektiven Interesse der Beteiligten am NS Regime.

Auf die Wiederherstellung des Vorranges, der auch in Österreich heiligsten Güter der Nation, dem Privatbesitz an Produktionsmitteln bzw. auf die systematische Zurückstellung der materiellen Interessen der zum Wiederaufbau vorrangig herangezogenen Besitzlosen kann hier nicht weiter eingegangen werden, obwohl es sich um das Kernproblem der Restauration nach 1945 handelt. Die am nationalsozialistischen Regime in ihren ökonomischen Interessen nutzbringend Beteiligten, von den Wehrwirtschaftsführern abwärts bis zu vielen Unternehmern und Managern wußten sich unverzüglich als für den Dienst der neuen Republik unentbehrlich auszuweisen. Ihnen diente die rasante Abwertung der Ziele des österreichischen Widerstandes gegen Hitlerdeutschland. Mit der Entnazifizierung und der Übernahme der von den Nazi verwendeten konservativen Kräfte in den Staatsdienst erlangten diese gegenüber dem unter Dollfuß und Hitler dezimierten progressiven und marxistischen Lager neuerlich einen erheblichen Vorteil. Zur Erhaltung der Macht von Kapital und Großgrundbesitz wurde nicht nur diese materiell ausgenützt, sondern ideologisch massiv unterstützt. Durch die Umdeutung individueller Eigentumsrechte zugunsten von Wenigen wurden die Grundrechte restaurativ ausgenützt. Dies kann durch Untersuchung der ideologischen Positionen von Rechtslehrern einst und jetzt samt ihrer angepaßten Ausdrucksweise ohne Inhaltsveränderung nach 1945 deutlich erkannt werden.

Neben der Entwicklung fortschrittlicher Gesetze, insbesondere auf dem Gebiet des Sozialrechts, des Familienrechts und teilweise des Strafrechts ging vorrangig eine Konsolidierung kapitalistischer Interessen vor sich. Die Restauration wurde vor allem durch Zurückdrängung von solchen legistischen Maßnahmen wirksam, die durch die Ereignisse vor 1945 notwendig geworden wären. Es mag kennzeichnend sein, daß z. B. in dem Strafgesetzbuch, dem umfangreichsten Gesetzeswerk der Republik nach 1945, kein einziger Abschnitt erkennen läßt, was sich von 1933 bis 1945 an spezifischen Straftaten in Österreich zugetragen hatte. So wird vermieden, eine der Hauptanwendungsformen nationalsozialistischer Verbrechen, nämlich den Antisemitismus, im Strafgesetzbuch namentlich zu erwähnen.[78] Diese negative Entwicklung des Rechtslebens fand in Übereinstimmung mit den wieder führend gewordenen politischen Gremien Österreichs von einst statt. Zunehmend wurden die materiellen und ideologischen Positionen des Bürtertums, die nach dem Zusammenbruch der NS Herrschaft, wegen ihrer Verbindung mit diesen, stark ramponiert waren, besonders von der rechtswissenschaftlichen und rechtsphilosophischen Ebene her gefestigt." Mit der Sozialpartnerschaft im ökonomischen außerparlamentarischen Bereich wurden unspektakulär und wirkungsvoll Konfliktlösungsinstrumente geschaffen, die politischen Machtwechsel überdauern und der österreichischen Bevölkerung den Rückgang in neobiedermeierliche Privatheit ermöglichen.[79] Eine kaum in einem anderen Land so einflußreiche, außerhalb des Parlaments und der Öffentlichkeit entscheidende Machtgruppe diskriminiert die Meinungsbildung sowohl im Parlament wie in gewerkschaftlichen Massenorganisationen.

Die Ideologisierungsbemühungen einer solchen „Privatheit" verdienen Aufmerksamkeit, da sie von Kräften gesteuert werden, die in ihrem Interessenpaket oft nur teilweise übereinstimmend, insgesamt aber die fortschrittliche Entwicklung auf vielen Gebieten unmöglich machen. Hier finden sich insbesondere die Repräsentanten des Militarismus, des Großdeutschtums, des Rassismus, des Antisemitismus und des Antimarxismus. Als Raketenfans produzieren sie obskure Landesverteidigungsthesen, die zu nichts anderem geeignet sind, als den österreichischen Staatsvertrag, eines der Friedenselemente in Mitteleuropa, völkerrechtlich in Frage stellen zu wollen.[80] Dieser, von dutzenden Staaten ratifizierte internationale Vertrag ist aber vor allem ein Eckpfeiler der demokratischen antifaschistischen österreichischen Bundesverfassung. Bemerkenswert ist, daß wichtige antifaschistische Bestimmungen verfassungsrechtlichen Nebengesetzen „wie dem Staatsvertrag von Wien und dem Verbotsgesetz" zu entnehmen sind und bisher nicht in einen Grundrechtskomplex eingegliedert wurden.[81]

Um die ideologische Steuerung staatsrechtlicher, völkerrechtlicher, rechtsphilosophischer und rechtshistorischer Fragen und Aufgaben bemühen sich restaurative Kräfte, die in zwei Gruppen geteilt werden können. In eine solche, die aus dem „wissenschaftlichen" Reservoir des NS Staats kommend, ihre massiven Dienste für diesen verschweigend, sich nun mit ultrakonservativen Positionen der Industrie und den Banken zur Verfügung stellten. Das andere, hinsichtlich seiner Tätigkeit in der NS Zeit ebenso schweigsame Lager von Personen ist direkt bemüht, das geltende Recht, einschließlich internataionaler Konventionen und Pakte, seines demokratisch-antifaschistischen Schutzcharakters zu entkleiden und ihren einstigen Grundsätzen und ihren gegenwärtigen Zielen entsprechend zu interpretieren. Bei Durchsicht der einschlägigen rechtswissenschaftlichen Literatur in der Bundesrepublik Österreich ergibt sich, daß keiner der Autoren nationalsozialistischer Rechtsliteratur seine Arbeit widerrufen hat.[82] Hier ist das Schweigen total.

Für den Rechtshistoriker ist es in der Gegenwart keineswegs leicht, das vor 1945 publizierte Material einzuschätzen. Am Beispiel des in der NS Zeit auch in Wien tätig gewesenen Ernst Forsthoff, eines nach 1945 in die Höhen der westdeutschen Rechtslehre aufgestiegenen NS Justiz-Ideologen, soll dies darzulegen versucht werden. Von ihm wird mitunter das Buch „Der totale Staat" zitiert, um nachzuweisen, daß er schon 1933 bemüht war, sich dem NS Staat anzubieten. Aber das, was der Nazismus alles in sich barg, ist aus dem damaligen Text von Forsthoff kaum zu entnehmen.[83] Der ultrabraune Bischof, Professor Hudal, der in Rom als Apostel Hitlers wirkte, hatte ausgezeichnete Kenntnisse über die für den NS Staat rechtsphilosophisch wirksamen Positionen seiner deutschen Professorenkollegen. Den eifrigen Versuch des jungen Ernst Forsthoff, sich als Staatsrechtsideologe der NS Wissenschaft anzubieten, kennzeichnete er im Jahr 1937 folgendermaßen: Dieser hätte „das Wesen eines neuen deutschen Staates in Formulierungen beschrieben, die wohl nur für die Leitung eines Jugendbundes, aber nicht eines modernen Staatswesens geeignet erscheinen".[84] Diese heitere Einschätzung ist durchaus richtig, was jedoch nichts über die Absicht von Forsthoff aussagt, der Hitlerdiktatur ergeben staatsrechtlich dienen zu wollen. Immerhin resignierte Forsthoff nach einer solchen Rüge nicht und bot den Nazis seine jetzt völlig vergessenen Leistungen in allgemein verwendbarer Form an, wie aus seinem üblen Kommentar zur Sammlung „Geschichte in Dokumenten" hervorgeht. Um den überaus verwerflichen NS Einsatz von Forsthoff deutlich zu erkennen, muß vor allem diese Arbeit herangezogen werden, die als „offizielle Lehrschrift der NSDAP" einst Massenverbreitung an den Hochschulen hatte. Nicht wesentlich anders verhält es sich mit Larenz, Nipperdey usw., die das konservative Lager der juristischen Lehrer der BRD nach 1945 in die Hand genommen haben.

Durch vorsichtige Schrittchen wagte sich nach 1945 eine Gruppe primitiver und rabiater NS Rechtslehrer in Österreich wieder in die Öffentlichkeit, von denen Helfried Pfeifer hier als typischer Repräsentant vorgestellt werden soll. Er verkörperte jene NS Aktivisten, die unter Berufung auf die demokratische Gesetzgebung für sich und ihre Parteifreunde nach 1945 den Wiedereinstieg in das politische und wissenschaftliche Leben suchten, um auf legaler Basis die Grundlage für eine spätere Verbreitung ihres nun als NS Gedankengut verbotenen Materials zu ermöglichen und unter Berufung auf menschenrechtliche Normen die Straftaten von einst und sich selbst vor dem demokratischen Staat zu schützen.[86]

Die besonderen Glückwünsche des Nationalratsabgeordneten Staatsrechtslehrers und Menschenrechtsexperten Ermacora können nicht als bloß überschwänglich geratene kollegiale Höflichkeit betrachtet werden. In einer umfangreichen Laudatio wird der 70. Geburtstag von Universitätsprofessor Dr. Helfried Pfeifer wegen dessen unermüdlichen Bekenntnisses „zur deutschen Kulturnation" gefeiert. Einem so bedeutenden Rechtslehrer wie Ermacora kann man nicht gestatten, zu übersehen, daß sich Pfeifer zur deutschen Nation vor allem in ihrer kulturlosesten Prägung, nämlich in der Phase des blutigen Terrors des Hitlerstaates rückhaltlos bekannt hat. „Nach dem Zweiten Weltkrieg" so betont der Menschenrechtler Ermacora dezent, „verlor Pfeifer seine Lehrbefugnis und konnte sie erst 1956 wiedererlangen".[87] Wie viele Menschen jedoch durch die Anwendung der Lehrmeinung von Pfeifers Kommentaren zur Hitlergesetzgebung, die von Juristen, Beamten und Offizieren nicht einfach als Befehl befolgt wurden, sondern weil sie ihnen als rechtlich richtig aufgenötigt wurden, ihr Leben verloren haben, wird verschwiegen.

Im Nationalrat wurde 1949 Pfeifer noch mehrfach vorgehalten, was er im NS Staat seinen Schülern als Recht vortrug. Er sagte in den Vorlesungen zu den Hörern: Handeln sie immer so, wie der Führer in diesem Fall gehandelt hätte.[88] Es ist zu bedauern, daß jene, die der Geistesrichtung des Herrn Pfeifer gefolgt sind, zum Teil schwerste Opfer gebracht haben und sich mancher dem Gericht stellen mußte, während Pfeifer die Immunität besitzt und 1950 im Parlament seine alten

Auffassungen zum Ausdruck bringen kann. Ermacora und andere wollten das 15 Jahre später als vergessen betrachten, ehe es in der Öffentlichkeit wirklich bekannt wurde.

Aus dem von Ermacora ausdrücklich als wissenschaftlich qualifiziert bezeichnetem Hauptwerk von Pfeifer erfährt man, daß schon am 15. März 1938 die Österreicher darüber informiert wurden, was ein Jude rechtlich ist, nämlich kein Mensch mehr im Sinne von Menschenrecht.[90] Er verkündete ferner ohne rechtliche Belegstellen anzuführen, mit der Eingliederung Österreichs in das Reich, wären eine Reihe von deutschen Verfassungsgesetzen „automatisch" für das Land Österreich wirksam geworden, ohne daß es einer formellen Einführung bedurft hätte. Die Verfassung von 1934 verlor nach Pfeifer zum größten Teil am 13. März 1938 „zwangsläufig ihre Wirksamkeit",[91] wobei damals Zwang noch viel mehr gegolten hat, als bei deren Verkündung durch Dollfuß. Welche Teile vielleicht doch noch gelten und wodurch dieser Zustand legalisiert wurde, versuchte Pfeifer nicht einmal zu ergründen. Es muß ihm allerdings konzediert werden, daß dies im Dritten Reich auch von prominenteren Lehrern nie unternommen wurde.

Im Jahr 1966 fand Ermacora, daß die 700 Seiten dicke Lehrschrift von Pfeifer aus dem Jahre 1941 nur in ihrem Vorwort und der Widmung „Für unseren Befreier und Führer" befremdend wirkte. In ihrer Substanz sei diese Schrift ein entscheidender juristischer Beitrag, „zum Verständnis des juristischen Ablaufs jener Geschehnisse, deren Objekt Österreich zwischen 1938 und 1945 gewesen ist"[92]. Weil für Ermacora nur die Widmung für Hitler „befremdet" wirkt, muß man auf Pfeifers Leidenschaft bei der Verbreitung und Vertiefung des NS Unrechts in Österreich näher hinweisen. Es handelt sich um eine aggressive Kommentierung von hunderten NS Gesetzen, Verordnungen, Erlässen, Verfügungen, usw. zur „Neugestaltung Österreichs" durch die Nazi.

Junge Menschen fragen in der Gegenwart, warum diese leitende Juristenpersönlichkeit der NS Herrschaft in Österreich nicht wegen Hochverrates angeklagt wurde. Indessen hatte Pfeifer den Beitritt Österreichs zu der Europäischen Menschenrechtskonvention im Jahr 1957 zum Anlaß genommen, um gegen „Unduldsamkeit" im Staatsrecht der „staatlichen Gebilde, die auf dem Boden des Großdeutschen Reiches entstanden" sind, zu dozieren. Erbitterte Klagen führt er darüber, daß die provisorische Staatsregierung für „ehemalige Nationalsozialisten die Gleichheit vor dem Gesetz und auch die Freiheitsrechte aufgehoben" habe.[93] Er wendet sich gegen die Rückwirkungsklausel im Verbotsgesetz[94] und im Kriegsverbrechergesetz[95], ohne damals allerdings ernst genommen zu werden. Artikel 10 des Staatsvertrages steht nach Pfeifer im Widerspruch zu Artikel 6, der die Beseitigung der Überreste des NS Regimes vorschreibt,[96] während der erstgenannte Artikel allen Personen den Genuß der Menschenrechte und der Grundfreiheiten gewährleiste, also selbstverständlich auch den Nationalsozialisten. Derartige „Argumente" veranlaßten den Verfassungsgerichtshof am 29.11.1985 zu dem Erkenntnis: „Die kompromißlose Ablehnung des Nationalsozialismus ist ein grundlegendes Merkmal der Republik Österreich".[97]

Aber im NS Staat sagte Pfeifer mit halsabschneiderischer Wirksamkeit, daß das

Gesetz über die Wiedervereinigung Österreichs mit dem deutschen Recht schon am 13. März 1938 in Kraft getreten wäre, obwohl es erst am 14. März 1938 im Reichsgesetzblatt veröffentlicht wurde. Das hat Pfeifer nämlich aus der „Bekanntgabe" durch Göbbels herausgelesen. Die „Wiedervereinigung" wäre daher schon am 13. März staatsrechtlich vollendet[98] und wirksam geworden. Diese juristische Finte von Pfeifer hatte zur Folge, daß die abwartende Haltung einiger österreichischer Offiziere gegen die Eingliederung des österreichischen Heeres in die Wehrmacht bereits als Landesverrat angerechnet werden konnte.

Die Rechtssprache Pfeifers bewegte sich in billigster NS Qualität. Er rühmte „die glücklichste Stunde der Ostmark, in der Deutschlands größter Sohn seine Heimat, dieses kampferprobte südliche Bollwerk in das Reich heimgeholt habe"[99]. Die dabei eingetretene „Rechtszersplitterung" sucht er in einer „systematischen" Gesetzessammlung darzustellen. Sie beginnt etwa bei der für die Nazi besonders wichtigen Verordnung zur Übernahme der österreichischen Nationalbank am 17.3. 1938[100] und wird weitergeführt bis zur Einführung des NS Volksgerichtshofes samt den deutschen Hoch- und Landesverratsparagraphen[101] und enthält auch die am 20.6.1938 in Österreich in Kraft getretenen Nürnberger Rassengesetze[102] mit ihren damals bereits erkennbaren mörderischen Konsequenzen. Pfeifer, den der Menschenrechtsforscher Ermacora als seinen Lehrer bezeichnet, schrieb: „Nach der lebendigen, wenn auch ungeschriebenen Verfassung, steht die gesetzgebende, einschließlich der verfassungsgebenden Gewalt, dem Führer zu". Als Belegstelle hierfür führt Pfeifer das Buch von Göbbels „Vom Kaiserhof zur Reichskanzlei" an[103]. Das war selbst im NS Staat ein Übermaß an unwissenschaftlicher Unterwürfigkeit. Das Ernennungsrecht für Beamte läßt Pfeifer „automatisch auf den Führer und Reichskanzler" übergehen[104]. Auch das deutsche Gesetz vom 21. März 1933 übernimmt Pfeifer in das ostmärkische Recht, durch das die kommunistische Partei „ausgemerzt" wurde. Mit Verordnung vom 7. Juli 1933 wurde die sozialdemokratische Partei „aus den Vertretungskörpern ausgeschlossen". Die bürgerlichen Parteien lösten sich laut Pfeifer im Juni 1933 „freiwillig" auf.[105] Daß der nächste Treffpunkt vieler der gewählten Mitglieder „aus dem Reichstag, dem Landtag und den Gemeindevertretungskörper" das Gefängnis war, ist Rechtslehrern wie Ermacora, die den Pfeifertext völlig unreflektiert „eine grundlegende Bedeutung für die Gegenwart" attestierten, nicht bemerkenswert.

Von Pfeifer wurden zahlreiche Texte aus Hitlers „Mein Kampf", dem „Völkischen Beobachter", des Parteiprogramms der NSDAP unmittelbar als Rechtsgrundlagen angeboten. Eine besonders schändliche Leistung ist der Kommentar von Pfeifer zu §2 Abs. 2 des Nürnberger Rassengesetzes. Dort heißt es z. B., daß als „volljüdisch ein Elternteil ohne weiteres gilt, wenn es der jüdischen Religionsgemeinschaft angehört habe". Der in der Folge mit Ermacora auf dem Menschenrechtssektor eng verbundene Pfeifer erklärt diese Vermutung persönlich als nicht widerlegbar, offenbar damit ja keiner der damals bereits für jeden Nazi erkennbar mit dem Tod bedrohten Juden, eine Lücke finden möge, die ihn vor den Gaskammern retten könnte.[106] Mit weiteren Beispielen aus diesen von Ermacora wertneutral als „entscheidenden Beitrag zum Verständnis des juristischen Ablaufs" der NS

Herrschaft angebotenen Leitsätze ließen sich noch viele Seiten füllen. Das wesentliche des Lobes von Ermacora an diesem schändlichen Werk liegt aber darin, daß er es so anbietet, als ob Pfeifer es 1941 drucken ließ, um 1945 damit für das Verständnis der Wiederherstellung der österreichischen Rechtsordnung die entsprechenden Grundlagen zu legen.[107] Daraus kommt deutlich die restaurative Absicht zum Tragen, die auf die personelle und ideologische Einbettung von NS Juristen wie Pfeifer zielt, obwohl dieser eine der übelsten, konkreten Gebrauchsanleitungen zur Anwendung des NS Justiz-Terrors in Österreich geliefert hatte.

Nach 1945 erinnerte sich Pfeifer wie viele seines Kalibers der Menschenrechte, ohne Rücksicht darauf, daß sie nicht durch den „Führer", sondern mittels UN Charta, d.h. von den über den Nationalsozialismus siegreichen Alliierten formuliert wurden. Weder in seinem Hauptwerk, noch in anderen Schriften von ihm vor 1945 ist dieser Begriff aufzufinden.[108] Anders verhält es sich mit dem Terminus „Juden", der nicht nur reichlichst, sondern kriminell beansprucht wurde. Der von Pfeifer servierten Nachkriegsliteratur mit Schwerpunkt Grund- und Menschenrechte wird zwar keineswegs allgemein zugestimmt, doch wird sie gelegentlich als eine Abart von „Theorie" hingenommen. Besonders Ermacora macht in seinem Handbuch der Menschenrechte davon Gebrauch.[109]

Wie ging diese „wissenschaftliche Umstellung des Pfeifer und der anderen NS Prominenz ohne Schuldeinsicht vonstatten"? Nach 1945 haben deutsche und österreichische Bischöfe als Tarnung für manche NS Führer sogenannte „Persilscheine" ausgestellt. Diese dienten zur Entnazifizierung nicht nur von harmlosen Nationalsozialisten, sondern auch für zahlreiche NS Intellektuelle im Dienste des nazistischen Staatsterrors.[110] Juristen wie Pfeifer benötigen eine solche Bescheinigung von Bischöfen nicht. Sie begnügten sich mit einer massiven Berufung auf die Menschenrechte in eigener Sache. In dem Nachkriegsliteraturverzeichnis des Hitlerjuristen Pfeifer zeigt sich, daß dieser die Chance seiner Interpretation der seit 1. Mai 1945 wieder geltenden Grund- und Freiheitsrechte der österreichischen Bundesverfassung voll zu nutzen verstanden hat. Er katapultierte sich selbst zum Spezialisten über „Gewissensfreiheit im Parteienstaat",[111] überwand „Wandlungen des Vereinsrechts in der Zweiten Republik" (wozu er 1962 die rechtsradikale Zeitschrift „Aula" benützt hatte).[112] Er untrsuchte unter anderem die „Auswanderungsfreiheit"[113] mit dem Ergebnis, daß z.B. der in Italien verurteilte SS Führer Reder trotz einer vor 1938 erfolgten Auswanderung ins Dritte Reich nach 1945 von Rechts wegen Österreicher sein müßte.

Der entnazifizierte Universitätsprofressor Abgeordnete Pfeifer, der sein Wirken in der Fachliteratur, an der Hochschule und sogar im Parlament auf die legale, juristisch ausgewogene Fortführung einstigen NS Gedankengutes durch sich und seine Gesinnungsfreunde konzentrierte, ist einer der Spezialisten für subversive Auslegung jener antifaschistischen Menschenrechte, die mit Artikel 6 des Staatsvertrages von Wien Verfassungsrang erhielten.[114] Der Verfassungsgerichtshof ging Pfeifer zwar nie auf den Leim, aber dessen „Bedenken" reichten immerhin dazu, daß Ermacora die Tragweite des Artikels 6 Staatsvertrag als umstritten zu bezeichnen vermag.[115] Es muß eingestanden werden, daß eine wirklich treffende Darstellung des hier berührten Zustandes von Recht wohl besser Kafka, Musil oder Karl Kraus zu überlassen gewesen wäre. Dies umso mehr, als Pfeifer sich auch mit dem „Recht der nationalen Minderheiten in Österreich" nach 1945 befaßt,[116] ohne zu gestehen, daß es ein solches im NS Staat nicht gab.

Ermacora kann hierzu folgenden Satz „wertneutral" vermerken: „Der deutsche Nationalismus war nicht Ursache, sondern Folge der nationalen Bestrebungen, welche die in Österreich lebenden slawischen Völker, besonders die Tschechen und Slowenen, verfolgten".[117] Es ist somit verständlich, wenn deutschnationale, ebenso wie ultrakonservative Kräfte bis hin zu den Neofaschisten in dem Staatsvertrag von Wien, wegen der durch diesen verfassungsgesetzlich normierten demokratisch antifaschistischen Vorschriften, ihren Hauptangriffspunkt erkennen. Wer auf Revanchismus, Rassismus, soziale Unterdrückung, Deutschnationalismus und Militarismus setzt, wie dies die Nazis und die Neonazis samt ihren Schattierungen tun, der findet in dem Staatsvertrag ein massives verfassungsrechtliches Hindernis, wenn er wie vor 1933 die bürgerliche Demokratie als Glacis für den Faschismus ausnützen will. Der Staatsvertrag geht nämlich über die traditionellen österreichischen Grundrechte aus dem Jahr 1867 und der Verfassung von 1920 erheblich hinaus. Die weitgehend personenbezogenen Grundrechte des Staatsgrundgesetzes vom 21.12.1867 sind durch die Normen des Staatsvertrages von 1955 zu einem gesellschaftlich anwendbaren Schutz gegen Kriegshetze, Nazismus, Völker- und Rassenhetze erweitert worden.

Insofern ist Österreich derzeit in einer günstigeren rechtspolitischen Situation als unter der Kelsen–Renner Verfassung von 1920. Die aus dem antifaschistischen Abwehrkampf der Völker hervorgegangenen Grundprinzipien, beginnend mit der UN Charta vom 10. Dezember 1948, sind für Österreich verpflichtend. Sie haben innerstaatlich Verfassungsrang, sind Bestandteil des Völkerrechts und bilden eine realisierungsfähige Säule des friedenssichernden Menschenrechtskomplexes. Die programmatische Realisierung der Menschenrechtserklärung erkannte der junge Marx vor allem als Aufgabe der Arbeiterbewegung.[118] Das ist angesichts ihrer eigenen Interessen gegenüber dem vom Bürgertum für sich reklamierten Menschenrechtsziel verständlich. Ob etwa die in das Statut des Österr. Gewerkschaftsbundes nach Beendigung des Krieges aufgenommene Verpflichtung zu unbedingter Abwehr einer faschistischen Restauration[119] als Absage gegenüber Staatsmännern und Rechtslehrern verstanden werden kann, die diese Gefahr nicht erkennen oder neuerlich herausfordern, hängt nicht zuletzt davon ab, wie die „politische Kultur" dieser Kreise durchleuchtet wird. Es ist notwendig, den Nebel der Verschweigung unangenehmer Tatsachen der Geschichte aufzulösen und die vergessenen Teile der Vergangenheit durch ihre Erweckung zu bewältigen. Die elitären Führungskräfte in Wissenschaft und Politik, die sich von konservativen Machtinstrumenten angesprochen fühlen, verlieren von ihrer Anziehungskraft, wenn sie mit den Positionen von einst konfrontiert werden, die sie allein wegen ihrer Absurdität aufgeben mußten. Subtile Analysen solcher Verhaltensphasen erleichtern es, auch mit diesen Kreisen eine Gesprächsbasis wenigstens über das Vermeiden des neuerlichen Abgleitens in politisches und militärisches Abenteuertum zu finden.

Anmerkungen

1 Heer, Friedrich, Der Kampf um die österreichische Identität, 1981. Schausberger, Norbert, Österreich 1918–1980, 1980. Weinzierl, Erika/Skalnik, Kurt, Österreich 1918–1938, 1983. Zöllner, Erich, Geschichte Österreichs, 7. Aufl. 1984.
2 Unabhängigkeitserklärung, Proklamation über die Selbständigkeit Österreichs vom 27.4. 1945, StGBl. Nr. 1.
3 Schausberger, N., Deutsche Kriegswirtschaft in Österreich, DÖW, Jahrbuch 1986, S. 53/54.
4 Migsch, Alfred, Abg. zum Nationalrat, Stenogr. Protokoll des NR vom 30.7.1947, 2. GP, S. 1634: Es ist eine leere Phrase, wenn man heute von der Existenz großkapitalistischer Kreise in Österreich spricht ... Der Krieg hat die österreichische Wirtschaft vollkommen blutleer gemacht.
Renner, Karl, Denkschrift 1945, S. 23: Österreich ein Staat ohne Geld, Massenhunger und Massenseuchen vor der Tür.
5 Hautmann, Hans/Kropf, Rudolf, Die österreichische Arbeiterbewegung vom Vormärz bis 1945, Sozialökonomische Ursprünge ihrer Ideologie und Politik, 1974, S. 135. Weissel, Erwin, Die Ohnmacht des Sieges, 1976, 171 f.
6 Nemschak, Fritz, Die Stellung der Gemeinwirtschaft in der österreichischen Volkswirtschaft, S. 11.
7 Atzenhofer, Rosemarie, Österreichs Unabhängigkeit und die Verstaatlichte, Weg und Ziel, 1986, S. 262 ff.
8 Bauer, Otto, Die österreichische Revolution, Wien 1923, S. 113 ff.: § 8 Nationale und soziale Revolution; S. 249 und 275 ff.: Restauration der Bourgeoisie.
Sandkühler, H. J./De la Vega, R., Austromarxismus, 1970, S. 6 ff., S. 79 ff.
9 Pfeifer, Helfried, Die Ostmark, Eingliederung und Neugestaltung. Historisch systematische Gesetzessammlung nach dem Stand vom 16.4.1941, Wien 1941. In diesem umfangreichen Werk ist der Begriff Habsburg im Schlagwortverzeichnis nicht zu finden.
10 Interview vom 7.6.1986, Kronen-Zeitung, Wien: „Der Sohn des letzten Kaisers von Österreich kämpft heute für ein starkes, geeintes Europa."
11 Ermacora, Felix, in Der Donauraum 1986. Der Ausblick, S. 13.
12 Schreiben des Dekans der jur. Fakultät der Uni Wien, Professor Dr. Ernst Schönbauer an den Reichskommissar für die Wiedervereinigung Österreichs mit dem Deutschen Reich, 14.2.1939, DÖW. R. 102.
13 StGBl. Nr. 4 1945 über das neuerliche Wirksamwerden des B-Verf. G in der Fassung von 1929 in Verbindung mit dem G. vom 3.4.1919, StGBl. 209.
14 Staatsvertrag von Wien, BGBl. Nr. 152/1955, Art. 10, Z. 2.
15 Rabofsky, Edurard/Oberkofler, Gerhard, Verborgene Wurzeln der NS-Justiz, 1985, S. 119 f.
16 Hitler, Adolf, Mein Kampf, 1936, Bd. 1, S. 211.
17 Rabofsky, E./Oberkofler, G., a. a. O., S. 118.
18 Adamovich, Ludwig, sen., Almanach der Akademie der Wissenschaften in Wien, 1946, S. 191 f.
19 Graßberger, Roland, Wenzeslaus Gleispach, in Neue Deutsche Biographie, Bd. 6, 1964, S. 451 f.
20 Rabofsky, E./Oberkofler, G., a. a. O., S. 177 f.
21 Gleispach, Wenzeslaus, Konzept zu einem Gesetzesentwurf zum Schutze der Kriegsmacht, 1918. Kriegsarchiv Wien.
22 Denkschrift des Armee-Kommandos der Südwestfront vom 30.12.1915. Kriegsarchiv Wien.
23 Hautmann, H., Kriegsgesetze und Milktärjustiz in der österreichischen Reichshälfte 1914–1918 in Weinzierl/Stadler, Justiz und Zeitgeschichte, 1977, S. 101 f.
24 Kelsen, Hans, Zur Reform der verfassungsrechtlichen Grundlage der Wehrmacht Österreich-Ungarn, Zeitschrift für Militärrecht, 1917, S. 8.
25 Kelsen, H., a. a. O., S. 12.
26 Kelsen, H., a. a. O., S. 14.
27 Kelsen, H., a. a. O., S. 16.
28 Broda, Engelbert in Wissenschaft, Verantwortung, Frieden, S. 177.
29 Leser, Norbert, Hans Kelsen.

30 Klenner, Hermann, Rechtsleere – Verurteilung der „Reinen Rechtslehre", S. 44 ff.
31 Hubert, Hans, Supranationalität und Souveränität, Neue Zürcher Zeitung, 27.11.1963. Rabofsky, E., Richterpersönlichkeit und entartete Staatsmacht, Das Recht der Arbeit, 1964, S. 100.
32 Rasehorn, Theo, Justizkritik in der Weimarer Republik, S. 78 f.
33 Rasehorn, Th., a. a. O., S. 80.
34 Klenner, H., a. a. O., S. 84.
35 Gleispach, W., Die strafrechtliche Rüstung Österreichs, in „Deutsche Arbeit", 1915, S. 257 ff.
36 Kelsen, H. über das „Preussenurteil" in „Die Justiz", Bd. 8, S. 65 ff.
37 Kelsen, H., Sozialismus und Staat, 2. Aufl. 1923, S. 5 ff., S. 206 ff.
38 Ermacora, F., Forum 1965, S. 226 f.
39 Kelsen, H., Sozialismus und Staat, 3. Aufl. 1965, Hrsg. Leser, N., der Kelsens „überholte" großdeutsche Textstellen ohne Hinweis auf die 2. Aufl. entfernte, S. 21, S. 173 ff.
40 Renner, K., Ich stimme mit Ja. Neues Wiener Tagblatt, Kleine Volkszeitung u. a. vom 3.4. 1938.
41 Austerlitz, Friedrich, Aufsätze und Reden, 1931, S. 99 ff. (Arbeiter-Zeitung 5.7.1914). Neck, Rudolf, in Sozialdemokratie und Anschluß, Hrsg. Helmut Konrad, 1978, Der Stil der AZ in den ersten Kriegsmonaten von 1914 hat durchaus dem Stil des „Völkischen Beobachters" zwanzig Jahre später entsprochen.
42 Löw, Raimund, Wie Karl Renner Österreich verriet. Neues Forum, Nr. 286, Oktober 1977, S. 33 ff.
43 Baumgartner, Peter, Kleine bucklige Welt, 1984, S. 119 f.
44 Rabofsky, E., Rezension zu „Kleine bucklige Welt", Volksstimme, 7.3.1986.
45 Renners Brief an Stalin. „Weg und Ziel" 1955, S. 873 ff., Lenin konnte Renner dort allerdings nicht treffen, weil dieser nicht in Stockholm war.
46 Klahr, Alfred, Zur nationalen Frage in Österreich, Artikel 4 in „Weg und Ziel", illegal erschienen März und April 1937. Vollständiger Nachdruck, Weg und Ziel, Dezember 1979, Sondernummer S. 2.
47 Marx, Karl, Der Achtzehnte Brumaire des Louis Bonaparte, MEGA, Abt. 1 – Bd. 11, S. 100.
48 Rasehorn, Th., a.a.O., S. 135.
49 Eine wenig bekannte Arbeit Dr. Renners, Weg und Ziel, Dezember 1950, S. 936 ff. Als Hersteller dieser Schrift zeichnet der Österreichische Wirtschaftsverlag, Komm. Ges. Payer & Co., Registraturstempel vom 10. Jänner 1939/II.
50 Dokumentationsarchiv des Österreichischen Widerstandes in Wien, Bücherei Nr. 5765.
51 Heer, F., a. a. O., S. 330 ff.
52 Löw, R., a. a. O., S. 34 f.
53 Renner, K., Bibliographie, Europaverlag 1970.
54 Löw, R., a. a. O., S. 33 ff. Die „formaljuristischen" Überlegungen Renners zeigen die gleiche Denkweise, die ihn 1914 zu einem Theoretiker des imperialistischen Krieges der Mittelmächte gegen die nationalrevolutionären Bestrebungen im Donauraum machte.
55 Renner, K., Die Sudetendeutschen, vgl. FN 50, S. 78 ff. Nach Norbert Leser lebte Renner in der Zeit des Ständestaates und der Okkupation in völliger Zurückgezogenheit. Diese unfreiwillige Muße bot ihm Zeit zur schriftlichen Arbeit als Theoretiker des Sozialismus.
56 Fischer, Heinz, Karl Renner, Porträt einer Evolution, 1970, Klappentext.
57 Renner, K., Die Sudetendeutschen, a. a. O., S. 7.
58 Renner, K., a. a. O., S. 7.
59 Renner, K., a. a. O., S. 39.
60 Renner, K., a. a. O., S. 42.
61 Renner, K., a. a. O., S. 49.
62 Renner, K., a. a. O., S. 47.
63 Renner, K., a. a. O., S. 57.
64 Renner, K., a. a. O., S. 78.
65 Brügel, J. W., Die deutschen Minister der „ersten Tschechoslowakei", Der Donauraum, Jahrbuch, 27. Jg., 1985, S. 39.
66 Körner, Theodor, Ausgewählte Schriften, 1977, S. 198 ff.
67 Duczynska, Ilona, Der demokratische Bolschewik, S. 136 f.

68 Neck, R., in „Zum Geleit" von Th. Körner, Ausgewählte Schriften, S. 12.
69 Heer, F., Vorwort zu I. Duczynska, Der demokratische Bolschewik, S. 38.
70 Figl, Leopold, Neues Österreich, 22.12.1945, S. 3.
71 Konrad, H., Zur Geschichte der Zweiten Republik am Beispiel des „Falles Olah", in: Geschichte und Gegenwart, 1. Februar 1986, S. 31 f., „Die österreichische Geschichte endet nicht 1938, um 1945 ihre Fortsetzung zu erfahren."
72 Markus, Josef, Die Strafverfolgung von nationalsozialistischen Gewaltverbrechen und die völkerrechtliche Verantwortung Österreichs, in: Verdrängte Schuld, verfehlte Sühne, Hrsg. S. Meissl, K. Mulley, O. Rathkolb, 1986, S. 152 ff.
Giordano, Ralph, Der große Vergleich mit dem Töten, AVS Inf. Dienst Bonn 1986, N. 6, S. 2.
73 Amtliche Unwissenheit über NS-Verbrechen, Volksstimme, 2.4.1986.
74 Zahn, Gordon C., Er folgte seinem Gewissen – Das einsame Zeugnis des Franz Jägersberger, 1967.
75 Rabofsky, E./Oberkofler, G., a. a. O., S. 220.
76 Suchomel, Dr. Hugo, Sektionschef, 50-jähriges feierliches Doktorjubiläum an der rechts- und staatswissenschaftlichen Fakultät Wien, Österreichische Hochschulzeitung, Oktober 1957.
77 Rabofsky, E./Oberkofler, G., a. a. O., S. 62.
78 Österreichs Strafrecht auf neuen Wegen Gutachten des Österreichischen Arbeiterkammertages zum Entwurf eines neuen StrafGB, Das Recht der Arbeit, August 1967, S. 219 ff.
79 Konrad, H., a. a. O., FN 71.
80 Baum, Jost, Raketen für das Bundesheer? Weg und Ziel 1986, S. 114.
Ermacora, F., Staatsvertrag und Neutralitätsrecht, Festschrift zum 5. Bundestag der Österreichischen Offiziersgesellschaft, 12./13.10.1985.
81 Rabofsky, E., Die kompromißlose Ablehnung des Nationalismus ist ein grundlegendes Merkmal der Republik Österreich. Zum Erkenntnis des VerfGH vom 29.11.1985, G 175/84–34, Mitteilungen ÖVDJ April 1986, S. 1 ff.
82 Hirsch, Martin/Majer, Diemut/Meinck, Josef, Recht, Verwaltung und Justiz im Nationalsozialismus, 1984, S. 58 ff.
83 Forsthoff, Ernst, Der totale Staat, 1933.
84 Hudal, Alois, Die Grundlagen des Nationalsozialismus, 1937, S. 286.
85 Forsthoff, E., Deutsche Geschichte seit 1918 in Dokumenten, 2. Aufl. 1938.
86 Pfeifer, H., Die Bedeutung der Europäischen Menschenrechte in Österreich, FS Hugelmann 1959, Bd. I, S. 408 ff. Auch der penetrante deutsche Rassist aus Österreich, Taras Borodajkewycz trat nach 1945 wieder als Hochschullehrer auf. Zarte Bemühungen um den katholischen Antisemitismus in „Bischof und Domdechant", FS Hugelmann 1959, Bd. I., S. 115.
87 Ermacora, F., Helfried Pfeifer – 70 Jahre, Juristische Blätter 10.12.1966, S. 613 f.
88 Altenburger, Erwin, Stenogr. Protokoll des NR VI. GP, 1.3.1950, S. 334.
89 Weinberger, Alois, Stenogr. Protokoll des NR VI. GP, 1.12.1949, S. 85.
90 Pfeifer, H., a. a. O., S. 30, S. 165; hier werden zum Kommentar der Nürnberger Rassengesetze die Punkte 4, 5, 6, 9 und 10 des Programms der NSDAP zitiert.
91 Pfeifer, H., a. a. O., S. 21.
92 Ermacora, F., Helfried Pfeifer – 70 Jahre, a. a. O., S. 614.
93 Pfeifer, H., Die Bedeutung der Europäischen Menschenrechtskonvention für Österreich, FS Hugelmann 1959, Bd. I., S. 408.
94 VerbotsG, StGBl. 13/1945.
95 KriegsverbrecherG. StGBl. 32/1945.
96 Staatsvertrag von Wien, BGBl. 15/1955.
97 Rabofsky, E., vgl. FN 81.
98 Pfeifer, H., a. a. O., S. 22.
99 Pfeifer, H., a. a. O., S.V.
100 Pfeifer, H., a. a. O., S. 35.
101 Pfeifer, H., a. a. O., S. 246.
102 Pfeifer, H., a. a. O., S. 165 ff.
103 Pfeifer, H., a. a. O., S. 50.
104 Pfeifer, H., a. a. O., S. 57.
105 Pfeifer, H., a. a. O., S. 39.

106 Pfeifer, H., a. a. O., S. 184.
107 Ermacora, F., Pfeifer – 70 Jahre, a. a. O., S. 614.
108 Pfeifer, H., Rechtseinheit und Verwaltungsvereinfachung im Großdeutschen Reich, 1943.
109 Ermacora, F., Handbuch der Grundfreiheiten und der Menschenrechte, S. 426. Pfeifer wird fast so häufig von Ermacora zitiert wie Kelsen.
110 Heer, F., Ausgesprochen, 1983, S. 32.
111 Pfeifer, H., Gewissensfreiheit im Parteienstaat, J. Bl. 1958, S. 373 f.
112 Pfeifer, H., Wandlungen des Vereinsrechts in der Zweiten Republik, Die Aula, 1962.
113 Pfeifer, H., Die Auswanderungsfreiheit und ihre gesetzlichen Schranken, J. Bl. 1954, S. 422.
114 Staatsvertrag, FN 96.
115 Ermacora, F., Handbuch, a. a. O., S. 355.
116 Pfeifer, H., Recht der nationalen Minderheiten in Österreich, Jahrbuch des ostdeutschen Kulturrates 1963, S. 355.
117 Ermacora, F., Handbuch, a. a. O., S. 550.
118 Klenner, H., Menschenrechtserklärungen in der frühen Arbeiterbewegung, Staat und Recht, 1981, S. 536.
119 Statut des Österreichischen Gewerkschaftsbundes vom 30.4.1945, Handbuch des ÖGB 1953 § 3, Der Gewerkschaftsbund ist in Verfolgung seiner Zwecke zu einem kraftvollen Mitwirken am Aufbau Österreichs, zur Bekämpfung des Faschismus, jeder Reaktion und totalitären Bestrebungen, zur Mitarbeit an der Sicherheit des Weltfriedens sowie zum unentwegten Kampf zur Hebung des Lebensstandard und der Arbeitnehmerschaft berufen.

Bärbel Eickhoff

Entnazifizierung und Restauration der Justiz 1945–49

Ein Literaturbericht

Die Hamburger SPD beschloß im November 1985, im Bundesrat eine Gesetzesinitiative mit dem Ziel zu starten, die vollständige Aufhebung sämtlicher Urteile des 1934 von den Nationalsozialisten errichteten „Volksgerichtshofes" zu erreichen. Daß dieses 40 Jahre nach dem Ende der faschistischen Herrschaft in Deutschland überhaupt noch ein ungelöstes Problem sein kann, kennzeichnet die Qualität der Vergangenheitsbewältigung in der BRD. Eine spezifische Art von Lösung, nämlich die „biologische Lösung" wurde stattdessen als neue politische Maxime eingeführt. (20/306)[1] Sie besagt so etwas wie passive Sterbehilfe staatlicherseits; denn schließlich fände die Entnazifizierung von Staat und Gesellschaft innerhalb einer Generation sozusagen gottgewollt statt. Angesichts der mangelnden Auseinandersetzung mit der faschistischen Vergangenheit und fehlenden Konsequenzen ist es nicht verwunderlich, daß Literatur über die Entnazifizierung dünn gesät ist. So ist in Peter Steinbachs „Geschichte der BRD" stellvertretend für so manches Nachkriegswerk zu lesen: „Entnazifizierung" bezeichnet „... eine wichtige Voraussetzung dafür, daß die belasteten Nationalsozialisten keinen bedeutenden Einfluß auf die Ausgestaltung der Nachkriegsordnung erhielten." (70/13) Steinbachs Aussage enthält gleich zwei hier interessierende Hypothesen. Die erste beruht auf der Annahme, die Entnazifizierung sei ein rein personalpolitischer Vorgang. Zweitens sei dieser auch noch erfolgreich gewesen. Dieser Entnazifizierungsbegriff ist in der bundesdeutschen Literatur vorherrschend. (24/39) Wenn Dotterweich „... de(n) dem Sprachgebrauch der Zeitgenossen entsprechende(n) engere(n) Begriff zugrunde (legt), der unter ‚Entnazifizierung' die negativen Maßnahmen ‚personeller Säuberung' in Staat, Wirtschaft und Gesellschaft versteht" (16/127), ist zu vermuten, daß auch ein „weiterer" Entnazifizierungsbegriff denkbar wäre.

Zwischen zeitgenössisch entwickelten „Alternativen" zum Entnazifizierungsverfahren der Westmächte, ihrer Beurteilung in der (westdeutschen) Entnazifizierungsliteratur und ihrer Mißachtung in der Konzipierung einer Kritik der „mißlungenen" Entnazifizierungsverfahren wird auch bei Henke, Niethammer (47/105–117), Stolleis (72/391 ff.) und Wenzlau eine Diskrepanz deutlich. Henke z. B. weist auf die Verbindung zwischen Besatzungs- und Säuberungspolitik und der ihr zugrundeliegenden Faschismusanalyse der Besatzungsmächte hin und beschreibt in diesem Zusammenhang die Entnazifizierung in der sowjetisch besetzten Zone als Teilmaßnahme eines gesamtgesellschaftlichen Umstrukturierungsprozesses. (26/9) Im Verlauf seiner Arbeit bleibt er jedoch ganz und gar dem beschriebenen „engen" Entnazifizierungsbegriff der Westmächte verhaftet. Niethammer grenzt das Säuberungsverständnis der KPD als ein rein „ökonomisches" aus, das außerhalb der sowjetischen Zone gegen die „Verteidiger des Rechtsstaates" nicht durchgesetzt werden konnte. (47/117) Sodann wird auch diese Entnazifizierungsvorstellung von ihm ausgeblendet. Auch für Wenzlau, dessen Arbeit einen relativ weitreichenden Entnazifizierungsbegriff für die Justiz beinhaltet, nämlich unter Einschluß von Veränderungen der Rechtsnormen und des Justizaufbaus, wäre die „weitreichendste Alternative" die Aufhebung aller im Nationalsozialismus entstandenen Rechtsnormen gewesen. Zur quasi erfolglos stattgefundenen personellen Entnazifizierung der Justiz in der britischen Zone gibt es für ihn keinerlei brauchbare Alternativen. Die Möglichkeit, Volksrichter wie in der sowjetischen Zone auszubilden, schließt er für die Westzonen ohne nähere Begründung aus. (77/325 f.) Neben der Ausblendung der ökonomischen Grundlage des Faschismus und deren Bedeutung für die Entnazifizierung kündigt sich hier ein weiteres Problem an. Die 100%ige Entnazifizierung der Richterstellen in der sowjetischen Zone deutet daraufhin, daß dort von einer besonderen Beteiligung der Justiz am Faschismus ausgegangen wurde und zwar unabhängig davon, ob der Einzelne Parteimitglied war oder nicht. Mit den westlichen Entnazifizierungsverfahren wurden hingegen lediglich die Nazis erfaßt, die sich formal zu ihrer Gesinnung bekannt hatten. Hierbei blieb unberücksichtigt, daß weder jeder „echte" Nazi entsprechend organisiert gewesen sein muß, noch sich dazu hinterher beim Ausfüllen des Fragebogens bekannt haben muß. Hinzu kommt, daß von dem Säuberungsverfahren ohnehin nur jene erfaßt wurden, die zu Beginn der Besatzungszeit in Arrest genommen und vor ein Spruchgericht gestellt wurden und diejenigen, welche sich für eine Wiedereinstellung bewarben. Das bedeutet, daß sich diejenigen der Überprüfung zu entziehen vermochten, die sich vorübergehend aus anderen Quellen ernähren konnten.

Diese Probleme des Entnazifizierungsbegriffs und -verfahrens geraten in der folgenden Diskussion der bisher erschienenen bundesdeutschen Literatur zur Entnazifizierung der Justiz etwas in den Hintergrund. Das liegt zum einen daran, daß die Autoren diese Fragen selber nicht oder nur nebensächlich problematisieren. Zum anderen fehlt die Gegenüberstellung grundsätzlich anderer Auffassungen wie sie in der sowjetischen Besatzungspolitik, bzw. in der DDR-Literatur vertreten sind. Hier sei nur auf die Arbeit von Hilde Benjamin verwiesen. (5) Die bundesdeutsche Literatur hat neben einer Reihe von kurzen Aufsätzen und Beiträgen zu einzelnen Fragen im wesentlichen zwei Arbeiten zu diesem Thema vorzuweisen: einen 70seitigen Aufsatz von Martin Broszat (10) und das Werk von Reinhold Wenzlau über den Wiederaufbau der Justiz in Nordwestdeutschland (77), das im folgenden entsprechend häufig zitiert wird. Ein kurzer Überblick über die wichtigsten Arbeiten zur Entnazifizierung im Allgemeinen wird der speziellen Diskussion des Justizbereichs vorausgestellt.

Bis heute ist die Dissertation von Justus Fürstenau aus dem Jahre 1954 die einzige umfassende bundesdeutsche Arbeit zur Entnazifizierung in allen drei Westzonen. (47/17; 1/73) Diese Arbeit war Teil eines US-Auftragsprojektes zur amerikanischen Besatzungspolitik in Deutschland. (1/73 f.) In diesem Zusammenhang ist sicher auch die Schwerpunktlegung (US-Zone) und die deutliche prowestliche Prägung der Arbeit zu sehen. So sieht Fürstenau die letzte Chance zur Selbstreinigung des deutschen Volkes mit dem Scheitern des bürgerlichen Widerstandes am 20. Juli 1944 vertan. (24/18; 23/11 ff.) Er betrachtet die Entnazifizierung als reine „Siegerjustiz" der Besatzungsmächte. Ihren Verlauf und das schließliche „Versanden" erklärt er zum einen damit, daß sie zum Kampffeld der verschiedenen Ideologien der Besatzungsmächte und der deutschen Parteien wurde. Zum anderen sei sie aufgrund der These von der Kollektivschuld des deutschen Volkes viel zu breit angelegt worden. Eine politische Säuberung, die Erfolg haben will, so Fürstenau, dürfe sich im Zeitalter der „modernen Massenpartei" nur gegen die alleinverantwortliche Elite der führenden Partei richten. (24/221) Er bleibt mit dieser These noch hinter der ursprünglichen amerikanischen Entnazifizierungsplanung zurück, die in einem Elite-Gegenelite-Konzept von einer Art politischen Selbstreinigung ausging und die Elite nicht ausschließlich, wie Fürstenau, auf die Parteispitze der NSDAP bezog. (17/72) Fürstenau weist immer wieder daraufhin, daß das breitangelegte Entnazifizierungsprogramm der USA im wesentlichen durch den Druck der „öffentlichen Meinung" in den USA entstanden sei. (24/23, 36 ff.) In der britischen Besatzungspolitik hingegen habe die Selbstversorgung Deutschlands (24/43 f.), in der französischen Zone die Schwächung der internationalen Machtstellung Deutschlands (24/42) und in der sowjetisch besetzten Zone der Aufbau einer sozialistischen Gesellschaft[2] im Vordergrund gestanden.

Fürstenau beschreibt die Entnazifizierung auf der formal-politischen Ebene. Daß die Entnazifizierungspolitik der Westalliierten auch die Funktion erfüllt hat eine Selbstreinigung des deutschen Volkes zu verhindern, zu der z. B. die antifaschistischen Initiativen bereit waren, die sich im Mai 1945 überall spontan gegründet hatten, wird von ihm nicht in Erwägung gezogen. Die Auseinandersetzungen zwischen „deutschen Stellen" und den Besatzungsmächten basieren seiner Ansicht nach auf den durch sie verkörperten ideologischen Alternativen zum Nationalsozialismus. (24/221) In der Arbeit werden zwar die dazugehörigen politischen Differenzen erörtert, es erweist sich jedoch als Manko, daß Fürstenau hier in einer grob verallgemeinernden Darstellung der Parteien stecken bleibt. So haben sich die Parteien nach Fürstenau je nach ihrem politischen Standort abgestuft gegen den Schematismus der Entnazifizierungsprogramme gewandt. Dabei seien sie in zunehmendem Maße durch die westdeutsche öffentliche Meinung unterstützt worden. (24/164 ff., 187 ff.) Die soziale Stellung und Herkunft, die Interessen und die politisch-ideologische Einstellung der Akteure in der Entnazifizierung werden nicht problematisiert. Nicht zuletzt deshalb kommt Fürstenau zu der Schlußfolgerung, die Entnazifizierung habe zu etwas ganz anderem geführt, als die Beteiligten ursprünglich gewollt hätten. (24/221) Ebenfalls ohne die Hintergründe und die Interessenlage der Besatzungsmächte und westdeutscher Interessengruppen zu untersuchen, begründet Fürstenau die von den Westmächten für die Bizone erlassene Amnestie vom 8.5.1948 mit „Klimaveränderungen" zwischen der Sowjetunion und den Westmächten, in deren Folge die Sowjets die Nazis in ihrer Rolle als Hauptfeind abgelöst hätten. (24/93 ff.) Somit bleibt auch unklar, warum der Abschluß der Entnazifizierung „unglücklicherweise“ zeitlich mit der Währungsreform zusammenfällt. (24/213 f.).

Die thematisch detaillierteste Arbeit zur Entnazifizierung ist Lutz Niethammers „Mitläuferfabrik“ zur Entnazifizierung in Bayern. Sie wird darüber hinaus als die beste Monographie der US-Besatzungspolitik insgesamt bezeichnet. (1/81) Aus den Mängeln des Forschungsstandes (47/13–27) erarbeitet Niethammer vier Fragenkomplexe, die er in seiner Arbeit behandeln will: 1. Die geschichtliche Funktion der Entnazifizierung; 2. die entwicklungsgeschichtliche Darstellung der Interaktion jener sozialen Kräfte und Personen in den USA und in Bayern, die auf die Ausarbeitung und Durchführung des Entnazifizierungsprogrammes Einfluß nahmen; 3. statt der falschen Annahme der „Stunde Null“ will Niethammer eine „möglichst breite Dokumentation interner Motive und Haltungen der deutschen und amerikanischen Machthaber 1945/46“ erstellen und eine Gewichtung der Machtstruktur vornehmen; 4. geht er davon aus, daß nicht die ohnehin minimale Säuberungsbilanz, sondern die Erfahrungen der Spruchkammertätigkeit die wesentliche politische Folgewirkung der Entnazifizierung gewesen seien. Deshalb untersucht er die Spruchkammertätigkeit nicht nur entwicklungsgeschichtlich sondern auch personenbezogen: „aus dem Blickwinkel des Spruchkammeralltags“. (47/25 ff.) Er unterteilt deshalb die Arbeit in zwei Abschnitte: A. Die Entstehung (47/31–332), B. die Anwendung des Befreiungsgesetzes der süddeutschen Länder (BefrG). (47/335–652)

Im ersten Teil der Untersuchung werden die Interessen der verschiedenen politischen und ökonomischen Gruppen in den USA dargestellt (47/32 ff.), von denen sich die beiden wichtigsten, die sich in der „outlaw-“Theorie und dem Vansitartismus ausdrückten, auf die Inhalte der Direktive JCS 1067 als Kompromiß einigten. (47/65 ff.)

Aufgrund der Skizzierung der Entnazifizierungsvorstellungen deutscher Parteien und Widerstandskreise, die jeweils die „echten Nazis“ lediglich in den gesellschaftlichen Gruppen gesucht hätten, die nicht der eigenen sozialen Basis entsprachen (47/69), kommt Niethammer zu dem Ergebnis, daß es keinen deutschen Partner für die US-Säuberungspolitik auf Basis der Kollektivschuldthese geben konnte. (47/144) Die Säuberungspolitik der USA sei als „autoritär-repressive Militäraktion“ eingeleitet worden, die die deutsche antifaschistische Selbstorganisation „im Keim erstickte“. (47/135 ff., 656) – Daß dieses auch eine Funktion der Entnazifizierungspolitik der Besatzungsmächte war, wird von den meisten anderen Autoren, die sich mit dieser Thematik befassen, nicht berücksichtigt.

Dennoch bezeichnet Niethammer das Befreiungsgesetz als deutsches Kompromißprodukt mit „realpolitischer Ausrichtung“ in bezug auf divergierende deutsch-amerikanische und innerdeutsche Interessen. Es habe die Korrektur der Entnazifizierungspolitik zum Ziel gehabt. (47/297)[3] Aufgrund des Befreiungsgesetzes sei die Durchführung der Entnazifizierung an deutsche Stellen übergegangen (47/318) und gleichzeitig partiell zurückgenommen worden. (47/657) Diese Revision sei umso dringender geworden, je mehr die ökonomische Rekonstruktion und die Westintegration der Westzonen in den Mittelpunkt der Besatzungspolitik gerückt sei. (47/248) Am Ende dieser fortschreitenden Entwicklung habe das BefrG selbst quer zu diesen Interessen gestanden. (47/484) Seine Durchführung, soweit man davon sprechen kann, verschmolz Säuberung und Rehabilitation zu einem Vorgang, der zur Zeit der Währungsreform quasi abgeschlossen gewesen sei. (47/535) Die thematische und lokale Eingrenzung seiner Untersuchung ermöglicht es Niethammer eine sehr komplexe Studie der US-Entnazifizierungspolitik in Bayern und ihrer politischen Auswirkung zu liefern. Im Gegensatz zu Fürstenau versucht er zumindest die Spitzenakteure der Entnazifizierung in Bayern und ihre jeweilige politische Ausrichtung zu charakterisieren. Die Auseinandersetzungen zwischen der Militärregierung, dem bayerischen Ministerpräsidenten, den Befreiungsministern und den Parteivertretern beschreibt er als Machtkämpfe zwischen Einzelpersonen, die unterschiedliche Ansichten über die Entnazifizierung hatten. Gleichwohl Niethammer im Gegensatz zu Fürstenau und vielen anderen schlußfolgert, daß die Entnazifizierungspolitik der USA, noch ehe sich der kalte Krieg zuspitzte, soziale Grundlagen für die Westintegration legte (47/654), entsteht der Eindruck, daß er die Entnazifizierung z.T. losgelöst von der sonstigen Besatzungspolitik betrachtet. Die Berücksichtigung prinzipieller Gemeinsamkeiten zwischen deutschen und amerikanischen Interessengruppen kommt bei Niethammer dadurch etwas zu kurz. Letztendlich haben sich diese durchgesetzt und für die Westintegration und den (Wieder-)Aufbau der Westzonen auf kapitalistischer Basis gesorgt.

Nicht annähernd so umfangreich und informativ wie Niethammers Werk sind zwei Arbeiten, welche über die Entnazifizierung in der französischen Zone (26) und in der britischen Zone vorliegen. (40)

Einzige Orientierungspunkte der Entnazifizierung unter französischer Besatzung, schreibt Henke, seien Wiederaufbau und Sicherung des französischen Großmachtanspruchs durch deutsche ökonomische Ressourcen und die Verhinderung jeder künftigen militärischen Bedrohung durch ein wiedererstarktes Deutschland gewesen. (26/18) Auf dieser Basis sei die französische Säuberungspolitik eher lax gehandhabt worden. (26/25 f.) Bedingt durch die soziale Heterogenität des französischen Besatzungspersonals – vom kommunistischen Widerstandskämpfer bis zum ehemaligen Funktionär der Vichy-Regierung – hätten große regionale Unterschiede bestanden (26/36). Schon vor der Konsolidierung des amerikanischen und französischen Besatzungsgebiets hätten die Franzosen deutsche Stellen zu Säuberungsaktionen mit herangezogen (26/35), so daß Henke auch in der ersten Phase nach der Befreiung nur von einer „Entnazifizierung unter französischer Leitung" spricht. Dabei habe sich die französische Militärregierung durch einen „groß angelegten Bluff" (26/47), durch scheinradikale Verfahren dem Druck des Kontrollrats und der USA entzogen. (26/46 ff., 69 ff.).

Im Mittelpunkt der Untersuchung Henkes steht das südwürttembergische Entnazifizierungsmodell, das mit der Rechtsanordnung vom 28.05.46, einer deutschen Initiative, die von dem Sozialdemokraten Carlo Schmidt ausging, ins Leben gerufen wurde. (26/80 ff.) In dem Säuberungsverfahren, das hieraus entwickelt wurde, wurden die vorher bereits „Entnazifizierten" zum großen Teil noch einmal genauer überprüft. Insbesondere im Verwaltungsbereich sei die Entlassungsquote z. T. doppelt so hoch gewesen, wie vorher auf der Basis der französischen Richtlinien,[4] die in den anderen Teilen der französischen Zone weitergalten. Die Entnazifizierung der Wirtschaft sei dagegen eher eine Schutzmaßnahme gegen Übergriffe der Besatzungsmacht gewesen. (26/111 ff., 120 f.) Gleichwohl hält Henke das südwürttembergische Modell für das einzig effektive und politische Entnazifizierungsverfahren der Westzonen. (26/86) Die Ergebnisse dieses Verfahrens seien allerdings nach der Einführung des Spruchkammerverfahrens im Sommer 1947 analog zur amerikanischen Zone fast vollständig aufgehoben worden. (26/121) Mit der Integration der französischen Zone in den neu zu gründenden Weststaat sei im Juli 1948 auch das südwürttembergische Modell endgültig liquidiert worden. (26/187 ff.) Allein durch den nicht realisierbaren Mehraufwand an Zeit und Personal sei die Entnazifizierung endgültig gescheitert. (26/195)

Auch Henke behandelt die Entnazifizierung vorwiegend als politisches Problem. Obwohl er die Entnazifizierungspolitik als Variable der Besatzungspolitik bezeichnet (26/9), zeigt sich im Verlauf der Arbeit, daß ihm bisweilen der Blick über die Grenzen der französischen Zone und der Entnazifizierungspolitik hinaus, hin zur allgemeinen sozialen, ökonomischen und politischen Nachkriegssituation fehlt. Das wird besonders deutlich, wenn er feststellt, es sei völlig unverständlich, weshalb der südwürttembergische Staatskommissar für politische Säuberung, Otto Künzel, die Entnazifizierung der Wirtschaft ganz offensichtlich verzögerte. Er bezieht sich auf dessen anders lautende „politische Haltung". (26/112) Künzels an anderer Stelle von Henke skizzierter Lebenslauf weist Parallelen zu denen anderer SPD-Politiker des rechten Parteiflügels auf, die ebenfalls in der Weimarer Republik ihre Parteikarriere begannen und in der Nachkriegszeit vergleichbare Handlungsweisen zeigten. (26/91 f.) Auch hätte ein erweiterter Blick ermöglicht, die Interessen der „deutschen Stellen" und der Besatzungsorgane in der Säuberungsfrage mehr zu problematisieren.

An Henkes Untersuchungsergebnissen fällt besonders auf, daß im Gegensatz zu den anderen Westzonen die Entnazifizierung nach Übergabe an „die Deutschen" konsequenter durchgeführt wurde, als unter französischer Leitung. Ein Vergleich mit anderen Regionen Westdeutschlands würfe vielleicht ein anderes Licht auf das üblicherweise dargestellte Kontrahentenverhältnis zwischen deutschen und alliierten Behörden. Obwohl diese Diskussion bei Henkes Arbeit naheläge, da sie ja ein Stück US-Entnazifizierungspolitik mit erfaßt, erschöpft sich seine Erklärung in dem Hinweis auf die technische Undurchführbarkeit und die ideologische Grundlage, nämlich die viel strapazierte „Kollektivschuldthese".

Über die Entnazifizierung in der britischen Zone liegt bis heute keine ausführliche Darstellung vor. Zur Weiterbearbeitung eignet sich allerdings die Dokumentensammlung der Staatlichen Archive Nordrhein-Westfales mit einer circa 60seitigen Einführung von Irmgard Lange.[5] Sie teilt die Entnazifizierung in drei Stufen ein: 1) Die Maßnahmen des Jahres 1945, die gekennzeichnet seien durch Uneinheitlichkeit, Orientierungslosigkeit, Nichteinhaltung der Instanzenwege innerhalb der deutschen Verwaltung, der Verwaltung der Militärregierung und zwischen beiden, sowie durch regionale Unterschiede. 2) Die Entnazifizierung unter britischer Leitung betrifft die Jahre 1946/47 und beginnt nach Irmgard Lange mit der Kontrollratsverordnung Nr. 24 vom 12.01.46. (40/11 ff.) In dieser Zeit sei zwar die britische Organisation straffer gewesen und habe einheitliche Richtlinien hervorgebracht, aber deren Fülle, Unklarheit und ständige Ergänzung habe auch in dieser Phase keine „gerechte Durchführung" der Entnazifizierung erbracht. (40/57) Der Leser fragt sich, welche Aussagekraft die von I. Lange genannten Kriterien für die Beurteilung der Entnazifizierung haben. Kompetenzstreitigkeiten und Uneinheitlichkeit der Richtlinien an sich besagen noch nichts über die Effizienz einer politischen Säuberungspolitik. Weshalb sie bremsend gewirkt haben sollen, bleibt auch beim Studium dieser Arbeit ein Rätsel. Typisch für die wenig interpretative, unkritische Betrachtungsweise des Beitrages von Irmgard Lange ist die Erklärung für den Wandel der Entnazifizierungspolitik. Statt wenigstens nach den Hintergründen und Interessen zu fragen, vermutet sie ähnlich wie Fürstenau die Ursache in der Veränderung der öffentlichen Meinung in Deutschland, England und den USA. (40/51) Lapidar stellt sie am Ende des 3. Abschnitts – „Entnazifizierung unter deutscher Leitung: 1958–52" – (40/52–57) fest, daß nach dem 1. Januar 1948 keine Entlassungen mehr ausgesprochen wurden. (40/57)

Detaillierter und kritischer hingegen ist der neuere Aufsatz von Volker Dotterweich. Er sieht in den Entnazifizierungsprogrammen der Westmächte nicht nur das „konstruktive Ziel", den „totalitären, zentralistischen Einheitsstaat" in einen „parlamentarisch-repräsentativen, freiheitlichen" und förderativen Rechtsstaat umzuwandeln. Gleichzeitig vermutet er, daß sie auch revolutionäre Entwicklungen „entweder ersetzen, entbehrlich machen oder verhindern sollten". (16/125 f.) Und schließlich stellt er die Abkehr der USA vom Entnazifizierungsprogramm in den Kontext des Ost-Westkonflikts und einer ökonomischen und politischen Rekonstruktion der Westzonen. (26/148) Gerade diese Überlegung fehlt aber leider in Dotterweichs Schlußfolgerungen zur Wirkung der Entnazifizierung in der Bundesrepublik völlig. Die personelle Kontinuität in Staat und Wirtschaft und das Wiederaufkommen des Rechtsextremismus stehen hiermit seiner Ansicht nach in keinerlei Zusammenhang. Die Wirksamkeit der Entnazifizierungsmaßnahmen sei stattdessen „im politischen und sittlichen Bewußtsein der von ihnen berührten Menschen zu suchen." (16/153 f.)[7]

Die Entnazifizierung der Justiz durch die Besatzungsmächte

Das Thema „Entnazifizierung der Justiz" ist vor allem deshalb so brisant, weil die Justizjuristen so eng mit dem Staat, auch dem faschistischen Staat verbunden waren wie kaum eine andere Berufsgruppe. Um den Charakter und die tatsächliche Tragweite dieser Verbindung zu erfassen, müßten Überlegungen zur Rolle der Justiz im bürgerlichen Staat und zu den Aufgaben der staatlichen Organe angestellt werden. Dies ist ein gesonderter Themenkomplex, der hier nicht berücksichtigt werden kann.[8] Allerdings besteht zweifellos ein enger Zusammenhang zwischen der Beurteilung der (Nicht-)Entnazifizierung der Justiz und der Einschätzung ihrer Rolle im NS-Staat. Eine solche Einschätzung liegt (indirekt) allen Untersuchungen über die Entnazifizierung der Justiz zugrunde, wird aber nur von wenigen Autoren explizit dargelegt. Zu diesen wenigen gehören jedoch all jene, die die Justiz im Nationalsozialismus als staatstragend, also für den Faschismus in besonderer Weise verantwortlich sehen.

So ist zum Beispiel für Ostendorf und ter Veen die Justiz eine Säule des Terrorregimes. (48/12) Bei Ratz und anderen ist sie eine Ergänzung anderer NS-Organe, vergleichbar mit SS, SD, Gestapo. (52/42) Und Steiniger sieht die Justiz als einen Teil des NS-Terrorapparates mit der Maske der Gesetzlichkeit. (71/11)[9] Wenzlau stellt die NS-Justiz als Objekt der „Gleichschaltung" dar und schildert ausführlich den Prozeß der Umorganisierung des Justizapparates in den 30er Jahren. (77/18–27)[10] Dabei gibt er zu erkennen, daß seiner Auffassung nach nur ein Teil der Justiz „typisch nationalsozialistisch" war. Daneben habe ein nicht nationalsozialistischer Teil sowohl beim Personal, beim Aufbau der Justiz, als auch bei Gesetzgebung und Rechtsprechung bestanden. (77/325)[11] Die Verwirklichung des NS-Rechts sei begründet worden durch den Rechtspositivismus, die Verneinung des richterlichen Widerstandsrechts und die ablehnende Haltung der Juristen gegenüber der Weimarer Republik. (77/20)[12] Die These, es habe immer auch ein nicht-nationalsozialistischer Teil des Staates bestanden, ist eine Grundposition bei Wenzlau u. a. Autoren. Ihre Ansicht basiert auf der Prämisse, der faschistische Staat sei zumindest in Teilen „legitim" gewesen. Daraus zieht zum Beispiel Stolleis die Konsequenz, daß 1945 durchaus nicht alle Hoheitsakte, nicht alles NS-Recht für nichtig erklärt werden konnte, da niemand der Meinung sei, der NS-Staat sei von Beginn an illegitim gewesen. (72/386)

Die erste Phase der „Entnazifizierung" seit Mai 1945 wird hauptsächlich als von den Alliierten bestimmte Phase bezeichnet. (18/218) In dieser Phase wurden zunächst die Gerichte geschlossen und die bekannten Nazis und hohen Funktionsträger in Arrest genommen. Die Gerichte wurden bereits ab Juni 1945 wieder eröffnet. In der britischen Zone wurden ebenfalls im Juni acht OLG-Präsidenten mit quasi Justizminister-Kompetenzen eingesetzt. Die amerikanische Besatzungsmacht begann frühzeitig mit der Bildung von Länderregierungen, die auch Justizministerien enthielten. Die Wiedereinstellung der Justizjuristen erfolgte hier nach den Kriterien der Direktive JCS 1067 und in der britischen Zone nach dem SHAEF-Handbook, das eine dreifache Kategorisierung vorsah. In Kategorie A waren die obersten Justizjuristen des Volksgerichtshofes, der Reichsgerichte, der Sondergerichte, der Akademie für deutsches Recht und der Berufskammern eingeordnet. Ihrer Wiedereinstellung mußte das Supreme Headquarter zustimmen. Kategorie B umfaßte die höheren Beamten und Angestellten der genannten Gerichte, sowie die Oberstaatsanwälte, Staatssekretäre und Ministerialdirektoren. Sie mußten mindestens von den Corps-Districts zugelassen werden. Die letzte Gruppe bildeten die Unbelasteten, die im Amt bleiben durften. (77/101 f., 129) Diese relativ strengen Auswahlkriterien konnten aber schon deshalb nicht ihre volle Wirkung entfalten, weil bereits im Sommer 1945 mit der sogenannten 50%-Klausel eine zweite Phase der Entnazifizierung eingeleitet wurde, in der mit jedem unbelasteten Juristen ein nominell belasteter eingestellt werden durfte.

Die Justiz war laut Wenzlau in dreifacher Weise von der Entnazifizierung betroffen: materiell, personell-passiv, und in der zweiten Phase auch personell-aktiv. Unter der „materiellen" Betroffenheit versteht Wenzlau in der ersten Phase die Aufhebung der NS-tragenden Gesetze und das Verbot, zur Urteilsfindung NS-Grundsätze heranzuziehen. (77/9)

Die personelle Entnazifizierung in der britischen Zone sei zu Beginn hauptsächlich in zwei Stufen erfolgt, zunächst mit der Entlassung der bekannten Nazis und später in Form des automatischen Arrests nach der Überprüfung sämtlicher Führungspositionen. (77/95 f.) Ab dem 1. Juni 1945 seien die ersten Gerichte wiedereröffnet worden. (77/99) Bei der Besetzung der Spitzenpositionen habe die MR nur auf Juristen zurückgegriffen, die schon vor 1933 mindestens Richterstellen gehabt hätten. (77/108) Wenzlau erkennt dabei einen engen Zusammenhang zwischen der Wiederbetätigung der (bürgerlichen) Politiker der Weimarer Zeit und der Bestellung der OLG-Präsidenten und Generalstaatsanwälte in der britischen Zone. Die OLG-Präsidenten hatten offenbar eine herausragende Machtstellung (77/83 ff.), auch in bezug auf die Gestaltung der Entnazifizierung der Justiz.[13]

Nicht ganz beispielhaft für die US-Zone war laut Wenzlau der Justizaufbau in Bremen. Die Erneuerung der OLG-Präsidenten von Celle, Hamburg und Oldenburg habe dazu geführt, daß in Bremen dem früheren Justizsenator Theodor Spitta faktisch eine vergleichbare Position zuteil wurde. (77/112) Ansonsten habe die amerikanische Militärregierung eine globale Entnazifizierung nach der Direktive JCS 1067 durchgeführt. Sie sei bis Herbst 1946 „planlos erweitert" worden und habe schließlich zu einer akuten Personalnot geführt. (77/96 f.) An anderer Stelle schreibt Wenzlau jedoch, daß auch die US-Besatzungsorgane bei der Besetzung der Präsidialstellen in der Justiz deutsche Juristen mitwirken ließen. (77/63) Bei den ersten Wiedereröffnungen von Gerichten im Sommer 1945 hätten sie nach „persönlichem Eindruck", „Hörensagen" und Auskünften „unbelasteter Dritter" „entnazifiziert". (77/70)

Die meisten der wenigen Autoren, die sich mit der Entnazifizierung der Justiz befassen, beschränken sich auf die britische Besatzungszone. Hingegen bevorzugt die Literatur über andere Aspekte der Besatzungspolitik allgemein die US-Zone. Über die Entnazifizierung der Justiz in der amerikanischen und französischen Zone sind in allen Abhandlungen nur sehr allgemeine Hinweise zu finden, die über die von Wenzlau nicht hinausgehen. Auch Stolleis beschränkt sich auf die beiden Hinweise, das Entnazifizierungsverfahren in der US-Zone sei zu breit angelegt und zu bürokratisch gewesen, um effektiv zu sein, und erwähnt, daß der organisatorische Aufbau der Justiz über die neugegründeten Länder erfolgte, also weitgehend durch „deutsche Hand". Er schreibt, daß Entnazifizierung und Wiedereinstellungsverfahren in der französischen Zone am wenigsten erforscht worden seien. Im Gegensatz zur US-Zone sei in dieser Zone „zentralistisch", von Baden-Baden aus administriert worden. Der Wiederaufbau der Gerichte erfolgte nach der Justizstruktur der

Weimarer Republik. Jedoch seien alle wichtigen Urteile vom Militärgericht in Rastatt gefällt worden. (72/396 f.)

Für die Untersuchung der britischen Entnazifizierungs- und Wiedereinstellungspolitik liegt eine weitere Arbeit vor, die sich im Auftrag der Konrad Adenauer-Stiftung allgemein mit der beamtenrechtlichen Seite des Problems befaßt. Diese Arbeit schließt die Justiz sowohl in ihrer „passiven" als auch in ihrer „aktiven" Rolle ein. Die britischc Besatzungsmacht hatte laut Reusch den Zielkonflikt „Entnazifizierung kontra Effizienz" bereits von Beginn der Besetzung an eindeutig zugunsten der Effizienz entschieden. (56/110, 338) Damit und besonders mit der Weiterbenutzung des Beamtengesetzes von 1937 seien frühzeitig Fakten im Sinne einer Kontinuität geschaffen worden. (56/139) Der im Sommer 1945 von der Besatungsmacht forcierte Versuch einer Beamtenreform in der britischen Zone könnte deshalb laut Reusch bereits 1946 als gescheitert betrachtet werden. (56/370) Reusch selbst sieht zwar keinen Zusammenhang zwischen dem Scheitern der Beamtenreform und der personellen Entnazifizierung, vergleicht man aber die Arbeiten verschiedener Autoren, die sich mit dieser Problematik im gleichen Zeitraum befassen, so sind Parallelen zu finden. Als Beispiele seien hier genannt der Vorrang von Effizienz, der Rückgriff auf Organisationsstrukturen und Regelungen der Weimarer Republik, die weitere Gültigkeit von NS-Gesetzen, legitimiert durch die These, es habe auch eine nicht-nationalsozialistische Justiz gegeben, und die verfrühte personelle Rekonstruktion.

Bereits im Herbst 1945 sorgte die von der britischen Militärregierung auf Wunsch der deutschen Justiz erlassene „Huckepack-Regel", die 50 %-Klausel bei der Einstellung unbelasteter und formal belasteten Juristen, für einen starken Rückfluß ehemaliger Nazis in die Justizbehörden und Gerichte. Somit betrug der „Entnazifizierungsverlust" bei hohen Richterstellen in der britischen Zone nach Broszat nur ca. 30 %. (10/506 ff.)[14] Die weitgehende personelle Kontinuität der Justiz bereits in den ersten Besetzungsmonaten ist mit der Auswahl der acht OLG-Präsidenten aus dem Kreis der Weimarer Justizjuristen, und deren „Ermächtigung" zu weitreichenden Entscheidungen bis hin zu Entnazifizierungsfragen hinreichend bewiesen. Die nachweislich geringe Entlassungsrate und die 50 %-Klausel stützen diese These zusätzlich. Damit wird aber gleichzeitig fragwürdig, ob überhaupt von einer Entnazifizierung der Justiz durch die Alliierten gesprochen werden kann. Zumindest in der Britischen Zone hatten „deutsche Stellen", nämlich die OLG-Präsidenten, bereits im Sommer 1945 weitgehenden Einfluß bei der politischen Überprüfung ihrer „Kollegen".

Selbstreinigung der Justiz?

Das Kontrollratsgesetz Nr. 10 (KRG 10) und die Kontrollratsdirektive Nr. 24 (KR-Dir. 24) leiteten eine dritte Phase der Entnazifizierung ein. Die Entnazifizierung wurde jetzt deutschen Ausschüssen (i. d. britischen Zone) und Spruchkammern (i. d. amerikanischen Zone) übertragen. Damit begann die sogenannte Selbstreinigung der Justiz durch Fachausschüsse. (77/97 f.; 16/146 f.) Ab Herbst 1946 wurden verstärkt Juristen zur Tätigkeit in diesen Ausschüssen herangezogen. (77/97 f.) Zu diesem Zeitpunkt war die Justiz in der britischen Zone durch die Anwendung der „Huckepack-Regel" schon reichlich mit zumindest nominell belasteten Personen aufgefüllt worden.[15] Vorgegangen wurde zunächst anhand einer dreifachen Kategorisierung nach der Zonenexekutivanordnung Nr. 3 zur KR-Dir. 24 für die britische Zone: 1. Personen, die unbedingt, 2. Personen, die nach Einzelfallprüfung zu entlassen waren und 3. Unbelastete. Mit der Direktive 38 vom 12.10.46 wurde in der britischen Zone eine fünffache Kategorisierung eingeführt, nach der auch alle bereits „entnazifizierten" Personen noch einmal überprüft werden mußten. In der amerikanischen Zone war die fünffache Kategorisierung bereits mit dem Befreiungsgesetz der süddeutschen Länder im Frühjahr 1946 eingeführt worden. In der britischen Zone wurde erst mit der Verordnung Nr. 110 (VO 110) vom 1.10. 47 den Landesregierungen die Verantwortung für die Entnazifizierung übertragen. In beiden Zonen wurden folgende Kategorien unterschieden: I. „Verbrecher", II. „Übeltäter", III. „weniger bedeutende Übeltäter", IV. Parteigänger, V. entlastete Personen. (40/25)

Der Zeitpunkt der Übertragung der Justiz-Entnazifizierung an deutsche Stellen wird in der vorhandenen Literatur sehr unterschiedlich datiert. Broszat z. B. führt sie auf den Erlaß der Kontrollratsdirektive Nr. 24 vom 12.1.46 zurück, (10/487) weist aber darauf hin, daß die 50 %-Klausel im Sommer 1945 auf Drängen der deutschen Justiz eingeführt wurde. (10/509 f.) Laut Breuer u. a. gelang es jedoch der Justizverwaltung, „... alle Phasen der Entnazifizierung in eigener Kompetenz bzw. unter ihrer maßgeblichen Beteiligung durchzuführen." Hiervon ausgenommen waren höchstens Verfahren, die infolge des automatischen Arrests durchgeführt worden seien. (9/146)

Zu unterscheiden ist hier offensichtlich zwischen der Wiedereröffnung der deutschen Gerichte und deren Ermächtigung, über die NS-Verbrechen gegen Deutsche zu urteilen durch das KRG 10, der Beteiligung von Juristen an den allgemeinen Entnazifizierungsverfahren und der „Selbstreinigung" der Justiz durch die Fachausschüsse. Laut Wenzlau war die Zeit bis zur Aufhebung der 50 %-Klausel hauptsächlich von Auseinandersetzungen zwischen „den Deutschen" und der britischen Besatzungsmacht geprägt. (77/127 f., 107, 132) Die britische Rechtsabteilung (Legal Division), die für die politische Säuberung der Justizverwaltung zuständig war, fuhr dabei offensichtlich schon früh einen seichten Kurs und geriet deshalb, so Wenzlau, in Konflikte mit der Militärregierung.[16] Insgesamt hat die deutsche Justiz in der britischen Zone von Beginn an über relativ viel Freiraum verfügt. Dies ist z. B. aus Wenzlaus Hinweisen auf den Verzicht der Militärregierung, deutsche Gerichtsurteile aufzuheben (77/151 f.), sowie auf die weitgehenden Kompetenzen der OLG-Präsidenten (77/265) und des am 25.8.46 gegründeten Zentraljustizamts zu entnehmen.

Die Trennung des allgemeinen Entnazifizierungsverfahrens von dem der Justizorganisation ist nach Wenzlau als Akt der Solidarität der Rechtsabteilung den deutschen Kollegen gegenüber zu werten. Man habe die Berufsgruppe der Juristen von dieser („schmutzigen") politischen Aufgabe verschonen wollen, damit sie in der Öffentlichkeit nicht in Mißkredit gebracht werde. Wenzlau begründet diese Vorgehensweise der Besatzungsorgane mit der „englischen Rechtsauffassung". (77/248) Eine Reflektion etwa in der Richtung, daß der „schlechte Ruf" der Entnazifizierung kurzfristig z. B. durch die Durchführungsform hätte bedingt sein können und davon abhing, wie sie der Öffentlichkeit plausibel gemacht wurde, findet sich in Wenzlaus Arbeit nicht.

Im Gegensatz zu den Entnazifzierungsausschüssen wurde die Arbeit der Spruchgerichte, die über die Internierten richteten, als „ordentliche Strafverfahren" dem Zentraljustizamt unterstellt. Gleichwohl ordnet Wenzlau diese Verfahren, die aufgrund der Kontrollratsgesetzgebung und der Rechtsprechung der Nürnberger Prozesse durchgeführt wurden, als Teil der Entnazifizierung ein. (77/248 f.) Die Spruchgerichte seien auf Ablehnung der Öffentlichkeit gestoßen, weil sie als „politisch" eingeschätzt wurden. Die Juristen lehnten sie ebenfalls ab, und zwar, weil durch die Anwendung des KRG 10 von den Spruchgerichten die Rechtsnorm „nulla poena sine lege" verletzt worden sei. (77/327) Wenzlau bleibt hier der von den Betroffenen vorgebrachten Argumentation verhaftet. Zumindest problematisiert er nicht, daß dieselbe Justiz einige Jahre zuvor noch ohne Zögern diesen Grundsatz mit ihrer Rechtsprechung untergraben hat.

Das Problem der „Selbstreinigung" und personellen Säuberung der Justiz tritt bei Wenzlau in den Hintergrund gegenüber der Behandlung von institutionellem Aufbau und formalen, verwaltungstechnischen Fragen. Er bleibt, wie die meisten Autoren, den bekannten Argumenten der Besatzungsmacht verhaftet und übernimmt die These, daß sich Effizienz der Verwaltung und Entnazifizierung konträr zueinander verhielten. Es habe mit Ausnahme weniger Richter aus der Weimarer Republik, die ebenfalls mindestens konservativ waren, eben keine unbelasteten Juristen gegeben. „Volksrichter oder eine Art Kolonialjustiz wurden von der Besatzungsmacht nicht erwogen, bzw. nicht errichtet": stellt Wenzlau in seiner Schlußbetrachtung fest. (77/326ff.) Daß sich hier z. B. grundsätzliche Interessen an einer Restauration des bürgerlichen Staates auch bei der britischen Besatzungsmacht auswirken könnten, wird nicht weiter verfolgt. Andernfalls hätte die Behauptung, die Reformbereitschaft in der Justiz sei letztendlich durch die Forderung nach Rechtseinheit (der Westzonen) zum Erliegen gekommen, kaum für sich stehen bleiben können. Dieses Argument wird vom Autor lediglich durch das des „Fürsorgepathos" für die eigene Kaste ergänzt. (77/328) Diese Mängel tragen wesentlich dazu bei, daß die Arbeit von Wenzlau in vielen Punkten auf der beschreibenden Ebene bleibt, die freilich z. T. minuziös ausgeführt wird. So erhält der Leser durch diese Arbeit demnach einen guten Überblick über den Ablauf der Restauration der Justiz.

Martin Brozsat stellt seinen Aufsatz unter die Frage: Siegerjustiz oder strafrechtliche „Selbstreinigung"?[17] Auch er befaßt sich hauptsächlich mit der britischen Zone. (10/509) Wie wenig die britische Legal Division an einer gründlichen Entnazifizierung interessiert war, habe sich gleich zu Beginn der zweiten Phase gezeigt, in der deutsche Ausschüsse und Berufungskammern tätig wurden. Sie habe versucht, an der 50 %-Klausel festzuahlten, als mit der KR-Dir. Nr. 24 vom 12.1.46 formal gemeinsame Richtlinien der Alliierten für die politische Überprüfung der Justiz geschaffen wurden. (10/510) In der Folgezeit sei es zur zunehmenden Solidarisierung zwischen der Legal Division und den deutschen Justizbehörden gegen die deutschen Entnazifizierungsausschüsse und die Special Branches gekommen.[19] Auch außerhalb des Justizbereiches hätten lokale Vertreter der Besatzungsmacht die Arbeit der Entnazifizierungsausschüsse direkt behindert, in dem sie diesen die Zuständigkeit für bestimmte Personengruppen entzogen. Der Hamburger Entnazifizierungsausschuß stellte deshalb Ende Juni zeitweilig die Arbeit ein. (10/512 f.) Auch Brozsat begründet diesen Vorgang ausschließlich mit dem Interessenwiderspruch zwischen „positivem" Wiederaufbau und „negativer" Entnazifizierung.

Die Strafverfolgung der Verbrechen gegen die Menschlichkeit läßt laut Broszat zwei Realisierungsphasen erkennen. In der ersten Phase bis 1947/48 hätten die britische Militärregierung und die Legal Division versucht, die Anwendung des KRG 10 durch deutsche Gerichte gegen deren Willen durchzusetzen. In der zweiten Phase, nach der Londoner Außenministerkonferenz und der Weichenstellung für die Weststaatsgründung habe das Interesse der Besatzungsmacht an der Strafverfolgung der NS-Verbrechen rapide abgenommen. Die deutsche Justiz sei dagegen zu diesem Zeitpunkt darauf eingespielt gewesen.[19]

Das Beharren der Justiz auf dem sogenannten Rückwirkungsverbot als Begründung für ihren Widerstand gegen die Anwendung des KRG 10 wird von Broszat widersprüchlich beurteilt. Einerseits schreibt er, das Rückwirkungsverbot sei auf die Strafrechtsauslegung der NS-Justiz bezogen gewesen und die Nachkriegsjustiz habe es in seinen Gegenteil verkehrt. (10/483; 32/116 f.) Andererseits führt er an anderer Stelle aus, daß die Realisierung von Besatzungsrecht für deutsche Gerichte generell „eine Zumutung" dargestellt habe.[20] Obwohl Broszat zu Beginn seiner Arbeit darauf hinweist, daß die „strafrechtliche Selbstreinigung" Aufgabe der deutschen Justiz war, die selbst kaum entnazifiziert war, stellt er zwischen dieser und der hier dargestellten Einschätzung keine Verbindung her. Aus der Erkenntnis, daß die von Juristen geleiteten Fachausschüsse für Entnazifizierung durch ihre nachsichtige Praxis die Entnazifizierung verschleppt hätten, schließt er, dies hätte nur durch Übernahme der Entnazifizierung durch die Alliierten verhindert werden können. Vermutlich sei dies wegen des 1948 eingeleiteten Kurswechsels der Westmächte nicht möglich gewesen. Im Widerspruch zu dieser Einschätzung des Autors dient ihm auf der anderen Seite eben die „Fremdbestimmung durch die Siegerjustiz" als Begründung dafür, daß die bundesdeutsche Justiz die Entnazifizierung und die konsequente Verfolgung von NS-Verbrechen aus „subjektiven Gründen" nicht durchführen konnte. (10/543) Letzendlich bliebe also als einzige Erklärung Brozsats für die nicht stattgefundene personelle Entnazifizierung (der Justiz) das außenpolitische Interesse der Westmächte übrig.

Stolleis befaßt sich in seinem Aufsatz in kurzer Form mit allen vier Besatzungszonen. Die britische und die amerikanische Besatzungszone haben seiner Ansicht nach viele Gemeinsamkeiten gehabt. (72/405) Die rasche Komplettierung der Justiz im traditionellen Sinn in der US-Zone habe nach der Bizonengründung auf alle Westzonen prägend gewirkt.

Stolleis unterscheidet nicht zwischen Entnazifizierung durch die Besatzungsmächte und durch deutsche Behörden. Er stellt lediglich fest, daß die Inkonsequenz der britischen und die Kollektivschuldthese der amerikanischen Besatzungsorgane wesentlich zur Nicht-Säuberung der Justiz beigetragen hätten. (72/395 f.) Sie seien aber auch grundsätzlich für Kontinuität eingetreten. Während in der sowjetischen Zone die alte Diktatur durch eine neue ersetzt worden sei, „... haben die Westmächte in ihren Zonen den Bruch mit der Tradition z. T. nicht angestrebt, z. T. aber auch nicht gegen den Juristenstand durchsetzen können." Dies sei vor allem in Ausbildung, Fachlichkeit, und „tradiertem Elitebewußtsein" des Juristenstandes begründet gewesen. (72/406) Der Autor gibt an anderer Stelle eine noch eindeutigere Erklärung hierfür ab: „Die Solidarität unter den Juristen, der Hinweis auf ›hohe fachliche Qualifikation‹ und der Antikommunsimus – als einziges legitimes Traditionselement der NS-Weltanschauung – waren insgesamt stärker, als die Leitlinie, Richter mit nationalsozialistischer Vergangenheit sollten nicht eingestellt werden."[21] Daneben habe die Forderung nach Entpolitisierung der Justiz als Schutzschild vor Entnazifizierung gewirkt. Stolleis weist allerdings auf den möglichen Zusammenhang zwischen „Entpolitisierung" und gesellschaftlicher Restauration hin. Insbesondere bemerkt er, „... daß die so gerühmte unpolitische Richterschaft vor 1933 in Wirklichkeit sehr wohl politisch gedacht und judiziert hatte." (72/399) Da aber auch die NS-Justiz eindeutig politisch handelte und die bundesdeutsche nach Stolleis nicht, läßt er das Entpolitisierungsargument trotzdem gelten.[22]

Im Gegensatz zu den bisher genannten Autoren hält Jörg Friedrich die Verteidigungsargumente der NS-Justiz nicht für zwingend. Er will in seinem Band „Freispruch für die Nazi-Justiz" den Inhalt des sogenannten „Richterprivilegs"[23] diskutieren, das besagt, daß richterliche Tötung nur bestraft werden kann, wenn der Täter ein entsprechendes Unrechtsbewußtsein aufweist. Friedrichs Einstellung hierzu wird durch die Verwendung des Begriffs „Justizmord" deutlich. (22/11 ff.) Am Beispiel verschiedener NS-Justiz-Prozesse entlarvt Friedrich jene Behauptung als Legitimationshteorie, die besagt, der Rechtspositivismus sei an der Praxis der NS-Justiz schuld gewesen. (22/55 ff.) Ähnlich verfährt der Autor mit der angeblichen Unzumutbarkeit der KRG 10-Anwendung für deutsche Gerichte. Das KRG 10 habe nicht die Tatbestände, sondern nur ihre Interpretation geändert. Insbesondere habe das KRG 10 der Einführung der 50%-Klausel in der britischen Zone konträr gegenüber gestanden. (22/105) Der Widerspruch, der sich hierbei in der Besatzungspolitik ausdrückte, habe sich auch 1946/47 in einem Tauziehen zwischen deutschen Gerichten, Rechtslehrern und der Militärregierung um die Gültigkeit des strafrechtlichen Tatbestandes des Menschlichkeitsverbrechens ausgedrückt. (22/106) Als es für eine Umkehr in der Politik der NS-Verbrechensverfolgung und der Entnazifizierung bereits zu spät war, sei schließlich der Oberste Gerichtshof der britischen Zone gegründet worden. Dieses 1948 geschaffene Gericht war laut Friedrich das einzige, das es je unternahm, „... die Wiedergewinnung der Rechtskultur an die Selbstreinigung der Justiz zu knüpfen ..."[24]

Rehabilitation und vollendete Restauration in der Gründungsphase der BRD

Die Einrichtung des Obersten Gerichtshofes im Februar erfolgte auch nach Broszat gleichzeitig mit den ersten Äußerungen der britischen Besatzungsmacht, die auf die schnelle Beendigung der Verfahren nach dem KRG 10 zielten.[25] Auch für diesen Zeitraum, in dem offensichtlich die Entnazifizierung unvollendet beendet wurde, und der ganz im Zeichen der Restauration stand, werfen sich beim Vergleichen der Literatur einige Fragen auf.

Nach Wenzlau war der Bedarf an Juristen Mitte 1948 gedeckt.[26] Gleichzeitig seien viele „alte" Stelleninhaber pensioniert worden. Dabei seien soviele Nazis in die freigewordenen Stellen gerutscht, daß selbst die Landesjustizminister die Entscheidungen der Entnazifizierungsausschüsse kritisierten. (77/137) Das praktizierte Verfahren, die Planstellen für ihre alten Inhaber freizuhalten, sei bis Ende 1948 durch die Rechtsprechung untermauert worden.[27] Wenzlau schreibt, die Besatzungsmacht, die Landesjustizministerien und das Zentraljustizamt seien nicht bereit gewesen, „... diese ihnen ärgerliche Rechtslage der unzureichend entnazifizierten oder entsühnten Juristen ..." abzuändern. (77/141 f.) Dieser Einschätzung, daß die Justiz organisatorisch und personell restauriert war, steht bei anderen Autoren die These von der gleichzeitigen „Frontverkehrung" in der Rechtsprechung gegenüber. Trotz Drängens der Militärregierung, die Verfahren nach dem KRG 10 so schnell wie möglich zu beenden, zeigten laut Broszat Statistiken und Berichte, daß „... die deutsche Justiz der britischen Zone 1948/49 die Strafverfolgung von NS-Verbrechen nicht verringert(e), sondern aktiviert(e)." Die Gerichte der MR hätten gleichzeitig ihre Verfahren nach dem KRG 10 nach und nach eingestellt. (10/535) Es bleibt hier unklar, ob es sich nur um die Zunahme von relativ unbedeutenden Verfahren handelte, oder ob die Aktivitäten auf die Arbeit des Obersten Gerichts zurückzuführen sind. Im übrigen ist damit nichts über den Ausgang der Verfahren gesagt.

Die Unterstützung der wiedereinströmenden alten Nazis durch die beschäftigten Juristen ist sicher auch, wie Wenzlau vermutet, „... eine dem Korpsgeist der Richterschaft entsprechende Reaktion". Sie hat aber darüberhinaus eine Parallele in der allgemeinen Beamtenproblematik, wie bereits am Beispiel der britischen Beamtenpolitik dargestellt wurde. Die hierzu in der Gründungsphase der BRD stattgefundene Diskussion findet in der Literatur besondere Beachtung. (77/141 ff.) Die Frage der Kontinuität des Beamtenrechts, also konkret der Ansprüche der „entnazifizierten" Beamten auf Wiedereinstellung bzw. auf Pensionsbezüge, wurde mit der Frage nach der Staatskontinuität und der Rechtsnachfolge des „III. Reiches" verknüpft.[28] Die theoretischen Konstruktionen, welche von der Staatsrechtslehre eigens entwickelt wurden, um Diskontinuität in dieser Frage zu verhindern, (50/361 ff.) führen zur Annahme der Fortexistenz des deutschen Staates im „ethisch-politischen Sinne". Daraus wurde auf die durchgehende Gültigkeit des Beamtenrechts geschlossen. Diese Theorien enthalten gesetzespositivistische Annahmen, aus denen Perels schließt, daß sie von der Anerkennung der NS-Gewaltpraxis als Recht ausgehen.[29]

Von einer so begründeten Kontinuität geht Reusch aus. Es habe auch in der unmittelbaren Nachkriegszeit keine „Stunde Null" gegeben, da der Wiederaufbau nach Maßstäben „westlicher Demokratie und Rechtstaatlichkeit" erfolgen sollte und das hergebrachte Beamtenrecht „intakt und anwendbar" gewesen sei. (56/379) Da die Beamtenreform in der britischen Zone bereits 1946/47 gescheitert sei, mußten nach Reusch auch alle weiteren britisch-amerikanischen Versuche scheitern. (56/110, 138, 178) Sie mußten „... gegen die weitgehend ungebrochene Kontinuität des hergebrachten Beamtenrechts unternommen werden." (56/371) Die Entnazifizierung des Beamtenrechts sei dabei, so Reusch, unproblematisch gewesen, da das Beamtengesetz von 1937 wenig „spezifisch nationalsozialistische Vorschriften" enthielt, die einfach ersatzlos gestrichen werden konnten. Im Kern sei das Beamtenrecht nicht nationalsozialistisch gewesen, (56/119) sondern die Kodifikation des hergebrachten Beamtenrechts in Anlehnung an Reformbestrebungen der Weimarer Zeit. Reusch schreibt den Faschisten hierbei sogar eine positive Rolle zu. Sie seien nach „anfänglichen Säuberungen" darum bemüht gewesen, das demoralisierte Beamtentum wieder aufzurichten. Auch unter den Bedingungen des „totalitären Führerstaates" habe es sich als „zuverlässiges und wirksames Instrument in der Hand der Regierenden" erwiesen (56/13), stellt Reusch zu Beginn seiner Untersuchung fest. Umso erstaunlicher ist es, daß er „personelle und personalpolitische Fragen" wie die Entnazifizierung ausdrücklich ausklammert. (56/43) Die festgestellte formale Kontinuität des Beamtenrechts in der Weimarer Republik, im „III. Reich" und in der BRD würde doch erst durch deren Berücksichtigung aussagekräftig.

Michael Kirn befaßt sich mit der verfassungsrechtlichen Kontinuität. Er macht allerdings im Gegensatz zu Reusch deutlich, daß die Handhabung des Beamtenrechts und die Stellung der betroffenen Gruppen hierzu durchaus personelle Folgen hatten. Mit der naturrechtlichen „Suspensionstheorie" (32/118 f.), die die Staatskontinuität zu begründen versuchte, und der Annahme, das Beamtengesetz von 1937 habe nicht zu den nationalsozialistischen Gesetzen gehört und gelte deshalb weiter, wurde letztendlich die Begründung dafür geschaffen, die Entlassung von Beamten durch die Besatzungsmacht oder durch die Spruchkammern als nichtig zu erklären. (32/118 f.) Die hierzu stattgefundene Neuinterpretation des Besatzungsrechts bezeichnet Kirn als Musterbeispiel dafür, wie man einen eindeutigen gesetzgeberischen Willen in sein Gegenteil verkehren kann.[30]

Die Entnazifizierung (des Beamtenrechts) war auch nach Kirns Ansicht ausschließlich Besatzungsrecht.[31] An dem Bestreben, dieses zum Ende der Besatzungszeit wieder rückgängig zu machen kritisiert Kirn: Beamtenrechte können nicht wie Privatrechte behandelt werden, „... die während der Okkupation beschlagnahmt worden und jetzt wieder freigegeben waren." Die Beamtenschaft sei als Träger der verwirklichten Verfassung viel tiefer in die Legitimitätskrise des Staates seit 1933 verwickelt gewesen als irgendwelche Privatleute. (32/120) Im Widerspruch hierzu stellt Kirn zu Beginn seiner Arbeit Bürokratie und Justiz als treue Staatsdiener dar, die sich aufgrund ihrer Positionen zwangsläufig Verfassung, Gesetzen und der Regierung unterordnen mußten und somit gleichzeitig im Grunde ihres Herzens Gegner des Faschismus sein konnten. (32/19 f.) Dieser Widerspruch wird von Kirn nicht gelöst, da bei seiner folgenden Darstellung der verschiedenen Positionen im Parlamentarischen Rat zu Art. 131 GG und im Bundestag zu dem ausführenden „131er-Gesetz" (32/121 ff.) die personelle politische Säuberung bzw. deren Zurücknahme durch die Bundesgesetzgebung leider überhaupt keine Rolle mehr spielt.[32]

Auch Richard Schmid geht davon aus, daß die Bundesrepublik im rechtlichen Sinne das vorherige Deutsche Reich fortsetze. (64/13) Allerdings habe es 1945 einen „Nullpunkt", eine „historische Zäsur" gegeben, „ ... die auch die Justiz ergriff, sowohl das materielle Recht wie die Organisation und ihr Personal." (64/12) Schmids Kritik der Kontinuitätsthese richtet sich ähnlich wie die Kirns gegen die damit verbundene Kontinuität der Beamtenverhältnisse. Er begründet sie mit dem Verhältnis der Beamtenschaft und besonders der Justiz zur NSDAP, nicht zum faschistischen Staat insgesamt. "(D)ie Beamtenschaft, deren große Mehrzahl Mitglieder der NSDAP oder einer ihrer aktiven Gliederungen gewesen war, (ist) seinem innersten Wesen nach dem kriminellen Staatsgebilde dienstbar gewesen ..." (64/13) Das heißt, der Justizbeamte, der Richter, war nicht durch seine Funktion im faschistischen Staat nach dem 8.5.1945 untragbar geworden, sondern erst durch seine ganz persönliche Teilnahme an einer faschistischen Organisation. Da aber diese Teilnahme vielfach vorhanden war, stellt sich Schmid auf die Seite des Bundesverfassungsgerichtes, das die Verfassungswidrigkeit der Gesetzgebung zu Art. 131 GG feststellte.[33]

Helmut Kramer beschreibt den Wiederaufbau und die personelle Kontinuität der Justiz an einigen beispielhaften Karrieren einzelner „Persönlichkeiten".[34] Dabei, so der Autor, sei die Vorliebe für die durch die NS-Zeit belasteten Juristen für die Besetzung von Ämtern, die sich mit politischen Straftaten in der BRD befassen, besonders auffallend. (34/110) Die Auseinandersetzung um das Beamtenrecht in der BRD-Gründungsphase und den Jahren danach einerseits, die Berufsverbote der 70er Jahre andererseits, lassen laut Kramer eine „Doppelmoral im Beamtenrecht" der BRD erkennen. (34/117 f.) Daß hier mit zweierlei Maß gemessen wurde, ist aber nicht mehr verwunderlich, wenn man wie Kramer die personelle Kontinuität im Rahmen der gesamtgesellschaftlichen, politischen und ökonomischen Restauration sieht. Personelle Kontinuität sei in erster Linie Ausdruck und Mittel der politischen Kontinuität, die in der Restauration bzw. der Kontinuität kapitalistischer Verhältnisse 1933 und 1945 bestanden habe. (34/118 f.)

Der Nürnberger Juristenprozeß

Mit dem Nürnberger Juristenprozeß befassen sich zwei Dokumentationen, die jeweils mit einer ausführlichen Einleitung versehen sind. Erstmals veröffentlicht wurden diese Dokumente 1948 im Zentraljustizblatt der britischen Zone. (48/9) 1969 erschienen sie in der DDR als „Fall 3" mit einer circa 25seitigen Einleitung von P.

A. Steiniger. (71) Seit 1985 liegt nun eine zweite kommentierte Dokumentation vor, mit einer 90seitigen Abhandlung von H. Ostendorf und Heino ter Veen. In diesem Band wurde ein Teil der Dokumente aus „Fall 3“ erneut abgedruckt.[35]

Der Nürnberger Juristenprozeß stand etwas abseits von der Entnazifizierung der Justiz und der Spruchgerichtsbarkeit. Trotz einiger Gemeinsamkeiten in der Einschätzung seiner Funktion, beurteilten Osterdorf/Veen und Steiniger einzelne Fragen, die sich im Zusammenhang mit dem Juristenprozeß ergeben, unterschiedlich. Beide Arbeiten sind sich darin einig, daß es sich bei dem Militärgerichtshof III (MGH III) im Gegensatz zu den anderen Gerichten der Nürnberger Prozesse nicht um ein internationales Gericht handelte, gleichwohl es nach internationalem Recht zustande kam und urteilte.[36] Steiniger bezeichnet den MGH III zwar aufgrund seiner Zusammensetzung als amerikanisches Organ, jedoch weder als Sieger- noch als Besatzungsgericht. Es sei als gerichtlicher Repräsentant eines Opfers des faschistischen Deutschlands kraft internationalen Rechts zu seiner Aufgabe berechtigt und verpflichtet gewesen. (71/15) Ostendorf/Veen kommen dagegen zu der Ansicht, daß es, da es weder deutsches noch internationales Gericht war, nur als Besatzungsgericht betrachtet werden könne. Sie leiten diese Einschätzung aus der Besatzungssituation Deutschlands ab, in der sie ein „quasi-staatliches Herrschaftsverhältnis“ sehen. (48/36f.) Steiniger leitet seine Beurteilung des MGH III aus dem Unrechtscharakter des faschistischen Staates ab, der an sich genügend Legitimation für die Verfolgung seiner Verbrechen durch die betroffenen Opfer darstelle. (71/14f.) Dieser Unrechtscharakter ist nach Steiniger auch bei der NS-Justiz objektiv vorhanden. Neben der Aburteilung von Einzelpersonen sei die Demaskierung dieses Unrechtscharakters der NS-Justiz die Aufgabe des Juristenprozesses gewesen. (71/11f.)

Diese Auffassung wird von Ostendorf/Veen übernommen: die genannte Aufgabe sei immanentes Ziel der Anklage gewesen. (48/12; 22/18; 52/42) Darüberhinaus sei der Juristenstand besonders herausgefordert gewesen: Der Juristenprozeß habe Rechtsgrundsätze für weitere Entnazifizierungsverfahren und NS-Justiz-Prozesse formuliert. Letztendlich sei die Fortentwicklung des Völkerrechts, die Konstituierung eines Internationalen Strafrechts Ziel des Prozesses gewesen. (48/13f.) Die Aburteilung von Einzelpersonen und die Demaskierung der faschistischen Justiz problematisieren Ostendorf und Veen in ihrer Abhandlung über die Anklage. Sie kommen zu dem Ergebnis, daß letztendlich die Auswahl der Angeklagten „... wegen der schweren Recherchen und der Erwartung, daß dieser Prozeß nur ein Anfang der Umsetzung des KRG 10 in der Justiz sein sollte, ein Zufallsprodukt gewesen“ sei. (48/20) Andererseits haben mit den Angeklagten „... personifizierte Symbole vor Gericht ...“ gestanden. „Die Symbolhaftigkeit dieser Täterfiguren im nationalsozialistischen Rechtsunwesen und die gegen sie exemplarisch erhobene Anklage wegen Bildung einer kriminellen Verschwörung zu Abschaffung des Rechtsstaates mögen das Wesen dieses Prozesses charakterisieren.“ (48/20f.) Angesichts des Gewichtes, das die Autoren dem Anklagepunkt 1 für die Charakterisierung des Prozesses geben, wird eine ihrer Schlußfolgerungen, die sie aus dem Urteil ziehen, fragwürdig. Es sei dem Gericht gelungen, trotz endgültiger Auslassung dieses Anklagepunktes den Unrechtscharakter der NS-Justiz offenzulegen. Und „... gerade dies (der Verzicht auf den 1. Anklagepunkt – B. E.) dürfte ihm rechtsstaatlichen Kredit eingebracht haben." (48/27) Soll der Leser daraus schließen, daß nach „rechtsstaatlichen" Maßstäben den Hauptakteuren des Faschismus der Vorwurf der Verschwörung nicht gemacht werden und daß sie nur als Einzelpersonen mit Symbolfuktion behandelt werden durften? Wäre es nicht gerade dieser Anklagepunkt gewesen, der diese Symbolhaftigkeit untermauert hätte? Die Intension, die dieser Einschätzung der Autoren zugrunde liegt, wird auch an anderer Stelle deutlich. Sie bedauern besonders, daß das Gericht auf die gesetzespositivistischen Verteidigungsargumente mit dem Vorrang des Völkerrechts antwortete. Dies stelle „... eine für die Akzeptanz des Urteils bedauerliche Geringschätzung der subjektiven Tatseite" dar. (48/28).

Auch Steiniger ist der Meinung, daß die Angeklagten „viel zu glimpflich" verurteilt wurden. (71/35) Jedoch läge die spezifische Bedeutung des Juristenprozesses „... in der Feststellung, daß ein krimineller Richter sich genauso verantworten muß wie jener andere verantwortliche Funktionär eines Regimes ...". (71/33) Der Kern seiner Kritik zielt nicht, wie die von Ostendorf/Veen, auf die mangelnde Berücksichtigung der subjektiven Tatseite durch das Gericht, sondern auf die Unterschätzung der politisch-gesellschaftlichen Tatseite.[37] Der MGH III habe die Tatsache, „... daß alle Kriegs- und Menschlichkeitsverbrechen ... in erheblichem, freilich individuell verschiedenem Maße bewußt dem Gesamtverbrechen der deutschen Imperialisten, der aggressiven Verschwörung gegen den Weltfrieden dienten ...", nicht voll erkannt und berücksichtigt. (71/25) Dies erkläre sich „... offensichtlich aus der Klassenschranke, die der Durchsetzung dieser Erkenntnis im Bewußtsein der Richter gezogen war." (71/29) Die Spezifik des verbrecherischen NS-Systems hätte nämlich, so Steiniger, erst durch die Hinzuziehung der Verschwörungsanklage erfaßt werden können. (71/19)

Die unterschiedliche Schwerpunktlegung, ja z. T. Gegensätzlichkeit in der Kritik zum Juristenprozeß[38] der Verfasser der beiden besprochenen Bände mag u. a. daran liegen, daß ihr Interesse an diesem Thema unterschiedlichen Ursprungs ist. Ostendorf ist Professor für Strafrecht an der Universität Hamburg, also aus „beruflichem Interesse" schon mehr an der „subjektiven Tatseite" interessiert.[39] Steinigers Ausführungen sind in der Reihe des DDR-Wissenschaftsverlages erschienen, die Dokumentationen der anderen Nürnberger Prozesse einschließt. Hier stand offensichtlich ein historisches, politisches Interesse im Vordergrund. Dennoch geht die (neuere) Arbeit von Ostendorf und Veen in einigen Punkten weiter. Sie stellt den Juristenprozeß in den Zusammenhang mit der „mißglückten" Entnazifizierung der Justiz und der „Nichtbewältigung" der NS-Justiz in der BRD heute. Ihre Kritik der Entnazifizierung erschöpft sich aber leider in den üblichen Hinweisen auf das „Bewußtsein der deutschen Bevölkerung", die Verantwortung der Alliierten und der Feststellung, daß in der BRD letztendlich alle belasteten Richter und Staatsanwälte (auch die in Nürnberg zu Haftstrafen verurteilten) rehabilitiert wurden. Das Fehlschlagen der Entnazifizierung der Justiz wird so mit der „Hucke-Pack-Regel" und der Vermutung begründet, daß die Justiz sich nicht selbst anklagen und entnazifizieren könne. (48/52)

Obwohl Ostendorf/Veen im Vorwort zu ihrer Abhandlung mit Blick auf die Kommunisten- und Homosexuellenverfolgung darauf hinweisen, daß Opfer und Täter in der BRD diesselben geblieben sind (48/10), meinen sie am Schluß feststellen zu können, daß sich die Justiz in der BRD bis heute gewandelt habe. Man könne zwar nicht von einer „umgestülpten Klassenjustiz" sprechen, aber die Justiz sei kein monolithischer Block mehr. (48/65 f.) Diese Einschätzung bleibt freilich als These ohne nähere Ausführungen und Beweise stehen. Ostendorf und Veen unterstellen anscheinend, daß sich der Staat (BRD) und seine Justiz entscheidend gewandelt haben. Denn beide sind eng miteinander verbunden: „Justiz ist niemals neutral, entscheidet tendenziell aufgrund ihrer gesetzlichen Vorgaben und der personell-organisatorischen Einbindung im Staatswesen für die Machtausübung." (48/78) Da diese in der BRD ja offensichtlich keine anderen sind, bleibt unklar, wie die Autoren auf dieser Basis ihre abschließende Forderung nach einer „Bürgerjustiz" durchsetzen wollen. (48/79)

Die Verfolgung von NS-Verbrechen durch die Justiz der BRD

Die Feststellung von Ostendorf und Veen, daß eine nicht entnazifizierte Justiz sich schlecht selbst richten könne, erscheint auf den ersten Blick als „Binsenweisheit". (51) Sie ist jedoch keinesfalls eine selbstverständliche Schlußfolgerung. Ein großer Teil der von der Literatur herangezogenen Kriterien zur Beurteilung der Entnazifizierung kann höchstens als „Teil-Argument" gelten (z. B. Korpsgeist der Richterschaft, öffentliche Meinung)[40], das zudem meist nicht ausreichend definiert und erklärt wird. Eine andere Gruppe von häufig benutzten Kriterien hat mit der Entnazifizierung an sich überhaupt nichts zu tun. Hierzu zählen u. a. die „Effizienz der Verwaltung", die Kompetenzstreitigkeiten zwischen den verschiedenen deutschen und alliierten Behörden und die „Entpolitisierung" der Richterschaft. Soweit sie nicht ohnehin nur der Legitimierung von personellen Kontinuitäten dienen, haben diese Kriterien nur im Zusammenhang mit der gesamtgesellschaftlichen und ökonomischen Restauration der Westzonen eine Bedeutung. Warum sollte beispielsweise „Effizienz" vor Entnazifizierung in der Besatzungspolitik rangiert haben, wenn es nicht genau um den Wiederaufbau im restaurativen Sinne gegangen wäre? Für die Säuberungspolitik in der sowjetischen Zone wird dieser Zusammenhang als selbstverständlich angenommen. In der Geschichtsschreibung der BRD wird er zumindest stark vernachlässigt. Obwohl, oder auch weil es sich bei den bisher vorliegenden Arbeiten vorwiegend um politikwissenschaftliche und juristische Abhandlungen handelt, fehtl i. d. R. die Auseinandersetzung mit der Rolle der Justiz als Teil der Staatsmacht. Dies mag zusätzlich dazu beitragen, daß die Entnazifizierung fast ausschließlich personengebunden behandelt und verstanden wird oder der strafrechtlichen Verfolgung der NS-Justiz gleichgesetzt wird. Letztere erschöpfte sich tatsächlich im Nürnberger Juristenprozeß.

Hier kann und sollte kein eigener Entnazifizierungsbegriff entwickelt werden. Gleichwohl sei darauf hingewiesen, daß die strafrechtliche Verfolgung der NS-Justiz durch die nicht entnazifizierte BRD-Justiz in der Tat schwer vorstellbar wäre. So ist es kein Wunder, wenn der BGH in seinem berühmten Rehse-Urteil 1968 feststellte, daß Richter und Staatsanwälte des Volksgerichtshofes nur verurteilt werden können, wenn ihnen „niedere Beweggründe" bei ihrer Urteilsfindung nachgewiesen werden können. (NJW, 68, 1340) Das bedeutet faktisch den Freispruch für die Nazi-Justiz.[41]

Anmerkungen

1 Folgende Zitierweise wird hier benutzt: die Literaturangaben stehen in runden Klammern: ( ). Die Ziffern vor dem Schrägstich bezeichnen die jweilige Arbeit mit ihrer Numerierung im Literaturverzeichnis, die hinter dem Schrägstrich die Seitenzahlen.

2 (24/22 f.) Laut Wilma Albrecht führen die Parteilichkeit Fürstenaus und seine totalitarismusdogmatische Herangehensweise u. a. dazu, daß er die Besatzungspolitik der UdSSR mehr diffamiert als beschreibt. (1/75)

3 Grundsätzlich anders wird dies von G. Rost beurteilt, der sich aus formal-juristischer Sicht mit der Entnazifizierung in Bayern befaßt. Er stellt fest, „... daß das Befreiungsgesetz ... so sehr fundamentalen deutschen Rechtsprinzipien widersprach, daß es auch seinem pressualen Geist nach als amerikanisches Gesetz zu betrachten ist." – (58/89)
Eine weitere Fragestellung Rosts ist die nach der Rechtsnatur der Spruchkammern. Die fehlende persönliche Unabhängigkeit des Personals – (58/71) –, der geringe Anteil an Volljuristen – (58/72 ff.) – und ihre Spezialaufgabe hätten ihnen den Charakter einer „außerordentlichen Verwaltungsbehörde mit gerichtsähnlichem Verfahren" gegeben.

4 Dies betraf nach Henke den Zeitraum Oktober 1945 bis März 1946.

5 Wenn auch die Einführung von Irmgard Lange nicht mehr als einen groben Überblick gibt, so mag die 234 Dokumente umfassende Sammlung für denjenigen, der das Thema weiterbearbeiten will, umso hilfreicher sein. (6)

6 In diesem Zusammenhang bietet sich auch eine zeitgenössische Abhandlung von Meyer-Abich u. a. (45) an. Das Heft enthält unter anderem eine Abhandlung der Autoren über die gesetzliche Grundlage der deutschen Spruchgerichtsbarkeit (S. 4 ff.) und den Abdruck ihrer Verfahrensordnung. (S. 62–93) Eine kurze, thesenhafte Abhandlung der Entnazifizierung in der amerikanischen Zone, die einen Überblick über die verschiedenen Phasen der Entnazifizierung gibt und im besonderen auf die Entnazifizierung der Hochschulen eingeht, stammt von Otto Bachof. (4)

7 Latour und Vogelsang sind dagegen der Ansicht, daß bei solch einer korrumpierten Nation, wie die deutsche es sei, jeder Entnazifizierungsplan scheitern mußte. (42/144) Eine Arbeit, die ohne jeden Beleg und Beweis auskommt und hauptsächlich besteht aus einer einzigen plumpen Verteidigung der Nationalsozialisten schrieb Paul Serant. (68)

8 Zur Tätigkeit und Rolle der Justiz im Faschismus siehe u. a. Herrmann Weinkauff. (76) – Weinkauff war selbst Reichsgerichtsrat von 1937–45. Richard Schmid schrieb in der „Kritischen Justiz" 1969: „... im großen und ganzen wird nicht die handelnde, sondern die leidende Justiz dargestellt." (66) Schmid selber bezeichnet die Justiz als durch den Nationalsozialismus „aufs schwerste kompromittiert". Sie sei bereits in der Weimarer Zeit zu einer „wichtigen antirepublikanischen Position ausgebaut (worden), von der aus die Republik von der Flanke her aufgerollt und für die Machtergreifung des Jahres 1933 wehrlos gemacht wurde." (65) Ähnlich wie Weinkauff schreibt auch Max Güde, ein weiterer „Zeitzeuge", das Recht habe sich vor der Macht gebeugt. – (25) Auch Michael Kirn, der an anderer Stelle noch ausführlich zu Wort kommen wird, stellt Bürokratie und Justiz als treue Staatsdiener dar, die im „Glauben an ein unverbrüchlich geltendes wahres Recht" handelten. In der Verurteilung von Unschuldigen zu Freiheitsstrafen erblickt er gar eine Widerstandsform, da so viele vor dem Tod im KZ bewahrt worden seien. (32/19 f.) Dagegen schreibt z. B. Udo

Reifner: „Den Todesurteilen gleichzusetzen waren die Urteile gegen Homosexuelle oder Juden, in denen das Gericht eine Gefängnisstrafe verhängte und dabei wußte, daß dies Einweisung in ein KZ und damit regelmäßig den Tod bedeutete." (55/13 f.) Zur Rolle der Justiz im Faschismus siehe auch: Reifner, Sonnen, (54) und Brünneck (11/21 ff.), ferner Helmut Kramer (36/80–99), Boberach (6) und Kosthorst/Walter (33).

9 Auch Reifner schreibt, das faschistische System habe arbeitsteilig funktioniert. (55/14)

10 Siehe auch: v. Brüneck (11).

11 Wenzlau spricht an anderer Stelle vom „Doppelstaatscharakter" des Nationalsozialismus; (77/89) – s. a.: Stolleis (72/386).

12 Kübler hierzu: „... der deutsche Richter war ... um so gesetzestreuer, je autoritärer der deutsche Staat verfaßt war; in dem Maße, in dem das Gemeinwesen sich demokratisierte, wurde dem Richter die Verbindlichkeit des Gesetzes problematisch." (39/106) J. Freidrich meint, die These, der Rechtspositivismus sei ursächlich dafür gewesen, daß die Justiz dem Nationalsozialismus verfiel, sei eine Erklärung, die sich nach 1945 insbesondere die Juristen selbst zueigen gemacht hätten. Eine der bekanntesten Legitimierungsschriften, die aus dieser Argumentation entwickelt wurde, sei Gustav Radbruchs „Gesetzliches Unrecht und übergesetzliches Recht." (22/55 ff.) Diese Argumentation ist auch zu finden bei Fritz Valentin (73/89–103) – s. a.: Kirn (32/20 ff.). Dagegen weist z. B. Deiseroth zu Recht darauf hin, daß die rechtspositivistische Faschismuserklärung den NS-Staat und seine Verbrechen nachträglich auf eine gesetzliche, legale Ebene hebt. Am Beispiel Theodor Maunz macht er deutlich, daß der Rechtspositivismus, auf den die Justiz sich nach 1945 berief, in Wahrheit von denselben Personen aufs heftigste bekämpft wurde und im Faschismus gerade seine Überwindung feierte. (13/85 ff.) – Die Richter bedienten sich laut Kramer immer dann des Rechtspositivismus, wenn er zur Durchsetzung der eigenen nationalen Anschauungen günstig war. (34/122) – S. a.: Ostendorf (48/78). – Nach Seegert wurde der Rechtspositivismus nicht nur als rückwirkende Rechtfertigung benutzt, sondern als Begründung der Vorstellungen über den künftigen Justizaufbau wurde das Schreckensbild des „entarteten" Gesetzespositivismus verwendet. (67/37 ff.) – Zur naturrechtlichen Begründung der Restauration in verschiedenen Rechtsbereichen und in der Rechtsprechung s. a.: Lau (43).

13 Nach Wenzlau lag die erste Überprüfung der Fragebögen der Juristen bei den OLG-Präsidenten. Diese Regelung hatte der Hamburger OLG-Präsident Kiesselbach durchgesetzt. (77/113; 121 f.) – S. a. (9). – Diestelkampf schreibt ohne auf die Rolle der Justiz einzugehen: In der 1. Phase der Entnazifizierung sei der größte Teil der Beamtenschaft nicht vom automatischen Arrest sondern vom Entnazifizierungsverfahren betroffen worden. Dies sei allerdings von den Besatzungsmächten sehr unterschiedlich durchgeführt worden. Die Briten seien dabei lediglich bemüht gewesen die KR-Anforderungen zu erfüllen. (15/488 ff.) – Broszat bringt mehrere Anspielungen darauf, daß die brit. MR mehrmals verlauten ließ, daß sie aus Effizienzgründen einzelne KR-Beschlüsse in ihrer Zone nicht befolgen werde. (10/487)

14 Rückerl schreibt, in der sowjetisch besetzten Zone sei dagegen der „Entnazifizierungsverlust" bei diesen Stellen 100% gewesen. (59/106) – Richard Schmid vertritt die Auffassung, daß auch in den Westzonen die Kontinuität 1945 für Jahre unterbrochen gewesen sei. (65)

15 Wenzlau zur Aufhebung der 50%-Klausel im Juni 1946: „Fachliche Qualifikation rangierte nun wieder vor politischem Verhalten ..." (77/133).

16 In fast allen OLG-Bezirken wurde versucht, die 50%-Klausel im Sinne der belasteten Juristen zu unterlaufen. (77/132) – Der Vorschlag der Rechtsabteilung, alle zugelassenen Juristen automatisch in Stufe V (= unbelastet) herabzustufen, wurde von der Militärregierung zunächst abgelehnt, im Herbst 1947 dann lediglich in Hamburg durchgeführt (Wenzlau, 77/135). – Die MR setzte z. B. gegen die Rechtsabteilung ab Juli 1946 die Ernennung von Landesjustizministern durch. Die Rechtsabteilung trat für die Beibehaltung der „alten" Struktur ein, die den OLG-Präsidenten u. dem Zentraljustizamt Ministerkompetenzen sicherte. (77/207 f.)

17 Mit den anderen Zonen befaßt sich Broszat nur anhand von Einzelbeispielen: „Die thüringische Justiz und der Fall Puttfarcken" (1946), S. 487–495; „Frühe Urteile deutscher Gerichte in der französischen und amerikanischen Zone: Der Fall Tillessen und die ersten Frankfurter Euthanasie-Prozesse" (1946/47), (10/495–502).

18 S. a. (10/517).

19 (10/518) – Diese Wendung beschreibt Diestelkampf für die amerikanische Zone. Die MR habe hier „überraschend" am 13.3.48 die Beendigung sämtlicher Entnazifizierungsverfahren zum 8.5.48 verlangt. Die anfänglichen Proteste der deutschen Befreiungsminister seien „Rückzugsgefechte" gewesen, die das Scheitern der Entnazifizierung nicht verhindern konnten, „... da diese Politik endgültig zwischen die Mühlsteine eines neuen Pragmatismus auf amerikanischer wie deutscher Seite geriet." (15/490)

20 Broszat begründet dies damit, daß die deutschen Verteidiger bei den Nürnberger Prozessen gegen die rückwirkende Anwendung der angeblich nach dem Kriege formierten Tatbestände auftraten und die „Ermächtigung" der deutschen Justiz zur Verfolgung von NS-Verbrechen für die Alliierten eine entlastende Funktion hatte. (10/486 f.)

21 (72/395) – Die These, der Antikommunismus habe in der Restaurationsphase eine „demokratische" Wirkung gehabt, ist auch bei anderen Autoren zu finden, z. B. bei Schmid. (64/12)

22 (64/12) Laut Seegert ist diese nach dem Faschismus entstandene „Entpolitisierungsthese" auf Basis der Totalitarismustheorie entstanden. Sie diente der Begründung der Forderung der Justiz nach Unabhängigkeit von anderen staatlichen Organen und der Ablehnung einer Entnazifizierung und Justizreform, wie sie in der sowjetischen Zone durchgeführt wurde. (67/37)

23 Laut Ostendorf/Veen wurde das Richterprivileg erst durch den BGH eingeführt. (48/57 f.)

24 Damit sollte der halbherzigen Rechtsprechung der LGs und OLGs mit dem KRG 10 ein Ende gemacht werden. (22/108) – Zum OGHBZ, insbesondere zu dessen und der Justiz Verwaltungsaufbau s. a.: Vogel (74/109 f.) – Eine zeitgenössische Auseinandersetzung mit dem KRG 10 von W. Fischer findet sich in der Festschrift für Wilhelm Kiesselbach zu seinem 80. Geburtstag (38).

25 Der OGHBZ wurde nach Broszat gegen anderslautende Personalvorschläge, z. B. von der CDU, mit Personen besetzt, die nach Meinung der MR dem KRG 10 entsprechend urteilen würden. (10/533 ff.) – Auch: (74/109 f.).

26 (77/136) – Auch nach Stolleis und Diestelkamp war die Regeneration der Personalstruktur der Justiz vor Gründung der BRD abgeschlossen. (72/492)

27 (77/141) – S. a. hierzu das Beispiel Hamburg: (67/35 f.) – Eine andere Phaseneinteilung hingegen nennt Fangmann, der sich mit der Restauration der Staatsrechtswissenschaft anhand der personellen Besetzung der Lehrstühle an den Universitäten befaßt: 1. die antifaschistische Periode bis 1947/48, von der wiederum das Jahr 1945 im Zeichen der alliierten Entnazifizierungspolitik stand (S. 218); 2. die Restaurationsphase bis 1950/51 (S. 231 ff.); 3. die Phase der „vollendeten Restauration" bis Mitte der 50er Jahre (18/239 ff.). – Laut Osterdorf/Veen wurden die Entnazifizierungsverfahren endgültig beendet: in der US-Zone im August 1949, in der britischen Zone im Februar 1950. (48/51 f.)

28 Die verschiedenen theoretischen Erörterungen zu diesem Thema können hier nicht berücksichtigt werden. Verwiesen sei auf Veröffenltichungen der Vereinigung der deutschen Staatsrechtslehrer (27), insbesondere die Beiträge von v. d. Heydte (S. 10 ff.) und von Richard Naumann (27/88 ff.) – Siehe auch: Perels (50).

29 (50/366 f.) – Deiseroth stellt in seiner Arbeit über Theodor Maunz Aussagen aus dessen Werken von 1937 und 1951 gegenüber. Es findet sich die kontinuierliche Fortsetzung der Argumentation von Maunz in bezug auf die „Wiederherstellung des Berufsbeamtentums" 1933 und auf die Treuepflicht. (13)

30 Z. B. wich die deutsche Übersetzung der KR Dir. Nr. 24 erheblich von dem englischen Original ab: aus „sofort und unbedingt zu entlassen" wurde „sofort und in einem Schnellverfahren" gemacht. Laut Kirn hätte es nach Absicht der Urheber „sofort und ohne Rechtsverfahren"heißen müssen. (32/116 f., Anmerkung 27)

31 Nach Kirn ist sogar das Befreiungsgesetz süddeutscher Länder ausschließlich Ausführungsgesetz zur KR Dir. Nr. 24 gewesen. (32/112)

32 Im 2. Teil seiner Arbeit stellt Kirn die Positionskämpfe in der Rechtsprechung zur 131er-Problematik dar. Die BGH-Rechtsprechung sei dabei vom ungebrochenen Fortbestehen von Teilen der Weimarer Reichsverfassung, insbes. von der Kontinuität des Beamtenrechts ausgegangen, als der Wiedereinstellungsverpflichtung des Staates gegenüber den „entnazifizierten" Beamten. (S. 129, 150 ff.) Das BVerG habe hingegen ein Stück „Diskontinuitätsthese vertreten und sei von dem Erlöschen der Beamtenverhältnisse mit dem 8.5.45 ausgegangen. (32/169, 187)

33 (64/13 f.) Die Begründung Schmids, weshalb sich trotz zwei entsprechender Urteile des BVerG (1953/1957) letztendlich der BGH durchsetzen konnte und damit fast alle, auch die durch die NS-Zeit belasteten Justizbeamten, wieder eingestellt wurden, erschöpft sich in dem Hinweis auf das „demokratische Gewicht der großen Zahl der Betroffenen" und des Wettbewerbs der Parteien um sie. (64/16) – s. a. Schmid (65/129 ff.).

34 Z. B. Fränkel (S. 110 f.), Kanter (S. 111 f.), Chapeurouge (S. 113 f.), Nipperday (S. 114), (34/110 ff.).

35 Auch Friedrich zitiert ausführlich aus dem Text des Nürnberger Juristen-Urteils. (22/23–49) Seine Einschätzung des Prozesses wird mit folgendem Zitat deutlich: „Der NS-Verbrecherstaat wird dem Niveau des Rechtsstaates angeglichen unter dem Aspekt: Was tut man als normaler Staat, wenn die Not am höchsten ist? (S. 51) ... – Das Wissen des Täters wird unter einen erhöhten Beweisanspruch gestellt. Konnte der Richter 1942 den aggressiven Charakter des Hitlerischen Krieges erkennen? (S. 51 f.) ... – Ein Verbrechen mag strafbar sein, fällt jedoch unter gewisse Blindstellen des Strafgesetzes ..." (22/52).

36 Besonders das KRG 10 ist hier gemeint. (48/35 f.; 71/14 f.)

37 (48/28) Zur „subjektiven" Tatseite bei NS-Verbrechen und NS-Justizverbrechen siehe auch die Arbeiten von Herbert Jäger (28 + 29).

38 Die restriktiven Entscheidungen des Prozesses können laut Friedrich nur vor dem Hintergrund gesehen werden: einerseits seien in den allgemeinen Nürnberger Prozessen grundsätzlich die Verbrechen von Deutschen gegen Deutsche ausgeklammert gewesen, andererseits sei der Juristenprozeß ohne Zuständigkeit für innerdeutsche Verbrechen undurchführbar gewesen. Also habe man sich auf die unzweifelhafte Völkerrechtsverletzung konzentriert und „empfahl" die Bestrafung „unpolitischr" Justizverbrechen gegen Deutsche lediglich. (22/52)

39 Dies wird auch an anderen Stellen deutlich. (48/70 f., 53 f.)

40 Zu dieser Problematik empfehlen sich einige Arbeiten, die sich mit der sozialen Zusammensetzung der Richterschaft befassen. Z. B.: Dahrendorf (12), Kaupen (30), Richter (57).

41 In den späteren NS-Prozessen in der BRD kam es reglemäßig zu Freisprüchen oder Verfahrenseinstellungen. Hierzu u. a.: Asbrock (2 + 3), Deiseroth (14), Frankenberg (21), Kramer (37), Langbein (41), Lichtenstein (44), Müller (46), Opitz (48), Rüping (62), Rüter-Ehlemann (63), Spendel (69).

Literatur

1) Albrecht, Wilma, Die Entnazifizierung; in: Neue Politische Literatur, Jahrgang XXIV/1, Wiesbaden (1979), S. 73–84.

2) Asbrock, Bernd, Die Justiz und ihre NS-Vergangenheit; in: Böttcher, Hans-Ernst (Hrsg.): Recht, Justiz, Kritik – Festschrift für Richard Schmid, Baden-Baden 1985, S. 97–105.

3) Ders., Justizjuristen und NS-Vergangenheit; in: Der Deutsche Beamte, Zeitschrift des DGB, 1984, H. 3, S. 5 ff.

4) Bachof, Otto, Die Entnazifizierung; in: ders.: Wege zum Rechtsstaat, 1979, S. 278–294.

5) Benjamin, Hilde, Zur Geschichte der Rechtspflege der DDR 1945–49, Berlin 1976.

6) Boberach, Heinz (Hrsg.), Richterbriefe – Dokumente zur Beeinflussung der deutschen Rechtsprechung 1942–44, mit Beiträgen von Robert M. W. Kemper u. Theo Rasehorn, Boppard am Rhein 1975.

7) Böttcher, Hans-Ernst (Hrsg.), Recht, Justiz, Kritik, Festschrift für Richard Schmid, Baden-Baden 1985.

8) Beyersdorf, Peter, Militärregierung und Selbstverwaltung – Eine Studie zur amerikanischen Besatzungspolitik auf der Stufe einer Gemeinde in den Jahren 1945–48, dargestellt an den Beispielen aus dem Stadt- und Landkreis Coburg, Diss., Nürnberg 1966.

9) Breuer, J., Hund, W. D., Seegert, Chr., Konservatives Faschismusbild und Entnazifizierung 1945 – Das Memorandum Wilhelm Kiesselbachs zur Entnazifizierung der Justiz; in: Demokratie und Recht (DuR), 2/85, S. 140–152.

10) Broszat, Martin, Siegerjustiz oder strafrechtliche „Selbstreinigung", in: Vierteljahreshefte für Zeitgeschichte (VfZG), 29. Jhrg., 1981, H. 4, S. 477–544.

11) Brünneck, Alexander v., Die Justiz im deutschen Faschismus, in: Kritische Justiz (KJ), 1970, S. 21 ff.
12) Dahrendorf, Ralf, Bemerkungen zur sozialen Herkunft und Stellung der Richter an Oberlandesgerichten – Ein Beitrag zur Soziologie der deutschen Oberschicht, in: Hamburger Jahrbuch für Wirtschafts- und Gesellschaftspolitik, 5. Jahr, Tübingen 1960.
13) Deiseroth, D., Kontinuitätsprobleme der deutschen Staatsrechtslehre(r)?; in: Abendroth, Blanke, Preuß u. a., Ordnungsmacht?, hrsg. v. Deiseroth u. a., Frankfurt 1981, S. 85 ff.
14) Ders., NS-Justiz auf der Anklagebank, in: DuR, 1980, S. 58 ff.
15) Diestelkamp, Bernhard, Rechts- und Verfassungsgeschichtliche Probleme zur Frühgeschichte der BRD, in: Juristische Schulung (JuS), 1981, S. 96 ff., S. 409 ff., S. 488 ff.
16) Dotterweich, Volker, Die „Entnazifizierung"; in: Josef Becker, Theo Stammen, Peter Waldmann (Hrsg.), Vorgeschichte der Bundesrepublik Deutschland – Zwischen Kapitulation und Grundgesetz, München 1979, S. 123–161.
17) Edinger, L. J., Post-Tolitarian Leadership. Elites in the German Federal Republik, in: American Political Science Review, 54/1960.
18) Fangemann, Helmut D., Die Restauration der herrschenden Staatsrechtswissenschaft nach 1945, in: Reifner, U. (Hrsg.): Das Recht des Unrechtsstaates, Frankfurt 1981, S. 211 ff.
19) Fangmann, H., Paech, Norman (Hrsg.), Recht, Justiz und Faschismus – Nach 1933 und heute, Köln 1984.
20) Feldmann, Peter v., Die Auseinandersetzung um das Ermittlungsverfahren gegen Richter und Staatsanwälte am Volksgerichtshof, in: KJ, 1983, S. 306 ff.
21 Frankenberg, Günter, Müller, Franz J., Juristische Vergangenheitsbewältigung – Der Volksgerichtshof vorm BGH, in: KJ, 1983, S. 144–163.
22) Friedrich, Jörg, Freispruch für die Nazi-Justiz, Reinbek 1983.
23) Fritsch, Robert, Entnazifizierung. Der fast vergessene Versuch einer politischen Säuberung nach 1945, in: Aus Politik und Zeitgeschichte, 24/1972, S. 11–30.
24) Fuerstenau, Justus, Entnazifizierung. Ein Kapitel deutscher Nachkriegspolitik, Neuwied, Berlin 1969.
25) Güde, Max, Justiz im Schatten von gestern, Hamburg 1959.
26) Henke, Klaus-Dietmar, Politische Säuberung unter französischer Besatzung – Die Entnazifizierung in Württemberg-Hohenzollern; in: Schriftenreihe der VfZG, Nr. 42, Hrsg.: K. D. Bracher, H. P. Schwarz, Stuttgart 1981.
27) Heydte, Freiherr A. v. d., Der deutsche Staat im Jahre 1945 und seither; in: Veröffentlichungen der Vereinigung der Deutschen Staatsrechtslehrer, H. 13, Berlin 1955.
28) Jäger, Herbert, Strafrecht und nationalsozialistische Gewaltverbrechen; in: KJ, 1968, S. 143 ff.
29) Ders., Verbrechen unter totalitärer Herrschaft – Studien zur nationalsozialistischen Gewaltkriminalität – Texte und Dokumente zur Zeitgeschichte – Olten, Freiburg i. B. 1967.
30) Kaupen, Rasehorn, Die Justiz zwischen Obrigkeitsstaat und Demokratie – Ein empirischer Beitrag zur Soziologie der deutschen Justizjuristen, Neuwied, Berlin 1971.
31) Kempner, Robert M. W., Ankläger einer Epoche – Lebenserinnerungen. In Zusammenarbeit mit Jörg Friedrich, Frankfurt, Berlin, Wien 1983.
32) Kirn, Michael, Verfassungsumsturz oder Rechtskontinuität? Die Stellung der Jurisprudenz nach 1945 zum Dritten Reich insbes. die Konflikte um die Kontinuität der Beamtenrechte und Art. 131 GG, Berlin 1972.
33) Kosthorst, Erich, Walter, Bernd, Konzentrations- und Strafgefangenenlager im Dritten Reich; Beispiel Emsland – Dokumentation und Analyse zum Verhältnis von NS-Regime und Justiz, 3 Bände, Düsseldorf 1983.
34) Kramer, Helmut, Die Aufarbeitung des Faschismus durch die Nachkriegsjustiz der Bundesrepublik Deutschland ; in: Böttcher, a.a.O.; auch in: Fangmann, Paech, a.a.O., S. 75–93.
35) Ders. (Hrsg.), Braunschweig unterm Hakenkreuz, Braunschweig 1981.
36) Ders., Im Namen des Volkes. Die Nürnberger Justiz von 1933 bis heute; in: IG Druck und Papier (Hrsg.): Faschismus in Deutschland, Ursachen und Folgen, Verfolgung und Widerstand, Ausländerfeindlichkeit und neonazistische Gefahren, Köln 1985.

37) Ders., Oberlandesgerichtspräsidenten und Generalstaatsanwälte als Gehilfen der NS-„Euthanasie"-Selbstentlastung der Justiz für die Teilnahme am Anstaltsmord; in: KJ, 1984, S. 25–43.
38) Kiesselbach, Wilhelm, Festschrift für W. Kiesselbach zu seinem 80. Geburtstag, hrsg. von seinen Mitarbeitern im Zentraljustizamt für die Britische Zone, Hamburg 1947.
39) Kübler, Karl Friedrich, Der deutsche Richter und das demokratische Gesetz – Versuch einer Deutung aus richterlichen Selbstzeugnissen; in: Archiv für civilistische Praxis, 162. Bd., Tübingen 1963.
40) Lange, Irmgard, Entnazifizierung in Nordrhein-Westfalen; Richtlinien, Anweisungen, Organisation; Veröffentlichung der Staatlichen Archive des Landes NRW, Bd. 2, Siegburg 1976.
41) Langbein, Herrmann, NS-Prozesse in den Siebzigerjahren, in: KJ, 1972, S. 99–103.
42) Latour, Conrad F., Vogelsang, Thilo, Okkupation und Wiederaufbau – Die Tätigkeit der Militärregierung in der amerikanischen Besatzungszone Deutschlands, 1944–47, Stuttgart 1973.
43) Lau, Heinrich, Naturrecht und Restauration in der BRD; in: KJ, 1975, S. 244–254.
44) Lichtenstein, Heiner, NS-Prozesse – viel zu spät und ohne System; in: Aus Politik und Zeitgeschichte, Beilage 9–10, 1981, S. 3–13.
45) Meyer-Abich, Schierholt, Mittelbach, Die deutschen Spruchgerichte in der britischen Zone, Hamburg 1947; Moritz, Klaus, Noam, Ernst, NS-Verbrechen vor Gericht 1945–1955; Justiz und Judenverfolgung Bd. 2, Wiesbaden 1978.
46) Müller, Ingo, Die Verwendung des Rechtsbeugungstatbestandes zu politischen Zwecken; in: KJ, 1984, S. 119–141.
47) Niethammer, Lutz, Die Mitläuferfabrik – Die Entnazifizierung am Beispiel Bayern, Berlin, Bonn, 1982; zuerst erschienen unter dem Titel: Entnazifizierung in Bayern, Säuberung und Rehabilitation unter amerikanischer Besatzung, Frankfurt 1972.
48) Ostendorf, H., Veen, H. ter, Das „Nürnberger Juristenurteil" – Eine kommentierte Dokumentation, Frankfurt, New York 1985.
49) Opitz, Ulrich Dieter, Strafverfahren und Strafvollstreckung bei NS-Gewaltverbrechen. Dargestellt anhand von 542 rechtskräftigen Urteilen deutscher Gerichte aus der Zeit von 1946–1975, Ulm 1979.
50) Perels, Joachim, Die Restauration der Rechtslehre nach 1945; in: KJ, 1984, S. 359–379.
51) Przybylski, Peter, Bonner Varianten der Amnestierung nazistischer Systemverbrecher und ihrer Hintergründe; in: Neue Justiz, 1969, S. 341 ff.
52) Ratz, Michael u. a., Die Justiz und die Nazis – Zur Strafverfolgung von Nazismus und Neonazismus seit 1945, Frankfurt 1979.
53) Ders., Zur Verfolgung von NS-Verbrechen; in: DuR, 1974, S. 351–363.
54) Reifner, Udo, Sonnen, Bernd-Rüdiger (Hrsg.), Strafjustiz und Polizei im Dritten Reich, Frankfurt, New York 1984.
55) Ders., Juristen im Nationalsozialismus – Kritische Anmerkungen zum Stand der Vergangenheitsbewältigung; in: Zs. f. Rechtspolitik, 1983, S. 13–19.
56) Reusch, Ulrich, Deutsches Berufsbeamtentum und britische Besatzung – Planung und Politik 1943–1947; (Forschungen und Quellen zur Zeitgeschichte, im Auftrag der Konrad Adenauer Stiftung, hrsg. v. Klaus Gotto, Hans Günter Horberts, Rudolf Morsey u. H. P. Schwarz), Stuttgart 1985.
57) Richter, Walther, Die Richter der Oberlandesgerichte der Bundesrepublik – Eine berufs- und sozialstatistische Analyse in: Hamburger Jahrbuch für Gesellschaftspolitik, 5. Jahr, Tübingen 1960.
58) Rost, Gunther, Rechtliche Aspekte der Entnazifizierung in Bayern, Würzburg, Jur. Diss. 1980 (1976).
59) Rückerl, Adalbert, NS-Verbrechen vor Gericht – Versuch einer Vergangeheitsbewältigung, Heidelberg 1982.
60) Ders., Die Strafverfolgung von NS-Verbrechen 1945–1978 – Eine Dokumentation, 1979.
61) Ders., Vergangenheitsbewältigung mit den Mitteln der Justiz; in: Aus Politik und Zeitgeschichte, 43/1982, S. 11–25.
62) Rüping, Hinrich, Schwarz, Alfons, Sind die Urteile des Volksgerichtshofes nichtig?, in: Neue Juristische Wochenschrift (NJW), 4/1985, S. 2391–2392.

63) Rüter-Ehlemann, Adelheid, Rüter, C. F., Justiz und NS-Verbrechen – Sammlung deutscher Strafurteile wegen nationalsozialistischer Tötungsverbrechen 1945–66, 12 Bände, Amsterdam 1968.
64) Schmid, Richard, Justiz in der Bundesrepublik, Pfullingen 1967.
65) Ders., Rechtswirklichkeit in der Bundesrepublik, in: Bracher, K.D. (Hrsg.), Nach 25 Jahren – Eine Deutschland-Bilanz, München 1970.
66) Ders., in: KJ, 1969, S. 102–106.
67) Seegert, Christian, Die Formierung des Streikrechts – Arbeitsgerichtsbarkeit und Koalitionsrecht im Prozeß gesellschaftlicher Restauration 1946–1955, Frankfurt, New York 1985.
68) Serant, Paul, Die politischen Säuberungen in Westeuropa am Ende des zweiten Weltkrieges in Deutschland, Österreich, Belgien, Dänemark, Frankreich, Großbritannien, Italien, Luxemburg, Norwegen, den Niederlanden und der Schweiz, Odenburg, Hamburg o. J.
69) Spendel, Günter, Justiz und NS-Verbrechen – Die „Standgerichtsverfahren" gegen Admiral Canaris u. a. in der Nachkriegsrechtsprechung; in: Festschrift für Ulrich Klug, Bd. 2, 1983.
70) Steinbach, Peter, Geschichte der Bundesrepublik Deutschland, Berlin 1982.
71) Steiniger, P. A., Lesczynski, K. (Hrsg.), Fall 3 – Das Urteil im Juristenprozeß, gefällt am 4. Dez. 1947 vom Militärgerichtshof III der Vereinigten Staaten von Amerika, Berlin (DDR) 1969.
72) Stolleis, M., Rechtsordnung und Justizpolitik 1945–49; in: Europäisches Rechtsdenken in Geschichte und Gegenwart, Festschrift für H. Coing, Bd. I, München 1982, S. 383 ff.
73) Valentin, Fritz, Der Richter in der Bundesrepublik. Ein Kapitel „Bewältigung der Vergangenheit". Vortrag, gehalten am 26.6.67 auf der Tagung für hamburgische Richter und Staatsanwälte im „Haus am Schüberg", Hoisbüttel; Abgedruckt: Hamburgisches Justizverwaltungsblatt, hrsg. v. d. Justizbehörde Hamburg, 30.9.67, S. 89–103.
74) Vogel, Walter, Westdeutschland 1945–1950 – Der Aufbau von Verfassungs- und Verwaltungseinrichtungen über den Ländern der drei westlichen Besatzungszonen, Teil I, Schriften des Bundesarchivs 2, Manuskript, Koblenz 1950.
75) Wahsner, R., Das Arbeitsrechtskartell. Die Restauration des kapitalistischen Arbeitsrechts in Westdeutschland nach 1945; in: KJ, 4/1974, S. 369 ff.
76) Weinkauff, Herrman, Die deutsche Justiz und der Nationalsozialismus, Bd. I u. II, Stuttgart 1968.
77) Wenzlau, Joachim Reinhold, Der Wiederaufbau der Justiz in Nordwestdeutschland – 1945 bis 1949, Königstein/Taunus 1979.

Claus-Dietrich Wieland

Personelle Kontinuitäten in der Staatsrechtslehre

Die Verfassungsordnung der Bundesrepublik Deutschland ist in ihren prägenden ersten Jahrzehnten[1] ganz entscheidend von Staatsrechtslehrern mitgeformt worden[2], die bereits im nationalsozialistischen Staat, von seiner Installation bis zu dessen Ende, eine führende Rolle bei der Formulierung von Gesetzen und ihrer anwendungsbezogenen Interpretation durch Kommentierung – z. B. für die Verwaltungs-, Polizei- und Gestapo-Praxis[3] – gespielt haben.

Bevor dies anhand einiger ausgewählter biographischer Skizzen[4] (vgl. unten, Teil C) im einzelnen belegt wird, soll zunächst eine systematische Übersicht mit einigen stichwortartigen Bemerkungen und Daten zur Erläuterung dieses – auf den ersten Blick vielleicht erstaunlichen – Phänomens und seiner politisch-zeitgeschichtlichen Hintergründe (Teile A und B) versucht werden.[5]

Erschwert wird dieses Vorhaben zum einen dadurch, daß von seiten der juristischen Universitätsprofessoren irgendeine Aufarbeitung der NS-Vergangenheit durch planmäßige Erforschung der (z. T. auch: ihrer eigenen!) Funktion von Jura-Professoren als Helfershelfern des NS-Regimes bisher nicht stattgefunden hat[6]; nur sporadisch – ausgelöst durch äußere Anläße wie die Bundestagsdebatten über die Verjährung von NS-Verbrechen oder die Studentenbewegung der sechziger Jahre – verfaßten sie einschlägige Publikationen[7], z. B. Ringvorlesungen.[8]

Zweitens: Mehrere Erforscher des NS-Staates, auch aus anderen wissenschaftlichen Disziplinen, hatten sich zuvor selbst als aktive Unterstützer des Regimes betätigt.[9]

Schließlich haben, drittens, zahlreiche Bücher, die rückblickend von der Rolle der Justiz und der Jurisprudenz vor 1945 handeln, primär exkulpierend-apologetischen Charakter;[10] an erster Stelle zu nennen sind hier die sehr häufig zitierten Werke der juristischen Autoren Hubert Schorn[11] und Hermann Weinkauff[12].

A. Im „Tausendjährigen Reich“[13]

1. 1933: Die Juristen und die Machtergreifung

„Das besonders Symptomatische an den Staatsrechtslehrern von Weimar bestand [...] darin, daß sie zum weitaus größeren Teil soweit nicht antidemokratisch, immerhin als *Staatsrechtler* a-demokratisch waren (was auf denselben antidemokratischen Effekt hinausläuft)“, betonte Helmut Ridder 1969.[14] Zahlreiche Staatsrechtslehrer leisteten darüber hinaus ihren publizistischen Beitrag[15] zur Unterminierung der Weimarer Republik insbesondere in den Krisenjahren 1930 bis 1932 durch Legitimierung der autoritären Artikel 48-Regierungen; typisch hierfür waren die Zirkel um Zeitschriften wie „Deutsches Volkstum", „Die Tat" und „Der Ring"[16]. Immer offener wurden von ihnen die Diktatur (des monarchistischen Reichspräsidenten Hindenburg oder der Reichswehr) gefordert, die Abschaffung oder Entmachtung des Parlaments postuliert.[17]

Allerdings waren die wenigsten dieser Juristen schon vor 1933 Mitglieder oder direkte Unterstützer der NSDAP[18], viele jedoch sympathisierten mit rechtsextremistischen Parteien wie der „Deutschnationalen Volkspartei"[19]. Zwei der wichtigsten Staatsrechtsschulen, die auf Rudolf Smend zurückgehende Integrationslehre und der von Carl Schmitt inspirierte Dezisionismus, trugen deutliche Spuren der Beeinflussung durch den italienischen Faschismus und waren in erster Linie antiparlamentaristisch-antiliberalistisch.[20]

Nach der „Machtergreifung" traten besonders im April 1933 sehr viele Staatsrechtler der NSDAP oder/und der SA bzw. der SS bei;[21] infolge einer (vorübergehenden) Aufnahmesperre der Partei erfolgte die nächste Welle der Beitritte erst 1935 bzw. 1937[22] – sie ließen sich auch durch den im Februar 1933 erneut losbrechenden (Wahlkampf-)Terror der SA, der NS-Studentenschaft an den Hochschulen[23], den reichsweiten Judenboykott vom 1.-3.4.1933 und die Errichtung der ersten „regulären" Konzentrationslager im März 1933, über die in der gesamten Tagespresse berichtet wurde, nicht davon abhalten.

Neben der Affinität zum autoritär-nationalistischen Ideenkreis dürften auch das „Gesetz zur Wiederherstellung des Berufsbeamtentums" vom 7.4.1933 und dessen zügige Durchführung viele zusätzlich animiert haben – schließlich handelte es sich dabei um ein Gesetz, aufgrund dessen politisch und rassisch mißliebige Beamte, und damit auch Professoren, in rascher Folge entlassen wurden;[24] viele junge Privatdozenten und Extraordinarien (nicht nur Juristen) witterten hier ihre Chance, waren nun doch etliche Lehrstühle vakant: vom Sommersemester 1933 bis zum Wintersemester 1933/34 verloren 1.145 Lehrkräfte und Assistenten aus verschiedenen Fakultäten ihre Stellung; 1933 bis 1938 wurden 210 Professoren, Dozenten und Assistenten der Rechtswissenschaft (= 45 %) entlassen,[25] darunter 24 Staatsrechtler.[26]

Viele, vor allem auch für die Staatsrechtslehre wichtige Wissenschaftler verließen Deutschland und kehrten auch nach 1945 nicht wieder zurück (u. a. Hans Kelsen, Karl Loewenstein, Hermann Heller [† 1933], Otto Kirchheimer, Franz L. Neumann) – von diesem Aderlaß hat sich die demokratisch-rechtsstaatliche Theorie im deutschen Sprachraum wohl bis heute nicht erholt; es ist im übrigen bezeichnend, daß bedeutendste Studien, die von Emigranten *vor* 1945 verfaßt wurden und sich mit dem NS-Staat befassen, in der Bundesrepublik jahrzehntelang nicht in Übersetzung erschienen sind, so Ernst Fraenkel, *Der Doppelstaat* (amerikanisch 1941, deutsch 1974), und Franz L. Neumann, *Behemoth* (amerikanisch 1942 und 1944, deutsch 1977).

Das NS-Engagement der anderen sollte sich für willige Privatdozenten und Extraordinarien bereits zwischen 1933 und 1937 auszahlen; zum Ordentlichen oder außerordentlichen Professor wurden berufen (in Auswahl):[27]

1933: Ernst Forsthoff, Ernst Rudolf Huber, Paul Ritterbusch, Ulrich Scheuner, Gustav-Adolf Walz;
1935: Reinhard Höhn, Theodor Maunz, Werner Weber;
1936: Friedrich (Fritz) Berber;
1937: Herbert Krüger.

Dieser Phalanx frisch berufener NS-Juristen stand eine sehr kleine Minderheit von weiteramtierenden Professoren des Öffentlichen Rechts gegenüber, die *nicht* gewillt waren – permanent oder nur vorübergehend –, aktiv am neuen Staats-„Recht" mitzuarbeiten und die dies auf verschiedene Art dokumentieren; drei der seltenen Beispiele: der prominente Heidelberger *Gerhard Anschütz*, Autor des weitestverbreiteten Kommentars zur Weimarer Verfassung, 1933 66 Jahre alt, beantragte nach massiver Kritik in der Presse (23.3.1933), die darauf zurückging, daß er die Verhaftung von SPD-Abgeordneten als rechtswidrig charakterisiert hatte, am 31. März seine vorzeitige Emeritierung mit der Begründung, daß er die notwendige Verbundenheit mit dem neuen Staatsrecht nicht aufbringen könne;[28] er wurde zum 1. April entpflichtet. Der 57jährige Kieler Professor *Bernhard Harms* ließ sich zunächst für zwei Jahre beurlauben, schwenkte aber recht bald auf den neuen Kurs ein und wurde zum Wintersemester 1935/36 nach Berlin berufen.[29] *Rudolf Smend* sprach am 26.2. 1933 gemeinsam mit drei Kollegen aus anderen Fakultäten bei Hitlers Vizekanzler von Papen vor, um gegen „Denunziantentum, Disziplinlosigkeit und Gesinnungsknechtschaft an den Hochschulen"[30] zu protestieren – was natürlich ohne Aussicht auf Erfolg war.[31]

Die große Mehrheit der Juristen jedoch verhielt sich anders, wie dies die Jubel- und Ergebenheitsadressen ihrer Standesorganisationen anläßlich des „Tags von Potsdam" (21.3.1933) zeigen.[32]

2. NS-Organisation für Juristen[33]

a) BNSDJ/NSRB

Noch im Verlauf des Jahres 1933 hörten die führenden juristischen Berufsverbände auf, weiter zu bestehen: Am 12.5.1933 verkündete der „Reichsrechtsführer" Hans Frank[34], alle einschlägigen Vereinigungen sollten binner kurzer Zeit mit dem seit 1928 bestehenden „Bund National-Sozialistischer Deutscher Juristen" („BNSDJ", 1935 umbenannt[35]) zusammengelegt werden – soweit sie nicht, wie der „Republikanische Richterbund" im März 1933[36], bereits aufgelöst worden waren: der „Deutsche Richterbund"[37] beispielsweise schloß sich im Mai 1933 dem BNSDJ von sich aus an, ebenso der „Deutsche Anwaltsverein" und der „Deutsche Notarverein". Am 1. Juni 1933 proklamierte Hans Frank die „Deutsche Rechtsfront" als berufsständische Organisation aller Juristen[38], deren politisch-weltanschaulichen Kern der BNSDJ bildete; die Eingliederung der noch übriggebliebenen Juristen- und Ökonomenverbände war im Dezember 1933 abgeschlossen.[39]

Einige Zitate aus dem zeitgenössischen BNSDJ-Schrifttum können den Charakter des BNSDJ/NSRB veranschaulichen; in der „Satzung" des Bundes vom 4.5. 1933 heißt es in § 3 u. a.:[40]

Zweck des BNSDJ ist die Verwirklichung des nationalsozialistischen Programmes auf dem gesamten Gebiete des Rechtslebens, insbesondere die Wiedererweckung und Neugestaltung eines deutschen Rechtes als Mittel zur Sicherung des nationalsozialistischen Staates, Kultur- und Wirtschaftslebens.

1940, an anderer Stelle:[41]

Der NSRB ist keine Berufs- oder Standesorganisation zur ausschließlichen Erfüllung von Berufs- oder Standesforderungen, sondern in erster Linie eine *weltanschauliche Kampfgemeinschaft zur Durchsetzung des Parteiprogramms.* Daher ist die Mitgliedschaft auch nicht, wie z. B. bei den gewerblichen Organisationen eine zwangsweise, sondern eine freiwillige. Nicht jeder Rechtswahrer kann in den Bund aufgenommen werden, sondern es wird, wie auch bei der Partei, nur derjenige als Mitglied aufgenommen, der durch seine weltanschauliche Haltung, Einsatzbereitschaft und makellose Vergangenheit ein würdiges Mitglied der Kampfgemeinschaft zu werden verspricht. [...] Der Führer hat ihm [dem NSRB] im § 19 des Parteiprogramms seine Aufgabe gewiesen. *Das NSRB-Mitglied ist also gleichzeitig Mitglied der Bewegung.* [...]

Innerhalb des BNSDJ existierten zunächst sieben branchenspezifische „Fachgruppen", denen Ende November 1933 als achte und letzte die neugeschaffene „Fachgruppe Hochschullehrer" hinzugefügt wurde, deren Leiter Carl Schmitt unter anderem 1934 ausführte:[42]

Die Reichsfachgruppe der juristischen Hochschullehrer wird sich daher als nationalsozialistische Kampfzelle der Neugestaltung des juristischen Bildungswesens einschließlich des Prüfungswesens in besonderem Maße annehmen. Dabei wird sie ihre Aufmerksamkeit nicht zuletzt auch der bisher kaum beachteten Reform der Lehrmittel, insbesondere der Lehrbücher zuwenden.

Der Mitgliederstand des Gesamt-BNSDJ stieg zwischen 1932 mit 1.374 auf 82.807 Personen am 31.12.1935; die „Fachgruppe Hochschullehrer" verfügte am 31.12. 1935 über 421 Mitglieder[43] – Professoren und Assistenten der Rechts- und der Wirtschaftswissenschaften.

b) Die „Akademie für Deutsches Recht"

Hatte der BNSDJ bereits in der Weimarer Republik bestanden, so handelte es sich bei der „Akademie für Deutsches Recht" um eine Neugründung seitens des Dritten Reiches – durch Hans Frank, der hierfür Auftrag und Vollmacht von Hitler persönlich erhalten hatte –, die sich vom April bis zum November 1933 über mehrere Etappen erstreckte.[44] Der *Völkische Beobachter* skizzierte anläßlich der Inauguration der einzelnen Akademie-Ausschüsse (17.11.1933) die Ziele der neuen Institution:[45]

Die besten Theoretiker und Praktiker Deutschlands auf allen Gebieten des deutschen Rechtslebens werden in diesen Ausschüssen zusammentreten, um in gemeinsamer Arbeit *das große Reformwerk des nationalsozialistischen Deutschlands* auch auf dem Gebiete des deutschen Rechtslebens zu vollenden.

Der Weg soll gehen zu einem deutschen Recht, das volksnahe und nicht volksfremd ist [...].

Es muß hier unterstrichen werden, daß es sich bei dieser Akademie um eine durch und durch nationalsozialistische Einrichtung handelte – nach 1945 nämlich wurde versucht, die Mitarbeit zu bagatellisieren, als ob es sich um eine mehr oder weniger neutrale Forschungsstätte gehandelt hätte; deutlich ablesbar ist der politische Charakter jedoch u. a. daran, daß am 11.10.1933[46] dem Reichspropagandaminister Goebbels die Ehrenmitgliedschaft angetragen worden ist[47].

Der „Geschäftsführende Direktor" der Akademie, Karl Lasch, konnte im Oktober 1936 in einer Zwischenbilanz befriedigt feststellen, daß „der Ertrag ihrer bisherigen Tätigkeit als unersetzbar und für die Gesetzgebung des Dritten Reiches als überaus fruchtbringend zu bezeichnen" sei.[48]

1936 existierten, die Unterausschüsse einmal mitgerechnet, 47 thematische, an den verschiedenen Rechtsmaterien orientierte Ausschüsse in der Akademie[49], deren Mitglieder ausschließlich von Hans Frank selbst ernannt worden waren; 1936/37 wurde die Akademie umorganisiert, es drangen verstärkt auch Mitarbeiter des Sicherheitsdienstes der SS in die Arbeitsgruppen ein, etwa den Polizeirechtsausschuß. Wichtige Funktionäre (Abteilungsleiter, Ausschußvorsitzende) der Akademie waren u. a. Carl Schmitt (bis 1936), Werner Weber und Ulrich Scheuner, aber auch bedeutende Vertreter der Wirtschaft wie der Bankier von Finck. (Friedrich Flick und Fritz Thyssen übrigens waren ebenfalls Akademie-Mitglieder.) Insgesamt ist festzustellen, daß in dieser Akademie Rechtswissenschaftler, zahlreiche Repräsentanten führender Wirtschaftsbranchen und -unternehmen, hochrangige Vertreter der Staatsorgane – darunter auch Ministerpräsident Göring, Gauleiter, Minister und Staatsekretäre – und SS-Funktionäre bei der „Reform" der Rechtsordnung zusammengearbeitet haben.[50]

3. Staatsrechtler als Legitimatoren des NS-Staates

De lege wurde die Weimarer Verfassung als solche bis 1945 nicht außer Kraft gesetzt; neben den Notverordnungen des Reichspräsidenten Hindenburg (Februar 1933) und dem Ermächtigungsgesetz – den zentralen Grundlagen der NS-Herrschaft – war es vor allem ein „Verdienst" der Juristen, die von der Weimarer Verfassung garantierten Grundrechte durch ihre Publikationen vollends gegenstandlos zu machen – sie schufen damit eine der wichtigsten Voraussetzungen für die weitere Ausweitung des Terrors. An erster Stelle zu nennen sind die Staatsrechtler Carl Schmitt, Ernst Rudolf Huber, Otto Koellreutter, Theodor Maunz, Reinhard Höhn und Herbert Krüger, die sich bis 1945 auf verschiedenen Gebieten hervortaten (womit nicht etwa gesagt sein soll, daß Ulrich Scheuner, Ernst Forsthoff, Friedrich Berber usw. nicht auch entsprechende Arbeiten veröffentlicht hätten; vgl. Teil C): *Carl Schmitt*, NSDAP-Mitglied vom 1.5.1933, avancierte noch 1933 zum (auch offiziell) führenden NS-Staatsrechtler und zum BNSDJ-Funktionär – Positionen, die er bis zum 1. Januar 1937 innehaben sollte; danach wandte er sich dem Völkerrecht zu und propagierte die „Völkerrechtliche Großraumordnung" (April 1939 [!]) –, 1933–1936 arbeitete er maßgeblich u. a. am Reichsstatthaltergesetz vom 7.4.1933 mit (als einer von vieren)[51], vor allem aber unterstützte und legitimierte er das NS-Regime durch Dutzende von Aufsätzen, die in Tageszeitungen wie dem *Völkischen Beobachter* und in juristischen Periodika erschienen sind, sowie in Büchern („Staat, Bewegung, Volk", 1933, u. a.); sein Anliegen war dabei, wie Schmitt im April 1947 aussagte[52], den „nationalsozialistischen Phrasen einen Sinn zu geben", da er sich „Adolf Hitler geistig unendlich überlegen" fühlte. *Ernst Rudolf Huber*, einem Schüler Schmitts, wurde 1953 in einem Urteil des Bundesverfassungsgerichts attestiert[53], „einer der führenden Verfassungstheoretiker der nationalsozialistischen Zeit" gewesen zu sein; bereits ab 1934 ergänzte er Schmitts Arbeiten auch in einer 1933 neugegründeten, von diesem edierten Schriftenreihe[54] durch Titel wie „Die Gestalt des deutschen Sozialismus" (1934) und „Wesen und Inhalt der politischen Verfassung" (1935), hauptsächlich aber durch sein damaliges Standardwerk „Verfassungsrecht des Großdeutschen Reiches" (1937 und 1939). *Theodor Maunz* entwickelte sich, nachdem er sich 1936 beim NSRB auch als Antisemit profiliert hatte[55], zu einem der wichtigsten Polizei- und Verwaltungsrechtler.[56] *Otto Koellreutter*, Nationalsozialist mit Parteibuch seit dem 1.5.1933 (bis 1930 Mitglied der DVP), widmete seine Schaffenskraft zunächst dem ersten auf festem nationalsozialistischem Fundament stehenden „Grundriß der Allgemeinen Staatslehre" (1933) und des weiteren in „Der Deutsche Führerstaat" (1934) auch, neben anderem, der Legitimierung der Konzentrationslager, die er zwar immerhin für „nicht betont rechtsstaatliche Einrichtungen", nichtsdestoweniger aber für schlechterdings „unentbehrlich" hielt (S. 21).

Reinhard Höhn und *Herbert Krüger* seien als Beispiele für SS-Professoren erwähnt: *Krüger*, in der SS seit dem Oktober 1933, reüssierte 1935 mit seinem Buch „Führer und Führung" – seine Thesen waren in NS-Kreisen nicht immer unumstritten[57], was aber seiner Karriere nicht weiter geschadet hat (vgl. sogleich im Text) –, und lieferte schon bald Aufsätze wie „Der Führer als Wendepunkt des Denkens"[58] nach und Bücher wie „Vertrauen als seelische Grundlage der Volksgemeinschaft" (1940); *Höhn* begann seine NS-Laufbahn als SS-(SD-)Spitzel 1932 (sic!) und bereitete hiermit seinen rasanten Aufstieg nach dem NSDAP- und SS-Beitritt 1933 vor: in seiner SS-Personalakte wurde er von 1934 bis 1945 als „hauptamtlicher Führer im SD-Hauptamt" bezeichnet und regelmäßig von Heinrich Himmler befördert, zuletzt Ende 1944 zum SS-Oberführer[59]; an Büchern zu nennen sind etwa Höhns „Die Wandlung im staatsrechtlichen Denken" (1934) und „Reich, Großraum, Großmacht" (1942), ferner Darstellungen zur Heeresgeschichte.[60]

Einige Universitäten und Zirkel bedürfen (auch mit Blick auf die Abschnitte B und C) noch kurz gesonderter Erwähnung – zuvor ist darauf hinzuweisen, daß Staatsrechtsschulen der Weimarer Zeit teilweise ihre theoretischen Diskussionen nach 1933, natürlich modifiziert, fortgesetzt haben: es handelte sich bei den NS-Verfassungsjuristen also um eine nicht in jeder Hinsicht homogene Gruppe, als ihr gemeinsamer „Minimal"-Konsens galt jedoch unumstritten die Maxime, die „Reform der Rechtsordnung" im Sinne und im Interesse des herrschenden Regimes mitgestalten zu wollen. Dies muß vor allem auch deshalb betont werden, weil mit Hilfe einiger de facto eher unbedeutender Differenzen bei der Kommentierung des

Führerstaates ***nach*** 1945 eine deutliche oder vorsichtige „Systemkritik" bewiesen werden sollte (u. a. in den Fällen Werner Weber und Carl Schmitt) – eine krasse Verfälschung der Intentionen ehemaliger NS-Professoren mit dem durchsichtigen Zweck, ihren „getarnten Widerstand" zu belegen.

Zu den Zentren nationalsozialistischer Rechtswissenschaft gehörte die juristische Fakultät in Kiel, die sogenannte *Kieler Schule*[61]; wer ab 1933 hierher berufen worden ist (wie z. B. Huber), ist als engagierter Nationalsozialist zu betrachten.

Noch stärker gilt dies für den Lehrkörper der *Reichsuniversität Straßburg*, die 1940 nach der Besetzung der französischen Stadt durch deutsche Truppen im Verlauf des Krieges gegründet worden ist: Sämtliche vom Reichskultusminister Rust hierfür vorgeschlagenen Professoren und Dozenten wurden einer zusätzlichen, intensiven Prüfung durch die Parteikanzlei – d. h. Rudolf Heß, und damit in praxi Martin Bormann – unterzogen, deren Augenmerk sich primär auf die weltanschaulich-politisch Zuverlässigkeit richtete[62]; berufen wurden schließlich, neben anderen, Huber, Krüger und Scheuner.

Zwischen 1941 und 1943 [1944] erschien die ausschließlich von sehr hochrangigen SS-Offizieren – nämlich Wilhelm Stuckart, Werner Best, Gerhard Klopfer, Rudolf Lehmann, Reinhard Höhn[63] – herausgegebene Zeitschrift mit dem programmatischen Titel *Reich – Volksordnung – Lebensraum/Zeitschrift für völkische Verfassung und Verwaltung*, in insgesamt sechs umfangreichen Bänden, die sich hauptsächlich mit Staats-, Verwaltungs- und Völkerrecht befaßten, darunter auch mit der (SS-)Planung für die im Zweiten Weltkrieg von der Wehrmacht eroberten Gebiete; im „Geleitwort der Herausgeber" heißt es 1941 (Auszüge):[64]

Diese Zeitschrift soll der engen Verbindung zwischen der Praxis [!] und Wissenschaft dienen. Sie soll eine Brücke der Klärung und des Verständnisses schlagen zwischen der praktischen Arbeit, die die Träger der deutschen Volksordnung – die Partei, die „staatlichen" Dienstzweige und die Wehrmacht – zu leisten haben und der Arbeits- und Denkweise der Wissenschaft, die sich mit den gleichen Gegenständen befaßt.

Das *Reich* als das Ziel allen deutschen Strebens, das in der Vergangenheit nie voll verwirklicht wurde und an dessen Erfüllung durch den ersten Führer aller Deutschen wir tätigen und erkennenden Anteil nehmen wollen, stellen wir als Leitgedanken an die Spitze unseres Arbeitsprogramms.

[...]

Aus der nationalsozialistischen Weltanschauung, auf Grund derer es allein möglich war, unserem Volk wieder eine Führung und eine ihm arteigene Ordnung zu geben, das Wesen der *völkischen Verfassung*, unserer Lebenswirklichkeit, immer tiefer zu erkennen, und die Grundsätze und Notwendigkeiten einer *völkischen Verwaltung* der deutschen und der europäischen Lebensverhältnisse klar und brauchbar herauszuarbeiten, ist die Aufgabe, an der in dieser Zeitschrift mitzuarbeiten alle gleichgesinnten und berufenen Kräfte des öffentlichen Dienstes und der Wissenschaft aufgefordert werden. [...]

Diesem Aufruf leisteten, was nach der bisherigen Lektüre kaum noch überraschen wird, regelmäßig Folge: Friedrich Berber, Theodor Maunz und Herbert Krüger; bereits im ersten Band dieses Periodikums erscheinen sie, ebenso wie der bekannte Arbeitsrechtler Wolfgang Siebert, in der auch in allen späteren Bänden enthaltenen Tabelle der „Ständigen Mitarbeiter", zu denen später noch der Staatsrechtler Hans Peter Ipsen hinzustieß.

B. Die Jahre danach

1. Die sogenannte Entnazifizierung

Selten in der jüngeren Vergangenheit haben die Vertreter einer Wissenschaft, die sich üblicherweise als „unpolitisch" und „neutral" gesehen wissen will[65] – und die dies im Prinzip noch heute für sich reklamiert (ein Indiz gelungener Verdrängung) –, derart gründlich und ohne wirkliche äußere Not deren tatsächlich hochpolitischen Charakter dekuvriert, wie dies die Mehrheit der Juristen zwischen 1930 und 1945 getan hat[66], indem sie zunächst dazu beitrugen, eine demokratische Staatsordnung zu zerstören und sofort im Anschluß daran, obwohl es sich bei nur wenigen Rechtsprofessoren um wirklich überzeugte Nationalsozialisten gehandelt haben dürfte, weitaus überwiegend loyal und engagiert bis exponiert im NS-Staat mitarbeiteten. Es sollte eigentlich mittlerweile zum gesicherten Bestand zeitgeschichtlicher Forschungsresultate gehören, daß ab 1933 die Hochschulen „aus eigenem Willen und durch staatliche Maßnahmen" gleichgeschaltet wurden; „nirgendwo stellte sich die Universität vor ihre bedrängten, verfemten, verfolgten Kollegen".[67]

Die alliierten Siegermächte, die seit dem Winter 1944/45 Deutschland besetzten, taten dies mit der festen Absicht, allen Nationalsozialisten ein für allemal jedwede Einflußmöglichkeit auf das öffentliche Leben zu entziehen – eine Aufgabe, die in der Praxis letztendlich nur halbherzig und insgesamt äußerst unvollkommen in Angriff genommen bzw. durchgeführt worden ist:[68] viele NS-Professoren, die – wie andere Beamte auch – anfangs von den Alliierten mit sofortiger Wirkung und *auf Dauer* ihres Amtes enthoben worden waren, kehrten spätestens in den fünfziger Jahren wieder auf die Lehrstühle zurück, als letzter 1957 Ernst Rudolf Huber; einige wurden dabei von Anfang an übersehen und gar nicht erst entlassen (z. B. Theodor Maunz).

(Zu Anfang der fünfziger Jahre sind übrigens nicht nur staatstragende [NS-]Professoren wieder eingesetzt worden: Parallel hierzu wurden zahlreiche Funktionsträger des NS-Regimes, darunter auch ehemalige Minister und Staatssekretäre, vorzeitig aus der Haft entlassen, die erst relativ kurz davor von Alliierten-Gerichten zu mehrjährigen Freiheitsstrafen verurteilt worden waren; Robert M. W. Kempner, in den späten vierziger Jahren Ankläger in den Nürnberger Prozessen, charakterisierte dies rückblickend als „Begnadigungsfieber".)

Nur drei NS-Staatsrechtsprofessoren wollte es trotz aller Bemühungen nicht gelingen, innerhalb des universitären Bereiches voll resozialisiert zu werden – was jedoch nicht besagt, daß sie fortan ohne Einfluß auf die verfassungsrechtliche (und damit politische) Entwicklung der frühen Bundesrepublik geblieben wären; im Gegenteil: *Carl Schmitt*, bei Kriegsende 56 Jahre alt, seit 1945 amtsenthoben und wegen seiner NS-Funktionen im sogenannten „automatischen Arrest" in Berlin, wurde im Mai 1947 in die Freiheit entlassen, ohne je unter Anklage gestellt worden zu sein;[69] er begann schon 1948 wieder zu publizieren (zunächst auch anonym oder unter Pseudonymen) – allein im Jahre 1950 vier Bücher – und spielte binnen weniger

Jahre erneut eine führende Rolle auf dem juristischen Meinungsmarkt, was auch daran abzulesen ist, daß ihm seit 1945 fünf Festschriften dediziert wurden, zu denen nicht nur die „alten Kameraden", sondern auch viele jüngere Wissenschaftler Aufsätze beigesteuert haben. Der Versuch, Schmitt mittels der Aufnahme in die Staatsrechtslehrervereinigung wieder eine Professur zu verschaffen, scheiterte 1953 daran, daß Wolfgang Abendroth auf der damaligen Tagung einige der Kollegen privatim darauf hinwies, ihre Schriften aus der Zeit vor 1945 nachlesen und häufiger zitieren zu wollen – dieser dezente Wink genügte bereits, um den Rücktritt vom Versuch zu bewirken[70].

Otto Koellreutter, 1883 geboren, kam, jedenfalls zunächst, nicht unbeschadet durch das Entnazifizierungsverfahren:[71] Am 17.7.1947 wurde er in München durch Spruchkammerbescheid als „Hauptschuldiger" zu 5 Jahren Arbeitslager und anderen Sühnemaßnahmen verurteilt; er mußte hiervon allerdings nur 13 Monate in einem Internierungslager absitzen, da er schließlich, nach Bemühung verschiedener Personen und Institutionen, am 19.11.1948 in erneuter Verhandlung als „Mitläufer ohne Sühne" eingestuft worden ist. Ordentlicher Professor konnte Koellreutter wegen Erreichens der Altersgrenze zwar nicht wieder werden, als Emeritus hielt er jedoch in den fünfziger Jahren Vorlesungen in Regensburg und München ab und trat wiederum mit mehreren Publikationen an die Öffentlichkeit; ausgerechnet dieser NS-Professor äußerte sich darin mehrfach auch über die Entnazifizierung: „Das Verfahren vor den Spruchkammern war eine Farce", „nach bolschewistischem Muster", mit dem Ziel der „moralischen und materiellen Vernichtung" von „Intellektuellen".[72]

Reinhard Höhn, 1945 SS-Oberführer und Staatsrechtsprofessor in Berlin, praktizierte anfangs für einige Jahre unter der Tarnkappe eines Heilpraktikers, bis er 1956 zum Gründungsmitglied der Bad Harzburger „Akademie für Führungskräfte der Wirtschaft"[73] und deren seitherigem Chef (bis heute) avancierte. Ein beliebter Terminus in den (sehr oft von Höhn selbst verfaßten) Broschüren und Büchern der Akademie ist „Führung", inhaltlich zumeist verbunden mit der Propagierung autoritärer Unternehmensleitung. Zum Lehrpersonal der Akademie gehör(t)en, wohl sicherlich nicht zufällig, ehemalige SS-Offiziere wie Franz A. Six (SD-Abteilungschef, 1941 Leiter der Einsatzgruppe „Vorkommando Moskau") und Roger Diener – letzterer hatte bereits mehrere Beiträge zur oben erwähnten Zeitschrift „Reich – Volksordnung – Lebensraum" geliefert. Die Relevanz der Akademie ist daran ablesbar, daß z. B. 1972 insgesamt 29.495 Personen – vor allem Manager, Kommunalbeamte, Bundeswehroffiziere – an den 1.399 Lehrgängen dieses Jahres teilgenommen haben.[74]

In den vierziger und fünfziger Jahren kehrten, mit Ausnahme der drei soeben genannten, nicht nur die ehemaligen NS-Professoren auf ihre Lehrstühle zurück, nachdem sie, wie etwa Herbert Krüger 1950 bis 1954 als Geschäftsführer des Verbandes deutscher Reeder in Hamburg, an anderer Stelle „überwintert" hatten – auch SS-Juristen machten Nachkriegskarrieren, z. B. Werner Best beim Stinnes-Konzern.[75] Andere, etwa der berüchtigte Klaus Barbie, Gestapochef in Lyon, arbeiteten bereits

1946/47 auf dem ihrer Tätigkeit vor 1945 verwandten Gebiet weiter – diesmal allerdings als Agenten des amerikanischen CIC –, indem sie in erster Linie (nach wie vor) kommunistische und sozialistische Gruppen bespitzelten.[76]

Die bisher skizzierte Entwicklung ist zu sehen auf dem Hintergrund der Westintegration von drei Besatzungszonen[77] und dem dort wachsenden Antikommunismus im Kalten Krieg: Ehemalige Nationalsozialisten waren auch deshalb besonders nützlich, weil ihnen irgendwelche Sympathien für sozialistisches Gedankengut gewiß nicht nachgesagt werden konnten. (Auf die einzelnen Phasen dieser Nachkriegsepoche kann hier nicht näher eingegangen werden.[78])

2. Nichts zu bedauern? – Zu den gängigsten Rechtfertigungsversuchen

Nur sehr wenige der führenden NS-Rechtswissenschaftler haben sich überhaupt nach 1945 öffentlich über ihr Engagement geäußert; dies gilt neben den Staats- und Völkerrechtsprofessoren für Straf- und Zivilrechtler, Rechtshistoriker und -philosophen, ebenso jedoch auch für die Vertreter der nicht-juristischen wissenschaftlichen Disziplinen;[79] unter ihnen allen ist *kein einziger* zu finden, der seine frühere Tätigkeit ernsthaft bedauert oder gar bereut und dies publiziert hat. (In Parenthese sei die Bemerkung gestattet, daß hierfür – von der Karriere her gesehen, nicht unter dem Aspekt der „geistigen Mitarbeit" in einem verbrecherischen Regime – auch kein Grund bestanden hätte: Schließlich ging, abgesehen von der vorübergehenden Unterbrechung ab 1945, die nicht einmal alle betraf, der Aufstieg weiter, dessen Grundlagen sehr häufig ab 1933 gelegt worden waren.) Statt dessen ist, soweit hierzu der Öffentlichkeit zugängliche Aussagen vorliegen, im nachhinein versucht worden, mit verschiedenen Tatsachenbehauptungen oder -wertungen die frühere Tätigkeit zu *legitimieren* – eine Tendenz, die im wesentlichen auch seitens der juristischen Forschung bestärkt worden ist.[80]

Die seltenen einschlägigen Äußerungen der Rechtsprofessoren oszillieren zwischen der grotesken retrospektiven Geschichtsfälschung mittels Selbststilisierung zum „inneren Emigranten" oder gar klandestinen „Widerständler" – übrigens stets so versteckt, daß es *vor* 1945 niemandem aufgefallen ist – einerseits und einer schlagwortartig nur als Trotz zu charakterisierenden Haltung, die das völlige Fehlen jeglichen Unrechtsbewußtseins vermuten läßt, auf der anderen Seite, etwa nach Art des Theodor Maunz, der sich 1964 allen Ernstes damit „rechtfertigen" wollte, „er habe den damals bestehenden Rechtszustand geschildert" und die ihm vorgehaltenen Zitate seien „aus dem Zusammenhang gerissen" (nachdem die Münchner „Abendzeitung" behauptet hatte, Maunz sei „des Teufels Jurist" gewesen)[81].

Zu den genannten Methoden tritt eine weitere hinzu, die gelegentlich in Kombination mit ihnen verwendet wird: der Rekurs auf einen vermeintlichen „Befehlsnotstand" – die Behauptung, zur Anwendung einer (lebens-)gefährlichen Bedrohung seitens des NS-Regimes quasi unter Zwang gehandelt und deshalb zur Legitimierung des Führerstaates beigetragen zu haben. (Auf dieselbe Weise haben sich auch die Verbrecher aus der SS und anderen Organisationen, z. B. in den Nachkriegsprozessen wegen Tötungsdelikten, gegen den strafrechtlichen Schuldvorwurf verteidigt.) Vor allem diese Exkulpierungsart wird in der juristischen Literatur im allgemeinen als zutreffend akzeptiert, übernommen und erweitert – obwohl gerade der „Befehlsnotstand" inzwischen dank einer vorzüglichen Untersuchung von Herbert Jäger (1967) als nicht verifizierbare Schutzbehauptung erwiesen worden ist.[82] Doch auch andere Materialien konnten die herrschende Meinung der Rechtswissenschaft bisher kaum erschüttern, da sie entweder ignoriert zu werden pflegen oder aber, mangels systematischer Forschung,[83] zumeist gar nicht erst versucht worden ist, etwa einschlägiges Archivmaterial zu sichten und auszuwerten; hierfür einige Beispiele[84] – ihre Zurkenntnisnahme dürfte bereits ausreichen, dem Rechtfertigungsversuch mittels „Befehlsnotstand" seitens der Rechtsprofessoren den schwankenden Boden endgültig zu entziehen: Es gab für Rechtswissenschaftler, entgegen der verbreiteten Behauptung, mehrere Möglichkeiten, sich der aktiven Mitgestaltung des NS-Rechts zu verweigern, *ohne* in persönliche Gefahr zu geraten oder den Lehrstuhl (als solchen) zu riskieren; die gravierendste praktizierte Sanktion nach 1933 war, soweit aus dem Archivmaterial ersichtlich, die Versetzung an eine andere Universität[85], wie am Fall *Rudolf Smend* demonstriert werden kann: Smend[86], 1882 geboren, von 1918 bis 1930 Mitglied der rechtsextremistischen DNVP, 1933 Ordinarius in Berlin, ist außer der NS-Volkswohlfahrt nie einer anderen NS-Organisation (NSDAP, SA, SS) beigetreten und gehörte ausweislich der damals über ihn geführten Akten auch keiner anderen Institution des „neuen Staates" an (Görings Preußischem Staatsrat beispielsweise), allerdings war er Mitglied der „Akademie für Deutsches Recht"[87], jedoch ohne dort leitende Funktionen zu übernehmen oder sonst besonders hervorzutreten; obwohl Smends politische Vergangenheit – Sympathien für den italienischen Faschismus, DNVP-Mitgliedschaft – eine Mitarbeit im werdenden NS-Regime durchaus hätte nahelegen können, wechselte der prominente Staatsrechtler 1933 seine Forschungsschwerpunkte und veröffentlichte neben rechtshistorischen Abhandlungen bis 1945 Studien zum Kirchenrecht, Arbeiten, die er nach dem Ende des Dritten Reiches nicht zu „verstecken" brauchte und 1955 in seinen „Staatsrechtlichen Abhandlungen" unverändert nachdrucken lassen konnte (ähnliches wäre bei den 1933-1945 erschienenen Werken von Maunz, Krüger, Höhn und anderen wohl kaum denkbar). Zum Wintersemester 1935/36 erhielt Smend einen Ruf an die Universität in Göttingen, dem er (auf Drängen des Kultusministeriums) Folge leistete: Seit dem 1.11.1935 hatte er seinen festen Wohnsitz in Göttingen, wo er am 1.4.1936 der NS-Volkswohlfahrt beitrat. (Sein Berliner Lehrstuhl wurde noch Ende 1935 vom neuernannten SS-Professor Reinhard Höhn übernommen, der ihn bis 1945 innehatte.) Smend avancierte in Göttingen schon bald zum Dekan und wurde vom Reichskultusministerium regelmäßig mit Gutachten in Berufungsverfahren beauftragt[88] – von Publikationsverbot, Entlassung oder gar direkter Gefahr war bei Smend nie die Rede, und solche Maßnahmen wurden, wie aus den Akten hervorgeht, auch nicht erwogen; unterstrichen wird diese Feststellung durch eine (von mehreren regelmäßigen) „Politischen Beurteilungen" der Göttinger NSDAP-Stellen:[89] Auf Anfrage der Dienststelle des „Stellvertreters des Führers"[90], weitergeleitet durch die „NSDAP-Gauleitung Süd-

Hannover/Braunschweig" an die „Kreisleitung Göttingen der NSDAP" am 16.7. 1936, erteilte der „Kreispersonalamtsleiter"[91] am 25.7.1936 die folgenden Auskünfte (Auszüge):

> [...] Er ist während seines Göttinger Aufenthaltes politisch wenig hervorgetreten. In seinem Kolleg über Volk und Staat ist Prof. S. etwas abstrakt – jedenfalls keine politische Kämpfernatur. S. ist kein Parteigenosse [...]. In der Publizistik ist Prof. S. nach unseren Feststellungen sehr eindeutig und scharf gegen die jüdische Kelsenschule in Wien hervorgetreten. Sein besonderes Interesse gilt heute dem Kirchenrecht.
>
> Politisch gewertet ist Prof. S. im Gesamturteil wohlwollend neutral ohne feste Prägung. Er hat sich in der Göttinger Zeit nationalsozialistischen Bestrebungen niemals entgegengestellt. Sein Verhalten rechtfertigt im ganzen die Abgabe einer politischen Unbedenklichkeitserklärung. [...]

Einen anderen Weg zur Umgehung der Mitarbeit schlug der spätere Bundesverfassungsrichter *Martin Drath* ein: 1932/33 Assistent des (einzigen) sozialdemokratischen Staatsrechtlers Hermann Heller in Frankfurt am Main, verbrachte er die zwölf braunen Jahre damit, sich von der Arbeit als Buchhalter und Revisor zu ernähren; erst 1946 konnte er sich in Jena habilitieren. Darüber hinaus gab es nur noch vereinzelte Staatsrechtler[92], die ihre Publikationstätigkeit einschränkten oder sich sonst nicht zu Handlangern machen ließen – Herbert Kraus, Hans Peters, Wolfgang Abendroth und Carlo Schmid z. B.[93].

Resümierend ist festzuhalten, daß alle die NS-Juristen jedenfalls nicht unter physischem Zwang oder Befehlsnotstand handeln mußten – die *einzige* Gefahr „drohte" ihrer Karriere, nicht „Leib und Leben";[94] es muß wie eine Verhöhnung der wirklichen Opfer des NS-Terrors wirken, wenn ausgerechnet diejenigen, die ohne wirkliche Not eben diesen Terror öffentlich legitimiert, die unbeschränkte Führergewalt postuliert haben, später statt eines Eingeständnisses ihrer „geistigen" Mitschuld sich mehr oder weniger offen selbst als Unterdrückte gerieren – und darin auch noch von der „Forschung" unterstützt werden, wie dies das Beispiel *Carl Schmitts* zeigt: Wohl selten ist die Autoapologetik einer Person so unkritisch von der biographisch-juristischen Literaturmehrheit des In- und Auslandes übernommen worden, die Schmitt seit 1950 in mehreren Arbeiten verbreitet hat; zugleich zeigt sein Fall in aller Deutlichkeit den Widerspruch zwischen der Selbstdarstellung und den tatsächlichen Geschehnissen: Einerseits 1936 die perfidesten antisemitischen Hetztiraden[95] in der Tonart des Julius Streicher, andererseits 1947 u. ö. die Behauptung, stets nur „wissenschaftliche Thesen" verfaßt zu haben, die er vor jedem wissenschaftlichen Forum vertreten würde; seit April 1939 die ideologische Entwicklung einer „Völkerrechtlichen Großraumordnung", später die Aussage, doch nur eine Diagnose gestellt zu haben; 1933-36 eine wichtige Rolle bei der theoretischen Gleichschaltung der Justiz und für die Gesetzgebung, 1950[96] das Lamento über die angeblich „verfälschenden Lautsprecher" des NS-Systems, usw. usw. – die Liste ließe sich nahezu beliebig verlängern; Schmitt wollte sich vor 1945 in eine „stille Innerlichkeit"[97] zurückgezogen haben, sein literarischer Ausstoß jedoch erreichte in jenen zwölf NS-Jahren, quantitativ betrachtet, den größten Umfang innerhalb seiner 96 Lebensjahre – mehrere Bücher und zahlreiche Aufsätze. Im Dezember 1936 wurde Schmitt von der SS-Zeitung „Das Schwarze Korps" zweimal kritisiert und daraufhin einiger Parteiämter enthoben (er war wegen seines Opportunismus kritisiert, dann aber von Göring geschützt worden) – hierauf gründete später die Schmitt-Apologetik[98] die Legende, er sei das ganze Dritte Reich über bedroht gewesen; zum Nachteil dieser „Forscher" ist aber u. a. die bisher unveröffentlichte SS-Sicherheitsdienst-Akte über Schmitt erhalten geblieben (sie umfaßt knapp 300 Blätter)[99], und mit ihrer Hilfe ist zu belegen, daß davon keine Rede sein kann, weil eine echte Gefahrenlage zu keinem Zeitpunkt bestanden hat – dafür war Schmitt schließlich auch, bis 1945, politisch zu nützlich.

Nur ein einziger jüngerer Staatsrechtslehrer, noch dazu ein Schüler Carl Schmitts, hat sich, nachdem er zuerst hatte mitmachen wollen, vom NS-Terror wenigstens teilweise eines besseren belehren lassen: der spätere Bundesverfassungsrichter *Ernst Friesenhahn*. 1933 beantragte er die Aufnahme in die NSDAP und die SA, zog jedoch nach dem sogenannten Röhm-Putsch 1934 diese Anträge wieder zurück – und konnte trotzdem seine Karriere fortsetzen, ein weiterer Beweis dafür, daß vom „Zwang zum Mitmachen" keine Rede sein konnte: Seit dem Sommersemester 1932 Privatdozent in Bonn, wurde er 1938 zum außerordentlichen Professor ernannt; daneben war er seit 1936 gleichzeitig Dozent an mehreren Verwaltungsakademien und Mitglied der Akademie für Deutsches Recht. Am 4.10.1938 wurde vom Reichsamtsleiter für den Gaudozentenbundführer die folgende politische Beurteilung über ihn ausgestellt (ungekürzt):[100]

> *Friesenhahn* entstammt einer streng katholischen Familie. Bis 1932 unterhielt er Beziehungen zum Zentrum und bekämpfte den Nationalsozialismus in der Presse. Auch heute noch ist er, wie er offen zugibt, mindestens weltanschaulich an den Katholizismus gebunden. Er betrachtet sich zwar als treuen Mitarbeiter im nationalsozialistischen Staate, war aber ehrlich genug, zuzugeben, daß er kein aktiver Kämpfer für den Nationalsozialismus werden könne. Mit dieser Begründung zog er im Jahre 1934 seine 1933 abgegebene Beitrittserklärung der [sic] NSDAP zurück und trat im selben Jahre angeblich wegen dienstlicher Überlastung auch aus der SA aus.
>
> Auf Grund dieser bewußten Bindung an den Katholizismus kann die politische Zuverlässigkeit Fr. nicht ganz bejaht werden.

Gerade nachdem hier klargestellt und belegt ist, daß abweichendes Verhalten außer einer eventuellen Verlangsamung des beruflichen Aufstiegs keine negativen Folgen für Rechtswissenschaftler hatte, dürfte es aufschlußreich sein, abschließend die „Politische Beurteilung" eines NS-Juristen den bereits zitierten gegenüberzustellen, hier die des nachmaligen bayerischen Kultusministers (1957–1964) und seit 1958 wichtigsten Grundgesetzspezialisten *Theodor Maunz* (geb. 1901) aus dem Jahre 1936 – die Frage, ob ein so Beurteilter jederzeit die Gewähr bietet, für eine freiheitlich-demokratische Grundordnung einzutreten, möge sich jede(r) Leser(in) selbst beantworten: der folgende Auszug entstammt den Unterlagen aus dem Verfahren zur Ernennung des a. o. Professors Maunz zum „ordentlichen Professor im badischen Landesdienst"; die Adjutantur des bayerischen Innenministeriums, in dem Maunz 1932 bis 1935 Referent bzw. Regierungsrat gewesen war, teilte der NSDAP-Gauleitung in München am 18.12.1936 mit:[101]

> [...] Bei ihm handelt es sich um einen Mann, der seinen Verpflichtungen bestimmt gewissenhaft nachkommt und sich in der Hauptsache auf dem Gebiet der Wissenschaft betätigt. Dabei gibt

er sich in anzuerkennender Weise Mühe, dem Gedankengang und der Weltanschauung des Nationalsozialismus in jeder Form Rechnung zu tragen. Bedenken in politischer Hinsicht liegen also gegen ihn nicht vor.

Heil Hitler! [folgt Unterschrift des „Stabsleiters"]

In den fünfziger und sechziger Jahren wurden z. B. die Professoren Theodor Maunz zum führenden Grundgesetzkommentator, Ernst Rudolf Huber der bedeutendste Verfassungshistoriker, Ernst Forsthoff zum wichtigsten Verwaltungsrechtler.

C. *Ausgewählte Kurzbiographien*[102]

1. Staats- und Völkerrechtsprofessoren[103]

a) Carl Schmitt und seine Schüler

CARL SCHMITT (geb. 1888),[104]
ordentlicher Professor seit 1921, verdankte seine Karriere großenteils jüdischen Gelehrten (M. J. Bonn, Erich Kaufmann), außerdem hatte er vor 1933 mehrere Schüler jüdischen Glaubens (Otto Kirchheimer, Waldemar Gurian u. a.). Bekannt geworden ist er in der Weimarer Republik vor allem durch seine auf der Sympathie für den italienischen Faschismus beruhende Parlamentarismuskritik und (seit 1931) die Propagierung des „totalen Staates"; gleichzeitig unterstützte er die autoritären Artikel 48-Regierungen Brüning, von Papen und von Schleicher durch Gutachten über Notverordnungen und trat im Prozeß „Preußen contra Reich" 1932 nach dem ‚Preußenschlag' als Vertreter der Reichsregierung von Papen vor dem Staatsgerichtshof des Reichsgerichts auf. Hatte er, vor allem als enger Berater und Freund des Kanzlers von Schleicher, Ende 1932 noch zu den Gegnern einer NS-Alleinherrschaft gehört, schwenkte er 1933 sehr zügig auf den neuen Kurs ein und avancierte innerhalb weniger Monate zum führenden Staatsrechtler des Dritten Reiches, der an wichtigen Gesetzen entscheidenen Anteil hatte (z. B. am Reichsstatthaltergesetz vom 7.4.1933) und in NS-Organisationen hohe Funktionärsposten bekleidete; er ging dabei auch so weit, die Ermordung seines früheren Freundes von Schleicher beim sogenannten Röhm-Putsch 1934 öffentlich zu legitimieren[105]; Ende 1936 wurde er von Hans Frank nach Kritik von seiten der SS, die sich auf seine Beziehungen zu Juden und von Papen sowie seinen Katholizismus bezog, einiger NS-Posten enthoben, blieb jedoch bis 1945 Mitglied von Görings Preußischem Staatsrat. Von der Innenpolitik, dem Staatsrecht, wandte er sich ab 1937 der Außenpolitik zu und publizierte fast ausschließlich völkerrechtliche Schriften. 1945 wurde er des Amtes enthoben und bis Mai 1947 in amerikanischem Arrest gehalten; Professor konnte er zwar nicht wieder werden, allerdings hatte er schon nach wenigen Jahren wieder seine führende Stellung auf dem juristischen Theorienmarkt zurückgewonnen. Schmitt starb 1985.

Einige Daten: 1928–1932 an der Handelshochschule in Berlin, 1933 für ein Semester in Köln, ab Winter 1933/34 bis 1945 an der Universität in Berlin; NSDAP-

Mitglied vom 1.5.1933 (Nr. 2.098.860); Preußischer Staatsrat Juli 1933; Leiter der „Fachgruppe Hochschullehrer" im BNSDJ 1933–1936; im „Führerrat der Akademie für Deutsches Recht" 1933–1936, danach Mitglied mehrerer Ausschüsse; 1935–1936 Leiter der „Wissenschaftlichen Abteilung" des BNSDJ; 1934–1936 Mitglied der „Hochschulkommission beim Stellvertreter des Führers" und damit zuständig für sämtliche Berufungen auf juristische Lehrstühle; usw.

Publikationen:[106] *Staat, Bewegung, Volk*, 1933; *Der Begriff des Politischen*, 4. Aufl. 1933; *Fünf Leitsätze für die Rechtspraxis*, in mehreren Zeitschriften 1933; *Die Verfassung der Freiheit* [Apologie der Nürnberger Gesetze], Deutsche Juristen-Zeitung 1935; *Völkerrechtliche Großraumordnung*, 1939, 4. Aufl. 1941; *Positionen und Begriffe im Kampf mit Weimar–Genf–Versailles*, 1940; *Der Nomos der Erde*, 1950; *Verfassungsrechtliche Aufsätze*, 1958, 2. Aufl. 1973.

ERNST FORSTHOFF (geb. 1902),[107]
Privatdozent in Freiburg im Breisgau seit 1930, publizierte 1933 sein Buch *Der totale Staat* und erhielt zum Winter 1933/34 unter Ernennung zum ord. Prof. den Frankfurter Lehrstuhl des soeben ins Exil getriebenen Hermann Heller; er war NSDAP-Mitglied seit dem 1.5.1937 (Nr. 5.285.360); weitere Berufungen: Hamburg 1935, Königsberg 1936, Wien 1941, Heidelberg 1943–1946. Nach der Amtsenthebung durch die amerikanischen Behörden war Forsthoff bis 1949 „im schleswig-holsteinischen Landesdienst tätig", um anschließend bis zur Emeritierung 1967 wieder in Heidelberg zu lehren; daneben war er 1960–1963 Präsident des obersten Verfassungsgerichts auf Zypern. 1972 erhielt er einen Konrad-Adenauer-Preis der „Deutschland-Stiftung".

Publikationen: *Der totale Staat*, 1933, 2. Aufl. 1934; *Führung und Planung*, Deutsches Recht 1937; *Die Verwaltung als Leistungsträger*, 1938 und 1959; *Deutsche Geschichte seit 1918 in Dokumenten*, 1936, 2. Aufl. 1938; *Deutsche Verfassungsgeschichte der Neuzeit*, 1940, 4. Aufl. 1961 (u.ö.); *Lehrbuch des Verwaltungsrechts*, 1950, 10. Aufl. 1973.

ERNST RUDOLF HUBER (geb. 1903),[108]
Privatdozent in Bonn seit 1931, wurde 1933 bereits zum ordentlichen Professor in Kiel ernannt, nachdem er am 1. Mai 1933 der NSDAP beigetreten war (Nr. 3.144.494); Berufungen: Leipzig 1937, Straßburg 1941 – von dort mußte er am 23.11.1944 vor den Alliierten-Truppen nach Heidelberg fliehen; das *Munzinger-Archiv* vermerkt (1972): „Als Verfasser zahlreicher den NS-Staat verfassungsrechtlich interpretierender Werke und Aufsätze hatte er Schwierigkeiten, wieder im Hochschulleben Fuß zu fassen. Erst 1952 erhielt er einen Lehrauftrag an der Universität Freiburg i. Br., an der er 1956 Honorarprofessor wurde." 1957 wurde er ordentlicher Professor in Wilhelmshaven, seit 1962 in Göttingen, wo er 1968 emeritiert wurde. Vor 1945 war er einer der wichtigsten NS-Verfassungsspezialisten und Herausgeber der *Zeitschrift für die gesamte Staatswissenschaft*.

Publikationen: *Verfassungsrecht des Großdeutschen Reiches*, 1939; *Aufstieg und Entfaltung des deutschen Volksbewußtseins*, 1942; *Heer und Staat in der deutschen Geschichte*, 1938, 2. Aufl. 1943; seit 1957 erscheint die *Deutsche Verfas-*

sungsgeschichte seit 1789 (bisher sieben umfangreiche Bände), 1961–1966 veröffentlichte er drei Bände *Dokumente zur deutschen Verfassungsgeschichte*.

WERNER WEBER (geb. 1904),[109]
1930–31 Assistent Carl Schmitts an der Handelshochschule Berlin, reüssierte ab 1.10.1933 zunächst als Regierungsrat, ab 1.4.1934 als Oberregierungsrat im Reichs- und Preußischen Kultusministerium; er war Mitglied des NS-Dozentenbundes (Nr. 2032) und seit Ende 1936 Abteilungsleiter an der „Akademie für Deutsches Recht"; zuvor war er 1935 zum ord. Prof. an der Wirtschaftshochschule in Berlin ernannt worden, es folgte 1942 der Ruf nach Leipzig, von wo Weber 1949 nach Göttingen ging.

Publikationen: neben mehreren Arbeiten zum Staatskirchenrecht u. a. *Kontrasignatur und Mitzeichnung bei Akten des Staatsoberhaupts*, Jahrbuch der Akademie für Deutsches Recht 1937; *Preußisches Verwaltungsrecht*, 1937, 5. Aufl. 1941; *Führererlaß und Führerverordnung*, Zeitschrift für die gesamte Staatswissenschaft 1942; *Weimarer Verfassung und Bonner Grundgesetz*, 1949.[110]

b) Andere NS-Staatsrechtler

OTTO KOELLREUTTER (geb. 1883),[111]
ord. Prof. seit 1920, seit 1921 in Jena; 1926–1930 Mitglied der Deutschen Volkspartei; er wurde nach dem NSDAP-Beitritt zum 1.5.1933 (Nr. 2.199.595) Richter am Staatsgerichtshof des Deutschen Reiches und 1933 außerdem nach München berufen; in einem Schreiben an Hitlers Staatssekretär Lammers brüstete er sich am 18.10.1933 damit, Verfasser der ersten systematischen Staatslehre auf nationalsozialistischer Grundlage zu sein; er gehörte zu den Herausgebergremien mehrerer bedeutender verwaltungsrechtlicher Zeitschriften: Jahrbuch des öffentlichen Rechts, Archiv des öffentlichen Rechts, Reichsverwaltungsblatt, Verwaltungsarchiv. Die „Gauleitung München-Oberbayern" gab am 1.2.1938 die folgende „Politische Beurteilung" über ihn ab: „[...] Er tritt in Wort und Schrift für den nationalsozialistischen Staatsaufbau ein. Seine politische Haltung ist einwandfrei und zuverlässig. [...]" 1947 infolge Spruchkammerbescheids amtsenthoben (s. o., Teil B, Ziffer 1), erhielt er einige Lehraufträge und wurde 1952 emeritiert[112].

Publikationen: *Grundriß der Allgemeinen Staatslehre*, 1933; *Deutsches Verfassungsrecht*, 1935, 3. Aufl. 1938; *Deutsches Verwaltungsrecht*, 1936, 2. Aufl. 1938; *Führung und Verwaltung*, 1938; *Deutsches Staatsrecht*, 1953; *Staatslehre im Umriß*, 1955 (darin werden z. B. die Nürnberger Gesetze für rechtsstaatlich erklärt, S. 208).

THEODOR MAUNZ (geb. 1901),[113]
1930–31 als Hilfskraft in bayerischen Ministerien, seit dem 1.10.1932 als Beamter im Range eines Regierungsrats, trat im September 1933 der SA bei und bekam einen ständigen Lehrauftrag für Finanzrecht an der Universität München; 1935 wurde er zum beamteten außerordentlichen Professor an die Universität Freiburg i. Br.

berufen, im selben Jahr auch in den Verwaltungsrechtsausschuß der „Akademie für Deutsches Recht"; 1936–37 Dekan der juristischen Fakultät, NSDAP-Mitglied vom 1.5.1937 (Nr. 4.026.962), 1937 ordentlicher Professor, 1937–38 Prorektor der Universität Freiburg i. Br.; von dort wurde er 1952 nach München berufen. Nach 1945 trat Maunz der CSU bei, vom 16.10.1957 bis zum 9.7.1964 war er unter drei verschiedenen Ministerpräsidenten bayerischer Kultusminister; er mußte 1964 seinen vorzeitigen Rücktritt erklären, nachdem er in der Presse u. a. dafür kritisiert worden war, daß er 1943 in seinem Buch *Gestalt und Recht der Polizei* den Vollzug eines Führerauftrags als in jedem Falle rechtmäßig bezeichnet hatte.

Publikationen: *Neue Grundlagen des Verwaltungsrechts*, 1934; *Der deutsche Hochschullehrer und die Rechtserneuerung*, Deutsches Recht 1936; *Die Staatsaufsicht*, in: E. Heymann (Hg.), Grundfragen der Rechtsauffassung, 1938; Maunz war „Ständiger Mitarbeiter" der Zeitschrift *Reich – Volksordnung – Lebensraum*, wo er veröffentlichte: *Amtshaftung und Rechtseinheit*, Bd. I, 1941; *Die Auslese in der deutschen Beamtengesetzgebung seit 1933*, Bd. III, 1943; *Deutsches Staatsrecht*, 1951, 25. Aufl. 1983; seit 1958 Mitherausgeber und -autor von *Grundgesetz. Kommentar*, jetzt 4 Bände, 26. Lieferung 1987.

FRIEDRICH (FRITZ) BERBER (geb. 1898),[114]
Völkerrechtler, 1926–27 Dozent und Fellow in England, 1927 Staatsanwalt in München, 1928 Amtsgerichtsrat, 1930 Dozent an der Deutschen Hochschule für Politik in Berlin; seit 1934 Mitglied der „Akademie für Deutsches Recht", Lehrauftrag an der Universität in Hamburg, Mitglied des NS-Rechtswahrerbundes, von 1935 an mehrere Auslandsaufenthalte als Beobachter internationaler Konferenzen; 1936 Leiter der Forschungsabteilung an der Deutschen Hochschule für Politik, a. o. Professor in Hamburg 1936, 1.4.1937 a. o. Professor in Berlin, dort 1940 ord. Prof.; ab 1937 Mitglied der NSDAP und des NS-Dozentenbundes. Daneben war Berber ab 1939 „Gesandter" des Reichsaußenministers von Ribbentrop, zu dessen engen Beratern er zählte: als Berber 1944 nach Göttingen berufen werden sollte, antwortete er dem Kultusministerium aus Genf am 6.7.1944: „[...] Überdies müßte ich bei meiner nächsten Anwesenheit im Hauptquartier noch das Einverständnis des Herrn Reichsaußenministers herbeiführen, der mir ja für meine im Einverständnis mit dem Herrn Reichserziehungsminister ausgeübte nebenamtliche Tätigkeit im Rahmen des Auswärtigen Amtes Berlin als Dienstsitz angewiesen hat. [...]" Nach 1945 amtsenthoben, arbeitete Berber bis 1954 als „Legal Adviser" für das „Gouvernement of India, Ministry of Law", in New Delhi; in diesem Jahr wurde er als ord. Prof. an die Universität München berufen, wo er 1968 emeritiert worden ist.

Publikationen: Berber war u. a. Herausgeber der einflußreichen *Monatshefte für Auswärtige Politik*, wo er z. B. veröffentlichte: *Völkerrechtliche Probleme des Anschlusses*, 1938; *Das Münchener Abkommen vom 29.9.1938*, 1938; außerdem „Ständiger Mitarbeiter" von *Reich – Volksordnung – Lebensraum*, wo er in Bd. V publizierte: *Die Wandlung der amerikanischen Neutralität*, 1943; *Lehrbuch des Völkerrechts*, 3 Bände, 2. Aufl. 1969–1977.

ULRICH SCHEUNER (geb. 1903),[115]
Privatdozent in Berlin 1930, ord. Prof. in Jena 1933, Göttingen 1940, Straßburg 1941; die „Juristenfakultät Leipzig", die Scheuner berufen wollte, schrieb 1943 in ihrem Berufungsvorschlag: „[...] Er gehört mehreren Ausschüssen der Akademie für Deutsches Recht an und wurde dort zum Vorsitzenden des nach Kriegsbeginn gebildeten Ausschusses für Luftschutzrecht ernannt. [...] Scheuner gehört der NSDAP und als Oberscharführer der SA an. Ferner war er in Jena Ortsabschnittsleiter im Nationalsozialistischen Rechtswahrer-Bund. In freiwilligem Wehrdienst wurde er vor dem Kriege Unteroffizier und ROA. Z. Zt. befindet er sich als Marinekriegsgerichtsrat beim Oberkommando der Kriegsmarine in Berlin. Vorher hatte er in Rußland und in Griechenland Dienst getan." Nach dem Kriege war Scheuner Lehrbeauftragter an der Universität Bonn und der TH Stuttgart 1948, bis er 1950 in Bonn ord. Prof. wurde (1972 emeritiert).

Publikationen: *Die nationale Revolution*, Archiv für öffentliches Recht 1933; *Der Gleichheitsgedanke in der völkischen Verfassungsordnung*, Zeitschrift für die gesamte Staatswissenschaft 1939; *Die deutsche Staatsführung im Kriege*, Deutsche Rechtswissenschaft 1940; *Verfassungsschutz im Bonner GG*, Festgabe für Erich Kaufmann, 1950; *Carl Schmitt – heute*, Neue politische Literatur 1958.

c) SS-Professoren

REINHARD HÖHN (geb. 1904)[116]
trat 1922 in den „Deutsch-völkischen Schutz- und Trutzbund" ein[117] und 1923 in den „Jungdeutschen Orden" Artur Mahrauns (1890–1950), wo er bis 1930 hohe Funktionärsposten bekleidete, bis er den Orden am 20.1.1932 verließ; in dieser Zeit verteilte er auch die ersten Exemplare des *Völkischen Beobachters* in Thüringen (1922). In seiner SS-Personalakte ist u. a. vermerkt (1938): „Fest steht nach einer schriftlichen Bestätigung des Chefs der Sicherheitspolizei, daß Höhn seit 1932 [sic!] mit der SS im Rahmen des Nachrichtendienstes zusammengearbeitet hat." Am 1.5.1933 wurde Höhn NSDAP-Mitglied (Nr. 2.175.900); am 15.9.1933 trat er in die SS ein (Nr. 36.229), wo er sehr schnell Karriere machte: Bereits am 1.1.1934 zum SS-Sturmführer ernannt, wurde er regelmäßig weiter befördert – bis zum SS-Oberführer (9.11.1944) – als „Führer im SD-Hauptamt", in dem er die „Zentralabteilung II/2" leitete (zu den von ihm geführten Akten gehörte auch die SD-Akte über Carl Schmitt). A. o. Professor wurde er 1935 in Heidelberg, dann in Berlin, daselbst 1939 auch ord. Prof. Neben der SD-Tätigkeit und seiner Professur leitete Höhn seit 1935 das nach Berlin verlegte „Institut für Staatsforschung", welches eine wichtige Rolle für die SS-Planung spielte und Himmler zuarbeitete. Nach 1945 war Höhn zunächst verreist (1954 vermerkt *Kürschners Deutscher Gelehrten-Kalender*: „zur Zeit in Japan"), seit 1956 leitet er die „Akademie für Führungskräfte der Wirtschaft" (s. o., Teil B, Ziffer 1).

Publikationen: *Rechtsgemeinschaft und Volksgemeinschaft*, 1935; *Die Juden im Staatsrecht*, Jugend und Recht 1936; Mitherausgeber von *Reich – Volksordnung –*

Lebensraum, darin u.a. *Großraumordnung und völkisches Rechtsdenken*, Bd. I, 1941; *Reich, Großraum, Großmacht*, Bd. II, 1942; *Sozialismus und Heer*, 2 Bände, 1958–59; zahlreiche Schriften in den Reihen der „Akademie für Führungskräfte der Wirtschaft".

HERBERT KRÜGER (geb. 1905),[118]
seit Oktober 1933 in der SS (Nr. 185.074), ab 1.5.1937 auch in der NSDAP (Nr. 4.271.348), habilitierte sich 1936 und wurde als Dozent nach Heidelberg berufen; ord. Prof. seit 1936, lehrte er 1942–1944 in Straßburg. Von 1950 bis 1954 Geschäftsführer des Reederverbandes in Hamburg, wurde er erst 1954 wieder zum ord. Prof. an der Hamburger Universität ernannt.

Publikationen: *Führer und Führung*, 1935; *Die geistigen Grundlagen des Staates*, 2. Aufl. 1944; „Ständiger Mitarbeiter" von *Reich – Volksordnung – Lebensraum*, darin u.a. *Der Raum als Gestalter der Innen- und Außenpolitik*, Bd. I, 1941; *Verfassungsrecht und Verfassungswirklichkeit*, Bd. V, 1943; *Allgemeine Staatslehre*, 1964.

2. Andere Zweige der Jurisprudenz[119]

KARL LARENZ (geb. 1903),[120]
Rechtsphilosoph und Zivilrechtler, 1929 Privatdozent in Göttingen, wurde 1933 als ord. Prof. nach Kiel berufen; er trat zum 1.5.1937 der NSDAP bei (Nr. 5.041.008) und war Mitglied der „Akademie für Deutsches Recht"; 1960 ging er nach München. Larenz ist, auch international, einer der führenden Rechtstheoretiker und -philosophen.

Publikationen: *Deutsche Rechtserneuerung und Rechtsphilosophie*, 1934; *Rechts- und Staatsphilosophie der Gegenwart*, 2. Aufl. 1935; *Über Gegenstand und Methode des völkischen Rechtsdenkens*, 1938; *Lehrbuch des Schuldrechts*, 2 Bände, 1953–56, seither zahlreiche Neubearbeitungen; *Methodenlehre der Rechtswissenschaft*, 1960, 3. Aufl. 1975.

FRANZ ERIK WOLF (geb. 1902),[121]
Rechtsphilosoph und Strafrechtler, ord. Prof. seit 1928, wurde 1930 nach Freiburg i.Br. berufen (Direktor des Seminars für Strafvollzugskunde), wo er seitdem ununterbrochen, auch nach 1945, lehrte; Mitglied der „Akademie für Deutsches Recht".

Publikationen: *Richtiges Recht im nationalsozialistischen Staate*, 1934; *Die Überwindung des Methodenstreits in der Strafrechtslehre*, Deutsche Rechtswissenschaft 1939; *Große Rechtsdenker der deutschen Geistesgeschichte*, 4. Aufl. 1963.

KARL AUGUST ECKHARDT (geb. 1901),[122]
Rechtshistoriker, ist eines der wenigen Beispiele von Alt-PGs: Seit 1928 ord. Prof., trat er bereits am 1.3.1932 der NSDAP bei (Nr. 952.083), bald darauf auch der SS. 1933 wurde er nach Kiel berufen, 1936 nach Berlin, 1937 nach Bonn, wo er 1948 im Alter von 47 Jahren pensioniert worden ist. Er spielte als Referent im Reichskultusministerium 1934–1936 eine wichtige Rolle bei der Gleichschaltung der

Hochschulen, ebenso auch als Herausgeber der Zeitschrift *Deutsche Rechtswissenschaft*, die er als hoher Funktionär der „Akademie für Deutsches Recht" betreute.

Publikationen: Mehrere Übersetzungen in der Reihe *Germanenrechte; Das Studium der Rechtswissenschaft*, 1935, 2. Aufl. 1940; nach 1945 weitere Übersetzungen von Rechtsquellen und Herausgabe von Büchern, etwa Hans Planitz, *Deutsche Rechtsgeschichte*, 1960, 3. Aufl. 1971.

Abschließend sei auf einige belastete Rechtswissenschaftler, die aus Raumgründen hier nicht mehr behandelt werden können, wenigstens namentlich hingewiesen:[123] Hans Erich Feine, Felix Genzmer, Friedrich August von der Heydte, Hermann Jahrreiß, Paul Ritterbusch, Erich Schwinge[124], Hans Thieme, Gustav-Adolf Walz.

Anmerkungen

1 Die *erste* systematische Arbeit zu unserem Thema erschien *1981 (!)*, verfaßt von Helmut Fangmann: *Die Restauration der herrschenden Staatsrechtswissenschaft nach 1945*, in: U. Reifner (Hrsg.), *Das Recht des Unrechtsstaates. Arbeitsrecht und Staatsrechtswissenschaften im Faschismus*, Frankfurt/New York 1981, S. 211–247; vgl. zu Fangmann aber kritisch J. Perels in: *Kritische Justiz*, 17. Jg. 1984, S. 104–110 (S. 108 ff.). – Die hier vorliegende Arbeit ist in gewissem Sinne als Ergänzung zu Fangmanns Studie zu verstehen, insbesondere auch deshalb, weil jetzt *bisher unveröffentlichtes Archivmaterial* zugänglich gemacht wird (vor allem in den Teilen B und C; einige Versehen F.s sind hier richtiggestellt worden, so in Fn. 85).

2 Eher willkürlich gewählte Beispiele der Einflußnahme früherer NS-Juristen auf Gesetzesinterpretation und politisches Vokabular: Verfassungsfeindliche Parteien, Leichtlohngruppen für Frauen, Ablehnung der in der Hessischen Verfassung vorgesehenen Sozialisierungspläne (weitere Beispiele z. B. bei Fangmann [Fn. 1], S. 243, Anm. 7); gar nicht zu überschätzen ist der Einfluß, den NSDAP/SA-Juristen wie Theodor Maunz auf die Auslegung des Grundgesetzes oder SS-Professoren wie Reinhard Höhn auf das Verhalten von Topmanagern haben (letzterer ist Chef der „Akademie für Führungskräfte der Wirtschaft" in Bad Harzburg; zu beiden s. unten, Teil C). – Zu den inhaltlichen Kontinuitäten J. Perels: *Die Restauration der Rechtslehre nach 1945*, in: *Kritische Justiz*, 17. Jg. 1984, S. 359–379.

3 Etwa Theodor Maunz, *Gestalt und Recht der Polizei*, Hamburg 1943; Ernst Rudolf Huber, *Verfassungsrecht des Großdeutschen Reiches*, Hamburg 1939. (S. a. unten, Fn. 55 und 56.)

4 Mehr ist aus Raumgründen zunächst nicht möglich; wichtigste Auswahlkriterien waren der politisch-publizistische und der wissenschaftliche Rang der Rechtsprofessoren – vor *und* nach 1945.

5 Auch angesichts des Forschungsstandes (s. sogleich im Text und unten, Fn. 83) kann es sich dabei um nicht mehr als eine – möglicherweise gelegentlich subjektive – Auswahl aus dem vorhandenen Material handeln, die lediglich einige thesenartige Grundzüge wiedergeben bzw. belegen soll.

6 Dies gilt auch für verschiedene wissenschaftliche Institutionen außerhalb der Universitäten: So hat z. B. das „Max Planck-Institut für europäische Rechtsgeschichte" in Frankfurt bisher keinen nennenswerten Beitrag zum Thema publiziert – es sei denn, man wollte ernsthaft z. B. das Statement seines Direktors Dieter Simon als solchen betrachten (in: *NS-Recht in historischer Perspektive*, München/Wien 1981, S. 33–51). – Darüber hinaus wird das Dritte Reich in den (juristischen) Vorlesungsverzeichnissen nur am Rande behandelt: Seminare hierüber sind eher seltene Ausnahmen.

7 Vgl. zum bisher Gesagten die zusammenfassende Studie von Helmut Ridder: *Zur Verfassungsdoktrin des NS-Staates*, in: *Kritische Justiz*, 1969, S. 221–243.

8 Immerhin wurden gelegentlich, vornehmlich allerdings an geistes- und sozialwissenschaftlichen Fakultäten, Dissertationen zur Rolle der Juristen im Dritten Reich verfaßt.

9 Das kann hier leider nicht ausführlich belegt werden (dazu werde ich jedoch, wie ich hoffe, an anderem Ort noch Gelegenheit haben); um aber wenigstens *ein* konkretes Beispiel anzuführen: *Heinrich Muth*, der sich 1971 mit dem exponierten NS-Staatsrechtler Carl Schmitt befaßt hat (*Historische Zeitschrift, Beiheft 1*, hrsg. Th. Schieder, München 1971, S. 75–147), war seit dem 1. April 1935 als „wissenschaftlicher Hilfsarbeiter" am fest in SS-Hand befindlichen „Institut für Staatsforschung" angestellt; sein dienstlicher Vorgesetzter, SS-Sturmbannführer Reinhard Höhn, bescheinigte am 22.12.1936 schriftlich (Auszug): „Weltanschaulich steht Dr. Muth auf dem Boden des nationalsozialistischen Staates; er gehört der SA und dem Nationalsozialistischen Rechtswahrerbund an." (Quelle: Geheimes Staatsarchiv Berlin, Rep. 76, Nr. 46, Bl. 145 f.)

10 Ein – nur bei Nicht-Kenntnis anderer Studien als Extrem erscheinendes – Beispiel dafür, was in juristischen Abhandlungen mitunter verbreitet wird, sei hier zitiert: 1981 (!) schreibt Hans-Rainer Pichinot in seiner Dissertation, nachdem er das Zustandekommen und den Inhalt der rassistischen „Nürnberger Gesetze" vom 15.9.1935 geschildert hat, über den Reichsrechtsführer und Reichsminister Hans Frank, der 1946 in Nürnberg als NS-Verbrecher hingerichtet wurde: „Bei dieser Sachlage hatte Frank offensichtlich Bedenken bekommen, ob Hitler das Recht nicht doch nur als Machtinstrument einsetzen wollte." (H.-R. Pichinot, *Die Akademie für Deutsches Recht*, Diss. iur. Kiel 1981, S. 63; s. a. unten, Fn. 87.)

11 Vor allem sein Buch *Der Richter im Dritten Reich. Geschichte und Dokumente*, Frankfurt am Main 1959.

12 *Die deutsche Justiz und der Nationalsozialismus. Ein Überblick*, in: H. Weinkauff und A. Wagner: *Die deutsche Justiz und der Nationalsozialismus*, Bd. I, Stuttgart 1968, S. 19–188; vgl. die Rezension von R. Schmid, in: *Kritische Justiz*, 1969, S. 102–106.

13 Wo in diesem Abschnitt keine Quelle für personenbezogene Daten genannt wird, gehen sie zurück auf NSDAP-Akten im Document Center, Berlin.

14 A. a. O. (Fn. 7), S. 241, gegen K. Sontheimer, *Antidemokratisches Denken in der Weimarer Republik* (zuerst 1962), München 1978, S. 64.

15 Teilweise auch unter Pseudonymen: E. R. Huber als Friedrich Landeck, E. Forsthoff als Friedrich Grüter und Georg Holthausen.

16 Dazu K. Fritzsche, *Politische Romantik und Gegenrevolution*, Frankfurt am Main 1976; A. Schildt, *Militärdiktatur mit Massenbasis?*, Frankfurt/New York 1981, S. 98 ff. und passim.

17 Vgl. demnächst C.-D. Wieland, *„Der Staatsrechtler des neuen Reiches." Carl Schmitt 1932–1945. Eine Dokumentation*, § 7 (erscheint 1989).

18 Beispiele: Gustav-Adolf Walz, NSDAP-Mitglied seit dem 1.12.1931; Paul Ritterbusch, seit dem 1.9.1932.

19 Rudolf Smend z. B. war DNVP-Mitglied von 1918 bis 1930.

20 J. Meinck, *Weimarer Staatslehre und Nationalsozialismus*, Frankfurt/New York 1978.

21 Häufiges Datum der NSDAP-Mitgliedschaft ist der 1. Mai 1933.

22 Wer – wie Theodor Maunz – das Frühjahr 1933 verpaßt hatte, trat, um seinen Willen zur Mitarbeit im „neuen Staat" zu unterstreichen, zunächst der SA bei (September 1933) oder, wie einige andere – so Herbert Krüger –, der SS; Maunz' Aufnahmeantrag an die NSDAP folgte am 19.5.1937 (Belege in Teil C).

23 Vgl. die Memoiren des damaligen Rektors der Handelshochschule Berlin: M. J. Bonn, *So macht man Geschichte? Bilanz eines Lebens*, München 1953, S. 341 ff.

24 B. Limperg, *Personelle Veränderungen in der Staatsrechtslehre und ihre neue Situation nach der Machtergreifung*, in: E.-W. Böckenförde (Hrsg.), *Staatsrecht und Staatsrechtslehre im Dritten Reich*, Heidelberg 1985, S. 44–67 (bes. S. 49–55; vgl. unten, Fn. 93); M. H. Kater, *Die nationalsozialistische Machtergreifung an den deutschen Hochschulen. Zum politischen Verhalten akademischer Lehrer bis 1939*, in: H. J. Vogel/H. Simon/A. Podlech (Hrsg.), *Die Freiheit des Anderen. Festschrift für Martin Hirsch*, Baden-Baden 1981, S. 49–75 (mit Literatur), bes. S. 55.

25 Nach einer anderen Untersuchung: 132 (bis 1937); vgl. Limperg (Fn. 24), S. 48. – B. Wunder, *Geschichte der Bürokratie in Deutschland*, Frankfurt am Main 1986, weist darauf hin, daß bis einschließlich 1953 nur 17% der Ordinarien und 13 % der Nichtordinarien aller Fakultäten wieder zurückberufen worden sind (S. 222, Anm. 30).

26 Limperg (Fn. 24), S. 48 mit Anm. 16–22; das statistische Verhältnis der aus rassischen Gründen Suspendierten zu den politisch Unerwünschten beträgt zirka vier Fünftel zu ei-

nem Fünftel. Bei einigen Professoren traf beides zusammen: der Staatsrechtler Hermann Heller (1891 bis 1933) z. B. war SPD-Mitglied und Jude.

27 Die folgenden Daten sind Archivmaterial entnommen: Geheimes Staatsarchiv Berlin, Rep. 90, Nr. 1767; Bundesarchiv Koblenz, R 61, Nr. 55–66. – Vgl. unten, Teil C.

28 Fangmann (Fn. 1), S. 219; Limperg (Fn. 24), S. 51 mit Anm. 51–54.

29 Limperg (Fn. 24), S. 54 mit Anm. 85–86.

30 Aus einer Aufzeichnung von Eduard Spranger im Jahre 1945, in: L. Poliakov und J. Wulf (Hrsg.), *Das Dritte Reich und seine Denker* (zuerst 1959), Tb.-Ausgabe Frankfurt/Main, Berlin, Wien 1983, S. 89 ff. (S. 90).

31 Zu Smend vgl. auch unten, Teil B, Ziffer 2.

32 Z. B. in *Deutsche Juristen-Zeitung*, 38. Jg., Heft 7 vom 1.4.1933, S. 455–457.

33 Zum Thema dieses Abschnitts allgemein: H. Göppinger, *Die Verfolgung der Juristen jüdischer Abstammung durch den Nationalsozialismus*, Villingen 1963, S. 42 ff.

34 *Deutsche Richterzeitung*, 25. Jg. 1933, S. 156; vgl. *Juristische Wochenschrift*, 62. Jg. 1933, S. 1225 ff.

35 In „NSRB" = „Nationalsozialistischer Rechtswahrer-Bund" (die beiden Kürzel BNSDJ und NSRB werden im folgenden, vor allem in Teil C, als Synonyma verwendet).

36 Göppinger (Fn. 33), S. 42 mit Anm. 6a.

37 H. Wrobel, *Der Deutsche Richterbund im Jahre 1933*, in: *Kritische Justiz*, 15. Jg. 1982, S. 323–347.

38 Weitere dort vertretene Berufsgruppen (Auswahl): Sachverständige, Dolmetscher, Buchhalter, Volkswirte, Wirtschaftsprüfer; vgl. *Jahrbuch des Deutschen Rechtsstandes 1936* (Hrsg.: BNSDJ), Berlin s. a. [1935, 1936?], S. 235 ff.

39 Vergleiche, auch zum bisher Ausgeführten, [W.] Raeke, *Die Verwirklichung der Einheit des Deutschen Rechtsstandes*, in: *Jahrbuch* [...] (Fn. 38), S. 1–2.

40 Nach dem Abdruck in: *Mitglieder-Verzeichnis der Reichsfachgruppe Rechtsanwälte des BNSDJ*, Leipzig 1934, S. 7.

41 [G. Staege (Hrsg.)?,] *NS-Rechtswahrerbund, Gau Berlin. Tätigkeitsbericht für das Jahr 1939*, [Berlin 1940], S. 6 (Hervorhebungen wie im Original).

42 Carl Schmitt, *Bericht über die Fachgruppe Hochschullehrer im BNSDJ*, in: *Deutsches Recht*, 4. Jg. 1934, S. 17.

43 *Jahrbuch* [...] (Fn. 38), S. 7 (Tabelle).

44 Göppinger (Fn. 33), S. 58; Pichinot (Fn. 10); vgl. *Jahrbuch* [...] (Fn. 38), S. 14–17, S. 287–290.

45 Nr. 322 vom 18.11.1933, S. 1.

46 Bundesarchiv Koblenz, R 43 II, Nr. 1509, Bl. 6.

47 Goebbels nahm schon am 5.11.1933 als Mitglied an einer Vollversammlung der Akademie teil; [Karl] Lasch, *Die Akademie für Deutsches Recht im Jahre 1933*, in: *Deutsches Recht*, 4. Jg. 1934, S. 18.

48 [Karl] Lasch, *Der Beitrag der Akademie für Deutsches Recht zur Gesetzgebung des Dritten Reiches*, in: *Deutsches Recht*, 6. Jg. 1936, S. 396–398 (S. 396).

49 Auflistungen in: *Jahrbuch* [...] (Fn. 38), S. 288–290; Pichinot (Fn. 10), S. 170 ff.; Mitgliederverzeichnis ebda., S. 156–167 (unvollständig; vgl. unten, Fn. 87).

50 Neben den beiden soeben beschriebenen Organisationen gab es noch weitere, z. B. den Nationalsozialistischen Dozenten-Bund und die NS-Studentenschaft, die sehr einflußreich waren. (Aus Raumgründen kann hier lediglich darauf hingewiesen werden.)

51 Schreiben von Papens an Schmitt vom 31. März 1933: Bundesarchiv Koblenz, R 53, Nr. 77, Bl. 140.

52 Im Verhör durch den US-Staatsanwalt R. M. W. Kempner, vgl. C.-D. Wieland, *Carl Schmitt in Nürnberg (1947)*, Dokumente 3–5, in: *1999. Zeitschrift für Sozialgeschichte des 20. und 21. Jahrhunderts*, 2. Jg. 1987, Heft 1, S. 96–122 (S. 109 ff.).

53 *Entscheidungen des Bundesverfassungsgerichts*, Bd. 3, Tübingen 1954, S. 58 ff. (S. 92).

54 Reihentitel: *Der deutsche Staat der Gegenwart*, 20 Bände, Hamburg 1933 bis 1936.

55 Mit seinem Vortrag *Das Judentum in der Verwaltungsrechtswissenschaft* (Inhaltsangabe in *Deutsche Juristen-Zeitung*, 41. Jg. 1936, S. 1230); vgl. zu der unter Leitung von Carl Schmitt abgehaltenen Tagung, auf der Maunz referiert hat, Göppinger (Fn. 33), S. 72–83.

56 S. oben, Fn. 3; vgl. u. a. auch Theodor Maunz, *Verwaltung*, Hamburg 1937.

57 W. Hamel, *Führer und Führung. Eine Aussprache über das Buch von Herbert Krüger*, in: *Jugend und Recht*, 9. Jg. 1935, S. 147–149.

58 In: *Jugend und Recht*, 9. Jg. 1935, S. 150f.
59 Belege in Teil C.
60 Weitere systemkonforme und damit aus seiner Sicht empfehlenswerte juristische Autoren hat 1936 der „Leiter des Amtes für Rechtsschrifttum im Reichsrechtsamt der NSDAP", Wilhelm Coblitz, in einer Übersicht zusammengestellt: *Das nationalsozialistische Rechtsschrifttum*, in: *Deutsches Recht*, 6. Jg. 1936, S. 242–246.
61 Hierzu Meinck (Fn. 20), S. 193–196 (s.a. S. 16ff., S. 164ff.); Limperg (Fn. 24), S. 53f., S. 57.
62 Quelle: die Akten über Ulrich Scheuner im Document Center, Berlin.
63 *Stuckart*, 1935 Mitautor der „Nürnberger Gesetze", war seit diesem Jahr Staatssekretär im Reichsministerium des Innern (er nahm am 20.1.1942, wie auch der unten genannte SS-Oberführer Klopfer, an der berüchtigten „Wannseekonferenz" zur „Endlösung der Judenfrage" teil); *Best*, u.a. 1939–40 Chef des Amtes Verwaltung und Recht im Reichssicherheitshauptamt, war danach 1942–45 Reichsbevollmächtigter im besetzten Dänemark; *Klopfer* und *Lehmann* zählten zu den engsten persönlichen Mitarbeitern von Martin Bormann in der NSDAP-Leitung; zu *Höhn* siehe unten, Teil C.
64 A.a.O., Bd. I, Darmstadt 1941.
65 Daß dies ebenso für die anderen wissenschaftlichen Disziplinen gilt, wird erst allmählich von der Forschung herausgearbeitet – siehe z.B. die grundlegenden Untersuchungen von Ulfried Geuter, *Die Professionalisierung der deutschen Psychologie im Nationalsozialismus*, Frankfurt am Main 1984, und von Otthein Rammstedt, *Deutsche Soziologie 1933–1945. Die Normalität einer Anpassung*, Frankfurt am Main 1986.
66 Ridder (Fn. 7) spricht anläßlich der „Ankunft des ‚Dritten Reiches'" von einem „Preisochsengebrüll" der Professoren (S. 222f.).
67 K.D. Erdmann, *Deutschland unter der Herrschaft des Nationalsozialismus. 1933–1939* (= Gebhardt, Handbuch der deutschen Geschichte, 9. Aufl., Tb.-Ausgabe, Bd. 20), München 1980, S. 170–181: *Die Universität im nationalsozialistischen Deutschland* – allerdings meint Erdmann festhalten zu müssen (S. 171), daß „weder von einer ‚Selbstbehauptung der deutschen Universität' noch von einer vollständigen Umwandlung in eine ‚Braune Universität' die Rede sein" könne; vgl. aber Kater (Fn. 24) und I. Staff, *Justiz im Dritten Reich. Eine Dokumentation*, 2. Aufl. Frankfurt am Main 1978, S. 147–160: *Deutsche Universitätsprofessoren im NS-Staat*.
68 Zusammenfassende Darstellungen (mit statistischem Material): A. Rückerl, *NS-Verbrechen vor Gericht. Versuch einer Vergangenheitsbewältigung*, Heidelberg 1982, bes. S. 88–104; J. Friedrich, *Die kalte Amnestie. NS-Verbrecher in der Bundesrepublik*, Frankfurt am Main 1984; Wunder (Fn. 25), S. 149ff. (S. 152: in der Bundesrepublik wurden 95,5 % der durch die Entnazifizierung Amtsenthobenen ab 1948/49 wiedereingestellt). – Ausgewählte Dokumente in: K.-J. Rühl, *Neubeginn und Restauration*, München 1982.
69 Vgl. C.-D. Wieland (Fn. 52), Dokumente 1–2.
70 Gespräch des Verfassers mit Lisa und Wolfgang Abendroth am 14.2.1983.
71 Er hat seinen Fall – natürlich autoapologetisch und unter Verfälschung wesentlicher Fakten – selbst mehrfach geschildert, so in: O. Koellreutter, *Das Wesen der Spruchkammern und der durch sie durchgeführten Entnazifizierung. Ein Rechtsgutachten*, Göttingen 1954, S. 27–32.
72 Koellreutter (Fn. 71), S. 29 und passim.
73 R. Hickel, *Eine Kaderschmiede bundesrepublikanischer Reaktion. Ideologie und Praxis der Harzburger Akademie für Führungskräfte der Wirtschaft*, in: M. Greiffenhagen (Hrsg.), *Der neue Konservatismus der siebziger Jahre*, Reinbek 1974, S. 108–154 (Text), S. 218–225 (Anmerkungen).
74 Nach Hickel (Fn. 73), S. 110. – Daß es sich also *nicht* um eine eher periphere Institution handelt, dürfte hiermit belegt sein; vgl. zu den Inhalten des Lehrangebots und dem Lehrkörper im einzelnen Hickels Studie. (Allerdings sind einige der dort gegebenen biographischen Daten nicht ganz korrekt.)
75 Vgl. neben den bereits zitierten Arbeiten (Fn. 68) hierzu das Buch von J. Pomorin/R. Junge/G. Biemann/H.-P. Bordien, *Blutige Spuren. Der zweite Aufstieg der SS*, Dortmund 1980.
76 T. Bower, *Klaus Barbie. Lyon, Augsburg, La Paz – Karriere eines Gestapo-Chefs*, Berlin 1984, bes. S. 152ff.

77 Auch in der sowjetischen Besatzungszone wurden die Entnazifizierungsmaßnahmen schon relativ früh – 1948 – beendet; nach Rückerl (Fn. 68), S. 99 f., zur DDR: S. 209–211.

78 Dazu – mit Blick auf die Staatsrechtslehrer – Fangmann (Fn. 1), S. 231 ff.

79 Rolf Seeliger hat in den sechziger Jahren eine entsprechende Umfrage bei insgesamt 54 belasteten Professoren verschiedener Fakultäten veranstaltet; unter den 16 Personen, die jede Auskunft verweigert haben, befanden sich elf Juristen, darunter auch Forsthoff, Huber und Scheuner. (Nach Fangmann [Fn. 1], S. 242.)

80 Vgl. bereits oben im Text (bei Fn. 10–12), auch zum Folgenden.

81 Zitate nach: *Munzinger-Archiv*, Lieferung 15/75 vom 12.4.1975, s. v. Maunz.

82 *Verbrechen unter totalitärer Herrschaft. Studien zur nationalsozialistischen Gewaltkriminalität*, Nachdruck Frankfurt am Main 1982 (zuerst 1967), bes. S. 83 ff., speziell zu „Möglichkeiten der Weigerung": S. 148–151; vgl. ebda. auch das instruktive Nachwort zur Neuauflage von A. Rückerl (S. 391 ff.), insbesondere zum „Befehlsnotstand" und dessen wechselnder taktischer Verwendung bei der Verteidigung in NS-Strafprozessen nach 1945: S. 396–399.

83 Im neuen Vorwort (zum in Fn. 82 zitierten Nachdruck) hält Jäger fest (S. II), „daß die kriminologische Analyse der nationalsozialistischen Verbrechen eine randständige Angelegenheit weniger isoliert arbeitender einzelner und damit zwangsläufig unvollkommen und fragmentarisch geblieben ist".

84 S. auch W. Kunkel, *Der Professor im Dritten Reich*, in: *Die deutsche Universität im Dritten Reich*, hrsg. Universität München, München 1966, S. 103–133, bes. S. 125 f.

85 Fangmanns (Fn. 1, S. 217) generalisierende These, daß *alle* ab Mitte 1933 neu oder an andere Universitäten Berufenen „loyale Diener des faschistischen Staates waren", ist in dieser Absolutheit also als falsch zurückzuweisen.

86 Die meisten Daten nach den NS-Akten über Smend im Document Center, Berlin.

87 Daß Pichinot in seiner oben (Fn. 10, 49) zitierten Dissertation über die Akademie für Deutsches Recht Smend *nicht* im Mitgliederverzeichnis aufführt, besagt nichts hiergegen – es fehlen bei ihm auch andere Akademie-Mitglieder und AG-Leiter. (Daß Smend und andere der Akademie angehört haben, belegen z. B. die – Pichinot bekannten – Bundesarchiv-Akten im Bestand R 61, Nr. 63.)

88 Von denen zahlreiche erhalten geblieben sind, die, wie so viele Akten des Reichsministeriums, bisher noch nicht umfassend ausgewertet worden sind.

89 In der Akte Smend (s. o., Fn. 86).

90 Rudolf Heß – ihm war auch die 1934 installierte „Hochschulkommission" unterstellt, die politische Voten in Berufungsverfahren abgab. Für die Angelegenheiten der juristischen Lehrstuhlinhaber war übrigens das Kommissionsmitglied Carl Schmitt zuständig; dazu demnächst ausführlich C.-D. Wieland (Fn. 17), § 24.

91 Der Name ist nicht entzifferbar.

92 Vgl. Fangmann (Fn. 1), S. 219–225; s. auch oben, Teil A.

93 Der Kieler Privatdozent *Kurt Wahl* gehört *nicht* in die Reihe der vom NS-Regime entlassenen Lehrkräfte, wie gegen Limperg (Fn. 24, S. 54) und andere festzuhalten ist, im Gegenteil: Wahl wurde 1933 auf *eigenen* Wunsch beurlaubt und im Sommersemester 1936 endgültig entlassen, nachdem er sich habilitiert hatte, nicht etwa auf NS-Intervention hin, wie Limperg behauptet – tatsächlich baute er sich eine äußerst lukrative Anwaltspraxis auf, was ihn schließlich auch dazu bestimmte, 1943 dem Kultusministerium trotz dessen mehrfach geäußertem Wunsch, einen vakanten Göttinger Lehrstuhl zu übernehmen, eine Absage zu erteilen, weil ihm das Professorengehalt zu niedrig erschien! Im Verlauf des Berufungsverfahrens gaben die NS-Professoren Höhn, Schmitt und Huber positive Gutachten über Wahl ab, da seine ab 1933 veröffentlichten Schriften ihn als regimekonform erwiesen hatten. – Der Fall macht schlaglichtartig deutlich, wie unentbehrlich die (im allgemeinen unübliche) Heranziehung von Archivmaterial ist, um Fehlinterpretationen zu vermeiden.

94 Vgl. das Statement des Zeitzeugen Professor Georg Erler von 1968, auszugsweise abgedruckt bei Staff (Fn. 67), S. 148.

95 Carl Schmitt, *Die deutsche Rechtswissenschaft im Kampf gegen den jüdischen Geist*, in: *Deutsche Juristen-Zeitung*, 41. Jg. 1936, S. 1193–1199.

96 Carl Schmitt, *Ex Captivitate Salus. Erfahrungen der Zeit 1945/47*, Köln 1950, S. 13 ff. (S. 20). – Schmitt hat in diesem Buch, wie in allen seinen anderen Veröffentlichungen,

nicht *ein* Wort für die Millionen Opfer der NS-Diktatur gefunden: das einzige Schicksal, das er beklagt (vor allem seinen anderthalbjährigen amerikanischen Arrest), ist sein eigenes.

97 Schmitt (Fn. 96), S. 18.

98 Einer von vielen: G. Schwab, *The Challenge of the Exception. An Introduction to the Political Ideas of Carl Schmitt between 1921 and 1936*, Berlin 1970.

99 Die wesentlichsten Vorgänge daraus werden demnächst veröffentlicht, s. o., Fn. 17.

100 Document Center, Berlin, in der Akte G. C. Schmelzeisen.

101 Aus der Akte im Document Center, Berlin; eine weitere politische Beurteilung des Maunz, die sich auch mit seiner charakterlichen Zuverlässigkeit befaßt, wird hier aus Respekt vor dem Persönlichkeitsrecht nicht mit abgedruckt.

102 Folgende Abkürzungen werden in diesem Schlußteil verwendet: *Archivmaterial*: *ADR* – Bundesarchiv Koblenz, Bestand R 61 (Akademie für Deutsches Recht), Nr. 55–66 (alphabetisch geordnete Personalakten); *BDC* – Document Center, Berlin (NSDAP-Mitgliederkartei und anderes).
Anthologien (mit Texten aus den Jahren 1933–1945): *Poliakov/Wulf* (s. o., Fn. 30); *Staff* (s. o., Fn. 67); weitere Auszüge aus der Rechtsliteratur des Dritten Reiches sind zu finden in: M. Hirsch/D. Majer/J. Meinck (Hrsg.), *Recht, Verwaltung und Justiz im Nationalsozialismus*, Köln 1984.
Lexika/Literatur: *Kürschner* – *Kürschners Deutscher Gelehrten-Kalender*, Berlin 1940/1941, 1950, 1954, 1961; *Koppel* – W. Koppel, *Justiz im Zwielicht. NS-Urteile – Personalakten – Katalog beschuldigter Juristen*, Karlsruhe (im Selbstverlag) s. a. [Juni 1963] (oft ungenau); *Seeliger* – R. Seeliger, *Braune Universität. Deutsche Hochschullehrer gestern und heute. [...] Dokumentenreihe, Heft 1*, München (im Selbstverlag) 1964; *Braunbuch* – *Braunbuch/Kriegs- und Naziverbrecher in der Bundesrepublik.* [...], hrsg. Nationalrat der Nationalen Front des demokratischen Deutschland [...], 2. Aufl., (Ost-)Berlin 1965.

103 Rudolf Smend, Kurt Wahl (Fn. 93) und einige andere, die hier nicht nochmals aufgenommen sind, wurden bereits in den Abschnitten A und B erwähnt.

104 Quellen: ADR, BDC; Poliakov/Wulf 327–329, Staff 151, 153, 159, 160; Munzinger-Archiv 1973; vgl. zu Schmitt die in Fn. 17 und Fn. 52 zitierten Dokumentationen von C.-D. Wieland, in denen auch umfassende bibliographische Nachweise enthalten sind.

105 Carl Schmitt, *Der Führer schützt das Recht. Zur Reichstagsrede Adolf Hitlers vom 13. Juli 1934*, in: *Deutsche Juristen-Zeitung*, 39. Jg. 1934, S. 945–950.

106 Hier – wie auch bei allen folgenden Juristen – kann es sich natürlich nur um eine kleine Auswahl handeln.

107 BDC; Poliakov/Wulf 338 f., Staff 148, 152, 157; Seeliger 15–17, Koppel 63, Kürschner 1941–1961; Munzinger-Archiv 1974. – U. Storost, *Staat und Verfassung bei Ernst Forsthoff*, Frankfurt am Main, Bern, Las Vegas 1979.

108 BDC; Poliakov/Wulf 340 f., Staff 152; Seeliger 31 f., Koppel 82, Kürschner 1941, 1954, 1961; Munzinger-Archiv 1972.

109 ADR, BDC (Reichskultusministerium); Kürschner 1941–1954.

110 Ein weiterer Schmitt-Schüler, Ernst Friesenhahn, ist oben in Teil B, Ziffer 2, erwähnt worden.

111 ADR, BDC; Poliakov/Wulf 330–332, Staff 149, 155 f.; Koppel 92, Kürschner 1941, 1950.

112 Kürschner 1954.

113 ADR, BDC; Poliakov/Wulf 342–344, Staff 154; Seeliger 43–45, Koppel 104, Kürschner 1941–1961; Braunbuch 329 f.; Munzinger-Archiv 1975. – D. Deiseroth, *Kontinuitätsprobleme der deutschen Staatsrechtslehre(r)? Das Beispiel Theodor Maunz*, in: D. Deiseroth/F. Hase/K.-H. Ladeur (Hrsg.), *Ordnungsmacht? Über das Verhältnis von Legalität, Konsens und Herrschaft*, Frankfurt am Main 1981, S. 85–111.

114 ADR, BDC; Seeliger 10–12, Braunbuch 351; Kürschner 1941–1961.

115 BDC (Reichskultusministerium); Kürschner 1941–1961.

116 BDC (SS-Personalakte Höhn); Poliakov/Wulf 333–335, Staff 149; Seeliger 28–30, Koppel 80, Braunbuch 343 f.; Kürschner 1941, 1954; Literatur: s. o., Fn. 73.

117 Daten und Zitate, auch im folgenden, nach dem selbstverfaßten „Lebenslauf" Höhns sowie seiner „SS-Stammrolle" und dem „Untersuchungsergebnis Höhn" (unterzeichnet von Staatssekretär Stuckart am 20.6.1938) – alles in seiner SS-Personalakte („Nr. H 2272").

118 BDC; Seeliger 39–41; Munzinger Archiv 1965; Kürschner 1941–1954; vgl. oben, Fn. 57 f.
119 Vgl. zu den hier nicht behandelten Arbeitsrechtlern etwa R. Wahsner, *Das Arbeitsrechtskartell*, in: *Kritische Justiz*, 7. Jg. 1974, S. 369–386.
120 ADR, BDC; Kürschner 1941, 1954.
121 ADR; Seeliger 74 f.; Kürschner 1941–1954.
122 ADR; Kürschner 1941–1954.
123 Quellen und Literatur: S. o., Fn. 102.
124 Vgl. jetzt M. Messerschmidt/F. Wüllner, *Die Wehrmachtjustiz im Dienste des Nationalsozialismus*, Baden-Baden 1987.

Norman Paech

Finis Germaniae?

Der juristische Kampf um das Deutsche Reich nach dem 8.5.1945

Mit der Kapitulationsurkunde am 8.5.1945 war die militärische Niederlage der deutschen Armee und die Befreiung Europas aber insbesondere des deutschen Volkes vom Faschismus besiegelt. Der bis dahin einmalige Charakter der faschistischen Schreckensherrschaft rechtfertigte die „bedingungslose Kapitulation" nicht nur als politisches Zeichen einer totalen militärischen Niederlage, sondern auch als historische Zäsur gesellschaftlicher und staatlicher Organisation, für deren demokratische Zukunft von der faschistischen Vergangenheit bedingungslos Abschied genommen werden sollte. Hegels Feststellung, „Deutschland ist kein Staat mehr, was nicht mehr begriffen werden kann ist nicht mehr"[1], war angesichts der erlittenen Verbrechen und der aktuellen Auflösung jedes politischen, ökonomischen, sozialen und organisatorischen Zusammenhalts für den größten Teil der deutschen Bevölkerung Realität geworden. Der Begriff von der „Stunde Null" spiegelte diese damals hoffnungsvoll gesehene Möglichkeit der Erneuerung und den Willen zu einem grundlegenden Neuanfang auf einer ebenso vollständig überwundenen Epoche wider. Erst sehr viel später sollte sich beides als Illusion, als falsch erweisen – wenn es auch schon frühzeitig dazu Anzeichen gab.

Vor allem die Juristen – hier soll es nur um Staats- und Völkerrechtler gehen –, zur Zeit des Faschismus durchaus nicht auf der Seite der Opfer dieses Regimes gestanden, bewegte andere Probleme als die totale Erneuerung des zerstörten Rechtssystems und seiner korrumpierten Institutionen. Die Reflexion über ihre eigene Rolle und Funktion im Faschismus, die Ursachen ihrer so schnellen und allgemein problemlosen Anpassung an das Regime nach 1933, ihr vollständig fehlender Widerstand gegen die Pervertierung des Rechts, dies alles fand zumindest in ihren Veröffentlichungen, die schon Ende des Jahres 1945 wieder begannen, keinen Ausdruck. Die Untersuchungen Bristlers aus dem Jahre 1938[2] und des ungenannten Sozialdemokraten aus dem Jahre 1939[3] über die Völkerrechtswissenschaft fanden nach '45 keine Fortsetzung und sollten sie auch später nicht finden.[4] Zwar kamen sie schon bald zu Versuchen theoretischer Standortbestimmung wie etwa Leibholz[5] oder Scheuner[6], dies aber ohne Verarbeitung der jüngsten Vergangenheit und bereits voll in die schärfer werdende Ost-West-Auseinandersetzung integriert.

Vorwiegend aber stellten sich ihnen praktische Fragen, die sie in Gutachten, Vorträgen und Aufsätzen behandelten. Konkrete Rechtsprobleme wie die Haftung für öffentliche Schulden, die vor dem 8.5.1945 entstanden waren, Umfang und Grenzen des Gesetzgebungsrechts der Länder und Provinzen, Fragen des Rechtsweges bei Staatshaftungsklagen, die Forderung nach einem Besatzungsstatut und die rechtlichen Grundlagen der Besatzungstätigkeit und des Nürnberger Militärtribunals, schließlich die Probleme einer zukünftigen Friedensregelung, wer z. B. die deutsche Seite bei einem Friedensschluß vertritt und wie das Verhältnis Deutschlands zu anderen Staaten völkerrechtlich verfaßt ist. Alle diese Rechtsfragen hatten vitale politische Implikationen, etwa für den Umfang der Besatzungsrechte und die Neustrukturierungspläne der Alliierten für ein zukünftiges demokratisches Deutschland. Und alle Probleme führten immer wieder auf die zentrale Frage nach der rechtlichen Situation, dem Rechtsstatus Deutschlands zurück. Sie bildete die absolut dominante theoretische Auseinandersetzung in Form der sich gegenüberstehenden Thesen von der Kontinuität bzw. dem Untergang des Deutschen Reiches nach der Kapitulation.

Obwohl sich bereits seit den Entschließungen der deutschen Völkerrechtslehrer auf ihrer ersten Tagung nach dem Krieg am 17.3.1947 in Hamburg[7] und schließlich 1948 mit den damals abschließenden Monographien von Kaufmann und Stödter[8] eine „herrschende Lehre" von der Kontinuität des Deutschen Reiches in der deutschen Staats- und Völkerrechtswissenschaft herausgebildet hatte, und diese These sehr viel später 1973 durch das Bundesverfassungsgericht zur staatsoffiziellen Doktrin kanonisiert wurde, ist die Gegenmeinung nicht verschollen.[9] Der Grund liegt in der fortdauernden politischen Hypothek, die mit der Kontinuitätsthese gegenüber der DDR in Form der Staatsbürgerfrage und der Grenzregelung mit Polen sowie einiger kleinerer Reminiszenzen des kalten Krieges (Elbegrenze, Erfassungsstelle der Länderjustizverwaltungen in Salzgitter) am Leben gehalten wird. Dies hat eine periodisch immer wieder anschwellende Flut von Literatur zur Deutschen Frage erzeugt, die vorwiegend vom Ministerium für innerdeutsche Beziehungen subventioniert wird, und die (dementsprechend) diese Frage auch heute noch insbesondere in territorialer Hinsicht als „offen" beantwortet.[10] Dabei spielt die „Kontinuität des Deutschen Reiches in den Grenzen von 1937" eine geradezu rituelle Beschwörungsrolle, mit der eine politische immer weiter schwindende „Wiedervereinigungs"-Hoffnung mit mitteleuropäischen Grenzrevisionen wenigstens juristisch noch präsent gehalten werden soll. Die politische Funktion der gegenwärtigen juristischen Diskussion um die Deutsche Frage liegt offen auf der Hand. Welche Funktion sie in der unmittelbaren Nachkriegszeit hatte, als die Perspektive eines ungeteilten Deutschlands noch ebenso realistisch wie die Westgrenze Polens als irreversibel erschien, wird noch zu erörtern sein. Zunächst ist der Gang der Diskussion darzustellen, der in relativ kurzer Zeit zu einer herrschenden Lehre führte, die mit der Realität der alliierten Politik kaum in Einklang zu bringen war.

I.

Bereits Ende 1942 zeichnete sich für die Alliierten die militärische Niederlage Deutschlands ab und sie begannen, sich über die Modalitäten der Kapitulation wie auch der anschließenden Maßnahmen zu verständigen. An die Öffentlichkeit drangen diese Überlegungen zum ersten mal mit Abschluß der Konferenz von Casablanca, als Roosevelt am 24.1.43 die Forderung nach „unconditional surrender“ erhob und damit die Formel für die von den Alliierten allgemein akzeptierte Zielsetzung vorgab, den nationalsozialistischen Staat mit all seinen Institutionen, Organisationen und ideologischen Auswüchsen zu beseitigen und eine vollkommene Umgestaltung des niedergegangenen Staatswesens zu unternehmen.[11] „Bedingungslose Kapitulation bedeutet, daß die Sieger freie Hand haben“, erläuterte später Roosevelt und drückte damit die gemeinsame Position der Alliierten aus, die sie auf der Konferenz der Außenminister vom Oktober 1943 in Moskau bis zum Entwurf der Kapitulationsurkunde für Deutschland durch die European Advisory Commission in London am 25.7.1944 trotz mancher Differenzen verband. Art. 12 des Entwurfs enthielt eine Erklärung der Übernahme der obersten Gewalt in Deutschland und eine Generalklausel für uneingeschränkte Eingriffsmöglichkeiten.[12] Wenn auch dieser Entwurf später zugunsten einer rein militärischen Kapitulationsurkunde fallengelassen wurde, so bedeutete das nicht, daß die Alliierten auf die Freiheit einseitiger Gestaltung der Rechtslage Deutschlands nach der Kapitulation verzichten wollten. Daran ließen sie weder auf der Krimkonferenz vom Februar 1945 noch später irgendeinen Zweifel.

Auf welcher rechtlichen Basis sie allerdings ihre Umgestaltungspläne gründen wollten, darüber hatten sie sich bislang keine Gedanken gemacht. Dies machte sich als erster Hans Kelsen, der seit seiner Emigration am Vorabend des zweiten Weltkrieges in den USA lehrte und im Oktober 1944 einen Artikel „Über den Internationalen Rechtszustand, der in Deutschland unmittelbar nach Beendigung des Krieges einzuführen ist“, veröffentlichte.[13] Ausgangspunkt seiner Überlegungen war die rechtliche Wirksamkeit der Annexion Österreichs durch Deutschland, die die Alliierten in der Moskauer Erklärung bestritten. Kelsen wies die völkerrechtliche Unhaltbarkeit ihres Standpunktes nach und prüfte die rechtlichen Möglichkeiten der Restitution Österreichs sowie weiterer territorialer Veränderungen Deutschlands, die damals in der Diskussion waren. Er machte darauf aufmerksam, daß im Rahmen einer kriegerischen Besetzung, der sog. occupatio bellica, nach den Regeln der Haager Landkriegsordnung von 1907 grundlegende Veränderungen des Territoriums und der politischen Struktur nicht möglich seien. Da aus verschiedenen Gründen weder ein Vertrag mit der faschistischen noch mit späteren demokratischen Regierungen in Frage käme, schlug er vor, daß sich die Regierungen der Großen Drei nach der vollständigen und bedingungslosen Kapitulation die Souveränität als gemeinsame oberste Gewalt in Gestalt eines Kondominiums aneignen sollten. Der Vorteil einer solchen Konstruktion liege unter anderem darin, daß es keine völkerrechtlichen Hindernisse bei der notwendigen völligen Umgestaltung Deutschlands in einen demokratischen Staat gebe, wie sie bei einer bloß kriegerischen Besetzung bestünde. Ferner gäbe es „keine rechtliche Kontinuität zwischen Nazi-Deutschland und dem neuen demokratischen Deutschland (oder den Nachfolgern)“, die neue Regierung könnte „nicht mit der politischen Verantwortung für die politische Situation belastet werden, die durch die Niederlage Deutschlands geschaffen worden ist".

Nach der Kapitulation und der Berliner Deklaration der Alliierten vom 5.6.45 über die Übernahme der obersten Regierungsgewalt in Deutschland, des Kontrollverfahrens und die Besatzungszonen veröffentlichte Kelsen einen zweiten Aufsatz über „Die rechtliche Lage Deutschlands gemäß der Berliner Deklaration".[14] Er fand sich in seiner Meinung bestätigt, daß Deutschland mit der Unterzeichnung der Kapitulation, spätestens aber mit der Beseitigung der Regierung Dönitz aufgehört habe, ein Staat zu sein, und die deutsche Souveränität auf die Alliierten übergegangen sei. Diese übe sie gemeinschaftlich als Kondominium aus, und zwar vorübergehend bis zur erfolgreichen demokratischen Umgestaltung Deutschlands und der Rückübertragung der Souveränität. Da mangels Existenz Deutschlands kein Kriegszustand mehr bestehe, die Alliierten mit sich selbst als Souveräne Deutschlands nicht im Kriegszustand sich befinden könnten, fänden auch die Haager Besatzungsregeln keine Anwendung, was für die Deutschlandpläne der Alliierten Voraussetzung sei.

Kelsen ging nicht über die Schwierigkeit hinweg, die sich aus der klassischen Doktrin ergab, daß Souveränität über ein fremdes Land nur durch „subjugation", das heißt Annexion begründet werden kann, die Alliierten in der Berliner Erklärung aber eine Annexion ausdrücklich abgelehnt hatten. Er folgerte aus dem Souveränitätsverlust durch die völlige militärische Niederlage (debellatio) die Notwendigkeit neuer Souveränitätsbegründung, um nicht Deutschland als „no state's land" zu hinterlassen. Diese von den Alliierten nur gemeinsam ausübbare Souveränität sei zwar mehr als die occupatio bellica aber weniger als eine Annexion, zu der die Alliierten ebenfalls berechtigt gewesen seien. Da sie ihre Herrschaft aber nur vorübergehend auszuüben gedächten, müßte es ihnen auch rechtlich möglich sein, die Souveränität zeitlich begrenzt auszuüben:

„Die Errichtung territorialer Souveränität ist nicht von der Absicht des neuen Souveräns abhängig, das Land für immer zu behalten. Er kann beabsichtigen, das Gebiet ganz oder zum Teil später einem anderen Staat abzutreten. Diese Absicht hindert nicht den Erwerb der Souveränität ... Wenn überhaupt zwischen der förmlichen Annexion und der Unterstellung der Gebiete unter die Souveränität des Eroberers, ohne dessen Absicht, es dauernd zu behalten, ein Unterschied besteht, so ist dieser mehr politischer als rechtlicher Art."[15]

Kelsen bezog sich zur Abstützung seiner Konstruktion des Kondominiums auf einige historische Beispiele wie die Besetzung von Schleswig-Holstein und Lauenburg durch Österreich und Preußen von 1864–66 oder das Kondominium von Großbritannien und Frankreich über den Sudan seit 1898. Dennoch erkannte er die Einmaligkeit der Nachkriegssituation, die aus der Einmaligkeit der verbrecherischen Herrschaft des Nationalsozialismus in der Geschichte resultierte, und deshalb auch rechtlich ohne Vorbild sein mußte. Insofern war seine juristische Lösung plausibel, als sie nicht nur dem Befund von Historikern entsprach, die mit der militärischen Niederlage das Deutsche Reich untergegangen sahen[16], sondern auch den Zielsetzungen der Alliierten auf Entmilitarisierung, Entnazifizierung und Entmonopolisierung Deutschlands mit weitgehenden Eingriffsmöglichkeiten.

Zwei Jahre später bekräftigte Kelsen noch einmal seine Ansicht in einem Aufsatz zu der Frage, „Ist ein Friedensvertrag mit Deutschland rechtlich möglich und politisch wünschbar?“[17] Es ging ihm vor allem darum, noch einmal die Freiheit der Alliierten in Gestalt des Kontrollrates zu begründen, alle Maßnahmen und Entscheidungen zur Neugestaltung eines demokratischen Deutschlands zu ergreifen, ohne Rücksicht auf ein eventuell noch existierendes aber nur handlungsunfähiges Deutsches Reich. Das neue Deutschland solle nicht mit politischen Verantwortlichkeiten aus irgendeinem Friedensvertrag belastet werden, diesen Fehler habe man bereits einmal gemacht. Der Deutsche Staat (oder der neue Westdeutsche Staat) müsse durch Vertrag zwischen den Alliierten geschaffen werden, „der alle Verpflichtungen enthalten solle, welche die siegreichen Staaten dem neuen Deutschland auferlegen möchten“. „Durch diese Übereinkunft werden die Besatzungsmächte die Verantwortung für die Schaffung des neuen Deutschen Staates als eines internationalen Subjektes übernehmen, der durch die vereinbarten Verpflichtungen gebunden ist.“[18]

II.

Noch auf der 1. Hamburger Tagung der Völkerrechtslehrer vom April 1947, auf der sich die dort versammelten 20 Universitätslehrer einstimmig für die Kontinuität des Deutschen Reiches aussprachen, beklagte Laun, daß ihnen die Aufsätze Kelsens bis dahin nicht im Original zugänglich seien, sie hätten nur aus zweiter Hand von ihnen Kenntnis erlangt.[19] So beschränkte sich ihre Wirkung zunächst auf das Ausland.

Dort entzündete sich die Frage nach dem Rechtscharakter Deutschlands vor allem in der Diskussion über die Quellen der Gerichtsbarkeit des Nürnberger Tribunals, die mit dem Nürnberger Statut bereits im August 1945 von den Alliierten in London festgelegt worden waren. Auch hier ging es um die Rechte der Alliierten, allerdings nicht in Abgrenzung zur Haager Landkriegsordnung, sondern zur deutschen Rechtsordnung, die anders als normalerweise für die Aburteilung der Hauptkriegsverbrecher nicht in Frage kommen könne. Der französische Ankläger François de Menthon begründete dies mit dem Untergang des deutschen Reiches:

> „In der gegenwärtigen Lage gibt es jedoch keinen deutschen Staat. Seit der Kapitulation vom 8.5.1945 bis zu dem Tage, an dem eine Regierung mit Einvernehmen mit den vier Besatzungsmächten eingesetzt sein wird, gibt es kein Organ, das den deutschen Staat vertritt. Unter diesen Umständen kann eine deutschstaatliche Rechtsordnung nicht als bestehend angesehen werden, die fähig wäre, die Folgen einer festgestellten Verantwortlichkeit des Reiches für die Verletzung des Briand-Kellog-Paktes hinsichtlich der Personen zu ziehen, die in ihrer Eigenschaft als Organe des Reiches tatsächlich die Urheber dieser Verletzung sind. Heute wird die höchste Staatsgewalt über das gesamte deutsche Reichsgebiet hinsichtlich der Gesamtheit der deutschen Bevölkerung durch die vier Mächte gemeinschaftlich ausgeübt. Es muß daher zugegeben werden, daß die Staaten, die die höchste Staatsgewalt über das Gebiet und die Bevölkerung Deutschlands ausüben, das Recht haben, diese Schuld vor Gericht zu bringen.“[20]

Das Internationale Militärtribunal machte sich diese Rechtsansicht ohne weitere Diskussion zu eigen. Lediglich der III. Amerikanische Militärgerichtshof widmete der Frage in seinem Juristen-Urteil vom 3.12.1947 einige Erläuterungen. Die Übernahme der höchsten Regierungsgewalt in Deutschland sei keine Okkupation wie die normale militärische Besetzung, da die militärische Niederlage zur vollständigen Auflösung der deutschen Regierung, zur bedingungslosen Kapitulation und damit zur Übertragung der vollen Souveränität auf die Alliierten geführt habe. Die Alliierten übten daher die „oberste gesetzgebende Autorität bei der Regierung Deutschlands" aus, die Gerichtsbarkeit des Internationalen Militärtribunals beruhe auf ihrem Willen, ihrer Souveränität.

Eine der maßgebenden, autorisierten und einflußreichsten Institutionen der Nachkriegszeit sah die völkerrechtliche Lage mit der politischen Realität in Übereinstimmung: das Deutsche Reich existierte faktisch und juristisch nicht mehr. Der Einfluß der Argumentation Kelsens ist unübersehbar, auf ihn wurde im Juristenurteil auch direkt Bezug genommen. Dieser Einfluß kennzeichnet auch alle weiteren Publikationen im angloamerikanischen Rechtsraum, die sich mit den Rechtsgrundlagen der Nürnberger Prozesse beschäftigten. Quincy Wright unterstützte Kelsens Kondominiumsthese, ohne daß für einen Souveränitätserwerb eine Annexion notwendig sei. Wer das Recht habe, ein Land zu annektieren, habe auch das Recht, „die geringere Politik der zeitlich begrenzten Souveränitätsausübung für spezielle Ziele zu deklarieren, in der Absicht, schließlich die Souveränität auf jemand anders zu übertragen".[21] Diese Souveränität gäbe den Alliierten das nur von den fundamentalen Prinzipien der Gerechtigkeit begrenzte Recht, alle Befugnisse der Gesetzgebung, Rechtsprechung und Verwaltung in Deutschland auszuüben. Die Völkerrechtler George A. Finch, Freemann, Egon Schwelb und Georg Schwarzenberger schlossen sich dieser Argumentation in ihren Untersuchungen über die Rechtsgrundlagen des Nürnberger Militärtribunals an.[22] Neue, über Kelsen hinausweisende Argumente tauchten dabei nicht mehr auf. In Frankreich vertraten Benoit, Cuny und Virally – ebenfalls in Anschluß an Kelsen, die Thesen vom Untergang des Deutschen Reiches mit der Kapitulation.[23]

Von alliierter Seite ist lediglich eine Äußerung bekannt geworden, die der Diskontinuitätsthese entsprach. In einem Rechtsstreit des Jahres 1946 vor einem englischen Gericht, in dem es um die deutsche Staatsangehörigkeit ging, legte der englische Kronanwalt ein Zertifikat des Auswärtigen Amtes vor, in der dieses erklärte, daß aufgrund der Berliner Erklärung vom 5.6.45 „Deutschland noch weiterhin als ein Staat und die deutsche Staatsangehörigkeit als eine Staatsangehörigkeit" fortbestehe, „jedoch ist die Alliierte Kontrollkommission die Stelle, durch welche die Regierungsgewalt in Deutschland ausgeübt wird".[24] Desgleichen ging das Österreichische Bundesgericht und das Obergericht des Kanton Zürichs von der Fortexistenz des deutschen Staates und der deutschen Staatsangehörigkeit aus.[25] Doch spiegeln diese Entscheidungen nicht die in diesen Ländern herrschende Meinung wider. Während Stödter darauf hinwies, daß in Österreich auch Stimmen laut wurden, die den Untergang des Deutschen Reiches annahmen, kommentierte der englische Observer die Besprechungen der stellvertretenden Außenminister in London zur Vorbereitung der Moskauer Konferenz vom 14.1. bis 25.2.1947 mit den Sätzen:

„Das Hauptproblem liegt in der Tatsache, daß Deutschland gegenwärtig als Staat überhaupt nicht existiert. Hierin unterscheidet sich Deutschland sowohl von den fünf Ländern, deren Friedensverträge bereits festgelegt wurden, als auch von Japan. Solange Deutschland als Staat nicht existiert, kann es auch kein Verrtragspartner sein."[26]

III.

Entscheidender für die Rechtslage Deutschlands als alle völkerrechtlichen Interpretationen war jedoch die Praxis, das tatsächliche Verhalten der Alliierten, ihr Umgang mit dem besetzten Land. Dabei ließen die Alliierten keinen Zweifel daran, daß sie die Grenzen des 3. Abschnitts (Art. 42 ff.) der HLKO von 1907, die bei einer occupatio bellica die Handlungsfreiheit des Besetzers regeln, nicht anerkennen wollten und faktisch auch nicht eingehalten haben. Dies ergab sich nicht nur, wie der Londoner Rechtsanwalt F. A. Mann schrieb,

„unmittelbar aus der Berliner Deklaration, durch die die alliierten Regierungen selbst, nicht die Oberbefehlshaber ihrer Streitkräfte, die oberste Gewalt übernahmen, sondern auch aus vielen späteren Äußerungen und Anordnungen, die im herkömmlichen Recht keine Stütze finden ... Man kann z. B. sehr wohl annehmen, daß die Haager Regeln die Aufhebung der Nazigesetzgebung gestatten, weil eine bestehende Macht eine solche Gesetzgebung keinesfalls zu respektieren in der Lage ist. Man kann auch behaupten, daß zahlreiche Maßnahmen zur Entmilitarisierung, zur Änderung der politischen Ordnung in Deutschland und zur Kontrolle der Wirtschaftskräfte eines so stark zentralisierten totalitären Staates zur Sicherung der Besatzungsmächte und zur Verwirklichung ihres Sieges nötig sind. Andere zunächst befremdlich wirkende Anordnungen können mit der Wiederherstellung und Sicherung der öffentlichen Ordnung und Sicherheit gerechtfertigt werden ... Dennoch bleibt genug, was in diesen Rahmen nicht eingepaßt werden kann."[27]

So sind mit den militärischen Befugnissen des Dritten Abschnitts der Haager Landkriegsordnung kaum vereinbar die Dezentralisierung der deutschen Verwaltung (Potsdamer Abkommen III Nr. 9), die Unterstellung der Stadt Königsberg und der Gebiete östlich der Oder-Neiße-Linie unter russische und polnische Verwaltung (Potsdamer Abkommen VI und IX), die einseitige Festlegung der Grenzen und gegenwärtigen Gebietsteile durch die Besatzungsmächte (Berliner Deklaration), die Übertragung gesetzgeberischer, vollziehender und richterlicher Gewalt auf die von der amerikanischen Militärregierung neu geschaffenen Staaten, Großhessen, Württemberg-Baden und Bayern (Proklamation Nr. 2 vom 19.9.1945) oder die Aufforderung an die deutschen Behörden und alle Personen in Deutschland, alles Gold, Silber und Platin abzuliefern (Proklamation Nr. 2 Punkt 15), die Anordnung, daß die ganze deutsche Schiffahrt und das ganze deutsche Inlandstransportwesen zur uneingeschränkten Verfügung der alliierten Vertreter gestellt wird (Proklamation Nr. 2 Punkt 28 u. 29). Auch die Gesetzgebung des Kontrollrats war in zahlreichen Fällen nicht erforderlich, „die öffentliche Ordnung und das öffentliche Leben wiederherzustellen und aufrechtzuerhalten" (Art. 43 HLKO), sondern ging weit über die Grenzen der Haager Landkriegsordnung hinaus.[28] Schließlich ging auch die Einrichtung des Internationalen Militärtribunals und die Ausübung der Gerichtsbarkeit auf der Basis der Charta des IMT durch die Regierungen der Alliierten über die Besatzungsbefugnisse der HLKO hinaus.

Der naheligende Einwand, daß sich die Praxis also im Widerspruch zur HLKO, ja unter Verstoß gegen sie vollzogen habe, trifft nach der Auffassung Kelsens und der ihm folgenden Völkerrechtler nicht zu, da die Alliierten sogar zur Annexion befugt waren, die sie von allen Besatzungsregeln der HLKO befreiten. Wenn sie sich jedoch zeitweise in der Ausübung gemeinsamer Souveränität beschränkten, wurden sie doch nicht von den Beschränkungen der occupatio bellica wieder eingeholt, die sie ausdrücklich ablehnten. Wiederum in den Worten von F. A. Mann.:

„Hätten sich die Alliierten auf die Rolle einer Besatzungsmacht nach solchen Regeln beschränkt, so könnten sie und die Vereinten Nationen, in deren Interesse sie handeln, ihre Kriegsziele, die über den militärischen Sieg weit hinausgehen, nicht erreichen, ja hätten in diesem Fall ihre Pflicht versäumt und historische Mission verfehlt. Die einzigartige Lage verlangte und rechtfertigte eine einzigartige Lösung, den Ausgangspunkt einer neuen Entwicklung. Es ist eine befriedigendere Lösung und mehr dem Geiste des Völkerrechts als eines lebenden Rechts entsprechend, die Existenz eines neuen Experiments anzunehmen, als die Worte der Haager Regeln so zu dehnen, daß sie das alliierte Vorgehen in Deutschland decken."[29]

IV.

Es ist interessant, daß die beiden ersten deutschen Äußerungen zur Rechtslage Deutschlands schon sehr frühzeitig zu gegensätzlichen Auffassungen kamen. Während das „Gutachten über die Rechtsetzungsbefugnis der Gemeinden, Länder und Provinzen im heutigen Deutschland unter besonderer Berücksichtigung der sächsischen Verhältnisse" der Juristischen Fakultät der Universität Leipzig vom September 1945 den Fortbestand des deutschen Staates weder durch die Potsdamer Beschlüsse noch durch die tiefgreifende Veränderung der staatsrechtlichen Struktur gefährdet sah, kam das gleichzeitig veröffentlichte Gutachten von Erich Pollack aus Berlin[30] zu dem Ergebnis, daß mit der bedingungslosen Kapitulation als Ausdruck der debellatio das Deutsche Reich und die durch sie gestützte Rechtsordnung ersatzlos untergegangen sei. Sie habe zunächst einen rechtsleeren Raum hinterlassen, der dann von den Siegermächten eingenommen worden sei.

Diese Auffassung blieb zunächst ohne Echo, da sich alle folgenden Autoren für den Fortbestand des Deutschen Reiches und die daraus folgende Geltung der Besatzungsregeln der HLKO aussprachen. Als die Thesen Kelsens dann bekannt wurden, fanden sie als erste Eingang in eine Artikelserie des Berliner Tagesspiegels vom Januar und Februar 1947, die in dem vollständigen Verschwinden des Deutschen Reiches die politische Chance des Neubeginns erkannte.[31] Ein zusätzliches Argument steuerte einen Monat später Prof. Becker aus Mainz bei, als er auf der Basis von Rudolf Smends Integrationslehre den Untergang des Reiches mit der vollständigen Desintegration begründete.[32]

Eine ausführlichere Auseinandersetzung mit der Problematik erfolgte allerdings erst durch v. Kempski und Abendroth. Beide begründeten den Untergang des deutschen Staates, wenn auch auf unterschiedliche Weise. Für Kempski ergab sich der Untergang aus dreierlei:

„Die Übernahme der gesamten Staatsgewalt durch die Besatzungsmächte, der nun seit der Kapitulation andauernde Mangel auch nur eines einzigen deutschen Organs, das für alle vier Zonen zuständig ist, und schließlich der Umstand, daß die zukünftige Organisation Deutschlands noch vollkommen offen ist.“[33]

Vor allem setzte er sich mit dem „dogmatischen Vorurteil“ auseinander, die Siegermächte hätten nur die Wahl zwischen Annexion und militärische Besetzung. Die Besonderheit in den Beziehungen zwischen dem als Staat nicht mehr vorhandenen Deutschland und den Siegermächten meinte er am besten mit dem Begriff der Subjugation zu fassen, ungeachtet der Tatsache, daß dieser Begriff im angloamerikanischen Sprachgebrauch, aus dem er stammt, Annexion bedeutet. In der Konsequenz wichtig war die Befreiung von den Haager Besatzungsregeln. Dem Kelsenschen Kondominium mochte von Kempski nicht zustimmen aufgrund fehlender historischer Parallelen. Er benutzte genauso wie Mann den Begriff des Koimperiums, ohne allerdings dessen Unterscheidung anzunehmen, „daß Deutschland zwar kein Staat im Sinne des Völkerrechts, doch Saat in der allgemeinen Bedeutung dieses Begriffes ist.“[34]

Die Aufspaltung des Staatsbegriffs in einen völkerrechtlichen und einen staatsrechtlichen charakterisiert auch die Argumentation Abendroths, der im übrigen ganz der Debellations- und Kondominiumsthese Kelsens folgte.[35] Trotz Debellation, durch die „die völkerrechtliche Kompetenzsphäre des Deutschen Reiches untergegangen und eine gemeinschaftliche Kompetenzsphäre der Sieger in Deutschland entstanden“ sei, habe der allein ausschlaggebende Wille der Siegermächte die „staatsrechtliche Kontinuität der deutschen Staatsgewalt“ erhalten. Es sei „irrig, aus diesem Wechsel des Geltungsgrundes auf einen Untergang der Rechtsordnung zu schließen, wie es das Gutachten Pollacks versucht.“ Abendroth wies daraufhin, daß sich die Auffassung von Korowin, daß durch die Oktoberrevolution die Identität des russischen Staates beseitigt worden sei, international nicht durchgesetzt habe. Folgerichtig wandte er sich auch gegen Pollacks These, daß nach der Kapitulation ein rechtsleerer Raum eingetreten sei, die Kondominialmächte hätten vielmehr unmittelbar nach dem Zerfall der deutschen Staatsmacht ihre souveräne Herrschaftsgewalt an ihre Stelle gesetzt. Ungeachtet der Interpretationsunterschiede wiesen alle Autoren die traditionelle Meinung zurück, daß eine debellatio (und damit Untergang des Staates) nur durch eine zusätzliche Annexion (subjugation) möglich gewesen sei.

Abendroth und Hans Nawiasky waren schließlich die einzigen auf der Staatsrechtslehrertagung von 1954, die zu dem Thema „Der deutsche Staat im Jahre 1945 und seither“ die Diskontinuitätsthese vertraten und die inzwischen herrschende Lehre vom Fortbestand des Deutschen Reiches als Fiktion bezeichneten.[36] Abendroth hat später seine These von der staatsrechtlichen Kontinuität aufgegeben. Spätestens mit der Einbeziehung der BRD in die NATO „war also auch die Möglichkeit einer – wenn auch vorher bereits nur fiktiven – staatsrechtlichen ... These von der Bewahrung eines kontinuierlichen Bezugsobjekts Deutsches Reich endgültig entfallen“, mit der Kapitulation sei die alte staats- und völkerrechtliche Souveränität entfallen und auf die Besatzungsmächte übergegangen.[37]

Wiederum mit anderer Begründung kam Alfons Steiniger zum Untergang des Deutschen Reiches, indem er weder Debellation noch Okkupation, sondern Intervention annahm,[38] ähnlich wie bereits Zinn vor ihm. Der besondere Charakter der militärischen Auseinandersetzung mit dem Faschismus, der allein in dem Begriff der Intervention zum Ausdruck komme, habe in der über die bloße Niederwerfung hinausgehenden „politischen Zweckokkupation" gelegen, einer „politischen Gebrechlichkeitspflegschaft" bzw. „kommissarischen Diktatur" wie er sich ausdrückte. Diese Intervention habe nicht nur das tatsächliche und rechtliche Ende Deutschlands bewirkt, sondern befreie auch die Besatzungsmächte von allen rechtlichen Schranken außer denen, die sie sich selber gesetzt haben. Die Forderung nach einem Besatzungsstatut, die überall laut wurde, verkenne daher das rechtliche Wesen und die politische Funktion der ersten Interventionsphase.

Mit Walter Lewald schließlich endete auch zeitlich die Reihe der deutschen Vertreter der Diskontinuitätsthese. Im Jahre 1948 knüpfte er noch einmal an Kelsen an und bestätigte vor dem Panorama der inzwischen breit entfalteten Literatur und in Kenntnis der Besatzungspraxis der Alliierten dessen Thesen von der Debellation und der Kondominialherrschaft der Alliierten. Von da an sollten für viele Jahre jene Stimmen in der juristischen Literatur fehlen, die den Untergang des alten Reiches nicht nur militärisch und politisch, sondern auch rechtlich für endgültig und unwiderruflich erachteten. Denn inzwischen hatte sich die These vom Fortbestand des Reiches in der deutschen Staats- und Völkerrechtslehre zur herrschenden Lehre entwickelt.

V.

„Das Deutsche Reich ist nach der bedingungslosen Kapitulation der deutschen Wehrmacht und der Besetzung ein Staat mit eigenen Staatsanghörigen und ein Rechtssubjekt im Sinne des allgemeinen Völkerrechts geblieben.

Es ist als ein solches Rechtssubjekt Mitglied der Völkerrechtsgemeinschaft an deren Normen gebunden und zur Mitarbeit fähig und berufen."[39]

So lauteten die ersten beiden Punkte der Entschließung, mit der die versammelten deutschen Völkerrechtslehrer auf ihrer ersten Tagung im April 1947 in Hamburg einstimmig die Kontinuitätsthese zur Doktrin erhoben. Das Kernproblem, gleichsam die politische und rechtliche Nutzanwendung, folgte als Punkt drei:

„Die allgemeinen Grundsätze des in der Haager Landkriegsordnung geregelten Besatzungsrechts gelten für das ganze Gebiet der Völkerrechtsgemeinschaft, daher auch für Deutschland und können durch partikularen Rechtswillen einzelner Staaten nicht außer Kraft gesetzt werden."

Auf der Tagung hatte sich zuvor Laun eingehend mit der rechtlichen Natur und Wirkung der „bedingungslosen Kapitulation" auseinandergesetzt, der er, wie bereits vor ihm verschiedene andere, rein militärische Bedeutung zumaß. Sie könne auf keinen Fall den Untergang des Deutschen Reiches bewirkt haben, da weder die Armee noch Dönitz zuständig gewesen seien, auf die Rechtssubjektivität des

Deutschen Reiches zu verzichten. Auch die Siegermächte hätten nicht die Kompetenz gehabt, „das allgemeine Völkerrecht so vollständig zu durchbrechen, daß wirklich in Deutschland ein völlig rechtsleerer Raum entstanden ist."[40] Die Alliierten hätten die Annexion, die allein die Rechtssubjektivität vernichten konnte, abgelehnt, und der Kontrollrat vertrete nur das Rechtssubjekt Deutsches Reich, wenn er an die Stelle des Reichsgesetzgebers getreten ist. Die juristischen Schwierigkeiten, die sich aus der Weigerung der Alliierten ergaben, das Besatzungsrecht der Haager Landkriegsordnung anzuerkennen – Regeln, an die sie nach Ansicht Launs aufgrund der occupatio bellica gebunden wären – versuchte er mit der Annahme eines faktischen Sonderrechts zu umgehen, denn „wir können es (die Gesetze des Alliierten Kontrollrats und die Verordnungen der Militärregierungen, N. P.) nicht als das ‚Unrecht' der Verordnungen der Militärregierungen bezeichnen".[41]

Menzel setzte sich im gleichen Band des Jahrbuchs detailliert mit der Konzeption eines Kondominiums von Kelsen – nun in voller Kenntnis seiner Aufsätze – auseinander.[42] Er kam zu dem gleichen Ergebnis wie Laun, denn Kelsens Thesen basierten auf falschen Voraussetzungen (Untergang des deutschen Staates) wie auf falschen Präzedenzfällen. Er vermochte ohne weiteres die Differenz zwischen den von Kelsen angeführten historischen Beispielen und der deutschen Situation aufzuzeigen, die allerdings auch Kelsen schon dazu geführt hatte einzuräumen, daß es sich in Deutschland im Grunde um eine bis dahin einmalige Konstellation ohne Vorbild handele. Die Argumente für die Fortexistenz des Deutschen Reiches faßte er in drei Komplexen zusammen, wie sie bis dahin von den zahlreichen Autoren entwickelt worden waren:[43]

- Die vollständige militärische Niederringung, die debellatio, eröffne erst „dem Sieger die rechtliche Möglichkeit, durch den besonderen Akt der Annexion, den besiegten Staat zum Untergang zu bringen. Die Potsdamer Beschlüsse haben jedoch eine derartige Annexion ausdrücklich abgelehnt."[44]
- Die bedingungslose Kapitulation sei ein rein militärischer Vorgang gewesen ohne rechtliche Wirkung auf den Staatscharakter Deutschlands. Auch die „Kapitulationserklärung" von Dönitz sei mangels Kompetenz bzw. mangels Effektivität seiner Regierungsgewalt gar nicht als solche anzusehen gewesen, zumindest hätte sie nie den Untergang des Reiches bewirken können.
- Die fehlende deutsche Zentralregierung der Nachkriegszeit könnten die Alliierten nicht als mangelnde Voraussetzung der Staatsqualität im Sinne der alten Staatselementelehre (ein Staat ist dann vorhanden, wenn Staatsvolk, -gebiet und -gewalt gegeben sind) anführen, da sie selbst eine deutsche Gesamtregierung bisher nicht zugelassen hätten.[45] Zudem werde vom Kontrollrat die „supreme authority" treuhänderisch wahrgenommen, so daß formell die Durchführung der staatlichen Hoheitsausübung gesichert sei. Es bestehe auch keine Desintegration, da ein Staatsgefühl und der Wunsch nach Wiedergewinnung der vollen gesamtstaatlichen Handlungsfähigkeit vorhanden sei. Das Deutsche Reich sei allenfalls handlungsunfähig.

Der Gesichtspunkt der treuhänderischen Verwaltung war bereits von mehreren Autoren entwickelt worden, allerdings mit durchaus unterschiedlichen Konsequenzen. Während George A. Finch die treuhänderische Verwaltung durch das Kondominium mit dem Untergang des Deutschen Reichs verband[46] und auch Abendroth und v. Kempski die Ähnlichkeit mit dem Treuhandgedanken betonten, benutzte v. Mangoldt die Figur der treuhänderischen Verwaltung, um die Kontinuitätsthese zu begründen.[47] Überhaupt gingen die Ansichten über den rechtlichen Charakter auseinander: die Mehrheit ging von der kriegerischen Besetzung, der occupatio bellica aus,[48] einige von einer occupatio pacifica[49] oder sogar occupatio mixta,[50] andere wiederum vom interventionistischen Charakter der Besetzung.[51] Dies waren jedoch nur Varianten der kriegerischen Besetzung, die auf jeden Fall den Fortbestand des Deutschen Reiches und die Anwendung der Besatzungsregeln der Haager Landkriegsordnung voraussetzten.

Die Schwierigkeiten, die sich gerade aus der offenen Nichtanerkennung der HLKO durch die Alliierten ergaben, führten zu den verschiedensten Auswegen. Ließen viele sie als offenen Widerspruch bestehen, so akzeptierten andere schlicht das Recht des Siegers als Siegerrecht (Laun) oder bekannten, daß dem präzedenzlosen Übergangszustand Deutschlands mit dem klassischen Völkerrecht überhaupt nicht beizukommen sei. So folgerte Mosler daraus, daß die Alliierten die Aufgaben der beizukommen sei. So folgerte Mosler daraus, daß die Alliierten die Aufgabe der obersten deutschen Staatsorgane in doppelter Funktion ausübten: „Sie treffen einerseits Maßnahmen, die aus der deutschen Staatsgewalt abgeleitet sind; andererseits handeln sie als auswärtige Mächte, die sich infolge des Kriegszustandes in einer durch völkerrechtliche Normen geregelten Auseinandersetzung mit Deutschland befunden haben."[52] Wie auch immer diese unbegründbaren Begründungen aussahen, sie mündeten meistens in der Forderung nach Abschluß eines Besatzungsstatuts, welches die fehlende Rechtsgrundlage abgeben sollte.[53]

VI.

Wie bereits erwähnt, war die Auseinandersetzung über die Kontinuität des Deutschen Reichs bereits 1947 entschieden und ein Jahr später praktisch beendet. Dennoch tauchte die „Deutsche Frage" als juristisches Problem in der Folgezeit immer wieder in den verschiedensten Zusammenhängen auf. Hier soll nur auf die Rechtsprechung des Bundesverfassungsgerichts verwiesen werden – weil sie den Argumentationsrahmen der heute herrschenden Lehre vollständig bestimmt.

Dabei hatte es zunächst nicht den Anschein, daß das Gericht der Kontinuitätsthese folgen würde. In seiner ersten Entscheidung aus dem Jahre 1953, in der es sich anläßlich einer Verfassungsbeschwerde gegen das Gesetz zur Regelung der Rechtsverhältnisse der unter Art. 131 GG fallenden Personen vom 11.5.1951 mit der Fortdauer der Beamtenverhältnisse nach dem 8.5.1945 auseinanderzusetzen hatte, betonte es die Notwendigkeit, „die Ereignisse vom Mai 1945 in ihrer politisch-historischen und ihrer staatsrechtlichen Bedeutung" zu erkennen.[54] Es gelangte dabei zu einem Befund des staatlichen „Niederbruchs“, der totalen organisatorischen Auflösung und einer „wirtschaftlichen und finanziellen Zerrüttung ohnegleichen“, der den Vertretern der Diskontinuitätsthese seinerzeit der wesentliche Inhalt ihrer Argumentation gewesen war. So heißt es in dem Urteil unter anderem:

„Als deren (alle Großmächte der Welt, BVerfG) Kriegsziel ergab sich so von selbst nicht die ‚einfache‘ militärische Besiegung des Reiches, sondern die ‚endgültige Vernichtung der nationalsozialistischen Tyrannei‘ (...) und das heißt bei der unlöslichen Verbindung der NSDAP mit dem Deutschen Staat die vollständige militärische Niederwerfung und die Zerstörung der staatsrechtlichen Organisation dieses Staates. Nur so war es möglich, den Staat aus der Verbindung mit der nationalsozialistischen Bewegung zu lösen und ihn von unten nach oben im demokratischen Sinne neu aufzubauen.

Dieses Kriegsziel hatten die Alliierten am 8. Mai 1945 im wesentlichen erreicht; die militärische Kapitulation bestätigte nur den vollständigen staatlichen Zusammenbruch (...). In der Tat zeigt das an diesem Tage bestehende Bild – die vollständige Besetzung des deutschen Staatsgebiets, die Kapitulation der Wehrmacht, das Aufhören jeder staatlichen Verwaltungstätigkeit, die Auflösung aller Einrichtungen und Organisationen der den Staat allein tragenden politischen Partei und schließlich der Tod des alle politische, militärische und staatsrechtliche Gewalt in sich vereinigenden Staatsführers – alle Merkmale einer Katastrophe, die in der neueren Geschichte ohne Beispiel ist“.[55]

Diese Argumente führten zwar zu der Entscheidung, daß die Beamtenverhältnisse am 8.5.1945 untergegangen seien, nicht aber zu einer Entscheidung für oder gegen den Untergang des Deutschen Reiches, die das Gericht offenließ. Allerdings benutzte es dann die nächste Gelegenheit, sich gegen jede „Mißdeutung“ zu verwahren, es neige mit dem Hinweis auf Nawiasky und Kelsen auch deren Meinung zu.[56] Aller Kritik zum Trotz blieb es bei seiner Meinung, daß die Beamtenverhältnisse untergegangen seien. Und es ist nicht ohne Pikanterie, daß gerade die heftigsten Kritiker des Gerichts wie Forsthoff, Fischbach, Köttgen, Krüger, Koellreutter renommierte Staatsrechtler im Faschismus gewesen waren. Von ihnen mußte sich das Gericht jetzt Sätze vorhalten lassen wie: es sei „zu Beginn der nationalsozialistischen Herrschaft bis weit in den zweiten Weltkrieg hinein viel rechtsstaatlicher“ zugegangen, „als in dem kommunistisch-demokratischen kalten Bürgerkrieg nach 1945“.[57] In aller Ausführlichkeit setzte es sich noch einmal mit den Charakteristika des Beamtenverhältnisses im Nationalsozialismus auseinander, um zu der Schlußfolgerung zu kommen:

„Die vom Grundgesetz gewährleistete Institution des Berufsbeamtentums steht also zu dem Beamtentum des nationalsozialistischen Staates in einem so grundsätzlichen Wesensunterschied, daß von einer Kontinuität der Institutionen keine Rede sein kann und aus *diesem* Gesichtspunkt, jedenfalls für die Kontinuität der einzelnen Beamtenverhältnisse nichts hergeleitet werden kann.“[58]

Die Übertragung dieser Erkenntnis auf das Verhältnis von nationalsozialistischem Staat und Staat der Bundesrepublik mochte es allerdings nicht zu vollziehen. Einen Schlußstrich unter jede Ambivalenz in der Frage der Kontinuität zog es dann bekanntlich mit seinem Urteil zum Grundlagenvertrag aus dem Jahre 1973.[59] Die dort vertretene Position der rechtlichen Fortexistenz des Deutschen Reiches, von der sogar das Grundgesetz ausgehe, und der Teilidentität der Bundesrepublik mit ihm, kann heute trotz ihrer Unverträglichkeit mit der Realität als uneingeschränkt herrschende Meinung in Politik und Wissenschaft angesehen werden.

VII.

Die politische Funktion dieser gerade in den letzten Jahren wieder nachhaltig beschworenen Fiktion zielt vornehmlich auf die immer noch nicht aufgegebene Hoffnung, die im Potsdamer Abkommen beschlossenen Grenzen einer Revision unterziehen und die Spaltung Deutschlands in zwei souveräne Staaten aufheben zu können:[60]

> „Deutschland als Ganzes muß wieder handlungsfähig gemacht werden durch Herstellung der nationalen Einheit innerhalb eines freien Europas, das weiter greifen kann als die gegenwärtige europäische Gemeinschaft. Das macht dann den Abschluß eines Friedensvertrages möglich, in dem auch die noch offene Grenzfrage geregelt werden muß. Mit anderen Worten: In diesen Verhandlungen – und erst in diesen Verhandlungen – steht die Grenze des neuen Deutschland zur Disposition in der vollen Breite, die sich ergibt aus der Beschreibung „innerhalb der Grenzen nach dem Stand vom 31. Dezember 1937" und der gegenwärtig bestehenden Grenzlinie entlang der Oder und der Neiße."[61]

Die juristische Argumentation hat die Aufgabe, die Rechtspositionen lebendig zu halten, die in der sich fortentwickelnden Realität der internationalen Beziehungen immer weniger Entsprechungen finden, die aber in zukünftigen Verhandlungen durchaus als Unterpfand eingesetzt werden können, „für den ein Preis (eine Gegenleistung) gefordert werden kann."[62]

Ähnlich dezidierte Vorstellungen standen in den Jahren 1946–1948 noch nicht hinter der Auseinandersetzung um die Deutsche Frage. Sie hielten sich im Rahmen des damals unmittelbar politisch Wünschbaren: die Eingrenzung der Rechte der Alliierten durch ein Besatzungsstatut auf der Basis der Haager Landkriegsordnung und die Absicherung einer staatlichen Kontinuität vor radikaler gesellschaftlicher Umwälzung, wie sie aus manchen Vorschlägen und Projekten der Alliierten hervorzugehen schienen. Nur unter den Vertretern der Diskontinuitätslehre fand man vor allem bei dem Emigranten Kelsen und dem Sozialisten Abendroth aber auch bei Steiniger und Lewald als vordringliches politisches Ziel ihrer Argumentation den vollständigen Bruch mit dem Nationalsozialismus und die Notwendigkeit eines radikalen Neubeginns aller politischen und sozialen Institutionen. Sie hatten auch keine Vorbehalte gegenüber den Eingriffsrechten der Alliierten und wollten sie nicht in die besatzungsrechtlichen Grenzen der Landkriegsordnung pressen, um ihnen einen möglichst umfassenden Spielraum bei der Entmilitarisierung, Entfaschisierung und Entmonopolisierung (Potsdamer Abkommen) der Gesellschaft zu gewähren. Sie waren zudem die einzigen, die bereits im Faschismus zur Opposition gehört hatten und wie etwa Abendroth verfolgt gewesen waren. Beides ist bei keinem der Vertreter der Kontinuitätslehre bekannt. Im Gegenteil, viele ihrer prominenten Vertreter hatten bereits als anerkannte Wissenschaftler im Faschismus ohne Schwierigkeiten gewirkt, wie W. Geiger, W. Grewe, H.P.Ipsen, E. Kaufmann, H. Mosler, U. Scheuner, R. Stödter, ja zum Teil mit dem Regime zusammengearbeitet.

Nicht ohne Einfluß auf die Verfestigung der Kontinuitätslehre blieb die sich zuspitzende Systemauseinandersetzung zwischen Ost und West und die damit verbundenen Spannungen zwischen den westlichen Alliierten auf der einen und der Sowjetunion auf der anderen Seite. Die Separierung der Westzonen von der Ostzone war 1948 praktisch entschieden. Einen ersten offenen Ausdruck fand die ideologische Polarisierung in einer Betrachtung von Gerhard Leibholz, „Zur gegenwärtigen Lage des Völkerrechts". Das Archiv für Völkerrecht begann damit seine Publikation nach dem Krieg im Jahre 1948/49. Leibholz' durchgängige Skepsis gegenüber dem Konzept der klassischen Souveränität, der Wirksamkeit der Generalversammlung der Vereinigten Nationen wie gegenüber der Berechtigung, von einer Völkerrechtsgemeinschaft sprechen zu können, gründete in dem Auseinanderfallen in „einen unter dem Gesetz der Totalität stehenden Machtblock auf der einen Seite und einen unter dem Gesetz der Freiheit stehenden Machtblock auf der anderen Seite" sowie in der Bedrohung durch das „Phänomen des totalen Staates".[63]

Diese Bedrohungs-Angst und das Totalitarismus-Syndrom reichten bis in die Kontinuitätsdebatte hinein. Das Ziel der Erhaltung eines einheitlichen deutschen Staates, welches die westlichen Alliierten schon sehr bald aufgaben und das später Wiedervereinigung genannt wurde, war in den Augen der Kontinuitätstheoretiker von Anfang an mit dem Merkmal der westlich bürgerlich-kapitalistischen Gesellschaftsstruktur behaftet. Dies war die Kontinuität des alten Reiches, die Bedingung für den neuen Staat und dann für die Wiedervereinigung.[64] So sehr die These von der rechtlichen Kontinuität des Reiches auch eine Fiktion war, politisch drückte sie von Anfang an den Wunsch nach sozialer Kontinuität der bürgerlich-kapitalistischen Gesellschaftsstruktur und die Opposition gegenüber jeder radikalen Neugestaltung aus. Schon 1954 auf der Tagung der deutschen Staatsrechtslehrer zum Thema „Der deutsche Staat im Jahre 1945 und seither" diente die Kontinuitätsthese und die sich daran anknüpfende Diskussion um ihre juristischen Varianten in Form der Teilordnungs- oder Identitätskonstruktionen dann dem Ziel, „die Regierung der Bundesrepublik als einzige legitime und demokratische Regierung innerhalb ganz Deutschlands, als einziges völkerreichtlich vom Westen anerkanntes Organ Gesamtdeutschlands zu betrachten und damit ihre Zuständigkeit zu begründen, für Gesamtdeutschland zu handeln und die Vertretung aller Deutschen im Ausland zu übernehmen."[65]

Die heute immer wieder in den Vordergrund gestellte Vorläufigkeit der Grenzen als Folge der „Fortexistenz des Deutschen Reiches in den Grenzen von 1937" spielte naturgemäß in den ersten Nachkriegsjahren zumindest in dieser argumentativen Verknüpfung keine Rolle – man hatte wie gesehen andere Probleme. Die erste ausführliche Auseinandersetzung mit den Grenzfragen von Eberhard Menzel im Jahre 1949 argumentierte strikt völkerrechtlich auf der Basis des damals feststellbaren Völkergewohnheitsrechts, der Abkommen von Teheran, Jalta und Potsdam sowie der Erklärungen der Alliierten zur Grenzfrage – die Kontinuitätsthese spielte keine Rolle. Er schloß sich der erstmals öffentlich vom damaligen Außenminister Byrnes am 6. September 1946 in Stuttgart vorgetragenen Auffassung an, daß die endgültige Regelung erst in einem Friedensvertrag vorgenommen werden solle und verwarf die unmittelbar danach am 16. September vom sowjetischen Außenminister Molotow abgegebene Erklärung über die Endgültigkeit der Potsdamer Grenzregelung.

Der Kampf der Juristen um das „Deutsche Reich" ist von Beginn an ein eminent politischer Kampf gewesen, in dem juristische Logik und politische Analyse einen schweren Stand hatten, in die h. L. Eingang zu finden. Für sie galt und gilt auch heute noch, was im Jahre 1957 das BVerfG zur Frage des Fortbestehens der Beamtenverhältnisse gesagt hat:

„Die Auffassung vom Weiterbestehen der Beamtenverhältnisse hat sich nur sehr allmählich mit fortschreitender Konsolidierung der allgemeinen Lage und dem damit sich ergebenden Vergessen der tatsächlichen Verhältnisse durchgesetzt, und zwar zunächst auf Grund eines von Wunschbildern beherrschten Denkens und ohne jede ernsthafte Untersuchung der hier vorliegenden Rechtsprobleme."[66]

Über 40 Jahre Fiktion vom Deutschen Reich – die Völker- und Verfassungsrechtler werden sich fragen müssen, welchen Beitrag sie zu ihrer wichtigsten Aufgabe geleistet haben, zur Wahrung des Rechtsfriedens.

Anmerkungen

1 G. F. W. Hegel, Die Verfassung des Deutschen Reiches, 1801/2, veröffentlicht 1893.
2 E. Bristler, Völkerrechtslehre, 1938.
3 SOPADE, Nationalsozialismus, 1939.
4 Erste Ansätze bei H. Weber, Rechtswissenschaft, 1986.
5 G. Leibholz, Lage, 1948/49.
6 U. Scheuner, Strömungen, 1951.
7 Jahrbuch für Internationales und Ausländisches öffentliches Recht, 1948/49, S. 6.
8 E. Kaufmann, Rechtslage, 1948; R. Stödter, Rechtslage, 1948.
9 Vgl. etwa U. Mende, Staatsangehörigkeit; W. Abendroth, Vor vierzig Jahren; H. Ridder, Bemerkungen; N. Paech, Potsdam; J. Perels, Restauration.
10 Beispiele aus jüngerer und jüngster Zeit: B. Meissner, G. Zieger (Hrsg.), Kontinuität; W. Geiger, Genesis; W. Seiffert, Grundgesetz.
11 Vgl. zu Inhalt und Geschichte der „unconditional surrender" – Konzeption: Moltmann, Genesis.
12 Vgl. R. Hansen, Ende, S. 28 ff.
13 H. Kelsen, International Legal Status.
14 H. Kelsen, Legal Status.
15 H. Kelsen, Legal Status, S. 521 (eigene Übersetzung).
16 Vgl. R. Hansen, Ende, S. 152 ff.; B. Diestelkamp, Probleme, Heft 6, S. 401 ff., Heft 7, S. 481.
17 H. Kelsen, Peace Treaty, u. The Ne York Times v. 7.9.1947.
18 H. Kelsen, Peace Treaty.
19 R. Laun, Rechtszustand, S. 11. Erstmalig wurden offensichtlich in der Ausgabe Oktober/November 1946 des Europa-Archivs die Argumente Kelsens von W. Cornides in durchaus zustimmender Weise wiedergegeben.
20 Deutsche Übersetzung nach R. Stödter, Rechtslage, S. 37.
21 Qu. Wright, Law, S. 50.
22 Nachweise bei R. Stödter, Rechtslage, S. 39. Eine offizielle Äußerung der amerikanischen Regierung liegt nicht vor und es ist kaum überzeugend, wenn E. Menzel aus einigen Äußerungen des amerikanischen Befehlshabers General Lucius Clay folgert, „daß die allgemeine Haltung der Vereinigten Staaten durchaus zu einer Annahme des Fortbestandes des deutschen Staates tendiert", Lage, S. 1016.

23 Nachweise bei R. Stödter, Rechtslage, S. 41.
24 Der „Fall Küchenmeister", vgl. E.J. Cohn, Probleme; E. Menzel, Lage; R.Y. Jennings, Rechtsnatur, der ebenfalls vom Fortbestand des Deutschen Reiches ausgeht.
25 Entscheidung v. 24.1.1946, Juristische Blätter Bd. 68, S. 142 und Entscheidung v. 1.12. 1945, Schweizerische Juristenzeitung 1946, S. 31 und Deutsche Rechtszeitschrift 1947, Heft 1, S. 31 ff. Auch der schweizer Völkerrechtler Sauser-Hall ging von der rechtl. Fortexistenz aber Handlungsunfähigkeit des Deutschen Reiches aus, L'occupation, S. 9 ff.
26 Zitiert nach Europa-Archiv, Heft 1/2, 1946/47.
27 F. A. Mann, Status, Sp. 470, vgl. zum folgenden auch W. Lewald, Grundlagen, 1948.
28 Z.B. das Gesetz Nr. 4 über die Neuordnung der deutschen Gerichtsverfassung, das Gesetz Nr. 36 über Verwaltungsgerichte, das Gesetz Nr. 46 über die Auflösung Preußens.
29 F. A. Mann, Status, Sp. 472.
30 Mitteilungen des Prüfungsausschusses des Stadtgerichts Berlin vom 15.9.1945, zitiert bei W. Abendroth, Haftung, S. 73.
31 Vgl. zu der Artikelserie E. Menzel, Lage, 1947.
32 Becker, Desintegration.
33 v. Kempski, Deutschland.
34 F. A. Mann, a. a. O., Sp. 476.
35 W. Abendroth, Haftung. Zustimmend K. Kaiser, Haftung; Löwenthal, Haftung, die jedoch der eindeutigeren Lösung von Pollack zuneigten, daß mit der debellatio der deutsche Staat insgesamt untergegangen sei, ohne ein staatsrechtliches Residuum zu hinterlassen.
36 Diskussionsbeiträge in Veröffentlichungen der Vereinigung der Deutschen Staatsrechtslehrer, Berlin 1955, S. 59 ff. u. 64 ff.
37 W. Abendroth, 40 Jahre, S. 135 f.
38 A. Steiniger, Ausschließlichkeit, und Besatzungsstatut.
39 Jahrbuch für Internationales und Ausländisches öffentliches Recht I, 1948, S. 6.
40 R. Laun, Rechtszustand, S. 10.
41 R. Laun, a. a. O., S. 20.
42 E. Menzel, Deutschland.
43 E. Menzel, Lage, S. 1014.
44 E. Menzel, a. a. O., S. 1014.
45 E. Menzel, a. a. O., S. 1014.
46 „With the unconditional surrender of Germany its Government went out of existence as a sovereign state and its sovereignty is now held in trust by the condominium of the occupying forces." G. A. Finsch, Trial, S. 22.
47 V. Mangoldt, Grundsätzliches; E. Menzel, Deutschland, S. 76 ff.
48 R. Laun, Rechtslage; vgl. im übrigen die Nachweise bei E. Menzel, Lage, und R. Stödter, Rechtslage, S. 181.
49 Z. B. Budde, Außenpolitik.
50 Z. B. Schlochauer, Stellung.
51 Z. B. Zinn, surrender; Arndt, Lage.
52 Mosler, Einfluß, S. 368 f.
53 Vgl. etwa Schlochauer, Besatzungsstatut; Zinn, Surrender; dagegen folgerichtig Steiniger, Besatzungsstatut.
54 Urteil vom 17.12.1983, BVerfGE 3, S. 58 ff., 87.
55 a. a. O., S. 86/87.
56 Urteil vom 26.2.1954, BVerfGE 3, S. 288 ff., 320.
57 Urteil vom 19.2.1957, BVerfGE 6, S. 132 ff., S. 143; zitiert O. Koellreutter aus Neue Deutsche Beamtenzeitung 1954, S. 43.
58 BVerfGE 6, S. 201.
59 Urteil vom 31.7.1973, BVerfGE 36, S. 1 ff.
60 N. Paech, Potsdam.
61 W. Geiger, Rechtslage, S. 2304.
62 W. Geiger, Rechtslage, a. a. O.
63 G. Leibholz, Lage, S. 421.
64 Vgl. etwa Art. 7 des Deutschlandvertrages von 1954, in dem es heißt, daß „bis zum Abschluß der friedensvertraglichen Regelung ... die Bundesrepublik und die drei Mächte zusammenwirken (werden), um mit friedlichen Mitteln ihr gemeinsames Ziel zu verwirkli-

chen: ein wiedervereinigtes Deutschland, das eine freiheitlich-demokratische Verfassung ähnlich wie die Bundesrepublik besitzt und das in die Europäische Gemeinschaft integriert ist."

65 A. Freiherr von der Heydte, Veröffentlichungen der Vereinigung der deutschen Staatsrechtslehrer, Heft 13, 1955, S. 86.

66 Urteil vom 19.2.1957, BVerf E 6, S. 132 ff., 202.

Literatur

(K) = Anhänger der Kontinuitätstheorie

(D) = Anhänger der Diskontinuitätstheorie

Abendroth, Wolfgang, (D) Der deutsche *Staat* im Jahre 1945 und seither. Veröffentlichung der Vereinigung der Deutschen Staatsrechtslehrer, H. 13, 1955, S. 59–63.

Abendroth, Wolfgang, (D) Vor *vierzig* Jahren – Diskontinuität oder Kontinuität des Deutschen Reiches? Demokratie und Recht 2/85.

Abendroth, Wolfgang, (D–K) Die *Haftung* des Reiches, Preußens, der Mark Brandenburg und der Gebietskörperschaften des öffentlichen Rechts für Verbindlichkeiten, die vor der Kapitulation vom 8.5.1945 entstanden sind. Neue Justiz 4/5 1947, S. 73–81.

Arndt, Adolf, (K) Deutschlands rechtliche *Lage*. Die Wandlung 1947, H. 2, S. 105 ff.

Arndt, Adolf, (K) Der deutsche *Staat* als Rechtsproblem, Berlin 1960. „Drei Phasen des Problems", S. 1 ff. A. Arndt in die Wandlung 1947, S. 106 u. S. 77, 48, S. 1.

Becker, (D) Desintegration des Reiches, Tagesspiegel v. 18. III. 47.

Bechling, Kurt, Die *Schuldaussprüche* im Nürnberger Justizurteil v. 4./5. Dez. 1947, Archiv des VR 2 H 4, S. 412–427.

Bristler, Eduard, Die *Völkerrechtslehre* des Nationalsozialismus, Zürich 1938.

Budde, Gibt es noch eine deutsche *Außenpolitik?* Hamburg 1947.

Cohn, Ernst J., (K) Zum rechtlichen *Problem* Deutschlands, MDR 47/178–180.

Cornides, Wilhelm, (D) Die völkerrechtliche *Stellung* Deutschlands nach seiner bedingungslosen Kapitulation, Europa-Archiv 1946, 4.5. Folge, S. 209.

Diestelkamp, Bernhard, Rechts- und verfassungsgeschichtliche *Probleme* zur Frühgeschichte der Bundesrepublik Deutschland, Juristische Schulung 1980, H 6, S. 401–405; H 7, S. 481–485; H 11, S. 790–796; 1981 H 2, S. 96–102; H 6, S. 409–413; H 7, S. 488–494.

Dürig, Günter, (K) Der deutsche *Staat* im Jahre 1940 und seither, Veröffentlichung der Vereinigung der Deutschen Staatsrechtslehrer, H. 13, 1955, S. 27–55.

Fenner, Reinhard (K) Die Gerarer *Forderungen* und das Karlsruher Urteil, Deutschland-Archiv 10/85, S. 1062–1071.

Finch, George A., (D) The Nuremberg *Trial* and International Law, American Journal of International Law, Vol. 41, Nr. 1, S. 22.

Geiger, Willi, (K) Zur *Rechtslage* Deutschlands, NJW 41/1983, S. 2302–2304.

Geiger, Willi, (K) Zur *Genesis* der Präambel der Grundgesetze, Europäische Grundrechtszeitschrift 1986, H. 3, S. 121–126.

Grewe, Wilhelm, Ein *Besatzungsstatut* für Deutschland, Stuttgart 1948.

Hansen, Reimer, Das *Ende* des Dritten Reiches, Die deutsche Kapitulation 1945, Stuttgart 1966.

Freiherr von der Heydte, August, (K) Der deutsche *Staat* im Jahre 1945 und seither, Veröffentlichung der Vereinigung der Deutschen Staatsrechtslehrer, Heft 13, 1955, S. 6–24.

Institut zur Förderung öffentlicher Angelegenheiten, *Bürgerrechte* und Besatzungsmacht, Frankfurt 1950.

Ipsen, Hans Peter, (K) Deutsche *Gerichtsbarkeit* unter Besatzungshoheit, Jahrbuch für internationales und öffentliches Recht I, 1948, S. 87–114.

Jennings, R. Y., (K) Die *Rechtsnatur* der alliierten Besatzung Deutschlands, MDR 1948, 3–7.

Jerusalem (D), Die völkerrechtliche *Stellung* Deutschlands, Frankfurter Hefte 1947, H. 12, S. 1254 ff.

Kaiser, Karl, (D) Zur *Haftung* für öffentliche Schulden aus der Zeit vor der Kapitulation, NJ 1947, S. 186.

Kaufmann, Erich, (K) Deutschlands *Rechtslage* unter der Besatzung, Stuttgart 1948.
Kelsen, Hans, (D) Is a *Peace Treaty* with Germany legally possible and political desirable? The American Political Science Review, Vol. XII, N. 4, 1947, S. 1188–1193.
Kelsen, Hans, (D) The *Legal Status* of Germany according to the Declaration of Berlin, The American Journal of International Law, Vol. 39, 1945, S. 518–526.
Kelsen, Hans, (D) The *International* Legal Status of Germany to be established immediately upon Termination of the War, The American Journal of International Law, Vol. 38, 1944, S. 898–694.
Kempski, v., *Deutschland* als Völkerrechtsproblem, Merkur (1947), H. 2, S. 188 ff.
Krieger, Leonard, Das *Interregnum* in Deutschland: März–August 1945, in W. D. Narr/D. Tränhard (Hrsg.), Die Bundesrepublik Deutschland, Entstehung, Entwicklung, Struktur, 2. Aufl., 1984 Königstein/Ts.
Laun, Rudolf, (K) Der gegenwärtige *Rechtszustand* Deutschlands, Jahrbuch für Internationales und Ausländisches Recht, Bc I, 1948, S. 9–21.
Laun, Rudolf, (K) Staats- und *Völkerrecht* in Deutschland, MDR 1947, S. 246–47.
Leibholz, Gerhard, Zur gegenwärtigen *Lage* des Völkerrechts, Archiv des Völkerrechts, Bd. I 1948/49, S. 415 ff.
Lewald, Walter, (D) Grundlage der neuen Rechtsordnung Deutschlands, Hamburg 1948.
Loening, Hellmuth, (K) *Rechtsgutachten* über die Frage, ob das jetzige Land Thüringen Rechtsnachfolger des früheren Landes Thüringen und des Reiches ist, Deutsche Rechts-Zeitschrift 1946, H. 5, S. 129–133.
Löwenthal, (D) Zur *Haftung* für öffentliche Schulden aus der Zeit vor der Kapitulation, NJ 1947, S. 184–186.
Mangoldt, H. v., (K) *Grundsätzliches* zum Neuaufbau einer deutschen Staatsgewalt, Veröffentlichungen des Instituts für internationales Recht an der Universität Kiel, Heft 2, 1947.
Mangoldt, H. v., (K) Zur rechtlichen *Natur* der bizonalen Wirtschaftsverwaltung – Eine Entgegnung, MDR 1948, S. 438–442.
Mann, F. A., (D–K) Deutschlands heutiger *Status*, Süddeutsche Juristenzeitung, 1947, Nr. 9, S. 465–480.
Mann, F. A., (D–K) The present legal *status* of Germany, Jahrbuch für internationales und ausländisches öffentliches Recht, Bd. I, 1948, S. 37–42.
Mende, Ursula, (D), Das Recht der gesamtdeutschen *Staatsangehörigkeit*, Demokratie und Recht, 1978, S. 23–38.
Meissner, Boris; Zieger, Gottfried, (K), Staatliche *Kontinuität* unter besonderer Berücksichtigung der Rechtslehre Deutschlands, Bonn, Köln 1983.
Menzel, Eberhard, (K), Zur völkerrechtlichen *Lage* Deutschlands, Europa-Archiv 1947, S. 1009–1016.
Menzel, Eberhard, (K), *Deutschland* – ein Kondominium – Koimperium?, Jahrbuch für internationales u. ausländisches öffentliches Recht, Bd. I, 48, S. 43–86.
Menzel, Eberhard, (K) Die vertraglichen *Regelungen* über deutsche Gebietsabtretungen, Europa-Archiv v. 20. Juni 1949, S. 2223–2230.
Menzel, Eberhard, (K) Deutsche *Grenzfragen* in völkerrechtlicher Sicht, Europa-Archiv v. 20. II. 1949, S. 1889–1899.
Merkel, Adolf Julius, *Deutschland* und die Verfassung der UN in völkerrechtlicher Sicht, DRZ 1947, S. 72–74.
Moltmann, Die *Genesis* der Unconditional-Surrender-Forderung, in A. Höllgruber, Probleme des zweiten Weltkrieges, 1967, S. 167 ff.
Mosler, Hermann, (K) Der *Einfluß* der Rechtsstellung Deutschlands auf die Kriegsverbrecherprozesse, Süddeutsche Juristenzeitung 1947, S. 362–370.
Nawiasky, Hans, (D) Der deutsche *Staat* im Jahre 1945 und seither, Veröffentlichungen der Vereinigung der Deutschen Staatsrechtslehrer, Bd. 13, 1955, S. 64–67.
Paech, Norman, (D) 40 Jahre nach *Potsdam* – Ist die deutsche Frage noch offen?, spw-Zeitschrift für Sozialistische Politik u. Wirtschaft, 28/1985, S. 283–289.
Perels, Joachim, (D) Die *Restauration* der Rechtslehre nach 1945, Kritische Justiz, 4/1984, S. 359–379.
Pollack, Erich, (D) *Gutachten* u. 15.9.45, Mitteilungen des Prüfungsausschusses des Stadtgerichts Berlin.
Ridder, Helmut, (D) *Bemerkungen* zum juristischen Inhalt und zur politisch-ideologischen Funktion von der deutschen Staatsangehörigkeit, in Rafael Gutiérrez Giradot, Helmut Rid-

der, Manshar Lal Sarin, Theo Schiller (Hrsg.), New Direktions in International Law, Festschrift für Wolfgang Abendroth, Frankfurt/New York 1982, S. 548–574.

Sauser-Hall, Georges, *L'occupation* de L'Allemagne par les Puissances Alliées, Annuaire Suisse de droit international, Vol. III, 1946, S. 9 ff.

Schätzel, Walter, Wer vertritt die deutsche Seite beim *Friedensschluß*?, DRZ 1957, H. 3, S. 69–72.

Schlochauer, Hans-Jürgen, (K) Zur *Frage* eines Besatzungsstatus für Deutschland, Archiv des Völkerrechts I, H. 2, S. 188–218.

Scheuer, Gerhart, (K) Die *Rechtslage* des geteilten Deutschland, Frankfurt a.M., Berlin 1960.

Scheuner, Ulrich, Naturrechtliche *Strömungen* im heutigen Völkerrecht, Zeitschrift für ausländisches öffentliches Recht und Völkerrecht, Bd. XII, S. 556–614.

Scheuner, Ulrich, (K) Der deutsche *Staat* im Jahre 1945 und seither, Veröffentlichung der Vereinigung deutscher Staatsrechtslehrer, 13/1955, S. 67–70.

Schlochauer, Hans-Jürgen, (K) Deutschlands völkerrechtliche *Stellung* und die zukünftige Friedensregelung, DRZ 1947, S. 118–121.

Schwarzenberger, Georg, (D) The *Judgement* of Nuremberg, Tulane Law Review 21 (1947), S. 329 ff.

Schweitzer, Carl-Christoph, Ist die Deutsche *Frage* noch offen?, Eine Untersuchung aus politikwissenschaftlicher Sicht, Beiträge zur Konfliktforschung, 2/1986, S. 35–57.

Seiffert, Wolfgang, (K) *Grundgesetz* und Deutschlandpolitik, Deutschland-Archiv, Nr. 10/1985, S. 1055–1062.

Sopade, Deutschlandberichte der sozialdemokratischen Partei 1934–1940, *Nationalsozialismus* und Völkerrecht, 6. Jahrgang, 1939, S. 997–1020.

Steiniger, Alfons, (D) *Ausschließbarkeit* des Rechtsweges bei Staatshaftungsklagen durch neues Landesrecht?, Neue Justiz, 1947, S. 146–150.

Steiniger, Alfons, (D) Das *Besatzungsstatut*, Neue Justiz, 1947, Nr. 10, S. 205–207.

Steiniger, Alfons, Hat das deutsche *Volk* ein Recht auf Selbstbestimmung seiner Verfassung? Schriftenreihe des deutschen Volksrates, Berlin 1948.

Stödter, Rolf, (K) Deutschlands *Rechtslage*, Hamburg 1948.

Thiele-Fredersdorf, Herbert, Das *Urteil* des Militärgerichtshofes Nr. III im Nürnberger Juristen-Prozeß, S. 72?, 1947/48, H. 4, S. 122–126.

Turegg, Kurt Egon v., (K) *Deutschland* und das Völkerrecht, Köln 1948.

Weber, Hermann, Von Albrecht *Mendelssohn Bartholdy* zu Ernst Forsthoff. Die Hamburger Rechtsfakultät im Zeitpunkt des Machtübergangs 1933–1935, in Klaus Jürgen Gantzel (Hrsg.): Kolonialrechtswissenschaft, Kriegsursachenforschung, Internationale Angelegenheiten, Baden-Baden 1983, S. 159 ff.

Weber, Hermann, *Rechtswissenschaft* im Dienste der NS-Propaganda. Das Institut für auswärtige Politik und die deutsche Völkerrechtsdoktrin in den Jahren 1933–1945, in Klaus-Jürgen Gantzel (Hrsg.): Wissenschaftliche Verantwortung und politische Macht, Berlin – Hamburg 1986, S. 185–425.

Wright, Quincy, (D) The *Law* of the Nuremberg Trial, American Journal of International Law, 41 (1947), S. 38 ff.

Zinn, Georg A. (K) Unconditional *Surrender*, Süddeutsche Juristen Zeitung 1947/48, H. 1, S. 9–13.

Udo Mayer, Lothar Zechlin

Der Öffentliche Dienst nach 1945 zwischen Neuordnung und Restauration

1. Die Entwicklung bis zum Parlamentarischen Rat

Eine verhängnisvolle Fehlentscheidung in der Weimarer Republik war es zweifellos gewesen, sowohl den Verwaltungsapparat der Monarchie in seiner personellen Zusammensetzung nahezu unverändert übernommen als auch die Struktur des Öffentlichen Dienstes mit seiner Dreiteilung in Beamte, Angestellte und Arbeiter im wesentlichen beibehalten zu haben. Die Weimarer Republik ist zwar nicht an ihren Beamten zugrunde gegangen. Die Beamtenschaft gehörte jedoch zu den antirepublikanischen Kräften, die aus ihrer Abneigung gegenüber dem neuen Staat keinen Hehl machten und die Rückkehr zu einer autoritären Staatsform mit dem Faschismus nicht nur tolerierten, sondern aktiv unterstützten.[1]

Diese personelle und organisatorische Fehlentscheidung am Anfang der Weimarer Republik sollte bei der Neuorganisation der Verwaltung nach 1945 nach dem erklärten Willen der Alliierten nicht wiederholt werden. Im Potsdamer Abkommen legten sich die Alliierten programmatisch darauf fest, die Verwaltung zu demokratisieren und den Verwaltungsapparat zu entnazifizieren.[2]

Bei der Gründung der Bundesrepublik Deutschland im Jahre 1949 waren jedoch beide Ziele nicht erreicht. Weder hatte eine durchgreifende personelle Veränderung in der Verwaltungszusammensetzung stattgefunden, noch waren die normativen Strukturen des Verwaltungsapparates geändert worden. Vielmehr hatte die Beamtenschaft es erfolgreich verstanden, die Entnazifizierungsverfahren nahezu unbeschadet zu überstehen und ihre grundsätzlichen Privilegien zu retten.[3]

Dies spielte sich im wesentlichen in drei Etappen ab.[4]

In der ersten Etappe unmittelbar nach der Kapitulation bis Ende 1945 wurden wesentliche Verwaltungsaufgaben von den Militärregierungen wahrgenommen, das deutsche Personal hauptsächlich aus Sicherheitsgründen großenteils entlassen, zum Teil verhaftet. Diese Phase war in den westlichen Besatzungszonen durch eine rein negative Säuberung gekennzeichnet, ohne daß versucht wurde, das entstandene personelle Vakuum durch andere Kräfte außerhalb der bisherigen Verwaltung zu decken. Die Rechtsverhältnisse der im Öffentlichen Dienst verbliebenen Beschäftigten wurden nicht verändert, sie behielten den bisherigen Status als Beamte, Angestellte oder Arbeiter bei.[5]

Anders ging es in der sowjetischen Besatzungszone zu. Dort wurden durch SMAD-Befehlnummer 66 vom 17.9.1945 alle Beamtenverhältnisse für beendet erklärt und das deutsche Beamtengesetz von 1937 aufgehoben.[6] Alle öffentlichen Bediensteten wurden neu eingesetzt entweder durch Wahl, Berufung oder Arbeitsvertrag und zwar entweder als Angestellte oder Arbeiter. Einen Beamtenstatus gab es nicht mehr. Alle Beschäftigten unterfielen der allgemeinen Sozialversicherung, lediglich bei der Altersversorgung wurden bestimmte Personengruppen mit zusätzlichen Leistungen bedacht. Bei den neu eingestellten Bediensteten wurde weniger auf bisherige Verwaltungserfahrung geachtet . Das führte dazu, daß im großem Umfang das Personal aus Bereichen außerhalb der bisherigen Verwaltung rekrutiert wurde.[7]

Die zweite Etappe bei der Rekonstruktion des Verwaltungsapparates in den Westzonen läßt sich vom Herbst 1945 bis zu den Länderverfassungen Ende 1946 festmachen. Sie ist gekennzeichnet durch eine weitgehende Rückverlagerung von Verwaltungsaufgaben auf deutsche Stellen, die in der Übertragung des Entnazifizierungsverfahrens auf deutsche Spruchkammern gipfelte.[8] Dies zog einen ungeheueren personellen Bedarf an Verwaltungskräften nach sich, der nun nicht mit anderen politisch unbelasteten Personen außerhalb der Verwaltung gedeckt wurde, sondern im wesentlichen aus dem alten Verwaltungsstamm. Diese praktischen Bedürfnisse begünstigten ein Entnazifizierungsverfahren, das eine gegenseitige Weißwäsche der Verwaltung zum Ergebnis hatte. Zwar sollte die Entlassung belasteter Beamter endgültig sein, die deutsche Gesetzgebung ließ jedoch bereits in dieser Phase eine Wiedereinstellungsmöglichkeit für Mitläufer und Minderbelastete unter Berücksichtigung ihrer wohlerworbenen Rechte zu.[9]

Zahlen stehen aus dieser Zeit nur für einzelne Bereiche zur Verfügung. Sie illustrieren jedoch eine ungebrochene Kontinuität in der personellen Zusammensetzung der Bürokratie.

Von den 5 084 Beamten, die am 31.5.1947 im höheren Dienst der Nordrhein-Westfälischen Gemeinden beschäftigt waren, hatten 4 408 bereits vor Kriegsende im höheren Dienst und 202 im gehobenen Dienst gestanden. Ähnlich waren in der Landesverwaltung Nordrhein-Westfalens von den 4 469 Beamten des höheren Dienstes 3 914 schon vor dem 8. Mai 1945 Beamte gewesen. Insgesamt waren 90 % der Beamten des höheren oder gehobenen Dienstes schon vor Kriegsende Beamte.[10]

Der damalige nordrhein-westfälische Innenminister Menzel (SPD) teilte im Parlamentarischen Rat mit[11], daß im Jahr 1948 wieder 56 % der höheren Polizeibeamten aus der NSDAP oder SS kamen. Als im Jahr 1951 die Frankfurter Rundschau eine Artikelserie veröffentlichte, die sich mit der personellen Kontinuität im Auswärtigen Dienst des dritten Reiches und der Bundesrepublik beschäftigte, stellte sich heraus, daß 66 % der leitenden Beamten des Auswärtigen Amtes ehemalige Mitglieder der NSDAP waren.[12]

Die Wiederverwendung des alten Verwaltungsapparates geschah dabei auf der Basis des bisherigen Rechtsstatus, wobei die Rechtsstellung der Beamten weiter auf dem Beamtengesetz von 1937 beruhte. Für das Selbstverständnis der Beamtenschaft in dieser Zeit ist charakteristisch, daß sie die Ausgestaltung ihrer Rechtsstellung im Beamtengesetz von 1937 als Ausdruck einer 200jährigen Tradition des preußischen Beamtentums ansah, dessen Effizienz sich wesentlich gerade auf die klassischen Rechtsstrukturen des Beamtentums stützen soll: Auf das besondere öffentlich-rechtliche Treueverhältnis gegenüber dem Dienstherrn, auf das Laufbahnprinzip im Rahmen einer Leistungshierarchie, ein besonderes Disziplinarrecht und eine lebenslängliche Versorgung.

Symptomatisch für diese Haltung ist ein Vorschlag des Staatsrechtlers Walter Jellinek an die hessische Staatskanzlei vom 3.1.46, das Beamtengesetz von 1937 lediglich von den dort vorgesehenen Mitwirkungsrechten der NSDAP, der Verpflichtung auf Adolf Hitler und den rassischen und politischen Diskriminierungen zu säubern. Der verbleibende Rest gehöre zu einem ,,den besten deutschen Überlieferungen entsprechenden Gesetzgebungswerk".[13]

Dieser Linie folgen dann auch einige der in dieser Zeit verabschiedeten Länderbeamtengesetze, etwa in Württemberg-Baden und Bayern.

Demgegenüber war in anderen Ländern ein Weg eingeschlagen worden, der sich im wesentlichen mit Vorstellungen der britischen und amerikanischen Besatzungsmacht deckten und auf eine Nivellierung der Rechtstellung der Verwaltungsangehörigen vergleichbar dem civil service hinauslief. Die Verfassung von Bremen forderte etwa „für alle Personen in Betrieben und Behörden ein neues soziales Arbeitsrecht" (Art. 50). Nach der hessischen Verfassung sollten alle Angestellten, Arbeiter und Beamten in einem einheitlichen Arbeitsrecht zusammengefaßt werden (Art. 29). Das erste hessische Gesetz über die Rechtsstellung der Beamten und Angestellten im Öffentlichen Dienst vom 12.11.1946[14] hatte dabei schon die ersten Konturen gelegt: darin wurden die Beamten in ihrer Rechtsstellung jedoch soweit beamtenrechtlicher Besonderheiten entkleidet, daß der Unterschied zum Angestellten im wesentlichen lediglich in der Aufrechterhaltung der Bezeichnung Beamter bestand. Der Beamte wurde nicht mehr durch Hoheitsakt berufen, sondern nach vertraglicher Vereinbarung eingestellt. Das Arbeits- und Sozialversicherungsrecht galt auch für Beamte und in vermögensrechtlichen Streitigkeiten mit dem Dienstherrn war nicht das Verwaltungsgericht, sondern das Arbeitsgericht zuständig.

In ähnlicher Richtung liefen die Vorschläge und Forderungen der britischen und amerikanischen Besatzungsmacht, die für das britische Besatzungsgebiet in einer Beamtendirektive vom Juni 1956 gipfelte, jedoch ohne praktische Bedeutung blieb.[15] Die Vorstellungen der Alliierten zielten im wesentlichen auf eine Entprivilegierung des Beamtenstandes, eine Öffnung der Laufbahngruppen und eine politische Neutralisierung der Beamten durch das Verbot einer gleichzeitigen Ausübung politischer Ämter. Fanden sie im ersten Punkt den erbitterten Widerstand der Beamten-Standesorganisationen, so wurde der letztere Punkt auch von Gewerkschaften und der SPD entschieden kritisiert.

Diese Etappe der Suche nach neuen Strukturen für den Verwaltungsapparat wurden ab 1947 abgelöst durch eine dritte Etappe, die im Zusammenhang mit der nun einsetzenden Integration der Westzonen in ein westliches Bündnissystem zu sehen ist. Die wirtschaftliche Stärkung der Westzonen und ihr Aufbau zu einem effektiven Bündnispartner begannen nun Vorrang einzunehmen gegenüber demokratischen Strukturreformen.[16] In dieser Etappe setzte sich das Beharrungsvermögen des Verwaltungsapparats mehr oder minder durch, alliierte Gegenvorstellungen prallten am passiven Widerstand der Beamtenschaft weitgehend ab.[17] Wegen der veränderten politischen Situation wurde von den Alliierten auch nichts unternommen, um ihre Vorstellungen zwangsweise durchzusetzen.

Insofern erscheint es auch eher als ein Epilog, wenn die Besatzungsmächte im Februar 1949 noch ein Mustergesetz (Nr. 15) für den Bereich der Gebietszonen erließen, das ihre zentralen Vorstellungen von einem künftigen Öffentlichen Dienst enthielt.[18] Es stellte das Verbot jeder politischen Betätigung auf und unternahm eine Nivellierung der Beschäftigten, indem nur noch zwischen Beamten und Arbeitern unterschieden werden sollte, beide durch Dienstvertrag eingestellt und einem gemeinsamen Betriebsverfassungsrecht unterliegen sollten. Dies war die Situation, in der der Parlamentarische Rat über die künftige Gestaltung des Öffentlichen Dienstes nach der Verfassung des Grundgesetzes beschließen sollte.

2. *Die Diskussion um die Ausgestaltung des öffentlichen Dienstes im Parlamentarischen Rat*[19]

2.1. Die Ausgangslage

Bei der Diskussion im Parlamentarischen Rat über die Beamtenfrage konnte man somit auf die Erfahrungen von drei historischen Ausgestaltungen des öffentlichen Dienstes zurückgreifen: auf die autokratische, feudalistische Ausgestaltung des Beamtentums während der Monarchie mit ihrer Renaissance im Faschismus, auf die ständische Struktur des Beamtentums in der Weimarer Republik mit gemäßigten Zugeständnissen zu politischer und gewerkschaftlicher Betätigung und auf die in einigen Ländern nach 1945 durchgeführte weitgehende Angleichung der Beamtenstellung an die der üblichen Beschäftigten im Öffentlichen Dienst und ihre volle politische und gewerkschaftliche Betätigungsfreiheit. Noch bei den Beratungen im Herrenchiemseer Verfassungskonvent hatte man darauf verzichtet, den Öffentlichen Dienst durch eine Garantie des Berufsbeamtentums inhaltlich festzulegen, wenn auch bereits starke Kräfte eine ausdrückliche Verankerung des Berufsbeamtentums forderten.[20] Es setzten sich dabei noch die sozialdemokratischen Vertreter durch, die eine Regelung des Öffentlichen Dienstes durch das Grundgesetz nicht präjudiziert sehen wollten. Carlo Schmid (SPD), der Bevollmächtigte von Württemberg-Hohenzollern, trat dafür ein, Reformen des Beamtentums und dessen etwaige Angleichung an das civil-service-System der angelsächsischen Länder nicht durch das Grundgesetz zu versperren.[21] Dabei spielte die Erfahrung mit dem Verhalten der Beamten am Ende der Weimarer Republik und während des Faschismus eine wesentliche Rolle. Brill (SPD), der Bevollmächtigte des Landes Hessen, meinte, daß die Weimarer Republik auch der „Treuelosigkeit ihrer Beamten erlegen sei".[22] Und der Berliner Delegierte Suhr (SPD) forderte eine Erneuerung des Berufsbeamtentums, weil dieses unter dem Nationalsozialismus „sehr bedenkliche Erscheinungen" gezeitigt habe und man keinesfalls der Meinung sein könne, die Institution habe sich „voll bewährt".[23]

Allerdings formierten sich im Herrenchiemseer Konvent bereits die Anhänger des Berufsbeamtentums bei CDU, CSU und FDP, die jedoch erst später im Parlamentarischen Rat einen großen Teil ihrer Forderungen durchsetzen konnten. Der Bremer FDP-Delegierte Spitta setzte sich dafür ein, dem Bund die konkurrierende und damit vorrangige Gesetzgebungskompetenz über „das Recht der Beamten aller öffentlichen Körperschaften" einzuräumen. Damit wollte er Tendenzen in den Ländern entgegenwirken – offenbar standen ihm dabei die Beispiele Bremen und Hessen vor Augen –, die auf eine „Durchlöcherung" des Beamtenrechts bzw. auf die „Abschaffung des ganzen Beamtenstandes" in Deutschland hinausliefen. Die Institution des Beamtentums sollte durch bestimmte allgemeine Grundsätze geschützt werden.[24] Eine solche Sicherung der Institution des Berufsbeamtentums unterstützten auch die bayerischen Delegierten Maunz und Kollmann, die als Förderalisten allerdings eine vorrangige Regelungszuständigkeit des Bundes in Beamtenfragen ablehnten.[25]

2.2. Die Aufnahme von Art. 33 Abs. 4 und 5 GG in das Grundgesetz

Im Parlamentarischen Rat wollten sich die bürgerlichen Parteien mit einer stillschweigenden Anerkennung des Berufsbeamtentums nicht mehr begnügen. In der 12. Sitzung des Zuständigkeitsausschusses beantragte der Abgeordnete Dr. Strauß (CSU) die Aufnahme eines Artikels, wonach „die staatlichen und gemeindlichen Daueraufgaben grundsätzlich von Berufsbeamten auszuüben (seien), die in einem öffentlich-rechtlichen Dienst- und Treueverhältnis zu ihrem Dienstherrn stehen".[27] Strauß begründete die angebliche Notwendigkeit einer verfassungsrechtlichen Verankerung des Berufsbeamtentums „im Hinblick auf die Verhältnisse im Osten". In der sowjetischen Besatzungszone waren in gleicher Weise wie in Berlin die Beamtenverhältnisse der Verwaltungsangehörigen für beendet erklärt und auf der Basis von Angestelltenverträgen fortgeführt worden.[28] Strauß erhielt mit dieser Begründung Zustimmung nicht nur von den bürgerlichen Parteien, sondern auch von der SPD. Reif (FDP) hielt es unter dem Gesichtspunkt der Ostzonenverhältnisse für sehr bedeutungsvoll, „wenn vom Beamtentum in der Verfassung gesprochen wird".[29] Aber auch der SPD-Abgeordnete Wagner war von der Stoßrichtung des vorgeschlagenen Artikels angetan: „Im Gegensatz gegen den Osten. Das ist sehr gut".[30] Von einer Ausklammerung des öffentlichen Dienstrechtes im Grundgesetz wollte die SPD nun nichts mehr wissen. Wagner schränkte seinen spontanen Beifall zwar wieder etwas ein: „Ich weiß aber nicht, ob wir mit einer solchen Bestimmung im Grundgesetz Bindungen schaffen, die für die Dauer nicht gut sind". Offensichtlich hin- und hergerissen brachte er einerseits zwar die grundsätzliche Reserve der SPD gegenüber dem Beamtentum noch einmal zum Ausdruck, wenn er auf einen „reaktionären Teil des deutschen Berufsbeamtentums" hinwies, „der an der Zerstörung der deutschen Republik nicht unbeteiligt war, genau wie beim Richtertum". Andererseits hielt er aber nunmehr eine Verankerung des Berufsbeamtentums im Grundgesetz für notwendig.

Nachdem über die institutionelle Garantie des Berufsbeamtentums im Parlamentarischen Rat auf diese Weise Konsens bestand, war für die konservativen Kräfte die Einbruchstelle geschaffen worden, um einen möglichst umfassenden Schutz überkommener Beamtengrundsätze im Grundgesetz durchzusetzen.

Bereits die Einbindung des Berufsbeamtentums in ein „öffentlich-rechtliches Dienst- und Treueverhältnis" wurde von der SPD widerspruchslos akzeptiert[31] und stieß lediglich auf den Widerstand des KPD-Abgeordneten Renner. Er forderte die Streichung des Wortes „Treueverhältnis", um die „Gefahr zu vermeiden, daß aus dem Treueverhältnis gleichzeitig und bewußt das Streikverbot für die Beamten statuiert wird".[32] Die Gefahr der Deduktion eines Streikverbots aus dem Wort Treueverhältnis war dabei nicht aus der Luft gegriffen. Bereits bei der Diskussion um die Verankerung eines allgemeinen Streikrechts war ein Streikverbot für Beamte aufgrund ihrer Treuepflicht behauptet worden.[33] Und der Deutsche Beamtenbund hatte in einer Eingabe an den Parlamentarischen Rat vom 29. Oktober 1948 „als Auswirkung der Sonderstellung der Berufsbeamten" den „Ausschluß des Streikrechts für Beamte" gefordert, wegen der „auf beiderseitiger Treuepflicht bestehenden Dienstverhältnisse".[34] Der Parlamentarische Rat ließ schließlich die Frage durch Ausklammerung des gesamten Streikkomplexes in der Schwebe.[35] Der Antrag von Renner wurde von allen Parteien einschließlich der SPD abgelehnt. Die SPD bagatellisierte die Aufnahme des Begriffes Treueverhältnis damit, daß dies nach „westlicher Auffassung" lediglich den „öffentlich-rechtlichen" Charakter des Beamtenverhältnisses im Gegensatz zum privatrechtlichen Arbeitsverhältnis zum Ausdruck bringe.[36]

Selbst die CDU wollte den Begriff Treueverhältnis nicht als Reminiszenz an die feudalistische Tradition des Beamtentums und das Prinzip des persönlichen Gehorsams verstanden wissen. Strauß (CSU) subsumierte unter den „Gedanken des Berufsbeamtentums" lediglich „die lebenslängliche Anstellung, die Entlassung nur auf dem Disziplinarwege, Pension und die Hinterbliebenenversorgung".[37]

Daß mit der Bezeichnung „Treueverhältnis" den Beamten nicht eine besondere Treuepflicht gegenüber dem Staat mit entsprechenden Auswirkungen auf ihre individuellen und kollektiven Rechte abverlangt werden sollte, betonte auch der allgemeine Redaktionsausschuß in einer Anmerkung: „In einem öffentlich-rechtlichen Treueverhältnis zum Staat stehen nicht nur Beamte, sondern auch Angestellte des Staates ... Schließlich steht jeder Staatsbürger in einem öffentlich-rechtlichen Treueverhältnis zum Staat".[38]

Trotz dieser Beteuerungen, dem Wort „Treueverhältnis" komme keine rückwärtsgerichtete Bedeutung zu, war damit das Tor aufgestoßen für eine an traditionellen Leitbildern orientierte Ausgestaltung des Berufsbeamtentums. Dies mußte auch der SPD schließlich deutlich werden, als von der FDP die Aufnahme einer weiteren lapidaren Feststellung im Grundgesetz beantragt wurde: „Das Berufsbeamtentum bleibt erhalten. Seine hergebrachten Grundsätze sind verpflichtendes und beschränkendes Richtmaß aller gesetzlichen Regelung der Rechtsstellung der Berufsbeamten".[39]

Dieser Antrag verrät deutlich den Einfluß des konservativen, ständischen Deutschen Beamtenbunds, der in seiner Eingabe vom 29. Oktober 1948 eine institutionelle Garantie des Berufsbeamtentums mit der Behauptung verlangt hatte, dieses habe „sich alle Zeit als sicherste Stütze des Staates erwiesen."[40]

Offensichtlich aufgeschreckt durch diese Tendenzen einer immer stärkeren Zementierung des Status quo ante versuchte die SPD, die Bindung einer Regelung des Berufsbeamtentums an „hergebrachte Grundsätze" zu verhindern. Der SPD-Abgeordnete Wagner verlangte daher die Ablehnung des mittlerweile zwar modifizierten, aber im Kern unveränderten FDP-Antrags, wonach „den hergebrachten Grundsätzen über die Rechtsstellung der Berufsbeamten Rechnung zu tragen" sei.[41] Seebohm (DP), dem das „zu locker" gefaßt war, wollte noch darüber hinausgehend „die Worte ‚ist Rechnung zu tragen', ersetzen durch die Worte ‚finden Anwendung', damit wir eine klare Bestimmung haben".[42] Dagegen opponierte Wagner, sowohl die FDP-Fassung als auch Seebohms Antrag bedeuteten für den Gesetzgeber eine unerhörte Bindung, „und sie legen dem künftigen Gesetzgeber in einer Frage, die durchaus offen ist und gründlich diskutiert werden muß, Fesseln an, die man ihm nicht anlegen kann ... Wir behalten uns vor, hier Wege zu gehen, die vom alten Trott abweichen. Wir brauchen für den neuen Staat ein neues Beamtentum. Wir brauchen für den neuen Staat Diener, für die Grundsätze gelten, die bisher nicht in Geltung waren. Alle diese neuen Gedanken auf dem Gebiet des Beamtenrechts würden sie mit ihrem Antrag verriegeln. Aber vielleicht wollen sie das, weil sie das Alte konservieren und für den neuen Staat kein neues Beamtenrecht und keine neuen Beamten haben wollen".

Unterstützt wurde der Streichungsantrag der SPD dabei von dem KPD-Abgeordneten Renner: „Wer diesem Absatz in dieser Form seine Zustimmung gibt ..., der stimmt auch dafür, daß Herr Schacht seine Pension wiederbekommt (Kaufmann, CDU: Da sprechen Sie gegen besseres Wissen). Nein, ich bin gewohnt, hinter den Busch zu gucken. Für mich ist die Frage jedenfalls geklärt, daß Sie mit der Aufnahme dieser Bestimmung u. a. auch die Pension Schachts bejahen." Gleichzeitig wurde jedoch die SPD wegen ihres grundsätzlichen Zugeständnisses in der Beamtenrechtsfrage kritisiert: „Wenn man ein Prinzip vertritt, darf man nicht in einem Punkt die Handhabe dafür geben, daß dieses Prinzip durchlöchert werden kann. Wenn Sie das Berufsbeamtentum, wie Sie es ausdrücklich getan haben, unter dem Gesichtspunkt des Treueverhältnisses betrachten, dann geben Sie den Herren, die sich gegen die Charakterisierung als Reaktionäre gewehrt haben, Wasser auf die Mühlen."[43]

Die späte Einsicht der SPD konnte die Entwicklung, die sie durch ihr grundsätzliches Plazet zur institutionellen Verankerung des Berufsbeamtentums mit eingeleitet hatte, nicht mehr aufhalten. Gegen die Stimmen der SPD und KPD wurde der Verweis auf die „hergebrachten Grundsätze" bei der Regelung der Beamtenverhältnisse aufgenommen.[44]

2.3. Art. 131 GG

Neben der institutionellen Garantie des Beamtentums in seiner hergebrachten Struktur bedeutete vor allem die Aufnahme des Art. 131 GG die nahezu lückenlose Aufrechterhaltung einer personalen Kontinuität des Staatsapparats. Nach Art. 131 sind die Rechtsverhältnisse von „Personen einschließlich der Flüchtlinge und Vertriebenen, die am 8. Mai 1945 im Öffentlichen Dienst standen, aus anderen als beamten- oder tarifrechtlichen Gründen ausgeschieden sind und bisher nicht oder nicht ihrer früheren Stellung entsprechend verwendet werden, ... durch Bundesgesetz zu regeln". Nach Satz 3 sollten bis zum Inkrafttreten des Bundesgesetzes Rechtsansprüche nicht geltend gemacht werden können.

Dieser Artikel verdankt seine Entstehung bis auf den letzten Satz einem Antrag der DP[45] und stieß zunächst auf den entschiedenen Widerstand von SPD und KPD. Denn er mußte die Entnazifizierung des Öffentlichen Dienstes praktisch wieder rückgängig machen, da diese Personen ja aus „anderen als beamtenrechtlichen oder tarifrechtlichen Gründen" entlassen worden waren und nunmehr einen Anspruch auf Wiedereinstellung bekommen sollten.

Die Tatsache, daß ein solcher Antrag überhaupt gestellt wurde, signalisierte das völlige Scheitern des von den Siegermächten bereits auf der Konferenz von Jalta beschlossenen Entnazifizierungsverfahren. In dieser Erklärung hatten die Alliierten ihren „unbeugsamen Willen" bekundet, „den deutschen Militarismus und Nationalsozialismus zu zerstören und dafür Sorge zu tragen, daß Deutschland nie wieder imstande (sei), den Weltfrieden zu stören". Dazu sollten neben der Beseitigung der nationalsozialistischen Partei nebst ihren Organisationen und Gliederungen alle „nationalsozialistischen und militärischen Einflüsse aus den öffentlichen Dienststellen sowie dem kulturellen und wirtschaftlichen Leben des deutschen Volkes" ausgeschaltet werden.[46]

Nach einer besonders in der amerikanischen Besatzungszone anfänglich umfangreich durchgeführten Entlassungswelle wurden mit der Einleitung des Restaurationsprozesses in den Westzonen immer mehr zunächst belastete Beamten wieder reaktiviert. A. Brecht nennt die Zahl von 53 000 Beamten, die nach einer Reihe von Amnestien wegen Parteimitgliedschaft vorübergehend aus ihren Ämtern entlassen waren. Von diesen wurden allerdings nur 67 in die Gruppe der Schwerbelasteten und nur 1 004 in die der Belasteten eingestuft.[47]

Die trotz großzügiger Wiedereingliederungsmaßnahmen vom Entnazifizierungsverfahren noch betroffenen Beamten schlossen sich alsbald in Interessenverbänden zusammen, insbesondere im Beamtenschutzbund in Frankfurt.[48] Unterstützt wurden sie dabei vom Verband der Beamten und Angestellten der öffentlichen Verwaltungen aus den Ostgebieten und dem Sudetenland (Verba-Ost), dem in Bayern gegründeten Zentralschutzverband der Beamten, der vor allem die Reichsbeamten und Wehrmachtsangehörigen umfaßte, sowie dem Beamtenbund.[49] Diese Verbände entwickelten sich zu einflußreichen Pressure Groups auf die Mitglieder des Parlamentarischen Rates. Sie erstrebten eine völlige Wiederherstellung der beamtenrechtlichen Stellung ihrer Mitglieder, „um jene Folgen der Entnazifizierung und Entmilitarisierung zu heilen, durch die (sie sich besonders hart getroffen sahen".[50]

Die SPD wollte zunächst von einer solchen Einstellungsverpflichtung nichts wissen. Unter diesem Gesichtspunkt hatte der SPD-Abgeordnete Ehlers sich bereits gegen eine institutionelle Garantie des Berufsbeamtentums gewandt, da es „heute ein ganzes Heer von politisch belasteten Beamten" gäbe und diese mit einer solchen Garantie „sehr gut zum Ziel" kämen. Diese Garantie könne nämlich die Wirkung haben, „völlig unbelastete Leute, die in den vergangenen drei Jahren tätig waren und während der Nazizeit Charakter und Gesinnung gezeigt haben, aus der Verwaltung herausziehen und an ihre Stelle nominell Belastete zu setzen".[51]

In gleicher Weise wandte sich der SPD-Abgeordnete Zinn während der 2. Lesung des heutigen Art. 131 GG im Hauptausschuß gegen ein Recht auf Wiedereinstellung. Man könne „nicht einfach das gesamte Personal übernehmen; das (sei) völlig unmöglich".[52] Diese Sitzung des Hauptausschusses offenbarte am deutlichsten die Einstellung der konservativen Vertreter des Parlamentarischen Rats zum Berufsbeamtentum, dem sie überwiegend selbst angehörten. Sie enthüllte das Begründungsmuster, mit dem die Beamten künftig die Tatsache rechtfertigen sollten, daß der Verwaltungsapparat nicht nur mühelos in das nationalsozialistische Herrschaftssystem integriert werden konnte, sondern gegen Ende des Faschismus die überwiegende Anzahl der Beamten Mitglieder der NSDAP waren. Dieser Umstand sei – so der Zentrums-Abgeordnete Brockmann – darauf zurückzuführen, „daß die allermeisten Beamten auf einen unerhörten Druck hin im allgemeinen erst 1937 in die Partei eingetreten (seien)", wobei „sehr, sehr viele Beamte unter den größten persönlichen Opfern und inneren Widerständen sich gegen die Vergewaltigung politischer Art, die ihnen ununterbrochen angetan worden ist, gesträubt (hätten)".[53]

Mit diesem Bezug auf eine angebliche innere Opposition der Beamten, die bei einem Teil sicherlich auch bestanden hat, wurde die loyale Einordnung des überwiegenden Teils der Berufsbeamten in den faschistischen Zwangs- und Unterdrückungsapparat praktisch hinwegeskamotiert. Das diente gleichzeitig als Grundlage für eine kollektive Schuldbefreiung, indem man den „NS-Staat ... als eine Art Betriebsunfall der deutschen Geschichte, als dämonische Verstrickung" ansah, „für die in letzter Instanz eigentlich nur Hitler verantwortlich zu machen war, nicht aber das deutsche Bürgertum und seine Parteien, nicht die Beamten, nicht die Universitäten, nicht die Kirchen und gesellschaftlichen Institutionen, die zum Mißerfolg der Weimarer Demokratie und dem Aufstieg des Nationalsozialismus beigetragen hatten".[54]

Die positive Einstellung eines überwiegenden Teils des Beamtentums gegenüber dem Nationalsozialismus rief lediglich der KPD-Abgeordnete Renner noch einmal in Erinnerung: Nach seinen Recherchen seien in Essen „60 Prozent von rund 90 Prozent aller Beamten, die Mitglieder der Nazis waren, der Gruppe der sogenannten Märzgefallenen und der Maihasen zuzuzählen, also der Gruppe, die 1933 gar nicht schnell genug den Anschluß an die NSDAP vollziehen konnte".[55]

Eine bevorzugte Behandlung des Berufsbeamtentums sei daher durch nichts zu rechtfertigen: „Der Berufsbeamte ist in der Erscheinungen Flucht sozusagen der einzige ruhende Punkt. Seine Funktion, seine Rechtsansprüche stehen da ehern wie Erz, er überdauert ein System nach dem andern, stabil bleibt immer sein Rechtsanspruch auf Pension, auf Zahlung des Gehalts. Das Volk, das in sehr vielen Fällen Opfer der Amtshandlungen dieser Berufsbeamten geworden ist, die zum Teil die Verkörperung der faschistischen Diktatur waren, hat aufgrund der Politik des nationalsozialistischen Regimes, deren Träger in der Hauptsache auch diese Berufsbeamten waren, so viel an Not und Elend hinnehmen müssen, daß man heute von einer Riesennot unseres Volkes reden kann. An die Beseitigung dieser Not können wir einfach nicht denken, weil dafür alle Mittel fehlen. Aber der Beamte ist da. Sein Rechtsanspruch wird von den Kreisen, die an der Erhaltung eines derartigen willfährigen Beamtentums, gegen den Fortschritt, gegen die demokratische Entwicklung einsetzbaren und verwendbaren Beamtentums ein Interesse haben, mit eiserner Entschiedenheit verteidigt, ohne zu fragen, woher unser armes Volk heute die Mittel nehmen soll, derartigen Ansprüchen gerecht werden zu können."[56]

Die bürgerlichen Parteien im Parlamentarischen Rat waren jedoch nicht bereit, die mit dem faktischen Anspruch der Entnazifizierungsmaßnahmen eingeleitete Kontinuität des Staatsapparats rückgängig zu machen.[57] Die SPD gab sich schließlich mit dem auf eine Anregung des FDP-Abgeordneten Höpker-Aschoff eingefügten Satz 3 zufrieden, wonach bis zum Erlaß eines Bundesgesetzes keine Wiedereinstellungsansprüche der Beamten bestehen sollten.[58] Damit war das Problem jedoch lediglich verschoben.

3. Die weitere Entwicklung nach 1949

Mit den Artikeln 33 Abs. 5 und 131 GG waren die Weichen gestellt. Es kam nunmehr darauf an, diese Bestimmungen konkret umzusetzen. Dazu mußten sie in Gesetze und Verwaltungsvorschriften übertragen werden, was alsbald nach Inkrafttreten des Grundgesetzes in Angriff genommen wurde.

3.1. Das G 131

Der Statistik zufolge gab es im Jahre 1950 248 345 „verdrängte Beamte" im Bundesgebiet.[59] Neben Flüchtlingen aus den Ostgebieten und Beamten, deren Dienststellen bei Kriegsende aufgelöst worden waren, befanden sich unter ihnen 57 386, die im Zuge der Entnazifizierung aus ihrem Amt entfernt worden waren. Von ihnen waren nur 1 071[60] aufgrund der Entnazifizierungsvorschriften für unfähig erklärt worden, ein öffentliches Amt zu bekleiden. Der Rest wartete auf das Ausführungsgesetz zu Art. 131 GG, das über die bestehenden landesrechtlichen Regelungen hinaus ihre Rechtsstellung regeln sollte. Diese Regelung erfolgte am 11.5.1951 durch das G 131 (Gesetz zur Regelung der Rechtsverhältnisse der unter Art. 131 fallenden Beamten vom 11.5.1951,[61]) in großzügiger Weise. Die „Hunderteinundreißiger" erhielten einen Anspruch auf Wiedereinstellung. Bis zu dessen Realisierung wurden sie „Beamte zur Wiederverwendung" und erhielten ein Übergangsgeld von durchschnittlich 55 % ihres Ruhegehaltes, sofern sie mindestens zehn Dienstjahre aufweisen konnten. Ausgenommen wurden lediglich die Beamten, denen durch rechtskräftigen Spruchkammerbescheid das Versorgungsrecht aberkannt worden war, sowie die ehemaligen Gestapoangehörigen.[62] An sich war damit auf dem personellen Sektor ein Zustand erreicht, der als Restauration der Verhältnisse vor 1945 bezeichnet werden kann. Verfassungsrechtlich hatte zunächst noch ein gewisser Spielraum für Neuerungen bestanden (lediglich „Berücksichtigung" der hergebrachten Grundsätze des Berufsbeamtentums). Schon beamtenrechtlich war er in Richtung Wiederherstellung überkommener Strukturen durch die Weitergeltung des deutschen Beamtengesetzes aus dem Jahre 1937 beseitigt worden, in dem lediglich die auf die NS-Ideologie abstellenden Formulierungen durch Wendung ersetzt worden waren, die auf die neue Ideologie der freiheitlich demokratischen Grundordnung Bezug nahmen. Das G 131 sicherte diese strukturelle Kontinuität nunmehr auch durch eine personelle Kontinuität ab.

Allerdings kam es aus Anlaß dieses Gesetzes zu einer interessanten Kontroverse zwischen dem Bundesgerichtshof und dem Bundesverfassungsgericht. Die von der Entnazifizierung betroffenen Beamten waren überwiegend unzufrieden mit den Regelungen des G 131. Da sie niemals beamtenrechtlich „entlassen" worden waren, fühlten sie sich als nach wie vor im Amt und forderten für die durch die Entnazifizierungsverfahren bewirkte Zeit der Stellungslosigkeit Gehalts- und Pensionsnachzahlungen. Aus ihrer Sicht hatte ihnen das G 131 nicht Rechte gegeben, sondern durch „Eingriffe" in ihren Beamtenstatus vermögensrechtliche Positionen genommen. Da ein solcher Eingriff mit den nunmehr wieder verfassungsrechtlich garantierten hergebrachten Grundsätzen des Beurfsbeamtentums nicht in Übereinstimmung stehe (tatsächlich dürften sie eher an die Formulierung des Art. 129 der Weimarer Reichsverfassung gedacht haben, der von den „wohlerworbenen Rechten" der Beamten spricht und damit stärker auf die individuelle Vermögensposition abstellt), sei sie verfassungswidrig. Politisch steht dahinter die Vorstellung einer Kontinuität der Beamtenverhältnisse auch bei einem absoluten Bruch von Staatsform und Staatszielen, eine Vorstellung, die Otto Mayer[63] schon nach der „Revolution" 1918/19 in die Worte gekleidet hat: „Verfassungsrecht vergeht, Verwaltungsrecht besteht".

Die Auseinandersetzung wirft ein interessantes Schlaglicht auf die juristische Verarbeitung des Nationalsozialismus und der Gründung der Bundesrepublik. Sie ist von Michael Kirn gründlich untersucht worden, der sie als den Versuch des „geräuschlosen Aussteigens aus der NS-Verfassung"[64] bezeichnet hat. Sie verlief in mehreren Etappen.

3.1.1. In der Vorhand war der Bundesgerichtshof. Die behauptete Verfassungswidrigkeit des G 131 konnte zwar nur von dem Bundesverfassungsgericht festgestellt werden. Die dazu nötigen Vorlagebeschlüsse der Zivilgerichte nach Art. 100 GG mußten damals jedoch über den BGH geleitet werden, der ein Recht zur Begutachtung derartiger Beschlüsse in Anspruch nahm. Im Konfliktfall zwischen dem für derartige Begutachtungen zuständigen ersten Zivilsenat und dem für Beamtenrechtsfragen zuständigen dritten Zivilsenat war der große Zivilsenat (GSZ) anzurufen.

3.1.1.1. Der dritte Zivilsenat hatte zunächst eine Rechtsprechung entwickelt, die den entnazifizierten Beamten auf der prinzipiellen Ebene zugestand, daß ihre Beamtenverhältnisse nicht erloschen, sondern durch die Entnazifizierungsverfahren lediglich suspendiert gewesen seien. Aufgrund des Art. 131 sei der Gesetzgeber aber befugt, diese Beamtenverhältnisse den veränderten Bedingungen anzupassen. Dabei könne kein „friedensmäßiger Maßstab“[65] angelegt werden. Nach Auffassung des Senates konnte der Gesetzgeber vielmehr in der besonderen Situation nach 1945 die bestehenden Beamtenverhältnisse „zur Anpassung an die tiefgreifenden politischen, wirtschaftlichen und sozialen Veränderungen umgestalten und Ansprüche daraus beschneiden“.[66] Die Beamten könnten nicht fordern, so gestellt zu werden, als ob Umsturz und Zusammenbruch mit all ihren Folgen „nicht geschehen wären“. Gerade wegen der engen Verbindung von Beamten und Staat könnten sie „am allerwenigsten verlangen, aus einer solchen Katastrophe ungeschoren hervorzugehen“.[67]

3.1.1.2. Die Rechtsprechung des dritten Zivilsenats bedeutete einen Kompromiß, in dem einerseits die Kontinuität der Beamtenverhältnisse, andererseits aber auch das Recht des Gesetzgebers zu Eingriffen in die Beamtenverhältnisse betont wurden. Diesen Kompromiß kündigten der erste Zivilsenat und der große Zivilsenat (beide unter dem BGH-Präsidenten Weinkauff) auf. Sie bestritten dem Gesetzgeber das Recht zu einer eingreifenden Neuregelung trotz der verfassungsrechtlichen Grundlage in Art. 131 GG mit zwei Argumenten:

a) Einerseits argumentierte der große Zivilsenat positiv-rechtlich: Art. 129 Abs. 1 S. 3 WRV, der Eingriffe in die wohlerworbenen Beamtenrechte nur durch verfassungsänderndes Gesetz zulasse, habe nach 1933 und jedenfalls bis zum Inkrafttreten des GG weitergegolten.

> „Art. 129 WeimVerf, der die wohlerworbenen Beamtenrechte unter Verfassungsschutz stellt und Eingriffe in sie durch einfache Gesetze ausschließt, der also in einer besonderen Weise die allgemeine Eigentumsgarantie auf dem Gebiet der Beamtenrechte verwirklicht, ist weder unter dem Nationalsozialismus noch in dem Zeitraum zwischen dem Zusammenbruch und dem Grundgesetz jemals ausdrücklich aufgehoben worden. Es ist allerdings durch die nationalsozialistische Einzelgesetzgebung, die sich verfassungsändernde Kraft zusprach, und vor allem durch die praktisch die Rechtlosigkeit der Beamten herbeiführende nationalsozialistische Verwaltungspraxis häufig durchbrochen worden. Dadurch wurde aber nur sein tatsächlicher Herrschaftsbereich, und zwar unrechtmäßig, zurückgedrängt und eingeschränkt, nicht aber seine rechtliche Geltung aufgehoben. Mit dem Zusammenbruch des Nationalsozialismus sind die von ihm herrührenden tatsächlichen Einengungen des Art. 129 WeimVerf wieder weggefallen. – Darin liegt aber zugleich, daß der Art. 129 WeimVerf, der formal und seinem sachlichen Gehalte nach Verfassungskraft hatte, auch nach dem Zusammenbruch als Verfassungsrecht weitergalt.“[68]

Dieser Versuch, das Dritte Reich verfassungsrechtlich ungeschehen zu machen, hätte zur Folge gehabt, daß nach 1945 weiterhin Gehalts- und Pensionsansprüche

„wohlerworben“ wurden, die durch das G131 – jedenfalls nicht mit Rückwirkung – nicht hätten entzogen werden können.
b) Noch weitergehend argumentierte der erste Zivilsenat ein Jahr später – das BVerfG hatte inzwischen die These vom Fortgelten der Weimarer Reichsverfassung zurückgewiesen[69] – von einer naturrechtlichen Position aus. Die Menschenrechte – zu ihnen zählte er auch die wohlerworbenen Rechte der Beamten, die ursprünglich im Grundrechtsteil des GG hätten geregelt werden sollen[70] – seien unabhängig von ihrer verfassungsrechtlichen Normierung in Geltung. Der Richter habe ihren „übergesetzlichen Rang“ anzuerkennen.

> „Das zwingt ihn aber zu der rechtlichen Annahme, daß diese Rechte schon immer, auch vor dem Inkrafttreten des GG, auch unter der Herrschaft des Nationalsozialismus gegolten haben (...). Die nationalsozialistische Gesetzgebung, die dem ganzen zweiten Teil der Weimarer Verfassung die formale Verfassungskraft entzog und damit auch alle echten Grundrechte dem freien und willkürlichen Belieben des nationalsozialistischen Gesetzgebers preisgab, das nur allzu oft ein verbrecherisches Belieben war, verstieß daher gegen die übergesetzliche Geltung der Grundrechte und war insoweit rechtlich nichtig. Sie konnte weder Grundrechten der Weimarer Verfassung die Verfassungskraft entziehen, noch die übergesetzliche Substanz der echten Grundrechte antasten.“[71]

3.1.2. All diese Versuche, ein von der Verfassung abgekoppeltes, Weimarer Republik, Drittes Reich und Bundesrepublik gleichermaßen überdauerndes Beamtenverhältnis zu konstruieren, erteilte das Bundesverfassungsgericht am 17.12.1953 mit einem 104 Seiten der amtlichen Entscheidungssammlung umfassenden Urteil[72] eine deutliche Abfuhr. Die Verfassungsrichter argumentierten ebenfalls prinzipiell und entzogen der Kompromißlinie des Dritten Zivilsenates die Grundlage, indem sie im Leitsatz Nr. 2 kurz und knapp ausführten: „Alle Beamtenverhältnisse sind am 8. Mai 1945 erloschen“. Allen Theorien, nach denen die über den 8. Mai hinaus fortbestehenden Beamtenverhältnisse durch die Entnazifizierung lediglich suspendiert, nicht aber beendet seien, war damit der Boden entzogen. Um alle Zweifel auszuräumen, formulierte das Gericht in Leitsatz Nr. 6: „Die nach dem 8. Mai 1945 neu begründeten Dienstverhältnisse standen unter dem besonderen Vorbehalt des Eingriffes der Militärregierung zum Zwecke der politischen Überprüfung. Amtsentfernungen zu diesem Zweck hatten in der amerikanischen Besatzungszone nicht eine Suspension, sondern eine endgültige Entlassung zur Folge.“ Das Gericht argumentierte dabei in zwei Schritten:

3.1.2.1. Zunächst untersuchte es die Frage, ob nicht der deutsche Staat am 8. Mai 1945 untergegangen sei. Eine solche, in der Literatur von Kelsen und Nawiasky vertretene Annahme hätte zur Folge haben müssen, daß die an den damaligen deutschen Staat gebundenen Beamtenverhältnisse erloschen wären. Die Verfassungsrichter weisen darauf hin, daß Kriegsziel der Alliierten nicht die „einfache“ militärische Besiegung des Reiches, sondern die „endgültige Vernichtung der nationalsozialistischen Tyrannei“ (so bereits Ziff. 6 der Atlantik-Charta, ebenso die Erklärung von Jalta und die Mitteilung über das Potsdamer Abkommen) gewesen sei, und das hieße bei der unlöslichen Verbindung der NSDAP mit dem deutschen Staat die vollständige militärische Niederwerfung und die Zerstörung der staatsrechtlichen Organisation dieses Staates. Dieses Kriegsziel hätten die Alliierten am 8. Mai 1945 im wesentlichen erreicht. Die militärische Kapitulation habe nur noch den vollständigen staatlichen Zusammenbruch bestätigt. In der Tat habe das an diesem Tage bestehende Bild – die vollständige Besetzung des deutschen Staatsgebiets, die Kapitulation der Wehrmacht, das Aufhören jeder staatlichen Verwaltungstätigkeit, die Auflösung aller Einrichtungen und Organisationen der den Staat allein tragenden politischen Partei und schließlich der Tod des alle politische, militärische und staatliche Gewalt in sich vereinigenden Staatsführers – alle Merkmale einer Katastrophe gezeigt, die in der neueren Geschichte ohne Beispiel sei.

„Bei dieser Sachlage könnten Zweifel aufkommen, ob nach dem 8. Mai 1945 das Deutsche Reich als Staat überhaupt noch bestand. Diese Zweifel sind von beachtlichen Stimmen zu einer die Staatsqualität des Reiches verneinenden Lehre ausgebaut worden (Nawiasky. Die Grundgedanken des Grundgesetzes für die Bundesrepublik Deutschland, 1950, S. 7/8; Kelsen, The legal status of Germany according to the declaration of Berlin, in: „The American Journal of International Law", Band 39, 1945, S. 158 f.). Diese Lehre konnte sich auf manche offiziellen Äußerungen und auf das tatsächliche Verhälten der Alliierten stützen, die in sämtlichen Zonen auch bisherige Länder als Staaten neu errichteten, ein Verfahren, das nur von der Annahme aus erklärbar ist, daß jede deutsche Staatsgewalt erloschen sei. Sie konnte weiter für sich geltend machen, daß eines der drei „klassischen" Elemente des Staates, die Staatsgewalt, jedenfalls zunächst nicht mehr vorhanden gewesen sei, da die Regierung Dönitz, schon in ihrer formalen Legalität höchst zweifelhaft (siehe dazu BVerfGE 2, 1 (56 f.), niemals tatsächliche Staatsgewalt hatte, endlich konnte darauf hingewiesen werden, daß die Siegermächte das Verschwinden der deutschen Staatsgewalt als so vollständig angesehen hätten, daß sie (in der Erklärung in Anbetracht der Niederlage Deutschlands und der Übernahme der obersten Regierungsgewalt hinsichtlich Deutschlands ...' vom 5. Juni 1945 – AB: KR, ErgBl. Nr. 1, S. 7 ff. –) auch die Befugnisse der Regierungen, Verwaltungen und Behörden der Länder, Städte und Gemeinden glaubten übernehmen zu müssen. Wäre dies tatsächlich voll durchgeführt worden, so wäre ohne weiteres klar, daß alle Beamtenverhältnisse zum Deutschen Reich, seinen Ländern und Gemeinden erloschen waren."[73]

3.1.2.2. Das Gericht ließ diese Frage letztlich offen[74] und leitete damit zu seinem zweiten, tragenden Argumentationsstrang über. Unter Hinweis auf die Literatur des dritten Reiches (zitiert wurden u. a. mit Fischbach, Köttgen, Brand, Gerber, E. R. Huber, Koellreutter, C. Schmitt NS-Wissenschaftler, die noch in der Bundesrepublik eine bedeutsame Rolle spielten)[75] und die nationalsozialistische Gesetzeslage und Rechtsprechung weist das Gericht nach, daß das traditionell-rechtsstaatliche Beamtenverhältnis nach 1933 in einer Weise mit NS-Elementen aufgeladen wurde (Beseitigung der wohlerworbenen Rechte; persönliches Treueverhältnis zu Hitler und zur NS-Bewegung; Abstellen auf die innere Gesinnung und erst folgeweise auf das äußere Verhalten), daß am Ende das „nationalsozialistische Beamtenverhältnis"[76] stand, in welchem die NS-Elemente den Wesenskern und nicht nur „Zutat" bildeten. Ein solches Beamtenverhältnis habe unabhängig von dem Fortbestehen oder Untergang des deutschen Reiches keinen Fortbestand über den 8. Mai 1945 hinaus haben können:

„Die Zerstörung des verfassungsrechtlichen Schutzes für die wohlerworbenen Rechte der Beamten, die Regelung der personellen Voraussetzungen für das Beamtenverhältnis in Verbindung mit der gesetzlichen Verpflichtung zum persönlichen Treueid auf Hitler und zur Vollstreckung des Willens des von der NSDAP getragenen Staates, sowie die Gerichtspraxis der obersten Disziplinargerichte ergeben mit aller Deutlichkeit, daß das Beamtenverhältnis im nationalsozialistischen Staat ein nur auf diesen Staat und die ihn tragende Ideologie der NSDAP zugeschnittenes Rechtsverhältnis sein sollte und war. Die auf diesem Rechtsverhältnis beruhenden gegenseitigen Treue- und Fürsorgepflichten zwischen Beamten und Staat waren allein auf das Vorhandensein und die Fortdauer eines bestimmten verfassungsrechtlichen Zustandes abgestellt. Daraus ergibt sich notwendig der dem nationalsozialistischen Beamtenverhältnis immanente Ausschluß gegenseitiger Rechte und Pflichten für den Fall, daß ein von der NSDAP getragener, mit ihr unlöslich verbundener Staat nicht mehr vorhanden sein würde . (. . .)

Beruht jedoch darüber hinaus das öffentlich-rechtliche Dienstverhältnis auf einer Rechtsgrundlage, die eine unlösliche Verbindung des Staates mit einer bestimmten Partei und ihrem Führer zur entscheidenden Voraussetzung für das Bestehen des Rechtsverhältnisses macht und wird der wesentliche Inhalt des Dienstverhältnisses gerade von dieser besonderen Struktur des Staates her bestimmt, so muß das Rechtsverhältnis ohne formellen Beendigungsakt erlöschen, wenn mit dem Zusammenbruch zugleich diese bisherige Struktur beseitigt wird. Die zum Deutschen Reich bestehenden (unmittelbaren und mittelbaren) Beamtenverhältnisse sind daher mit dem Zusammenbruch von selbst erloschen."[76a]

3.1.3. Eine solche Sichtweise der Dinge mußte die „131er" wie auch den BGH ins Mark treffen. Entsprechend heftig fiel die Reaktion des großen Zivilsenates aus, der in einem Vorlagebeschluß an das Bundesverfassungsgericht im Jahre 1954 die Beamten schlichtweg zu „Opfern" des NS-Regimes machte und die Vorgehensweise des Bundesverfassungsgerichtes für „mit rechtsstaatlichem Denken unvereinbar" erklärte:

„Die tatsächliche Durchsetzung endgültigen und verbrecherischen „Rechts" hatte zwar einen Zustand dauernder unrechtmäßiger Gewaltausübung hervorgebracht. Unrecht, gekleidet in das formale Gewand von Gesetzesbestimmungen, kann auch durch eine sog. „soziologische" Geltung (d. h. wohl durch seine tatsächliche, eine gewisse Zeit hindurch fortgesetzte Durchsetzung und ihre tatsächlichen Folgen) nicht zu Recht werden. Nackte Gewalt setzt nicht Recht und zerstört auch nicht Recht. Ex iniuria non oritur jus. Daß die gegenteilige Auffassung nicht Rechtens sein kann, beweist allein schon die sich hieraus ergebende Konsequenz: Die von dem Terror Betroffenen, hier die Beamten in ihrer großen Mehrheit, müssen die Folgen von Unrechtsmaßnahmen tragen, obwohl sie gerade die Opfer dieser Maßnahmen waren. Das führt im praktischen Ergebnis zu einer mit rechtsstaatlichem Denken unvereinbaren Kollektivhaftung, die sich sogar auf versorgungsberechtigte Frauen und Kinder erstrecken würde. Es führt weiter dazu, daß schließlich das Ausmaß des Terrors über Bestand oder Nichtbestand von Rechten entscheidet. Denn die Terrorisierten verlieren um so eher ihre Rechte, je stärker der Terror war, der gegen sie ausgeübt wurde."[77]

„Was im Beamtenurteil des BVerfG als ‚das nationalsozialistische Beamtenverhältnis' bezeichnet worden war" so resümmiert Kirn[78] den Beschluß des großen Zivilrechtssenates, „hat es nach Ansicht des G. S. Z. nicht gegeben".

Das BVerfG erklärte den Vorlagebeschluß des GSZ drei Jahre später kurzum für „unzulässig"[79] und antwortete in der Sache selbst in seinem „Gestapo-Beschluß"[80] indem es seine im „Beamtenurteil" entwickelten Thesen bekräftigte.

Das BVerfG hatte sich dem BGH gegenüber durchgesetzt. Man darf aber nicht vergessen, daß dieser Sieg lediglich in der Frage errungen wurde, ob den „verdrängten Beamten" Gehaltsnachzahlungen für die Zeit von 1945 bis 1951 zustanden.

Dies ist ein verhältnismäßig unbedeutendes Problem angesichts der Tatsache, daß beginnend mit dem Jahre 1951 infolge des G 131 praktisch alle entlassenen Beamten wieder in den öffentlichen Dienst gelangten. Insofern ist trotz einer die Diskontinuität betonenden Rechtsprechung des Bundesverfassungsgerichtes zwar nicht juristisch, wohl aber praktisch – politisch eine nur kurz unterbrochene Kontinuität in Strukturen und Personal des Beamtentums zu verzeichnen.

3.2. Die beamtenrechtliche Treuepflicht

Die 131er Rechtsprechung des BVerfG argumentierte *normativ*. In der Anfangsphase der Bundesrepublik entwickelt, wollte sie ein vom NS-Staat deutlich unterschiedenes Beamtenrecht initiieren. Es ist bereits deutlich geworden, daß dies wegen des praktisch bedeutungslosen Problems der Gehaltsnachzahlung nicht gelingen konnte. Die entscheidende Weichenstellung war schon durch das G 131 selbst in Richtung Kontinuität zum NS-Staat vorgenommen worden. Diese trotz des normativen Anspruchs des BVerfG *faktisch* bestehende Kontinuität kommt auch in einer zweiten beamtenrechtlichen Kategorie zum Ausdruck, der Treuepflicht.

Das Grundgesetz bezeichnet das Beamtenverhältnis als ein „öffentlich-rechtliches Dienst- und Treueverhältnis" (Art. 33 Abs. 4 GG). Die Vorstellung einer besonderen, über die dienstlichen Obliegenheiten hinausgehenden Treuepflicht des Beamten ist für die Entwicklung des Deutschen Beamtenrechts charakteristisch.[81] Das in dem Begriff „Treue" liegende Abstellen auf die innere Gesinnung grenzt sich dabei deutlich von dem liberal-rechtsstaatlichen Abstellen auf das äußere Verhalten ab.[82] Entscheidend für eine antidemokratische Komponente dieser Kontinuität ist jedoch die Tatsache, daß das Bezugsobjekt der Treuepflicht entweder personalisiert war (so unter der Monarchie oder im Dritten Reich: Die Treue war dem König oder Adolf Hitler persönlich geschuldet) oder in der Form einer von der Verfassung abgehobenen „Staatstreue" als auf die Faktizität abstellender Gegensatz, zumindest aber Unterschied zu der normativ bestimmten Verfassungstreue gedacht werden konnte.[83]

Das Grundgesetz selbst knüpft mit seiner Formulierung des „Treueverhältnisses" zwar an das Gesinnungselement an. Das mag man für rechtsstaatlich bedenklich halten. Es läßt aber immerhin eine Deutung zu, die als „Verfassungstreue" den Dualismus zu der „Staatstreue" vermeidet.[84] Hierfür mag auch die Formulierung des Bundesbeamtengesetzes aus dem Jahre 1953 sprechen, daß von dem Beamten ein Eintreten für die „freiheitliche demokratische Grundordnung" verlangt (§§ 7 Abs. 1 Ziff. 2 und 52 Abs. 2 BBG). Eine solche Deutung müßte den Beamten die volle Wahrnehmung ihrer politischen Betätigungsfreiheit garantieren, weil die Wahrnehmung im Grundgesetz garantierte Rechte nicht „verfassungsfeindlich" sein kann.[85] Die Praxis jedoch zeigt sofort nach Inkrafttreten des Grundgesetzes, daß eine solche, im Beamtenrecht neue Entwicklungslinie nicht eingeschlagen wurde. Das wird bereits in dem Beschluß der Bundesregierung vom 19. Sept. 1950 über die „politische Betätigung von Angehörigen des öffentlichen Dienstes gegen die demokratische Grundordnung" deutlich:

„Die Gegner der Bundesrepublik verstärken ihre Bemühungen, die freiheitliche demokratische Grundordnung zu untergraben. Jede Teilnahme an solchen Bestrebungen ist unvereinbar mit Pflichten des öffentlichen Dienstes. Alle im unmittelbaren oder mittelbaren Bundesdienst stehenden Personen haben sich gemäß § 3 des vorläufigen Bundespersonalgesetzes durch ihr gesamtes Verhalten zur demokratischen Staatsordnung zu bekennen."

Der Ausgangspunkt des Gedankenganges ist der „Gegner der Bundesrepublik", sowie sie sich im Jahre 1950 darstellte, also eines faktisch bestehenden Zustandes. Dieser faktische Zustand wird zwar noch nicht gleichgesetzt, aber in engste Nähe gebracht zu der normativ bestimmten „freiheitlich demokratischen Grundordnung". Diese wird dann im dritten Satz gleichgesetzt mit der „demokratischen Staatsordnung", die offenbar in dem Sinne zu verstehen ist, daß die bestehende Staatsordnung identisch mit der Erfüllung des Demokratieauftrages des Grundgesetzes sei. Diese Rückkehr zu der schlichten Faktizität der Bundesrepublik der 50er Jahre als Bezugsobjekt der beamtenrechtlichen Treuepflicht ergibt sich aus der daran anschließenden Aufzählung von zu dem damaligen CDU-Staat in scharfer Opposition stehenden, aber legalen Organisationen wie z. B. der KPD oder der Vereinigung der Verfolgten des Naziregimes (VVN).

Ihre konsequente Fortsetzung findet diese konservative Deutung von „Staatstreue" in den Berufsverboten der 70er und 80er Jahre, die das Bundesverfassungsgericht in der bekannten Formel ausgedrückt hat, wonach die Treuepflicht von Beamten fordere,

„daß er sich eindeutig von Gruppen und Bestrebungen distanziert, die diesen Staat, seine verfassungsmäßigen Organe und die geltende Verfassungsordnung angreifen, bekämpfen und diffamieren. Vom Beamten wird erwartet, daß er diesen Staat und seine Verfassung als einen hohen positiven Wert erkennt und anerkennt, für den einzutreten sich lohnt. Politische Treuepflicht bewährt sich in Krisenzeiten und in ernsthaften Konfliktsituationen, in denen der Staat darauf angewiesen ist, daß der Beamte Partei für ihn ergreift. Der Staat – und das heißt hier konkreter jede verfassungsmäßige Regierung und die Bürger – muß sich darauf verlassen können, daß der Beamte in seiner Amtsführung Verantwortung für diesen Staat, für „seinen" Staat zu tragen bereit ist, daß er sich in dem Staat, dem er dienen soll, zu Hause fühlt – jetzt und jederzeit und nicht erst, wenn die von ihm erstrebten Veränderungen durch entsprechende Verfassungsänderungen verwirklicht worden sind."[86]

Die unterschiedslose Vermischung von „dieser Staat", „seine verfassungsmäßigen Organe" (z. B. die Regierung) und „die geltende Verfassungsordnung" läßt eine Unterscheidung von Verfassungsauftrag und Realstruktur nicht mehr zu. Das BVerfG begibt sich damit auf eine Ebene, die im Jahre 1954 der damals von ihm scharf bekämpfte Bundesgerichtshof in der Frage eingenommen hatte, ob das G 131 verfassungsmäßig sei. Der BGH hatte damals die von der Verfassung abgekoppelte Rechtsfigur des „Staates als solchen" eingeführt:

„Der Satz, das Beamtenrechtsverhältnis überdauere den Wechsel der Staatsform, gilt um des Willen, weil das Rechtsverhältnis zwischen dem Staat als solchem, unabhängig von seiner Staatsform und dem Beamten besteht, der sich dem Staate gegenüber für sein ganzes Leben bindet, und ihm lebenslang alle seine Kräfte zur Verfügung stellt, wofür ihm der Staat wiederum lebenslang Treue und die lebenslange Gewährung ausreichenden Unterhalts für ihn und seine Familie schuldet. Der Satz beruht auch darauf, daß das Beamtentum verwaltende und rechtsprechende, nicht aber im eigentlichen Sinne politische Funktionen hat, also Funktionen, die der Staat als solcher immer übt und die weitgehend unabhängig sind von seiner wechselnden Erscheinungsform und den in diesem Wechsel sich ausdrückenden politischen Kräften. Deswegen ist der Staat als solcher, nicht der Staat in irgendeiner organisatorischen Verfassung, gebunden. Das ist der rechtliche Kern des Beamtenverhältnisses."[87]

Auch diese Regression in der Rechtsprechung der BVerfG mag als Beispiel für Restauration im Beamtenrecht angesehen werden.

Anmerkungen

1 Zur Weimarer Republik vgl. Duve/Kopitzsch, Weimar ist kein Argument oder Brachten Radikale im öffentlichen Dienst Hitler zur Macht?, 1976 Th. Eschenburg, Der bürokratische Rückhalt, in: Löwenthal/Schwarz, Die 2. Republik, 1974, S. 64 f.
2 Potsdamer Abkommen, abgedruckt bei Mayer/Stuby, Die Entstehung des Grundgesetzes, 1976, S. 238 f.
3 Zur Problematik der Entnazifizierungsverfahren, vgl. Niethammer, Entnazifizierung in Bayern, 1972; zu Hamburg vgl. den Beitrag von Hund/Seegert in diesem Band.
4 Nach Niethammer, Zum Verhältnis von Reform und Rekonstruktion am Beispiel der Reform des öffentlichen Dienstes, in: Narr/Thränhardt, Die Bundesrepublik Deutschland, 1984, S. 47 f.
5 Vgl. W. Benz, Versuche zur Reform des Öffentlichen Dienstes in Deutschland, in Vierteljahreshefte für Zeitgeschichte, 1981, S. 216 f.
6 Um ein antifaschistisch-demokratisches Deutschland, Dokumente aus dem Jahre 1945–1949, hrsg. von den Ministerien für Angelegenheiten der DDR und der UdSSR, Berlin, DDR, 1968, S. 121, 156.
7 Zelinsky, Bedingungen und Probleme der Neubildung von Führungsgruppen in Deutschland 1945–1954, in: Becker u. a. (Hrsg.), Vorgeschichte der Bundesrepublik Deutschland, 1979, S. 217 ff., S. 228 ff.
8 Einzelheiten bei Niethammer (Anm. 4), S. 50.
9 Vgl. Verordnung Nr. 113 zur Regelung der Rechtsverhältnisse der vom Geetz zur Befreiung von Nationalsozialismus und Militarismus betroffenen Beamten, Art. 3, 6 f., Bayrisches Gesetz- und Verordnungsblatt, 1947, S. 82 f.
10 Angaben bei Badstübner/Thomas, Entstehung und Entwicklung der BRD 1945 bis 1955. Restauration und Spaltung, 2. Auflage 1979, S. 140 m. w. N.
11 Zuständigkeitsausschuß, 5. Sitzung, hier zitiert nach F. Werkentin, Die Restauration der deutschen Polizei, 1984, S. 50 f.
12 Nach Kleßmann, Die doppelte Staatsgründung, Deutsche Geschichte 1945–1955, 1982, S. 251.
13 Das Schreiben ist zitiert bei Niethammer (Anm. 4), S. 51.
14 Gesetz v. 10.5.1949, Gesetz und Verordnungsblatt 1949, S. 37.
15 Vgl. die detaillierte Studie von U. Reusch, Deutsches Berufsbeamtentum und britische Besatzung, 1985.
16 Zelinsky (Anm. 7), S. 226 f.
17 Vgl. die informative Studie von Benz (Anm. 5).
18 Gesetz Nr. 15 (Gesetzblatt Verwaltung der Vereinigten Wirtschaftsgebiete), 1949, Beilage 2.
19 Die folgenden Ausführungen sind entnommen meinem (Udo Mayer) Beitrag, Öffentlicher Dienst und Beamtenfrage, in: Mayer/Stuby (Anm. 2), S. 167 f., 178 ff.
20 Im folgenden nach Sörgel, Konsensus und Interesse, Stuttgart 1969, S. 125 f.
21 Herrenchiemseer Konvent, Stenografische Berichte Plenum, S. 50, zit. bei Sörgel (Anm. 20), S. 125.
22 Herrenchiemseer Konvent, Stenografische Berichte Plenum, S. 7, zit. bei Sörgel (Anm. 20), S. 125.
23 Herrenchiemseer Konvent, Stenografische Protokolle UA II, zit. bei Sörgel (Anm. 20), S. 126.

24 Herrenchiemseer Konvent, Stenografische Protokolle UA II, S. 82, zit. bei Sörgel (Anm. 20), S. 126.
25 Zit. bei Sörgel (Anm. 20), S. 126.
26 entfällt.
27 Nach Doemming/Füsslein/Matz, Entstehungsgeschichte der Artikel des Grundgesetzes, NJÖR 1, S. 314 f., 1951.
28 Die Landesverwaltung Sachsen ordnete am 9. Juli 1945 an, daß „jede Beschäftigung als Beamter, Angestellter oder Arbeiter im öffentlichen Dienst des Landes, der Gemeinde und aller sonstigen öffentlich-rechtlichen Körperschaften und Anstalten jederzeit und fristlos frei widerruflich" sei.
29 NJÖR 1, S. 315.
30 Ebenda, S. 315.
31 Eine entsprechende Formulierung, wonach als Berufsbeamte Personen bezeichnet wurden, die in einem „öffentlich-rechtlichen Dienst- und Treueverhältnis" stehen.
32 Hauptausschuß Stenografische Protokolle, S. 327.
33 Vgl. die Darstellung der Diskussion um eine entsprechende Verankerung des Streikrechts im Parlamentarischen Rat, NJÖR 1, S. 126 f.
24 Bei Sörgel (Anm. 70), S. 308.
35 Vgl. den Antrag des SPD-Abgeordneten Eberhard in der 18. Sitzung des Hauptausschusses vom 4.12.1948, Hauptausschuß Stenografische Berichte, S. 215.
36 SPD-Abgeordneter Hoch in der 13. Sitzung des Zuständigkeitsausschusses, NJÖR 1, S. 317.
37 In der gleichen Sitzung NJÖR 1, S. 317.
38 NJÖR 1, S. 322.
39 Den Antrag brachte der FDP-Abgeordnete Höpker-Aschoff in der 28. Sitzung des Grundsatzausschusses am 3.12.1948 ein. NJÖR 1, S. 319.
40 Abgedruckt bei Sörgel (Anm. 20), S. 308; diese Eingabe lag dem Grundsatzausschuß in der gleichen Sitzung ebenfalls vor, vgl. NJÖR 1, S. 319.
41 27. Sitzung des Hauptausschusses vom 15.12.1948, Stenograpfische Berichte, S. 327.
42 Ebenda, S. 327.
43 Ebenda, S. 327.
44 Ebenda, S. 328.
45 NJÖR 1, S. 858.
46 Erklärung von Jalta, in: Zur Deutschlandpolitik der Anti-Hitler-Koalition, Dokumentation, Berlin 1968, S. 53 f.
47 Zit. bei Sörgel (Anm. 20), S. 121; nach Fürstenau gingen aus dem Entnazifizierungsverfahren 98 Prozent als Mitläufer und Entlastete hervor. J. Fürstenau, Entnazifizierung, in: Staatslexikon, hrsg. von der Görres-Gesellschaft, Freiburg 1958, S. 1200.
48 Sörgel (Anm. 20), S. 123.
49 Vgl. Festschrift 10 Jahre Deutscher Beamtenbund 1949 bis 1959, S. 63.
50 Sörgel (Anm. 20), S. 125.
51 NJÖR 1, S. 315.
52 40. Sitzung des Hauptausschusses, 14.1.1949, Stenografischer Bericht, S. 494.
53 40. Sitzung des Hauptausschusses, S. 497.
54 Sontheimer, Antidemokratisches Denken in der Weimarer Republik, 1969, S. 332.
55 40. Sitzung des Hauptausschusses (Anm. 52), S. 499.
56 Ebenda, S. 496.
57 Vgl. zu dieser Wirkung des Art. 131 GG H. Hartwich, Sozialstaatspostulat und gesellschaftlicher Status quo, Köln und Opladen 1970, S. 150.
58 40. Sitzung des Hauptausschusses (Anm. 52), S. 498, 500.
59 Abgedruckt in: V. Münch (Hrsg.), Grundgesetzkommentar, Bd. 3, 2. Aufl., 1983, S. 1241.
60 Nachweise bei Niethammer, a.a.O., S. 52.
61 Bundesgesetzblatt 1951, I, S. 307.
62 Vgl. Kirn, Verfassungsumsturz oder Rechtskontinuität? Die Stellung der Jurisprudenz nach 1945 zum Dritten Reich insbesondere die Konflikte um die Kontinuität der Beamtenrechte und Artikel 131 GG. Berlin 1972, S. 12, 123.
63 Deutsches Verwaltungsrecht, Vorwort zur dritten Auflage, Berlin 1924.
64 S. 64 ff.

65 BGHZ 1, S. 281 ff., 286.
66 BGHZ 14, S. 138 ff., 143.
67 BGHZ 14, S. 144.
68 Beschluß v. 11.6.1952, E 6, S. 208 ff., 210 ff.
69 E 2, S. 237 ff., 248 ff.
70 BGHZ 11, Anhang S. 21, 25.
71 BGHZ 11, Anhang S. 84.
72 E 3, S. 58 ff.
73 E 3, S. 88 f.
74 Für den Fortbestand allerdings bereits kurze Zeit später in dem sogenannten „Soldatenurteil", E 3, S. 288 ff., 320.
75 Vgl. Fangmann, Die Restauration der herrschenden Staatsrechtswissenschaft nach 1945, in: Reifner (Hrsg.), Das Recht des Unrechtsstaates, Arbeitsrecht und Staatsrechtswissenschaften im Faschismus. Frankfurt/New York 1981, S. 211 ff.
76 E 3, S. 103.
76a E 3, S. 113 ff.
77 BGHZ 13, S. 265 ff., 298.
78 A. a. O., S. 223.
79 E. 3, S. 122 ff.
80 E. 3, S. 132 ff.
81 Vgl. dazu Damkowski/Zechlin, Verfassungstreue, Staatstreue, Regierungstreue. Beilage zur Wochenzeitung das Parlament, B 16/85 (20.4.1985), S. 18 ff.
82 Vgl. Kutscha, Verfassung und „streitbare Demokratie", Köln, 1979, S. 186, Anm. 275.
83 Nachweise im einzelnen bei Damkowski/Zechlin, a. a. O.
84 In diesem Sinne Kutscha, a. a. O., S. 190.
85 Vgl. die Äußerung Essers, Juristenzeitung 1975, S. 558: „Gegenüber einem freiheitlichen, durch die Freiheitsidee starken Staat ist der Beamte treu, der die Freiheit genießt".
86 BVerfGE 39, S. 334 ff., 348 f.
87 BGHZ 13, S. 265 ff., 296.

Wolfgang Voegeli, Barbara Willenbacher

Zur Restauration des Familienrechts nach dem 2. Weltkrieg

Einleitung

Ab der Währungsreform mehrten sich die Stimmen, die vor den Konsequenzen des Autoritätsverfalls der Männer und Väter warnten und die Restauration des bürgerlichen Familienideals forderten, das durch die Kriegs- und Nachkriegszeit erschüttert worden war.

Die Untersuchung der NS-Familienpolitik und des Familienrechts drängte uns die These auf, daß die ungeplanten Nebenfolgen dieser Politik zu einer entscheidenden Modernisierung der Familienstruktur geführt hatten. Zu Ende des dritten Reiches hatte sich aufgrund der Kriegsereignisse das Modell der Phasenerwerbstätigkeit der Ehefrau als allgemeines Leitbild für familienpolitische Maßnahmen und für das Unterhaltsrecht durchgesetzt, war der Handlungsspielraum der Parteien in bezug auf die Scheidung erweitert und die Position der nichtehelichen Kinder und ihrer Mütter ansatzweise verbessert worden. Paradoxerweise war dies das Ergebnis des Versuchs einer stärkeren institutionellen und legitimatorischen Bindung der Ehegatten an bevölkerungspolitisch definierte Interessen der „Volksgemeinschaft", durch die der Zwangszusammenhalt der Rechtsinstitution Ehe gelockert wurde. Die Eheauflösung sollte zusätzliche Zeugungsakte ermöglichen und der stärkere Zwang zur Erwerbstätigkeit nach der Scheidung die Frauen der Rüstungsindustrie zuführen. Das führte im Ergebnis – nicht der Intention nach – zu einer stärkeren Individualisierung der Normgestaltung. Die negativen Effekte, die das NS-Familienrecht auf die traditionalistisch definierte Institution Ehe hatte, sollten in der Nachkriegszeit durch die Restauration der traditionalen patriarchalischen Familie beseitigt werden. Diese Bestrebungen waren rückblickend auf lange Sicht im Recht nicht erfolgreich, haben aber kurzfristig einen erheblichen normativen Einfluß entwickeln können.

Wir werden im Folgenden die erbbiologische und rassenpolitische Gesetzgebung im Familienrecht, das Ehepersonen- und -güterrecht, das Unterhaltsrecht, das Scheidungsrecht, das Recht des Eheschutzes und das Recht der nichtehelichen Mütter und Kinder untersuchen. Das Kindschaftsrecht und das Jugendrecht blenden wir aus. Diese müssen einer eigenen Untersuchung vorbehalten bleiben. Zurückgreifen werden wir dabei auf die im Zeitraum 1946–1950 veröffentlichten höchstrichterlichen Entscheidungen und die in dieser Zeit in den juristischen Fachzeitschriften veröffentlichten Aufsätze.

Aussagen über die Rechtsrealität lassen sich jedoch so nur bedingt treffen, weil dieses Material nur Auskunft über die symbolische Kraft der Normen gibt, nicht über ihre Wirkung in den „Normalfällen“ der ersten Instanz oder gar in gelebten Zusammenhängen. Doch es kommt uns in diesem Zusammenhang auch in erster Linie auf diese symbolische Ebene an, weil auf ihr gesellschaftliche Deutungsmuster sich verdichten, und um diese ging es in den Restaurationsversuchen.

Die gewonnenen Einsichten in die Rechtsentwicklung werden mit der Familienrealität kontrastiert, um das gesellschaftliche Substrat dieser Restaurationsversuche beschreiben zu können und um vielleicht einige Gründe für deren Erfolg oder Mißerfolg formulieren zu können.

1. Erbbiologische und Rassenpolitische Maßnahmen im Familienrecht

1.1. NS-Recht

Die von den Nationalsozialisten entwickelten Familienrechtskonzepte enthielten durchgängig bevölkerungs-, erbgesundheits- und rasse-, sowie ordnungspolitische Elemente.[1]

Das Ehegesundheitsgesetz vom 18.10.1935[2] brachte eine wesentliche Verschärfung der erbgesundheitlichen Kriterien mit der Rechtsfolge eines Eheverbotes. Nach § 1 dieses Gesetzes durfte eine Ehe nicht geschlossen werden,

1. wenn einer der Verlobten an einer mit Ansteckungsgefahr verbundenen Krankheit litt, die eine erhebliche Schädigung der Gesundheit des anderen Teiles oder der Nachkommen befürchten ließ;
2. wenn einer der Verlobten entmündigt war oder unter vorläufiger Vormundschaft stand;
3. wenn einer der Verlobten, ohne entmündigt gewesen zu sein, an einer geistigen Störung litt, die die Ehe für die Volksgemeinschaft unerwünscht erscheinen ließ;
4. wenn einer der Verlobten an einer Erbkrankheit im Sinne des Gesetzes zur Verhütung erbkranken Nachwuchses litt.

Noch engere Erbgesundheitskriterien wurden gezogen für die Erteilung eines Eheeignungszeugnisses, das für die Erlangung eines Ehestandsdarlehens nach dem Gesetz über Förderung von Eheschließungen[3] erforderlich war. Über diese Ehestandsdarlehen sollte eine positive Auslese getroffen werden, d.h. nur solche Familien gefördert werden, die unter Erbgesundheitsgesichtspunkten damals als besonders förderungswürdig galten.

Mit dem Gesetz zum Schutze des deutschen Blutes und der deutschen Ehre vom 15.9.1935[4] wurde schließlich ein Eheverbot für gemischtrassige Ehen eingeführt. Die Eheschließenden hatten neben ihren Geburtsurkunden auch die Heiratsurkunde ihrer Eltern beizubringen sowie in Zweifelsfällen auf Verlangen des Standesbeamten auch die Heiratsurkunde ihrer Großeltern. Darüber hinaus hat die Rechtsprechung in begrenztem Umfang auch die Auflösung früher geschlossener gemischtrassischer Ehen ermöglicht, indem sie mittels einer abenteuerlichen dogmatischen Konstruktion die Möglichkeit eines Irrtums über persönliche Eigeschaften zugestand, weil der nichtarische Partner bei einer Eheschließung vor der nationalsozialistischen Machtergreifung sich über die Bedeutung der Rassezugehörigkeit seines zukünftigen Ehepartners nicht habe im klaren sein können[6].

Neben dem Verbot der Eheschließung zwischen jüdischen und arischen Ehepartnern, dessen Nichtbeachtung die Nichtigkeit der Ehe zur Folge hatte, gab es noch das aufschiebende Ehehindernis sonstiger nicht artverwandter Blutsvermischung in § 6 der Ausführungsverordnung zum Blutschutzgesetz[7]. Danach durfte der Standesbeamte eine Ehe nicht schließen, wenn aus ihr eine die Reinhaltung des deutschen Blutes gefährdende Nachkommenschaft zu erwarten war. Betroffen waren davon Zigeuner, Schwarze oder deren Mischlinge[8]. Verbotswidrig geschlossene Ehen waren allerdings nicht nichtig. Schließlich wurden noch Ehen mit Ausländern ohne ausdrücklichen Bezug auf irgendwelche rassische Verschiedenheit aufgrund der dritten Durchführungsverordnung zum Ehegesetz vom 29.10.1940[9] dadurch be-, d.h. praktisch verhindert, daß Ehefähigkeitszeugnisse für deutsche Ehepartner nur mit Zustimmung der höheren Verwaltungsbehörden ausgestellt werden durften und diejenigen für Ausländer der inländischen Bestätigung bedurften.

Insgesamt trafen diese erbgesundheits- und rassepolitischen familienrechtlichen Vorschriften nur einen sehr geringen Teil der Bevölkerung. Der deutsche „Normalbürger" war davon nur insoweit betroffen, als er sich von diesen angesprochenen Gruppen „positiv" abgrenzen mußte.

1.2. Rechtsentwicklung nach 1945

Die genannten Rechtsvorschriften traten nach dem Ende des 2. Weltkriegs allesamt außer Kraft, wenngleich zum Teil nur zögerlich, wobei geringfügige Wiederbelebungsversuche feststellbar sind. Die Ehehindernisse des Blutschutzgesetzes entfielen durch Art. 3 Nr. 4 des Militärregierungsgesetzes Nr. 1, weil sie nationalsozialistische Gedankengänge wiedergeben. Dasselbe galt für die Beschränkung von Ehen zwischen Ausländern und Deutschen. Die Ehehindernisse des Ehegesundheitsgesetzes jedoch galten in der britischen Zone bis zum 28.2.1946 und wurden erst durch § 79 des Ehegesetzes vom 20.2.1946, das zum 1.3.1946 in Kraft trat[10], außer Kraft gesetzt. Hinsichtlich des Ehegesundheitsgesetzes gab es jedoch Bestrebungen, dieses teilweise wieder in Kraft zu setzen. So forderte der Rechtsausschuß der Landesregierungen der Länder der amerikanischen Zone, daß hinsichtlich des Ehegesundheitsgesetzes zwar durch authentische Interpretation des § 79 Ehegesetz 1946 festgestellt werden solle, daß es außer Kraft getreten sei, zugleich aber das Ehetauglichkeitszeugnis, zum wenigsten als Soll-Erfordernis, wieder eingeführt werden solle[11]. Diese Überlegungen gediehen so weit, daß von den Ländern der amerikanischen Zone bei dem Kontrollrat der Erlaß eines Gesetzes über den Nachweis der Ehetauglichkeit vor der Eheschließung beantragt werden sollte. Es wurde dazu auch schon ein Entwurf des Rechtsausschusses der Länder der amerikanischen Zone erstellt, der vorschrieb, daß jeder Verlobte vor der Eheschließung dem Standesbeamten ein ärztliches Zeugnis vorzulegen habe, das darüber Auskunft gebe, ob der Verlobte an einer mit Ansteckungsgefahr verbundenen Krankheit, die eine erhebliche Schädigung der Gesundheit des anderen Teils oder der Nachkommen befürchten lasse, erkrankt sei, ob Geisteskrankheit oder Geistesschwäche vorliege, oder ob sonst gesundheitliche Bedenken gegen die beabsichtigte Eheschließung bestünden. Wenn der Arzt Bedenken geltend mache, dürfe der Standesbeamte die Trauung nur vornehmen, wenn trotz der Bedenken die Beteiligten ihren Antrag auf Entgegenahme der Erklärung der Eheschließung bzw. ihre Einwilligung zur Eheschließung aufrechterhielten[12]. Auf derselben Linie liegt auch die Argumentation von Beitzke[13], der meinte, den Grund für die Abschaffung der Ehehindernisse des Ehegesundheitsgesetzes werde man vielleicht nicht so sehr in der grundsätzlichen Verwerfung jeglicher erbpflegerischer Maßnahmen erblicken dürfen, denn in manchen Staaten bestünden derartige Ehehindernisse auch heute noch, als vielmehr in dem Mißbrauch, der in der Vergangenheit bei uns mit jenen Bestimmungen vielfach getrieben worden sei. Die angeführten Versuche konnten sich jedoch letztlich nicht durchsetzen. Zu einer Restauration von Erbgesundheitspolitik im Familienrecht kam es daher nicht. Es fällt jedoch auf, daß es keinerlei Diskussion in der juristischen Profession gab über den Vorstoß, ein Ehegesundheitszeugnis wieder einzuführen. Man hat hier wohl ein peinliches Thema totgeschwiegen und/oder die Sache überhaupt nicht als bedrohlich empfunden.

2. *Ehepersonen- und Ehegüterrecht*

2.1. NS-Recht

Am Ehepersonen- und Ehegüterrecht wurde im Dritten Reich nichts geändert. Das in diesen beiden Rechtsmaterien vorgefundene patriarchalische Modell entsprach dem von den Nationalsozialisten als allgemeines gesellschaftliches Ordnungsprinzip propagierten Führer-Gefolgschaftsverhältnis. Nach § 1354 BGB stand dem Manne die Entscheidung in allen das gemeinschaftliche eheliche Leben betreffenden Angelegenheiten zu. Die Frau war gem. § 1356 lediglich unbeschadet der Vorschriften des § 1354 berechtigt und verpflichtet, das gemeinschaftliche Hauswesen zu leiten. Damit war der Ehemann als Haushaltsvorstand berechtigt, die Gestaltung der gemeinsamen ehelichen Lebensverhältnisse bis in Detailfragen wie, wann gegessen wird, etc., zu bestimmen. Er konnte insbesondere Wohnort und Wohnung bestimmen und im Innenverhältnis der Ehefrau das Betreiben eines selbständigen Erwerbsgeschäftes untersagen, aber auch die Aufnahme einer unselbständigen Erwerbstätigkeit. Bei letzterer konnte er sogar das Außenverhältnis regulieren. Gem. § 1358 BGB war er in der Lage, ein Arbeitsverhältnis seiner Ehefrau fristlos zu kündigen, wenn er auf seinen Antrag von dem Vormundschaftsgericht dazu ermächtigt worden war. Das Vormundschaftsgericht hatte die Ermächtigung zu erteilen, wenn die Tätigkeit der Frau die ehelichen Interessen beeinträchtigte. Das war immer schon dann der Fall, wenn sie damit ihre Haushaltsführungspflichten vernachlässigte. Es handelte sich jedoch um eine rein symbolische Norm, wie wir unten zeigen werden.

Im Ehegüterrecht bestand als gesetzlicher Güterstand das System der Verwaltung und Nutznießung. Gem. § 1363 BGB wurde das Vermögen der Frau durch die Eheschließung der Verwaltung und Nutznießung des Mannes unterworfen (sog. eingebrachtes Gut). Zu diesem eingebrachten Gute gehörte auch das Vermögen, das die Ehefrau während der Ehe erwarb. Dies bedeutete, daß der Mann das Verwaltungsrecht über das Eigentum seiner Ehefrau hatte (§§ 1374 ff. BGB) und daß die Erträge dieses Vermögens sein Eigentum wurden (§ 1383 BGB). Die Ehefrau konnte lediglich über ihr Vorbehaltsgut frei verfügen, zu dem vor allem die Einkünfte aus selbständiger und unselbständiger Erwerbstätigkeit zählten (§§ 1365, 1367 BGB). Dieses System des Ehepersonen- und -güterrechtes war den gesellschaftlichen Verhältnissen in den unterschiedlichen Klassen adäquat. Der bürgerlichen Ehefrau konnten ihr Tätigkeitsdrang durch den Ehemann beschnitten und Haushaltsführung und Repräsentationspflichten zugewiesen werden. In proletarischen Haushalten stellte sich die Frage der Untersagung einer Erwerbstätigkeit in der Regel nicht. Hier diente die Verfügungsfreiheit der Ehefrau über die Erträge ihrer Erwerbstätigkeit dazu, den Unterhalt der Familie zu stabilisieren[14]. Diese Regelung entsprach auch der nationalsozialistischen Frauenpolitik, die programmatisch die Aufwertung der Hausfrauen- und Mutterrolle betrieb und die Entfernung der Frauen aus dem Erwerbsleben forderte. Diese Politik betraf in der Realität jedoch nur die verheirateten Frauen der oberen Mittelschicht[15]. Denn die Aufrüstungs- und Kriegspolitik erforderte ab 1936 eine hohe Zahl von Arbeitskräften. Von da an wurden große Anstrengungen unternommen, verheiratete Frauen als Arbeiterinnen und Angestellte erwerbstätig bleiben oder werden zu lassen[16]. Auch hier also das Modell, bürgerlichen Frauen die Erwerbstätigkeit zu verwehren, alle übrigen Ehefrauen aber zur Erwerbstätigkeit anzuhalten. Das patriarchalische Familienmodell des BGB hatte für die Nationalsozialisten daher einen Wert im wesentlichen auf der symbolischen Ebene. Die Realität des Familienalltags wurde von ihm nur bezüglich der Familien der oberen Mittelschicht und des Kleinbürgertums erfaßt, bei letzteren deshalb, weil hier die Erwerbstätigkeit der Frau in der Form einer mithelfenden Familienangehörigen, hierarchisch untergeordnet stattfand.

2.2. Rechtsentwicklung nach 1945

2.2.1. Die Diskussion im Parlamentarischen Rat über den Gleichberechtigungssatz

Auf diese Situation traf nun eine Reformdebatte über das Ehepersonen- und -güterrecht in der Nachkriegszeit, die allerdings erst 1950 in der Rechtswissenschaft einsetzte, die die in der Weimarer Zeit auf den 33. und 36. Juristentagen geführten Debatten wieder aufgriff. An der Auseinandersetzung im Parlamentarischen Rat über die Formulierung des Gleichberechtigungssatzes in Art. 3 Abs. 2 GG und des Schutzes von Ehe und Familie in Art. 6 Abs. 1 GG beteiligten sich die Familienrechtswissenschaftler nicht. Auch die Rechtsprechung empfand die durch das geltende Recht normierte patriarchalische Herrschaftsstruktur nicht als derart überholt, daß sie im Wege der Rechtsfortbildung die Position der Ehefrau wesentlich verbessert hätte.

In der Auseinandersetzung im Parlamentarischen Rat nun schlug sich die geänderte gesellschaftliche Realität der gestiegenen Erwerbstätigkeit verheirateter Frauen im Dritten Reich und des durch die Kriegswirtschaft faktisch durchgesetzten Modells der Phasenerwerbstätigkeit für verheiratete Frauen nieder, desgleichen die durch die lange Abwesenheit der Männer im Kriege gewonnene neue Selbständigkeit der Ehefrauen und vor allem die gestiegene Bedeutung der hauswirtschaftlichen Kompetenzen in der wirtschaftlichen Not. In der männlichen Welt der Gesetzesmacher wurde diese Problematik jedoch zunächst ausgeblendet. Im Herrenchiemsee-Entwurf für das Grundgesetz ist die Gleichberechtigung von Mann und Frau kein Thema, obwohl bereits Art. 119 Abs. 1 Satz 2 Weimarer Verfassung (WV) die Gleichberechtigung als Basis der Ehe positiv normiert hatte. Auch im Parlamentarischen Rat wurde der Antrag von Frau Elisabeth Selbert (SPD): „Männer und Frauen sind gleichberechtigt" sowohl im Grundsatzausschuß als auch in 1. Lesung im Hauptausschuß abgelehnt[17]. Zugestanden wurde lediglich ein Diskriminierungsverbot, wie es heute in Art. 3 Abs. 3 GG existiert. Zwar beteuerten alle Redner/innen, daß sie doch inhaltlich auch für die Gleichberechtigung seien; nur bezüglich der Formulierung sei man anderer Auffassung[18]. Doch der SPD-Antrag wurde nicht abgelehnt, weil er angeblich redundant war, sondern weil man die unmittelbare Rechtswirkung des positiv formulierten Gleichberechtigungssatzes fürchtete. Es entstünden unübersehbare Konsequenzen[19]. Auch die bisher existierenden Schutzvorschriften für Frauen, z. B. im Arbeitsschutzrecht, würden durch einen derartigen Gleichberechtigungssatz gefährdet[20]. Derartige Rechtswirkungen befürchtete man offensichtlich von einem negativ formulierten Diskriminierungsverbot nicht. Also waren doch unterschiedliche inhaltliche Rechtswirkungen beabsichtigt. Der Bemerkung Carlo Schmids[21], daß ein Benachteilungsverbot die bestehende Bevormundung von Frauen im Familienrecht nicht aufheben werde, weil die betreffenden Vorschriften als Schutzvorschriften für Frauen verstanden würden, was eine Diskriminierung legitimiere, wurde nur halbherzig widersprochen. Die Ablehnung eines positiven Gleichberechtigungssatzes in 1. Lesung entfachte einen Sturm der Entrüstung in der weiblichen Öffentlichkeit. Angesichts des weiblichen Wählerpotentials, – auf 100 männliche kamen 170 weibliche Wähler[22] – wurde auf der 42. Sitzung dann nach allseitiger Beteuerung, man habe anderes nie gewollt, der Antrag von Frau Selbert einstimmig angenommen[23].

Erstaunlich ist, daß im Parlamentarischen Rat die Berufsproblematik der Frauen undiskutiert blieb. Denn gerade hatten einige Länderregierungen den Versuch unternommen, das Verbot des Doppelverdienertums wieder zu reinstitutionalisieren; verheiratete Frauen wurden entlassen, wenn der Ehemann Arbeit hatte. Auch Quotenregelungen für Studentinnen – wie bereits im Dritten Reich eingeführt – wurden erwogen, um den Kriegsteilnehmern genug Studienplätze zu sichern. Der moralische Druck auch auf unverheiratete Frauen, die an qualifizierten Berufswünschen festhielten, nahm wegen des knappen Stellenmarktes in der Nachkriegszeit[24], in der die Arbeitslosigkeit ungefähr 10 % betrug[25], zu. Gerade die sozialen Mittelschichten waren vom sozialen Abstieg besonders betroffen. Vor allem Angestellte und Beamte waren infolge des Zusammenbruchs der Verwaltung in Staat und Wirtschaft arbeitslos.[26] Hinzu kam die prekäre Situation der Vertriebenen, die in erster Linie wegen der Wohnraumsituation in ländlichen Gebieten untergebracht worden waren. Ihre Arbeitslosigkeit war nahezu dreifach so hoch wie die der Einheimischen. Hiervon waren insbesondere die Altersgruppen der Familienväter betroffen. Diese Situation änderte sich erst im Laufe der 50er Jahre als die Arbeitslosigkeit sukzessive abnahm und annäherungsweise die Reallöhne der Nachkriegszeit wiedererreicht wurden.[27]

Die Situation der Frauen war besonders problematisch. Denn die wirtschaftlichen Schwierigkeiten der Nachkriegszeit führten langfristig zu einem Rückgang der Arbeitsplätze vor allem in den Wirtschaftsbereichen, in denen traditionell vorwiegend Frauen beschäftigt waren.[28]

Im ‚Kampf' um die Arbeitsplätze wurde auf die Praktiken der Arbeitsmarktpolitik zurückgegriffen, die bereits nach der Beendigung des 1. Weltkrieges, in der Weimarer Republik und im Nationalsozialismus angewandt wurden. Dies zeigt sich auch in den durch die ‚OMGUS'-Befragungen erhobenen Einstellungen der Bevölkerung. Nur 15 % befanden, Frauen sollten die gleiche Chance wie Männer haben, jede Funktion im Wirtschaftsleben einzunehmen.[29] Gerade im Kampf gegen diese Haltung hatten die Frauen in den Gewerkschaften – in der Hoffnung auf ein Recht auf Arbeit – für die Verankerung der Gleichberechtigung in der Verfassung gekämpft.[30]

Die völlige Ignorierung dieser Thematik im parlamentarischen Rat spricht dafür, daß hier auf der Ebene des Familienrechts ein stellvertretender Nebenkriegsschauplatz eröffnet wurde, um die Erörterung der realen Interessengegensätze zu vermeiden. Denn gerade in der Oberen Mittelschicht waren diese Gegensätze besonders scharf ausgeprägt.[31]

Die anschließende Auseinandersetzung um die Konkretisierung des Gleichberechtigungssatzes im Familienrecht brachte dieselben unterschiedlichen Positionen wieder zum Vorschein, wie sie im Parlamentarischen Rat vertreten waren, nur daß jetzt im Zuge der konservativen Machtkonsolidierung offen der männlichen Vorherrschaft in der Familie das Wort geredet wurde. Die einstimmige Annahme des Art. 3 Abs. 2 GG im Parlamentarischen Rat hatte also nicht die Beendigung dieses Streits zur Folge.

2.2.2. Eheliches Güterrecht

Allerdings verlief der Streit weitgehend auf einer symbolischen Ebene. Denn in dem einzigen Bereich, in dem es um konkrete Güterverteilung ging, dem ehelichen Güterrecht, herrschte Einigkeit. Der beschriebene Güterstand der Verwaltung und Nutznießung wurde einhellig als verfassungswidrig angesehen[32]. Fast einhellig wurde die Zugewinngemeinschaft empfohlen, die die rechtspolitischen Vorschläge seit dem 33. Deutschen Juristentag 1924 dominiert[33]. Dieser Güterstand ist seit dem Gleichberechtigungsgesetz 1958 geltendes Recht. Er verbindet selbständige Verfügungen über individuelles Ehegatteneigentum – bei gewissen Beschränkungen zur Sicherheit der gemeinschaftlichen Lebensbasis und zum Schutze gegen Aushöhlung des Zugewinnanspruchs – mit einem nachträglichen Ausgleichsanspruch, durch den der gemeinsame Vermögenszuwachs während der Ehe zu gleichen Teilen verteilt wird. Ehe ist hier konkrete ökonomische Einheit erst im Moment der Auflösung[34]. Diese Verbindung von individualistischer Eigentumsfreiheit und institutioneller Einheit bei Auflösung war für die konservative Seite trotz der dadurch bedingten Auflösung der ökonomischen Familieneinheit attraktiv, weil sie praktikabler erschien als Alternativen, die die eheliche Lebensgemeinschaft rechtlich auch auf der ökonomischen Ebene betonten wie etwa Gütergememeinschaft. Unter Bedingungen der Gleichberechtigung war letztere nur mit gemeinschaftlicher Verwaltungsbefugnis vorstellbar, was der männlichen Suprematie Abbruch getan hätte. Bedeutsam war für diese Position weiterhin der Ausgleichsanspruch, da er eine Legitimation für die gesetzliche Festschreibung der Hausfrauenrolle lieferte. Für eine egalitäre Ehekonzeption hingegen liefert der Ausgleichsanspruch den im Durchschnitt angemessenen Ausgleich für ökonomische Nachteile, die aus der von den Ehegatten vereinbarten Arbeitsteilung folgen. Erstaunlich ist, daß diese Überlegungen, die in den 50er Jahren dann in der Diskussion erschienen, Ende der 40er Jahre keine Rolle spielten. Dies mag damit zusammenhängen, daß in diesem Fall die Profession seit 1924 eine weitgehend einheitliche Meinung herausgebildet hat. Selbst im Dritten Reich hat ein Teil der juristischen Literatur für eine Beteiligung der Frau am ehelichen Vermögenszuwachs plädiert[35]. Denkbar ist auch, daß angesichts der allgegenwärtigen Zerstörung die Frage der Vermögenszuordnung nicht als sonderlich vordringlich erschien.

2.2.3. Ehepersonenrecht

Ganz anders war die Lage im Ehepersonenrecht. Die Diskussion der juristischen Profession begann damit, daß eine Entscheidung des Landgerichts Freiburg[36] allseits akklamiert wurde, in der dieses das ehemännliche Entscheidungsrecht entscheidend beschränkte und die Mißbrauchsgrenze enger zog. In dem Fall eines nach dem 2. Weltkrieg arbeitslosen Berufsoffiziers ohne Ausbildung, der seiner Ehefrau, die während des 2. Weltkrieges ein Studium abgeschlossen hatte und danach als Dolmetscherin bei einer Besatzungsmacht arbeitete, befohlen hatte, ihren Beruf aufzugeben und zu ihm in eine andere Stadt in die Wohnung seiner Eltern zu ziehen, um ganz der Ehe zu leben, hatte das Landgericht Freiburg entschieden, daß die Grenze des ehemännlichen Bestimmungsrechtes nach § 1354 BGB der Persönlichkeitswert der Frau sei. Diesen bestimmte es nach dem Maßstab der Qualität der Berufstätigkeit der Frau. Geistige Tätigkeit, qualifizierte Tätigkeit nach einer Lehre, einem Studium, höchste Leistungen in Kunst und Wissenschaft dürften nicht durch ehemännliche Entscheidungen unterbunden werden. Diese Entscheidung brach mit der bisherigen Rechtsprechung, die keinen Mißbrauch darin sah, daß arbeitslose Ehemänner von ihren Frauen die Herstellung der häuslichen Gemeinschaft verlangten[37]. Aufsehenerregend war diese Entscheidung insofern, als durch sie Ehefrauen aus bürgerlichen Kreisen bestätigt bekamen, daß ihre Ehemänner mißbräuchlich handelten, wenn sie ihre Selbstverwirklichung durch Berufstätigkeit verhindern wollten.

Erstaunlich ist auch hier, daß das Argument der Selbstentfaltung der Frau im Vordergrund steht und die materielle Situation des Ehepaars nur eine nachrangige Bedeutung hat. Offensichtlich wollte das Gericht nicht auf der ökonomischen Ebene – das Einkommensargument wurde allerdings von der Frau angeführt – die Frage des Mißbrauchs klären. Ein arbeitsloser Berufsoffizier hatte in der Nachkriegszeit relativ schlechte Berufschancen und hätte seiner Verpflichtung, zum Familienunterhalt beizutragen, zunächst nur schwer nachkommen können. Insofern ist dieser Fall ein typischer Fall für Eheprobleme der Nachkriegszeit – nämlich für die Unfähigkeit einzelner Männer, ohne Ressentiments auf die Tatsache zu reagieren, daß die Frauen sie notgedrungen aus ihrer Ernäherrolle verdrängt hatten.[38]

Typisch für die juristische Argumentation in der Nachkriegszeit scheint ebenfalls zu sein, daß der zeitgeschichtliche Hintergrund – wie auch in der Gleichberechtigungsdebatte – zum Teil völlig verdrängt wurde und auf Grundsatzfragen der Selbstentfaltung ausgewichen wurde. Denn, hätte man die ökonomische Situation dieses Ehepaars einbezogen, so hätte man keinen Grund mehr anführen können, um männliche Wünsche überhaupt zu berücksichtigen. Ein Zusatzeinkommen der Ehefrau konnte – aus damaliger Sicht – nur positiv beurteilt werden. Hier wurde dem Ehemann das Argument erspart, er habe sich an die für viele Ehepaare typische Überlebenssituation anzupassen.[39]

Die Akklamation dieses Urteils erschöpfte aber auch schon den bestehenden Vorrat an Gemeinsamkeiten in der juristischen Profession. Im Vorfeld des 38. Deutschen Juristentages 1950 versuchte die im Parlamentarischen Rat unterlegene Position wieder Boden gutzumachen. Es ging darum, die patriarchalische Entscheidungsstruktur und die traditionelle geschlechtsspezifische Rollenverteilung in der Familie zu retten.

2.2.3.1. Entscheidungsstruktur in der Familie

Die egalitäre Position, die sich in der Formulierung des Art. 3 Abs. 2 GG niedergeschlagen hatte, wurde von der SPD und den Frauenvereinen schon seit langem vertreten[40]. Sie war jedoch vor dem 38. Deutschen Juristentag nur mit einem Beitrag von Maier-Reimer[41] vertreten. In der rechtswissenschaftlichen Diskussion dominierten die Vertreter einer patriarchalischen Hierarchie[42]. Sie repräsentierten jedoch nicht die Meinung der juristischen Profession, sondern hatten offensichtlich bessere Publikationschancen. Denn der 38. Deutsche Juristentag 1950 lehnte nahezu einstimmig jegliche Hierarchie in der Familie ab.[43].

Die Verfechter patriarchalischer Entscheidungsstrukturen argumentierten, daß Art. 3 Abs. 2 GG ein Anwendungsfall des allgemeinen Gleichheitssatzes sei, weil er lediglich im Rahmen eines allgemeinen Willkürverbotes ausgelegt werden dürfe. Das Grundgesetz könne nicht wörtlich genommen werden, weil das Gesetz die natürliche körperliche und seelische Unterschiedlichkeit der Geschlechter nicht negieren könne. Gleiches sei gleich, Ungleiches ungleich zu behandeln, was nicht bedeute, daß in der Ungleichheit nicht Gleichwertigkeit bestünde[44]. Art. 3 Abs. 2 GG gebiete also nicht, vom Unterschied der Geschlechter schlechthin abzusehen. Dasselbe Ergebnis brachte eine Argumentation, die in Art. 6 Abs. 1 GG die traditionelle Familienstruktur christlich-abendländischer Prägung geschützt sah und darin eine verfassungsrechtliche Grenze für Gleichberechtigung[45]. Als relevante Unterschiede wurden dann nicht nur biologische, sondern auch sozio-ökonomische und soziokulturelle herangezogen: „Die Familie ist nach der Schöpfungsordnung eine streng ihrer eigenen Ordnung folgende Einheit. Mann und Frau sind ‚ein Fleisch' ... Innerhalb der strengen Einheit der Familie sind Stellung und Aufgabe von Mann und Frau durchaus verschieden. Der Mann zeugt Kinder; die Frau empfängt, gebiert und nährt sie und zieht die unmündigen auf. Der Mann sichert, vorwiegend nach außen gewandt, Bestand, Entwicklung und Zukunft der Familie; er vertritt sie nach außen; in diesem Sinne ist er ihr ‚Haupt'. Die Frau widmet sich, vorwiegend nach innen gewandt, der inneren Ordnung und dem inneren Aufbau der Familie. An dieser fundamentalen Verschiedenheit kann das Recht nicht doktinär vorbeigehen, wenn es nach der Gleichberechtigung der Geschlechter in der Ordnung der Familie fragt."[46] Dieses Zitat des Bundesgerichtshofs entstammt zwar einer späteren Zeit, beschreibt aber die damals von Bosch, Beitzke und Mitteis vertretene Position präzise.

Damit war offen die „überkommene christlich-abendländische Gestalt von Ehe und Familie" als eine „zeitlose Ordnung" dem Recht als vorgegeben gesetzt. Veränderungen der Entscheidungsstruktur wurden als Gefährdungen der Familie gedeutet. Da „weiterhin keine festen, selbstverständlichen, gemeinsamen Vorstellungen über ihr (der Ehe und Familie – d. V.) Wesen, Sinn und ihre Heiligkeit" mehr bestünden, sei eine „Auflösung ihrer überkommenen, jahrtausendealten Ordnung" um so gefährlicher. Insbesondere würde das bedeuten, die „Anarchie in die Ehe einzuführen", wollte man die ehemännliche Familienleitung aufheben. Als noch gefährlicher wird die Aufhebung des väterlichen Letztentscheidungsrechtes angesehen[47]. Diese Darstellung entspricht den Positionen der beiden großen Kirchen[48]. Insbesondere die EKD verlangte 1952 die Restauration der väterlichen Autorität, die im Laufe des letzten Jahrhunderts erschüttert worden sei, denn „die Familie ist die Geburtsstätte der Autorität und damit der Freiheit", nahm diese Position jedoch 1954 zurück.

„Hierarchie oder Anarchie, das ist die Frage"[49], wobei Hierarchie zur einzig denkbaren Ordnung gerät. „Wer die Verfassung im Sinne einer Selbstbestimmung der Ehefrau ausdeutet und ausformt, der zerstört die Ehe."[50] „Die rechte Über- und Unterordnung in der Familie ist zu ihrer Einheit und zu ihrem Glück unerläßlich ... In jeder Familie und überall, wo zwei oder mehr Personen sich zusammenfinden und ein gemeinsames Ziel erstreben, ist eine Führung, eine Autorität unumgänglich notwendig."[51] Oder anders gewendet: „Jeder Staat braucht eine verfassungsmäßige Festlegung entscheidender Regierungsorgane. Jeder Betrieb benötigt wirtschaftsverfassungsrechtlich festgelegte Träger der Unternehmerfunktion ... Das fahrende Schiff besitzt notwendigerweise einen dirigierenden Kapitän (§§ 511 ff. HGB). Überall sind in großer Zahl auch andere Personen – Staatsbürger, Betriebsangehörige, Schiffsbesatzungen – vorhanden, an deren Gleichwertigkeit nicht der geringste Zweifel besteht, die ebenfalls besonders wichtige Funktionen zu erfüllen haben, u. a. den ‚Chef' zu beraten, ein bedeutsames ‚Mitwirkungsrecht' (nicht aber ein Mitbestimmungsrecht i. e. S.) auszuüben haben. ‚Er' jedoch ‚bleibt stets für die von ihm getroffenen Maßnahmen verantwortlich" (§ 518 HGB). Entscheidungsmacht und Verantwortlichkeit gleichen sich aus! Dies vor allem gilt es zu erkennen. Die Familie ist eine natürliche Ordnung, für die genau das gleiche gilt."[52] Nicht spontane vertragliche Ordnung ist das Gesellschaftsideal dieser bürgerlichen Rechtswissenschaftler, sondern die Despotie der Fabrik und des Polizeistaats.

Mit dem oben geschilderten Inhalt der Regelungen des BGB waren die Vertreter der patriarchalischen Entscheidungsstruktur also durchaus einverstanden. Gleichwohl schlugen sie symbolische Änderungen vor, denn die bisherigen Formulierungen seien für die Ehefrauen und Mütter „hart und verletzend"[53]. Die Devise hieß Proklamation einer gleichen Rechtsstellung der Frau bei Entscheidungen über eheliche Angelegenheiten und über die Kindererziehung, die aber im Konfliktfall zugunsten eines Stichentscheides des Mannes aufgelöst wurde.

Diese Position konnte sich allerdings nicht konsolidieren. Jedoch bestimmte sie trotz der Niederlage, die sie auf dem 38. Deutschen Juristentage erlitten hatte, zunächst den Regierungsentwurf zu einem Gleichberechtigungsgesetz. Das Letztentscheidungsrecht des Mannes in ehelichen Angelegenheiten in § 1354 BGB wurde jedoch im Bundestag – knapp und erst durch eine namentliche Abstimmung – abgelehnt. Das Letztentscheidungsrecht des Vaters bei der Ausübung der elterlichen Gewalt und sein Alleinvertretungsrecht gegenüber den Kindern wurde zwar im Gleichberechtigungsgesetz normiert, aber bereits ein Jahr darauf vom Bundesverfassungsgericht kassiert[54].

Das Bundesverfassungsgericht hatte bereits am 18.12.1953 entschieden, daß die natürliche Verschiedenheit der Geschlechter allein keinen rechtlich relevanten Differenzierungsgrund mehr abgeben dürfe.[55] Damit hatte es jeden Rückgriff auf eine christlich-abendländische Tradition abgewehrt. Diese Position war bereits schon zuvor für die herrschende Rechtsprechung typisch.[56] Die Gesamtvertretung bestätigte der BGH noch im Angesicht des schon verabschiedeten Gleichberechtigungsgesetzes, das in der 3. Lesung im Juni 1957 verabschiedet wurde, in einer Entscheidung vom 5.2.1958.[57] Nach allem war zu erwarten, daß das Bundesverfassungsgericht das Letztentscheidungsrecht des Vaters (§ 1628 BGB) und die Alleinvertretung des Vaters (§ 1629 Abs. 1 BGB) für verfassungswidrig erklären würde, was es bereits am 29.7.59, ein Jahr nach Inkrafttreten des Gleichberechtigungsgesetzes tat.[58]

2.2.3.2. Zur Rollenverteilung

Die Vertreter der egalitären Eheverfassung beriefen sich darauf, daß es keine natürliche Funktionsverteilung zwischen Mann und Frau in der Familie gebe. Die Familie als Institution, an die sich bestimmte Rechte und Pflichten knüpften, sei Produkt der Rechtsordnung und keine natürliche Gegebenheit[59]. Die vorfindliche geschlechtsspezifische Rollenverteilung wurde als historisch-gesellschaftliches Produkt gesehen. Neben der Hausfrauenehe habe sich schon lange die Berufsfrauenehe herausgebildet[60]. Angesichts des Gleichberechtigungsgebotes der Verfassung sei es dem Gesetzgeber verwehrt, einen bestimmten Ehetypus bindend zu normieren. Vielmehr sei die Aufteilung der Aufgaben Gegenstand freier Vereinbarung zwischen den Ehegatten[61].

Vereinbarung, nicht mehr Institution, ist in dieser Argumentation die zentrale Kategorie. Entsprechend entfällt im Prinzip die Notwendigkeit, überhaupt etwas über Rollenverteilung zu normieren. Jedoch findet eine Funktionsverteilung in der Ehe in der Regel tatsächlich statt. Es gelte, das Recht diesem Sachverhalt anzupassen. Das Recht dürfe durchaus auf funktionale Differenzierungen reagieren, – dies sei sogar notwendig –, solange diese Funktionen nicht von Rechts wegen an ein bestimmtes Geschlecht gekoppelt würden[62]. Das Recht solle an den sozialen Tatbestand der Hausfrauen- und Mutterrolle nur insofern anknüpfen, als es um die gleiche Bewertung der unterschiedlichen Beiträge zum Familienunterhalt gehe, nicht aber, um diese Rolle verbindlich festzulegen.

Diese freiheitliche Ehekonzeption hat sich zwar auf dem 38. Deutschen Juristentag durchsetzen können, jedoch nicht in Rechtsprechung und Gesetzgebung. Es war schon in der Auseinandersetzung im Jahre 1950 deutlich, daß viele Vertreter einer egalitären Entscheidungsstruktur gleichwohl eine rechtliche Rollenfestlegung wollten. Unter dem Schlagwort „organische Gleichberechtigung" wurden gleiche Entscheidungsrechte bei festgelegter geschlechtsspezifischer Rollenverteilung gefordert[63]. Die einzige Änderung sollte sein, daß diese Rollenverteilung nur noch als Verpflichtung im Innenverhältnis wirken sollte, der Ehemann nicht mehr wie früher gem. § 1358 BGB mit Wirkung nach außen ein Arbeitsverhältnis seiner Frau kündigen konnte. Doch ist dies lediglich eine kosmetische Korrektur. Denn § 1358 BGB war nie wirksam. Da Ehefrauen in ihrer Geschäftsfähigkeit nicht beschränkt waren, konnten sie je nach Rechtsstandpunkt entweder mit ihrem Arbeitgeber vereinbaren, daß die ehemännliche Kündigung keinerlei Wirkungen entfalten sollte oder daß nach Zugang dieser Kündigung jeweils ein neues Arbeitsverhältnis entstehen sollte. Die einzige Sanktion war die Frage eines Verschuldens bei einer etwaigen Scheidung. § 1358 BGB war daher nach allgemeiner Meinung überflüssig und auf einer symbolischen Ebene eher schädlich. Diese Ende der 40er Jahre entwickelte Position sollte das Familienrecht 20 Jahre lang beherrschen. Sie wurde in den §§ 1356, 1360 BGB in der Fassung des Gleichberechtigungsgesetzes geltendes Recht.

Lange Zeit war es h.M., daß diese so festgeschriebene Rollenverteilung zwingendes Recht sei[64]. Erst im Laufe der 60er Jahre setzte sich die Auffassung durch, daß die Rollenverteilung in § 1356 BGB eine Regelrollenverteilung sei, die zur Disposition der Ehegatten stehe[65]. Die Rechtsprechung folgt dem erst in den 70er Jahren[66]. Im Jahre 1975, kurz bevor das erste Eherechtsreformgesetz jegliche Rollenverteilung abschaffte, konnte das Bundesverfassungsgericht[67] dann als h.M. verkünden, daß die Aufgabenverteilung in der Ehe in erster Linie der freien Entscheidung der Ehegatten unterliege.

3. Ehegattenunterhaltsrecht vor/nach der Scheidung

Im Ehegattenunterhaltsrecht war man sich einig lediglich darüber, daß nunmehr beide Ehegatten unterhaltspflichtig seien und daß Arbeit im Haushalt Unterhaltsleistung sei. Die im übrigen unterschiedlichen Auffassungen zum Unterhaltsrecht ergeben sich als Konsequenz der jeweiligen Rollenkonzeption. Die beiden konservativeren Positionen fixieren die Unterhaltsleistung der Frau in der Haushaltsführung als Regelfall, was so später im Gleichberechtigungsgesetz auch aufrechterhalten wurde. Der Gegenpol dazu ist die Wahlfreiheit der Frau bezüglich der Form, wie sie ihren Unterhaltsbeitrag erbringen solle[68]. Wohlgemerkt, es wird von Wahlfreiheit lediglich der Frau, nicht der des Mannes gesprochen. Dafür mag es mehrere Gründe geben, ohne daß sie explizit geworden wären. Zum einen ist es wohl eine realistische Einschätzung gewesen, daß Männer sich damals nicht darum bemühen würden, die Wahl zwischen Haushaltsführung und Geldunterhalt zu erhalten. Zum anderen aber sollten damit wohl Argumente der konservativen Seite entkräftet werden, die als Folge der egalitären Konzeption der Gleichberechtigung den Zwang zur Erwerbstätigkeit für Frauen an die Wand malten – eine Drohung, die das triste Schicksal zur Erwerbstätigkeit gezwungener, beruflich nicht qualifizierter ehemaliger Hausfrauen auf dem Arbeitsmarkt zum Mittel einer Politik macht, die im Ergebnis diese schlechten Erwerbsaussichten von Frauen perpetuieren sollte. Zwar ist der Zwang zur ökonomischen Selbständigkeit der egalitären Rollenkonzeption immanent – doch nur als Ausgangsposition. Die konkrete Verteilung wird als Ergebnis von Vereinbarungen gesehen, die damit auch Wirkung haben für die Unterhaltsverpflichtung[69]. Diese Ansicht fand ihren rechtlichen Durchbruch erst in § 1360 BGB in der Fassung des 1. Eherechtsreformgesetzes 1977.

Das Problem des Ehegattenunterhalts bei Trennung und nach Scheidung war schon schwieriger. Denn das patriarchalische Konzept von Ehe ging stets einher mit einer Ausgestaltung der Scheidungsfolgen als Sanktion für eheliches Wohlverhalten. Dies sollte im institutionalistischen Eherechtskonzept ein generalpräventiver Schutz für die Institution Ehe sein. Rechtlich begründet wurde und wird diese Sanktionswirkung damit, daß es der Gerechtigkeit widerspreche, wenn man einerseits die eheliche Solidarität durch eine Eheverfehlung verletze, andererseits aber aus dieser Solidargemeinschaft Leistungen fordere. Entsprechend stand danach eine verschuldensunabhängige Gestaltung des Trennungsunterhaltsanspruchs und des Unterhaltsanspruchs nach Scheidung nicht an.

Für unschuldig geschiedene Frauen hätte aber die patriarchalische Ehekonzeption als Folge der rechtlichen Fixierung der Hausfrauenrolle einen unbedingten Unterhaltsanspruch vorsehen müssen. Denn wie sollte eine Frau, deren ganzer Sozialisationsprozeß auf die Erfüllung der Rolle als Hausfrau und Mutter zugeschnitten sein sollte und die auf diese Rolle nach der Eheschließung rechtlich festgelegt wird, nun auf einmal fähig sein, ihren eigenen Unterhalt zu erwerben?

3.1. Rechtsentwicklung im 3. Reich

Doch dieses Modell hatte nur Gültigkeit bis 1938 und nur für die bürgerliche Ehefrau, deren sozialen Status es nicht gemäß war, erwerbstätig zu sein. Die Ehefrau des Kleinbürgers war zu unentgeltlicher Erwerbstätigkeit im Geschäfte des Mannes verpflichtet (§ 1356 BGB) und die Ehefrau des Arbeiters zwangen die ökonomischen Verhältnisse, erwerbstätig zu sein. Ihre Einkünfte waren dann zwar frei verfügbares Vorbehaltsgut; sie hatte aus ihnen aber einen angemessenen Beitrag zur Bestreitung des ehelichen Aufwandes zu leisten (§§ 1371, 1427 BGB). Nach unserer heutigen Terminologie bedeutete dies, daß sie in gleicher Weise wie der Ehemann zur Bestreitung des Familienunterhalts verpflichtet war. Diesem Modell entsprechend war auch nur die schuldlos geschiedene bürgerliche Ehefrau in keinem Falle zu einer Erwerbstätigkeit nach Scheidung verpflichtet. Sie hatte einen Anspruch auf standesgemäßen Unterhalt und mußte sich auf eine Erwerbstätigkeit nur verweisen lassen, soweit dies nach den Verhältnissen, in denen die Ehegatten gelebt haben, üblich war (§ 1578 BGB). Demgegenüber führte das Ehegesetz von 1938 in § 66 Abs. 1 eine allgemeine Erwerbsverpflichtung für alle geschiedenen Ehefrauen ein. Sie mußten erwerbstätig sein, soweit dies von ihnen den Umständen nach erwartet werden konnte. Die amtliche Begründung[70] dazu wörtlich: „Bei der Stellung, die der erwerbstätigen Frau heute im Wirtschaftsleben wie überhaupt im sozialen Gefüge des Volkes zukommt, und bei der heutigen Auffassung vom Wert der Arbeit als einer Verpflichtung gegenüber der Volksgemeinschaft, kann es nicht mehr darauf ankommen, ob eine Erwerbstätigkeit der Frau bei den Verhältnissen, in denen die Gatten während bestehender Ehe gelebt haben, üblich war, oder nicht ..." Nur bei Krankheit, Alter oder Kindererziehung war eine Erwerbstätigkeit nicht zu erwarten, eine durchaus moderne Konzeption, wie die §§ 1570 ff. BGB in der Fassung des 1. Eherechtsreformgesetzes von 1977 zeigen.

3.2. Rechtsentwicklung nach 1945

Im Ehegesetz von 1946 jedoch war im Wortlaut des § 58 Abs. 1, der dem § 66 Abs. 1 Ehegesetz 1938 entsprach, von einer Erwerbsverpflichtung der geschiedenen Ehefrau nicht mehr die Rede. Eine geschiedene Frau mußte sich nur noch die Erträge einer tatsächlichen Erwerbstätigkeit anrechnen lassen. Damit war die Situation nach Scheidung wieder der während bestehender Ehe angeglichen. Dem Wortlaut nach bestand in keinem Fall mehr eine Verpflichtung zu außerhäuslicher Erwerbstätigkeit der Frauen.

Wer nun glaubte, der Wortlaut der Norm sei maßgebend, wie dies auch namhafte Kommentatoren des Ehegesetzes taten[71], der irrte sich. Weil es nicht angehen könne, daß es eine geschiedene Frau in der Hand habe, durch Kündigung ihrer Erwerbstätigkeit willkürlich einen Unterhaltsanspruch begründen zu können, und weil es ebenso unbillig sei, die Erträge einer überpflichtmäßigen Erwerbstätigkeit einer Mutter minderjähriger Kinder auf den Unterhaltsanspruch anzurechnen, schloß die Rechtslehre sofort messerscharf, daß der Gesetzgeber des Ehegesetzes 1946 eine Änderung der sachlichen Rechtslage nicht bezweckt haben könne, weil er derartige Folgen nicht gewollt haben könne[72] und die Kommentarliteratur sekundierte: „Die Ansicht, daß Frauen gewisser Kreise nicht selbst für den Unterhalt zu sorgen brauchten, war immer ungesund und gehört einer vergangenen Zeit an ... Jeder ist heute im Interesse der Allgemeinheit nach seinen Kräften zur Mitarbeit verpflichtet ...“[73] Die Rechtsprechung[74] fand zwar anfangs noch unterschiedliche Begründungen, kam aber zu demselben Ergebnis. Seitdem war es h. M. (bis 1977), daß die geschiedene Frau geradezu außerstande sein mußte, sich selbst zu unterhalten, um einen Unterhaltsanspruch nach Scheidung zu haben. Als Ausnahmegründe wurden weiterhin wie seit 1938 Alter, Krankheit und Kindererziehung anerkannt[75]. Damit wurde im Unterhaltsrecht contra legem der Zustand festgeschrieben, den die Nazis im Dritten Reich eingeführt hatten. Isoliert betrachtet war dies eine durchaus moderne Konzeption, die auf beiderseitiger Erwerbstätigkeit beruhte. Kombiniert jedoch mit einer auch rechtlich normierten geschlechtsspezifischen Rollenzuweisung hatte sie in der Regel eine Erwerbstätigkeit zweiter Klasse zur Folge: diskontinuierliche Beschäftigungsverhältnisse, Teilzeitarbeit, insgesamt schlecht qualifizierte Tätigkeiten.

4. *Scheidungsrecht*

Neben den oben angeführten Änderungen des Eheschließungsrechtes brachte das Ehegesetz 1938 als wesentliche Veränderung eine Neugestaltung des Scheidungsrechtes. Eine kleinere Änderung stellte die Weiterentwicklung des Verschuldungsprinzips dahingehend dar, daß außer durch Verzeihung eine Ehescheidung wegen Verschuldens auch dann ausgeschlossen war, wenn der verletzte Ehegatte die Verfehlung des anderen als ehezerstörend nicht empfunden hatte (§§ 56 Ehegesetz 1938, 49 Ehegesetz 1946). Weiterhin wurde die Eheverfehlung der Fortpflanzungsverweigerung, die die Rechtsprechung bis dahin als schwere eheliche Verfehlung im Sinne des § 1568 BGB entwickelt hatte, zum eigenen Scheidungsgrund aufgewertet, der die Vermutung für seine Ursächlichkeit für die Zerrüttung der Ehe in sich trug (§ 48 Ehegesetz 1938). Bis dahin hatte der Kläger diese Ursächlichkeit zu beweisen. Es fand also lediglich eine Umkehr der Beweislast statt, so daß man hier nicht von einer typisch nationalsozialistischen bevölkerungspolitischen Regelung sprechen kann. Eine solche Norm entspricht vielmehr auch der katholischen Ehelehre. Auch nach 1946 galt die Verweigerung des Geschlechtsverkehrs ohne Verhütungsmittel oder die eigenmächtige Abtreibung als schwere eheliche Verfehlung i. S. des § 43 Ehegesetz 1946. Die Beweislast trug allerdings wieder der Kläger. Weiterhin führte § 53 Ehegesetz 1938 die Unfruchtbarkeit als bevölkerungspolitisch motivierten objektiven Scheidungsgrund ein, der im Ehegesetz 1946 wegfiel. Beide Normen hatten statistisch gesehen nur sehr geringe Bedeutung[76]. Auch die Ausweitung der objektiven Scheidungsgründe wegen geistiger Störung oder Geisteskrankheit in den §§ 50–52 Ehegesetz 1938, die in den §§ 44, 45 Ehegesetz 1946 nur teilweise zurückgenommen wurde, war statistisch gesehen unbedeutend[77].

4.1. Zerrüttungsscheidung im Ehegesetz 1938

Die wesentliche Änderung brachte § 55 Ehegesetz 1938, der nach dreijähriger Trennung eine Scheidung ohne Verschulden erlaubte. Nach Abs. 2 dieser Vorschrift jedoch konnte der nichtschuldige Ehegatte der Scheidung widersprechen, wenn der klagende Ehegatte die Zerrüttung ganz oder überwiegend verschuldet hatte. Dieser Widerspruch war nicht zu beachten, wenn die Aufrechterhaltung der Ehe bei richtiger Würdigung des Wesens der Ehe und des gesamten Verhaltens beider Ehegatten sittlich nicht gerechtfertigt war. Diese Vorschrift lehnte sich stark an Reformentwürfe aus der Weimarer Zeit[78] an.

Die Anwendung dieses Paragraphen durch die Rechtsprechung, insbesondere des Reichsgerichtes, wurde nach dem 2. Weltkrieg als Ausfluß typisch nationalsozialistischer Bevölkerungspolitik gewertet. Diese Bewertung hält sich bis heute[79]. In der Tat hatte das Reichsgericht den Grundsatz aufgestellt, daß der Widerspruch des unschuldigen Ehegatten in der Regel unbeachtlich sei. Nach dreijähriger Trennung könne eine völlig zerrüttete Ehe nur aus besonderen Gründen aufrechtzuerhalten sein[80]. Es finden sich auch durchgängig Wertungen wie, daß der Wert einer Ehe für die Volksgemeinschaft im Vordergrund zu stehen habe, demgegenüber die persönlichen Belange der Ehegatten zurückzutreten hätten[81], oder, es liege im Interesse des Staates, durch Scheidung den Weg freizumachen für neue Ehen, aus denen dann Kinder hervorgingen[82], oder, der Staat habe kein Interesse an einer erneuten Eheschließung eines älteren Mannes, da aus einer solchen Ehe nur dann Kinder zu erwarten seien, wenn jener eine wesentlich jüngere Frau heirate; das aber sei bevölkerungspolitisch unerwünscht[83]. Die Liste ließe sich verlängern. Das Reichsgericht hat hier sicher nicht nur mit modischen Schlagworten um sich geworfen, wie eines seiner Mitglieder nach dem 2. Weltkrieg meinte[84]. Doch eine Durchsicht der Urteile zeigt, daß die wesentlichen Entscheidungselemente stets aus der Berücksichtigung der Folgen einer Scheidung für die Betroffenen gewonnen wurden. Dabei zeichnet sich ein pragmatisches Herumlavieren ab zwischen der ökonomischen Sicherung der Restfamilie und der Berücksichtigung der Interessen neu entstandener oder entstehender Lebensgemeinschaften, aus denen unter Umständen schon Kinder hervorgegangen waren.

Die Fallgestaltung bei den Fällen, die das Reichsgericht nach § 55 Ehegesetz 1938 zu beurteilen hatte, war i. d. R. die, daß der Ehemann klagte und wegen eines ehebrecherischen Verhältnisses oder wegen grundlosen Verlassens der Frau für schuldig an der Zerrüttung befunden wurde[85]. Eine Scheidung wurde i. d. R. nicht zugelassen, wenn die Ehefrau kleinere Kinder zu versorgen hatte und eine zweite Ehe des Mannes wegen der damit entstehenden Unterhaltspflichten für die zweite Ehefrau und etwaige Kinder die Unterhaltsleistung an die alte Familie gefährden würde[86]. War eine solche Gefährdung aufgrund der ökonomischen Situation des Mannes und seiner während der Trennungszeit praktisch erwiesenen Zahlungsbereitschaft nicht ersichtlich, so wurde auch eine 43jährige Frau mit drei minderjährigen Kindern gegen ihren Widerspruch geschieden[87]. Waren die Kinder schon älter, so daß die Mutter teilzeit erwerbstätig sein konnte, oder gar volljährig und selbst erwerbstätig, so daß sie im Bedarfsfalle den Unterhalt der Mutter mit übernehmen konnten, dann wurde geschieden[88]. Den oft vorgetragenen Grundsatz, daß keine neue Eheschließung auf Kosten der alten Familie erfolgen solle, schwächte das Reichsgericht jedoch dann ab, wenn bereits eine neue nichteheliche Lebensgemeinschaft längere Zeit existierte, aus der Kinder hervorgegangen waren. Hier könne es besser sein, die alte Ehe zu lösen, um die neue zu ermöglichen[89]. Die Grenze bildeten Fälle, in denen sich aus Indizien die Instabilität der neuen Beziehung des Mannes und seine Unverantwortlichkeit in Unterhaltssachen ergab. So wurde einem 50jährigen Mann, der aus erster Ehe vier Kinder, aus zweiter ein Kind hatte und der nach sechs Jahren ehelichem Zusammenleben in dieser zweiten Ehe nunmehr seit drei Jahren mit einer weiteren Frau in einer nichtehelichen Lebensgemeinschaft zusammenlebte und zwei weitere Kinder gezeugt hatte, die Scheidung verwehrt. Das Reichsgericht bemerkte dazu, daß es wichtiger, als Kinder zu zeugen, sei, sie zu unterhalten. Eine dritte Ehe wäre eine starke ökonomische Gefährdung der Kinder, weniger wegen der hohen Zahl der jetzt schon zu versorgenden Kinder als der der dann zu versorgenden Ehefrauen[90]. Eine Scheidung wurde weiterhin dann nicht gewährt, wenn die beklagte Ehefrau wegen Kindererziehung nicht in der Lage gewesen war, erwerbstätig zu sein und so ökonomisch selbständig zu werden und eine Scheidung sie der Versorgung im Alter berauben würde[91]. Hatte es die beklagte Ehefrau jedoch versäumt, bei langer Trennung rechtzeitig eine Erwerbstätigkeit zu ergreifen, obwohl das Alter der Kinder ihr das gestattet hätte, so wurde auch bei höherem Alter der Frau geschieden, weil sie sich in diesen Fällen die mißliche ökonomische Lage selbst zuzuschreiben habe[92].

Diese Aufzählung ließe sich fortsetzen. In allen diesen Fällen gibt es natürlich auch Ausführungen über den bevölkerungspolitischen Wert oder Unwert einer neuen Eheschließung. Sie sind aber insgesamt auch getragen von dem – zwar autoritären – Bestreben, die vorhandenen familiären Ressourcen so zu verteilen, daß bereits zu unterhaltende Familienmitglieder ökonomisch möglichst gesichert wurden, bei gleichzeitiger weitreichender Gewährleistung einer neuen Scheidungsfreiheit.

Der Begriff: Individualisierung der Scheidung wurde zwar von nationalsozialistischen Familienrechtsreformern nie benutzt; diese betonten ganz im Gegenteil stets den institutionellen Charakter der Ehe, den übergeordneten Wert staatlicher Interessen an der Ehe gegenüber Individualinteressen; sie versuchten, die Familie für bevölkerungspolitische Interessen zu instrumentalisieren. Das Ergebnis ihrer

Bemühungen war jedoch, daß sie die Individualisierung der Scheidung betrieben hatten, d.h. die einseitige Scheidung wurde akzeptiert. Es zeigt sich hier wie im Preußen des 18. Jh., daß Bevölkerungspolitik mit der ordnungspolitisch motivierten rechtlichen Konstituierung der bürgerlichen Ehe als Zwangsinstitution in Konflikt gerät. So hatte schon Friedrich der Große sein bevölkerungspolitisches Interesse an einer leichteren Scheidung erklärt[93], und so enthielt auch das Preußische Allgemeine Landrecht von 1794 die einverständliche Scheidung und die Scheidung wegen einseitiger unüberwindlicher Abneigung[94]. Dieser Vorgang, die Einführung einer teilweisen Verfügungsmöglichkeit der Ehegatten über ihre Ehe aus obrigkeitsstaatlichen bevölkerungspolitischen Gründen, wiederholte sich unter den Nazis[95].

4.2. Zerrüttungsscheidung nach 1945

Nach dem 2. Weltkrieg änderte sich die Rechtslage nicht wesentlich. § 48 Ehegesetz 1946 entsprach im wesentlichen § 55 Ehegesetz 1938, fügte lediglich als Absatz 3 an, daß dem Scheidungsbegehren nicht stattzugeben sei, wenn das wohlverstandene Interesse eines oder mehrerer minderjähriger Kinder, die aus der Ehe hervorgegangen sind, die Aufrechterhaltung der Ehe erfordere. Damit war der wichtigste vom Reichsgericht für eine Aufrechterhaltung der Ehe berücksichtigte Grund verselbständigt worden. Unabhängig davon, ob der beklagte Ehegatte der Scheidung widersprach oder ob den klagenden Ehegatten eine überwiegende Schuld an der Scheidung traf, konnte das Gericht diesen Grund von Amts wegen berücksichtigen und die Ehe aufrechterhalten. Derartige Fälle finden sich zwar nicht in den veröffentlichten Entscheidungen dieser Zeit, aber auf einer symbolischen Ebene war damit wieder ein Stück individueller Entscheidungsfreiheit zugunsten staatlicher Reglementierung zurückgenommen.

Dieser Prozeß setzte sich auf einer praktischeren Ebene durch eine Umgestaltung der Auslegung der Bedeutung des Widerspruchsrechtes des beklagten Ehegatten fort. Die Umwertung der Werte wurde vom OLG Hamburg[96] 1946 noch unter Geltung des Ehegesetzes 1938 eingeleitet. Sie bediente sich eines beliebten juristischen Tricks, nämlich des Vorwurfs, das Reichsgericht habe anerkannte Regeln juristischer Auslegung außer acht gelassen. Aus der logischen Struktur der Vorschrift ergebe sich, daß die Vorschrift zwar in ihrem Absatz 1 die Regel aufstelle, daß zerrüttete Ehen zu scheiden seien. In Absatz 2 werde jedoch für die Gruppe von Fällen, in denen der klagende Ehegatte die Zerrüttung verschuldet habe, eine Ausnahme gemacht. Daraus wird geschlossen, daß in allen Fällen dieser Gruppe der beklagte Ehegatte nicht nur ein Widerspruchsrecht habe, sondern daß dieser Widerspruch in aller Regel auch beachtlich sei. Es werde für diese Gruppe eine Gegenregel von der Norm aufgestellt. Nach Absatz 2 Satz 2 sei dann der Widerspruch nur in Ausnahmefällen nicht zu beachten, wenn nämlich die Aufrechterhaltung der Ehe sittlich nicht gerechtfertigt ist. Die Mehrheit der Oberlandesgerichte folgte dieser Rechtsprechung[97]. Sie enthält jedoch einen juristischen Fehlschluß. Absatz 2

Satz 1, der das Widerspruchsrecht normiert, sagt nichts aus über die Rechtsfolgen eines eingelegten Widerspruchs. Diese ergeben sich erst aus Satz 2 und sind abhängig von einer wertenden Beurteilung der sittlichen Rechtfertigung der Aufrechterhaltung der Ehe.

Obwohl der Oberste Gerichtshof für die Britische Zone und mit ihm einige Oberlandesgerichte die Offenheit der Rechtsnorm betonten[98], war damit in der Diskussion ein entscheidender Wertakzent gesetzt. Der größte Teil der Obergerichte erklärte, damit die Ehe nach § 48 Ehegesetz 1946 für praktisch unscheidbar. Denn die Fälle, in denen ein Ehegatte aus § 48 auf Scheidung klagte, waren solche, in denen der Klagende auch nach den Kriterien der Rechtsprechung die Zerrüttung verschuldet hatte.

Auf einer inhaltlichen Ebene lief die Rechtfertigung dieser Umwertung einerseits über die Ablehnung der bevölkerungspolitischen Motive des Reichsgerichtes, andererseits über die Betonung des Eigenwerts des formalen Ehebandes. Schon das OLG Hamburg hatte argumentiert, es lasse sich nicht bezweifeln, daß eine zur leeren Form gewordene Ehe das Wesentliche ihres sittlichen Gehalts verloren habe und nicht den gleichen Anspruch auf staatlichen Schutz erheben könne wie eine gesunde Ehe. Daraus ergebe sich aber nicht, daß im Regelfalle die Beseitigung einer zur leeren Form gewordenen Ehe einem sittlichen Gebot entspreche. Auch eine solche Ehe sei nicht notwendig eine jeder sittlichen Berechtigung entbehrende und schädliche Erscheinung. Auch die inhaltslos gewordene Form lege Zeugnis ab von der Stärke der in dem Ehegelübde liegenden Bindung und könne in diesem Sinne noch einen sittlichen Wert besitzen. Werde in einem solchen Falle dem Scheidungsbegehren des Mannes gegenüber der widersprechenden Frau stattgegeben, so siege der Schuldige über den Nichtschuldigen. Das sei in der Tat ein Gesichtspunkt von entscheidender Bedeutung. Der Glaube an die Gerechtigkeit der geltenden Rechtsordnung, die Überzeugung von der Unantastbarkeit der Familie und der Unverbrüchlichkeit des ehelichen Treuegelübdes, das Vertrauen, daß die Gerichte dem ehetreuen Gatten gegenüber leichtfertigen Wünschen des anderen ihren Schutz gewähren würden, das seien sittliche Werte erster Ordnung, die durch die Verneinung der Beachtlichkeit des Widerspruchs gefährdet würden[99].

Die institutionalistische Deutung des Wesens der Ehe, die der Form abgelöst von jeglichem gelebtem Inhalt eine eigenständige Bedeutung um ihrer selbst und nicht um der Folgen einer Scheidung für die Betroffenen willen beimißt, ist Ausdruck typisch obrigkeitsstaatlichen Denkens. Johann Gottlieb Fichte, der Theoretiker des institutionellen Konzepts der bürgerlichen Ehe, hatte den Gedanken, daß die Ehe ihren Wert in sich selbst trage, noch aus dem gelebten intensiven Verhältnis der Ehegatten zueinander abgeleitet. Das Bürgertum hatte dieses Konzept der Ehe gegen die staatliche Befrachtung von Ehe mit bevölkerungspolitischen und die private Befrachtung von Ehe mit ökonomischen Zwecken entwickelt, um sich gegenüber der moralischen Verkommenheit der höfischen Gesellschaft aber auch gegenüber der ökonomischen Instrumentalisierung der Ehe in der Sozialform des ganzen Hauses abzugrenzen. Für Fichte folgte noch daraus, daß in dem Moment, wo die gelebte eheliche Beziehung nicht mehr existiert, der Staat nur die formale Konsequenz zu ziehen habe, nämlich die praktisch vollzogene Scheidung auch zu registrieren[100]. Das Konzept, daß die Ehe ihren Wert in sich selbst trage, wurde von Savigny normativ gewendet und erhielt damit seinen obrigkeitsstaatlichen Charakter. Nicht mehr die gelebte Beziehung ist dann der Wert, der sich selbst legitimiert, sondern das rechtliche Band der Ehe tritt als etwas von ihnen Abgelöstes, als normative Anforderung ihnen gegenüber, der sie sich zu unterwerfen haben, unabhängig davon, ob sie darin noch einen Lebenssinn sehen oder nicht. Daß dies einer Ordnungspolitik entspricht, die auf der strukturellen Identität von autoritärem Staat, Despotie der Fabrik und patriarchalischer Familie beruht, wurde bereits an anderer Stelle gezeigt[101].

Auch die Gerichte, die im dogmatischen Ausgangspunkt die Scheidung noch als gleichwertige Möglichkeit bezeichneten, entwickelten in der Kasuistik eine eher scheidungsfeindliche Tendenz, während die Rechtslehre, die diese scheidungsfeindliche Kasuistik nicht zur Kenntnis nahm, die prinzipielle Offenheit des OGH in der Wertungsfrage unterstützte[102]. Die Ergebnisse sahen jedoch so aus, daß bei Vorhandensein minderjähriger Kinder praktisch nie geschieden wurde[103]. Überlegungen des Reichsgerichtes, daß eine Aufrechterhaltung der Ehe wegen der damit gegebenen Fortdauer ehelichen Streits eine seelische Belastung für die Kinder sein könne, wurden endgültig ad acta gelegt. Das sei zu vernachlässigen, denn etwaige negative Folgen seien durch die dreijährige Heimtrennung bereits eingetreten[104]. Auch in Fällen ohne minderjährige Kinder wird der Widerspruch in der Regel als beachtlich gewertet und nur in seltenen Ausnahmefällen als unbeachtlich[105]. Bei den Abgrenzungsversuchen der Gerichte zeichnet sich schon deutlich eine Linie ab, die der Bundesgerichtshof in den 50er Jahren dann verfolgen sollte. Unbeachtlich sollte demgemäß ein Widerspruch dann sein, wenn der widersprechende Ehegatte aus Beweggründen handelt, die dem Wesen der Ehe fremd sind[106], er also nicht aus einer inneren Bindung an die Ehe handelt. Der zweite anerkannte Grund war das Bestehen einer Fehlehe, bei der von einer höheren sittlichen Warte aus betrachtet eine wirkliche Ehe von Anfang an wegen tiefgreifender Differenzen nicht bestanden habe[107]. Das wurde dann ständige Rechtsprechung des BGH[108] und durch die Änderung des § 48 Abs. 2 durch das Familienrechtsänderungsgesetz vom 11.8. 1961[109] sanktioniert. Über die institutionelle Deutung des formalen Ehebandes hinaus entwickelte der BGH jedoch in einem bemerkenswerten Rechtsschöpfungsakt noch ein eigentumsähnliches Recht des widersprechenden Ehegatten am Fortbestand dieses Ehebandes. „Die Aufrechterhaltung der Ehe, zu der sich die Ehegatten miteinander verbunden haben, und deren Verwirklichung sich auch in ihrem ehelichen Zusammenleben als möglich erwiesen hat, ist deshalb sittlich gerechtfertigt, solange *ein* Ehegatte in echter innerer Bindung an diesen Sinn der Ehe und in der Bereitschaft, ihn zu verwirklichen, die Scheidung ablehnt. Würde man diese Bindung und Bereitschaft und den darauf gegründeten Widerspruch bei einer solchen Sachlage nicht beachten, so würde man damit nicht nur diese Bindung und Bereitschaft als solche, sondern mit ihr die in der Ehe verwurzelte Persönlichkeit des widersprechenden Ehegatten selbst mißachten. Der Ehegatte, der sich dagegen wehrt, verteidigt also mit seiner Ehe die Würde seiner Persönlichkeit selbst. Diese

Würde soll durch die Beachtung seines Widerspruchs, d.h. durch die Aufrechterhaltung der Ehe geschützt werden, und sie kann unter den dargelegten Voraussetzungen ***nur dadurch*** voll geschützt werden."[110]

4.3. Gründe der Restaurationstendenzen

Bisher wurde aus den Tendenzen der veröffentlichten Entscheidungen der oberen Gerichte auf die Relevanz der Scheidung aus objektiven Zerrüttungsgründen geschlossen. Dies ist eigentlich nicht zulässig, weil Scheidungsfälle, die über die 1. Instanz hinaus gedeihen, eine besondere Auswahl strittiger Fälle sind. In diesem Fall ist jedoch ein solches Vorgehen ausnahmsweise gerechtfertigt, weil § 48 Abs. 2 fast nur strittige Fälle betrifft. Die veränderte Relevanz der Scheidung aus objektiven Zerrüttungsgründen ergibt sich jedoch auch aus der Statistik. In der zweiten Hälfte 1938 wurden circa 16 %, 1939 circa 25 % aller Ehescheidungen nach § 55 Ehegesetz 1938 geschieden. 1948 wurden noch ganze 9 % der Scheidungen über § 48 Ehegesetz 1946 geschieden. Diese Quote stieg bis 1951 auf 14 % und fiel seitdem bis zur Bedeutungslosigkeit dieses Tatbestandes in den 60er Jahren ab[111]. Es zeigt sich da eine auffallende Parallelität zu der anfänglich äußerst restriktiven Rechtsprechung der Oberlandesgerichte, der späteren weniger restriktiven Position des OGH und der nachfolgenden praktische Aufhebung des § 48 EheG durch den BGH, ohne daß damit ein Ursache-Wirkungs-Verhältnis behauptet werden soll. Krieg und Gefangenenschaft haben so lange Trennungszeiten produziert, daß auch einverständliche Scheidungen über § 48 abgewickelt wurden, bei denen sonst eine dreijährige Trennung in der Regel nicht abgewartet wurde. Es liefen dann in der Regel Konventionalscheidungen ab, bei denen Kläger- und Beklagtenrolle und der Scheidungsgrund zuvor ausgehandelt worden waren – vielfach ohne Schuldausspruch.

Die restriktive Regelung der Zerrüttungsscheidung nach 1946 kann jedoch als Reaktion der Justiz auf die 1946 einsetzende Scheidungswelle interpretiert werden. Die Scheidungszahlen kletterten bis 1948 auf über das Doppelte der Zahlen von 1939 und fielen nach 1950 kontinuierlich ab, so daß sie Mitte der 50er Jahre unter dem Niveau von 1939 lagen[112]. Diese Zielsetzung wurde auch explizit vertreten. Dahinter steckt die Ansicht, daß die Scheidungsentwicklung durch die Gestaltung des Scheidungsrechts beeinflußbar sei. Generalprävention wird damit vor den individuellen Anspruch auf selbstbestimmte Gestaltung des eigenen Lebens gestellt. Diese Position wurde dann pointiert Anfang der 50er Jahre von F.W. Bosch formuliert. Es sei „besser, daß einmal eine ‚Fehlehe' juristisch bestehen bleibt, statt daß das Institut der Ehe generell Schaden nimmt und die sittliche Überzeugung vom Wesen der Ehe dadurch zerstört wird ..."[113]. Dafür jedoch, daß die Schärfe des Scheidungsrechtes einen Einfluß auf die Scheidungshäufigkeit hat, läßt sich weder ein empirischer noch auch nur ein statistischer Zusammenhang nachweisen[114]. Die Fassung des Scheidungsrechtes hat lediglich Einfluß auf die Prozeßstrategien der Beteiligten.

Daß die Ehegatten das Scheidungsrecht instrumentieren und nicht umgekehrt das Scheidungsrecht die Handlungen der Scheidungswilligen bestimmt, war den Juristen Ende der 40er Jahre wohl bekannt[115]. Insbesondere die Praktiver wußten nicht nur davon, sondern ließen sich auch darauf ein. Die Kammern der Landgerichte, vor denen bis 1977 Scheidungen verhandelt wurden, waren aufgrund der Kriegsvereinfachung bis 1950 nur mit einem Richter besetzt. Der Arbeitsdruck war enorm und Scheidungen bildeten einen wesentlichen Anteil der Fälle[116]. Während sie auf einer symbolischen Ebene in einigen wenigen strittigen Fällen das sittliche Wesen der Ehe für die Beteiligten zu einer unüberwindlichen Mauer aufbaute, entwickelte die Justiz für die große Masse der Ehegatten, die gemeinsam aus der Ehe herauswollten, eine verwaltungsrationale Strategie der Erledigung von Massenverfahren. „Manche Richter ... gingen in ihrem Bestreben nach schneller Erledigung so weit, daß sie nicht selten abends mit mehr Scheidungsurteilen zurückkamen, als am Morgen Sachen zur Verhandlung angestanden hatten. Die Rechtsanwälte brachten zu solchen Terminen neue Scheidungswillige mit und reichten die Klage ein. Die Beklagten verzichteten auf deren Zustellung, auf die Wahrung der Einlassungsfrist und auf die Ladung. Darauf wurde sofort Termin anberaumt und die Ehe geschieden. Der Protokollführer brachte abends die Protokolle und Urteile zum Landgericht, wo nachträglich Akten angelegt und die Aktenzeichen in die Urteile eingesetzt wurden."[117] Daß unter solchen Umständen trotz Amtsermittlungsprinzips keine Tatbestände ermittelt wurden, sondern von den Parteien aufgebaute Fiktionen den Urteilen zugrunde gelegt wurden, ist unmittelbar einsichtig. Was als Beitrag zur Stabilisierung der Institution Ehe und damit zugleich der allgemeinen Sitte und Moral und der gesellschaftlichen Ordnung gedacht war – der Bundesgerichtshof sollte diese symbolische Rettung des Wesens der Ehe später noch perfektionieren – erweist sich im nachhinein als das letzte Aufbäumen vor der phantasievollen scheidungsrechtlichen Selbstbestimmung der Individuen. Mehr oder weniger hatten allerdings die Juristen schon damals den staatlichen Kontrollanspruch resigniert als Illusion bezeichnet: Eheleute, die gemeinsam geschieden werden wollten, könnten vom Staat daran nicht gehindert werden[118].

Die Scheidungen, die 1946–1949 eingereicht wurden, unterschieden sich erheblich von denjenigen, die in der Vorkriegszeit und nach 1955 beantragt wurden, und zwar in bezug darauf, wer den Antrag stellte und wer schuldig gesprochen wurde.[119] Nur in der Nachkriegszeit kamen die Hälfte der Anträge von Männern und nur ein Drittel der Männer wurde allein schuldig gesprochen. Vor allem Ehen, die während des Krieges geschlossen worden waren, und die sich von den Ehen, die vor dem zweiten Weltkrieg eingegangen wurden, dadurch unterschieden, daß sich die Ehepartner nur relativ kurze Zeit kannten, wurden geschieden.[120] Scheidungsanlaß war, daß in der langen Trennungszeit – auch in Ungewißheit über den Verbleib des anderen – neue Bindungen eingegangen wurden, die durch eine erneute Eheschließung legitimiert werden sollten. In anderen Fällen waren die sozial abgestiegenen Männer (z. B. Berufsoffiziere und ehemalige Parteimitglieder) nicht bereit, auf die zum Zeitpunkt der Eheschließung bestehende Rollendefinition der Geschlechter zu verzichten und die neue Situation der selbstbewußt, selbständig gewordenen Ehefrau zu akzeptieren.[121] Hinzu kommt, daß ein Teil der Ehemänner aufgrund der geschlechtsspezifischen Doppelmoral die in der Kriegs- und Nachkriegszeit freizügigere Sexualmoral der Frauen nicht verkraftete.[122] Daher scheint die Vermutung nahezuliegen, daß in der Nachkriegszeit mehr Scheidungen von Männern initiiert wurden, die aufgrund des Frauenüberschusses auf dem Wiederverheiratungsmarkt extrem gute Chancen hatten.

Die Mehrzahl der Scheidungen wurde über § 43 Ehegesetz (Eheverfehlungen) abgewickelt. Ungefähr die Hälfte der Scheidungen war hoch streitig, da Männer und Frauen darum kämpften, daß jeweils der andere Ehepartner schuldig gesprochen würde. Ein Grund hierfür ist unter anderem in der problematischen ökonomischen Situation der geschiedenen Ehefrau zu sehen. Infolge der hohen Arbeitslosigkeit war es nicht ohne weiteres selbstverständlich, daß sie einen Arbeitsplatz fand. Zudem hatten aufgrund der Verteilung der Scheidungsschuld – ein Viertel war allein schuldig und ein Drittel wegen beiderseitigem Verschulden geschieden worden – viele keinen Anspruch auf Ehegattenunterhalt.

Die Mehrzahl der Frauen war zum Zeitpunkt der Scheidung nicht berufstätig und nur ein Fünftel erhielt Ehegattenunterhalt. Zudem war die Zahlungsmoral relativ schlecht.[123]

Diese Situation änderte sich nach 1955. Seit diesem Zeitpunkt wurden zwei Drittel der Anträge von Frauen eingereicht und ungefähr die Hälfte der Männer wurde allein schuldig gesprochen. Insofern scheint die Vermutung nicht abwegig zu sein, daß der eingentumsähnliche institutionelle Schutz der Ehe in der Nachkriegszeit auf die besonderen Schwierigkeiten der Zeit von 1945–1955 zurückzuführen ist – das Ungleichgewicht der Wiederverheiratungschancen von Männern und Frauen und die schwierige Arbeitsmarktlage – und daß auch hier der Rekurs auf die zeitgeschichtlich relevanten Gründe vermieden wurde. Vielmehr wurden die traditionellen konservativen Argumente des 19. Jahrhunderts hervorgeholt, um die, der geschlechtsspezifischen Doppelmoral zufolge, konformen Ehefrauen vermeintlich vor Scheidung zu schützen.

5. *Eheschutz*

5.1. Traditioneller Rechtsbestand

Ganz ähnlich wie man im Bereich der Ehescheidung dem angeblichen Verlust innerer Werte durch das Setzen äußerer Schranken entgegenzutreten suchte, geschah dies auch hier. Es handelt sich um den Versuch, der in den umsichgreifenden ehebrecherischen Verhältnissen sich dokumentierenden Unmoral der Bevölkerung zu begegnen. Das Reichsgericht hatte in ständiger Rechtsprechung zwar das Recht eines Ehegatten auf den ungestörten Fortbestand der ehelichen Lebensgemeinschaft als absolutes Recht anerkannt[124]. Es hatte jedoch ebenso darauf beharrt, daß das sittliche Wesen der Ehe als einer freiwillig eingegangenen Lebensgemeinschaft eine zwangsweise Durchsetzung der durch die Ehe begründeten persönlichen Verpflichtungen nicht vertrage, was auch für jeden mittelbaren Zwang gelte. Die Rechtsbehelfe zur Verteidigung dieses Rechtes seien lediglich die Klage auf Herstellung des ehelichen Lebens nach § 1353 BGB, die gemäß § 888 Abs. 2 ZPO nicht vollstreckbar ist, und das Scheidungsrecht[125]. In dieser Rechtsprechung hat sich noch ein wesentliches Element des frühbürgerlichen Eheideals erhalten, die Freiwilligkeit. In diesem Ideal entsprach der Betonung des sittlichen Wesens der Ehe als einer Intimbeziehung die Ablehnung der zweckrationalen Ehekonzeption der alten Gesellschaft[126]. Äußerer staatlicher Zwang und gelebte eheliche Lebensgemeinschaft waren damit unvereinbar.

5.2. Rechtsentwicklung nach 1945

Nach dem Krieg gab es dann Versuche, Schadensersatzansprüche des verletzten Ehegatten gegen den Ehebruchspartner des anderen Ehegatten zu konstruieren[127]. Dieser Vorstoß fand allerdings in der Rechtsprechung keinen Widerhall. Dort sah es zunächst so aus, als ob die liberale Tradition des Reichsgerichts aufrechterhalten werde[128]. Dann setzte jedoch eine Welle von Entscheidungen ein, die den Ehefrauen das Recht zugestanden, mittels einer Unterlassungsklage ihre Ehemänner zu verpflichten, deren Geliebte aus der ehelichen Wohnung zu entfernen[129]. Der juristische Trick dabei war, daß man von dem inneren Wesen der Ehe umschaltete auf die gesetzlich geregelten ehelichen Außenwirkungen, insbesondere das Recht der Ehefrau, dem ehelichen Hauswesen vorzustehen (§ 1356)[130]. Dieser vom BGH später so bezeichnete räumlich-gegenständliche Bereich der Ehe konnte dann als subjektiver Herrschaftsbereich eigentumsähnlich geschützt werden. Die höchste Verfeinerung dieser Argumentation wird dann vom Bundesgerichtshof erreicht, wenn er das Persönlichkeitsrecht der Ehefrau als sich in diesem räumlich-gegenständlichen Bereich der Ehe verwirklichend ansieht[131].

Diese Strategie zielt auf die Aufrechterhaltung einer äußeren Ordnung unabhängig vom inneren Zustand der ehelichen Beziehung, auf die Wahrung der Form, die Herstellung eines Scheins. Die äußere Form wird zum Inhalt selbst. Es ist dies der Versuch – wie oben beim Scheidungsrecht – angesichts der sich in hohen Scheidungszahlen, hoher Unehelichenquote, hoher Quote von Ein-Eltern-Familien scheinbar abzeichnenden Desintegration und Destabilisierung ein symbolisches rechtliches Korsett zu errichten, in das die ansatzweise als bedrohlich, ja fast schon als anarchisch empfundenen Lebensäußerungen der Bevölkerung gezwängt werden sollten.

6. *Nichteheliche Kinder*

6.1. Rechtszustand in der Weimarer Republik

Nach Art. 121 der Weimarer Verfassung waren den unehelichen Kindern durch die Gesetzgebung die gleichen Bedingungen für ihre leibliche, seelische und gesellschaftliche Entwicklung zu schaffen wie den ehelichen. Es handelte sich hierbei nur um eine Richtlinie, nicht um aktuelles Recht, so daß dadurch keine der entgegenstehenden Vorschriften des Familienrechtes aufgehoben wurde. Es gab auch einen Gesetzentwurf während der Weimarer Zeit, der aber wieder in der Versenkung verschwand[132]. Die Rechtslage der nichtehelichen Kinder nach dem bürgerlichen Familienrecht war so, daß ein uneheliches Kind und dessen Vater als nicht verwandt galten (§ 1589 Abs. 2 BGB). Das hatte zur Folge, daß uneheliche Kinder kein Erbrecht gegenüber ihrem Vater und auch nicht denselben Unterhaltsanspruch wie eheliche Kinder hatten. Maßstab für ihren Unterhaltsanspruch war nicht die Lebensstellung des Vaters, sondern die in der Regel sehr viel niedrigere der Mutter. Unterhalt wurde auch nur bis zur Vollendung des 16. Lebensjahres gezahlt (§ 1708 Abs. 1 BGB). Gegenüber ihrer Mutter hatten sie zwar die Stellung eines ehelichen Kindes. Diese hatte jedoch nicht die volle elterliche Gewalt, sondern die Kinder standen unter Vormundschaft. Die Mutter hatte lediglich das Personensorgerecht (§ 1707 BGB). Alle Reformversuche in der Weimarer Zeit, die zudem lediglich auf die Besserstellung des unehelichen Kindes, nicht die der unehelichen Mutter zielten, scheiterten an dem erbitterten Widerstand der Kirchen und der Zentrumspartei, die sich jeglicher Verbesserung der Lage der unehelichen Kinder aus Angst vor einem Einbruch in die bestehende bürgerliche Familienmoral widersetzten[133]. Es waren dies dieselben Kräfte, die schon im 19. Jahrhundert die Bastardisierung der unehelichen Kinder gegenüber den sehr liberalen Regelungen des Preußischen Allgemeinen Landrechts betrieben hatten[134].

6.2. Reformbestrebungen im 3. Reich

Während des Dritten Reiches nun zeigte sich wieder, daß patriarchalische Ordnungsvorstellungen und Bevölkerungspolitik in Widerspruch gerieten. Unter bevölkerungspolitischen Aspekten war den Nazis natürlich jedes „rassisch hochwertige" Kind willkommen, einerlei ob ehelich oder nichtehelich. Entsprechend gab es heftige Auseinandersetzungen über die zukünftige gesellschaftliche Stellung nichtehelicher Kinder und ihrer Mütter. Es gab insgesamt drei Gesetzentwürfe: des nationalsozialistischen Rechtswahrerbundes von 1934[135], der Akademie für deutsches Recht von 1938[136] und der des Reichsjustizministeriums von 1940[137]. Nach dem Entwurf des Reichsjustizministeriums sollte die Mutter die volle elterliche Gewalt erhalten. Allerdings sollte dem Vater die elterliche Gewalt auf Antrag verliehen werden, wenn er das Kind dauernd in seinen Hausstand aufgenommen hatte und die Verleihung der elterlichen Gewalt dem Wohl des Kindes diente. Das Maß des Unterhaltes sollte sich zwar weiter an den Lebensverhältnissen der Mutter orientieren, doch sollten nach Billigkeitsgesichtspunkten auch die ökonomischen Verhältnisse des Vaters berücksichtigt werden, wenn ihm dadurch nicht die Unterhaltung einer Familie unverhältnismäßig schwer gemacht würde. Außerdem wurde die Unterhaltsverpflichtung bis zum Abschluß einer Berufsausbildung, spätestens bis zur Vollendung des 25. Lebensjahres des Kindes ausgedehnt. Hatte der Vater die elterliche Gewalt übertragen bekommen, so sollte das Kind unterhaltsrechtlich wie ein eheliches behandelt werden. In diesem Falle sollte es auch erbrechtlich den ehelichen Kindern gleichgestellt werden. Verblieb das Kind bei der Mutter, so sollte es die Hälfte des gesetzlichen Erbteils eines ehelichen Kindes erhalten. Von diesem Gesetzentwurf wird angenommen, daß er nur wegen Hitlers Veto nicht Gesetz wurde[138]. Diesem ging der Gesetzentwurf einerseits nicht weit genug, andererseits zu weit: nicht weit genug, weil das im BGB bestehende Ehelichkeitsanfechtungsrecht des Ehemannes während bestehender Ehe nicht aufgehoben wurde; nach Hitlers Ansicht sollte es nur bei Scheidung weiterbestehen; zu weit, weil dem Entwurf zufolge dem Kindesvater die elterliche Gewalt gegen den Willen der Mutter übertragen werden konnte. Diese Stellungnahme war ein Votum zugunsten des ungestörten Bestandes von Ehen und der sozialen Elternschaft, stand aber in auffälligem Kontrast zum Bemühen der Nazis, aus rassepolitischen Gründen Abstammungsverhältnisse klarzulegen. Zum anderen beinhaltet die Stellungnahme eine klare Aufwertung der nichtehelichen Mutter, die ehelichen Eltern gegenüber eine gleichberechtigte Rechtsstellung erhalten sollte.

Außerhalb des Familienrechts gab es noch eine Reihe von Maßnahmen, die die Stellung nichtehelicher Mütter aufwerteten. So wurden Alleinstehende mit Kindern unabhängig davon, ob sie ledig, verwitwet oder geschieden waren, im Einkommensteuerrecht so behandelt wie Verheiratete mit Kindern[139]. Sie erhielten statt ab dem dritten schon ab dem ersten Kind Kinderbeihilfen[140]. Nach einem Erlaß des Reichsjustizministers von 1937 mußten unverheiratete Mütter im amtlichen Verkehr mit „Frau" anstatt „Fräulein" angeredet werden[141]. Behördenintern setzte der Justizminister durch, daß im öffentlichen Dienst die Geburt eines unehelichen Kindes kein Entlassungsgrund mehr sein dürfe[142]. Die bevölkerungspolitische Motivation für diese Aufwertung zeigt sich insbesondere in den späten Plänen Hitlers und Bormanns, den Blutverlust des Krieges durch die Einführung geregelter Konkubinate zu kompensieren[143]. Die relativ freie nichteheliche Mutter, die Resultat des oben beschriebenen Gesetzentwurfs des Reichsjustizministers gewesen wäre, hätte dann der männlicher Gewalt unterworfenen Nebenfrau Platz gemacht.

6.3. Restaurationstendenzen nach 1945

Auf diesem Hintergrund nun wurde nach dem 2. Weltkrieg die Diskussion um die Stellung unehelicher Kinder geführt – weniger in Rechtswissenschaft und Rechtsprechung, hauptsächlich vielmehr im Parlamentarischen Rat. Der Grundsatzausschuß des Parlamentarischen Rates legte eine Fassung des Art. 7a (später Art. 6 GG) vor, die schon von Verfassung wegen zu einer Diskriminierung der nichtehelichen Kinder und der Familien lediger Mütter geführt hätte. Er lautete:

„(1) Die Ehe als die rechtmäßige Form der fortdauernden Lebensgemeinschaft von Mann und Frau und die mit ihr gegebene Familie sowie die aus der Ehe und der Zugehörigkeit zur Familie erwachsenden Rechte und Pflichten stehen unter dem besonderen Schutz der Verfassung.

(3) Uneheliche Kinder haben das gleiche Recht auf Förderung durch die Gemeinschaft wie eheliche Kinder."

Wäre Abs. 1 beschlossen worden, so hätten Familien, die nicht aus Ehen hervorgehen, keinen Anspruch auf verfassungsrechtlichen Schutz erhalten. Abs. 3 blieb deutlich hinter dem Anspruch des Art. 121 Weimarer Verfassung zurück. Letzterer war einhellig so interpretiert worden, daß dadurch auch eine Umgestaltung des Familienrechtes notwendig geworden war. Der hier vorgeschlagene Abs. 3 jedoch bezweckte nur noch die Gleichstellung unehelicher und ehelicher Kinder bei der Verteilung staatlicher Leistungen.

Zur Begründung dieser verfassungsmäßigen Diskriminierung führte die Abgeordnete des Zentrums, Wessel, gegenüber der Forderung der SPD nach Gleichstellung unehelicher und ehelicher Kinder aus: „Wenn wir von diesem Ordnungsbegriff ausgehen, daß Ehe und Familie die Träger des Staates sind, können wir auf der anderen Seite nicht etwas, was diesem Ordnungsbegriff widerspricht – ohne irgendwie ein wertmäßiges Urteil damit zu fällen – in die gleiche Rangordnung stellen. Das uneheliche Kind als solches fällt aus dem Ordnungsbegriff, wie wir ihn im ersten Teil unseres Artikels festlegen, heraus."[144] Von seiten der CDU[145] wurde gerügt, daß eine Gleichstellung ehelicher und unehelicher Kinder einen Verstoß gegen den Gleichheitssatz bedeute. Jene seien nämlich von Natur aus ungleich, und Ungleiches dürfe nach dem gerade beschlossenen Gleichheitssatz nicht gleich behandelt werden. Auch die CDU berief sich auf die christlich-abendländische Kulturordnung als einer natürlichen Ordnung, die eben zwischen unehelichen und ehelichen Kindern differenziere[146]. Demgegenüber insistierte Carlo Schmidt darauf, daß die Familie als Institution, an die sich bestimmte Rechte und Pflichten knüpfen, nichts Natürliches, sondern ein Produkt der Rechtsordnung sei[147]. Die Abgeordnete Nadig von der SPD wies zudem darauf hin, daß infolge des Krieges ein Frauenüberschuß von 7 Mio. existiere, im wesentlichen in der Altersgruppe von 22 bis 45 Jahren. Die Bedeutung der Mutter-Familie werde stark wachsen, und es werde zu einer stark veränderten Form der Lebensgemeinschaft kommen. Diese gesellschaftliche Entwicklung biete Veranlassung, dem unehelichen Kind wirklich die Gleichstellung mit dem ehelichen Kind zu geben[148]. Im Endeffekt konnten die Versuche zu einer weitgehenden Festschreibung der Diskriminierung nichtehelicher Mütter und ihrer Kinder in der Verfassung abgewehrt werden. Art. 6 I GG stellt alle Arten von Familien unter den besonderen Schutz der staatlichen Ordnung. Bezüglich der Rechtsstellung der unehelichen Kinder wurde dann der Status quo der Weimarer Verfassung in Art. 6 Abs. 5 GG zum Verfassungsinhalt. Die im Parlamentarischen Rat vorgetragenen restaurativen Positionen jedoch bestimmten 20 Jahre lang die Gesetzgebung. Ähnlich wie in der Weimarer Republik wurde der Verfassungsauftrag zunächst nicht erfüllt. Solange der Gesetzgeber CDU hieß, gab es keine Reform des Rechts der unehelichen Kinder. Es bedurfte erst der verfassungsgerichtlichen Umgestaltung der Rechtsqualität des Art. 6 Ab. 5 GG von einem Gesetzgebungsauftrag zur unmittelbar derogierend wirkenden Verfassungsnorm, die entgegenstehendes Recht außer Kraft setzt, um selbst noch während der Großen Koalition den bereits eingebrachten Gesetzentwurf beschleunigt Gesetz werden zu lassen.[149]

Auch in der Rechtsprechung gab es starke restaurative Tendenzen zuungusten der unehelichen Kinder. Schon die Rechtsprechung des Reichsgerichts war, wie oben gezeigt, sehr restriktiv. Nur ganz ausnahmsweise wurde die Scheidung nach § 48 EheG zugelassen, wenn minderjährige eheliche Kinder vorhanden waren. Die obergerichtliche Rechtsprechung nach 1946 jedoch hielt die Ehe fast ausnahmslos in solchen Fällen aufrecht. Die Belange unehelicher Kinder auch aus einer stabilen außerehelichen Lebensgemeinschaft fanden Gnade in den Augen der Rechtsprechung nur dann, wenn keine ehelichen Kinder vorhanden waren[150]. Es wurden im wesentlichen drei Argumente benutzt, um den Vorrang der ehelichen vor den unehelichen Kindern zu begründen. Zum einen erhöhe sich mit der Legitimation der unehelichen Kinder deren Unterhaltsanspruch und es entstünden Unterhaltsansprüche des zweiten Ehegatten[151]. Zum zweiten bedürften die Kinder aus erster Ehe des erzieherischen Einflusses des Vaters, der durch die Scheidung vollends fortfiele, weil durch diese das letzte Band zur Mutter zerschnitten werde[152]. Da aber auch jedem Laien unmittelbar einsichtig ist, daß die erzieherischen Einwirkungen eines seit langen Jahren getrenntlebenden Vaters, der zudem mit seinen unehelichen Kindern zusammenlebt, äußerst bescheiden sein dürften, wurde dieses Argument bald fallengelassen. Statt dessen erlangte ein ordnungspolitisches drittes größere Bedeutung. Kinder, die wüßten, daß die Freundin des Vaters der Grund für die Scheidung sei, würden ihrem Vater durch eine Scheidung entfremdet. Vor allem aber, daß die unehelichen Kinder des Vaters durch eine zweite Ehe denselben Namen erhielten wie die ehelichen, würde zu einer untragbaren seelischen und sittlichen Belastung dieser Kinder führen[153].

Damit ist die klassische ordnungspolitische Ebene erreicht, wie sie oben die Abgeordnete Wessel so eindringlich formuliert hatte. Dem OGH zufolge könne es zwar durchaus im Interesse der öffentlichen Ordnung liegen, Konkubinate zu legitimieren, aber nicht auf Kosten der unschuldigen Ehefrau und der ehelichen Kinder. Andernfalls würde es der Ehebrecher in der Hand haben, durch zeugen unehelicher Kinder eine Scheidung aus § 48 zu erzwingen[154]. Und das bayrische oberste Landesgericht meint: „Bei der Frage nach dem wohlverstandenen Interesse der ehelichen Kinder an der Aufrechterhaltung der Ehe haben die Belange der unehelichen Kinder zurückzutreten. Ihr ehebrecherischer Erzeuger hat es zu verantworten, daß ihr ... Anspruch, auch einen Vater zu bekommen, nicht erfüllt werden kann."[155] Das führt dann dazu, daß z. B. auch das Interesse zweier ehelicher Kinder, die ihren Vater gar nicht kennen, weil dieser nie mit ihnen zusammengelebt hat, dem Interesse zweier unehelicher Kinder, mit denen der Vater schon lange zusammenlebt, vorgezogen wird[156]. Dieses ordnungspolitische Argument wird dann später vom BGH verfeinert dahingehend, daß auch dann, wenn der Unterhalt der ehelichen Kinder nicht gefährdet sei, die Ehe dann aufrechterhalten werden müsse, wenn die Tatsache, daß der Vater mit einer anderen Frau außerehelich zusammenlebe und die Scheidung betreibe, das natürliche Empfinden des Kindes für Recht und Ordnung erschüttern könne[157].

Insbesondere dieses ordnungspolitische Argument muß befremden angesichts des schon in der Weimarer Verfassung enthaltenen Auftrags an den Gesetzgeber, die Gleichstellung der unehelichen Kinder zu betreiben. Sowohl für Art. 121 Weimarer Verfassung als auch für Art. 6 Abs. 5 GG war unbestritten, daß sie auch vor Erlaß eines entsprechenden Familienrechtsänderungsgesetzes Rechtswirkungen entfalten. Insbesondere bildeten diese beiden inhaltlich identischen Vorschriften einen verbindlichen Maßstab für die Gerichte bei der Auslegung einschlägiger Rechtsnormen. Der in § 48 Abs. 3 Ehegesetz verwendete unbestimmte Rechtsbegriff „wohlverstandenes Interesse" der ehelichen Kinder hätte Gelegenheit geboten, diesen im Sinne der verfassungsrechtlich getroffenen Wertung über die Gleichstellung unehelicher Kinder auszulegen[158]. Doch es findet sich noch nicht einmal der Versuch einer Auseinandersetzung mit dieser Frage in der Rechtsprechung.

Der Hintergrund der ordnungspolitischen Argumente tritt klarer hervor, wenn man die Situation der nichtehelichen Kinder in der Nachkriegszeit näher betrachtet.

Infolge der ungesicherten Lebensverhältnisse, der hohen Mobilität der aus der Gefangenschaft entlassenen Männer und der mangelnden Transparenz der Familienverhältnisse aufgrund der zahlreichen getrenntlebenden Familien unterblieben in der Nachkriegszeit vielfach Eheschließungen trotz erfolgter Heiratsversprechen.[159] Die Nichtehelichenquote verdoppelte sich im Vergleich zur Vorkriegszeit[160] und sank ab 1950 auf das durchschnittlich übliche Niveau ab.[161] Unter den Vätern nichtehelicher Kinder waren ungefähr zu einem Fünftel verheiratete Männer vertreten, von denen in der Regel ein Drittel sich scheiden ließ, um die Mutter des nichtehelichen Kindes zu heiraten.[162] Diese Zahlen unterscheiden sich nicht wesentlich von denjenigen der Vorkriegszeit. Die Mehrzahl der Väter nichtehelicher Kinder war ledig und legitimierte zu ungefähr 40 % das Kind durch die nachfolgende Eheschließung. Jedoch führte der hohe Frauenüberschuß in den heiratsfähigen Jahrgängen zu einer Rivalität der Frauen untereinander, insbesondere zu einer Abgrenzung der verheirateten Frauen von den alleinstehenden. Aufgrund dieser Situation, der ledigen Frauen ohne Heiratschancen, wurde theoretisch das Recht auf das eigene Kind – auch ohne Mann – diskutiert.[163]

Die ordnungspolitische Besserstellung der ehelichen Kinder basierte möglicherweise auf der Befürchtung, diese Überlegungen könnten umgesetzt werden. Sie führten jedoch leider aufgrund der Verkennung der realen Situation der Mütter nichtehelicher Kinder zu der Konsequenz, daß die Mütter der Kinder, die nicht heirateten oder in ihrer Herkunftsfamilie leben konnten, ihre Kinder abgeben mußten oder sie in ein Heim oder Pflege gaben.[164]

7. *Versuch einer Einschätzung*

Die oben beschriebenen, damals nur teilweise erfolgreichen Restaurationstendenzen im Familienrecht spiegeln den Widerstreit zwischen der Rekonstruktion der autoritär-patriarchalischen Familie als Institution und einem Wandel zugunsten einer stärkeren Individualisierung der ehelichen Beziehungen auf der Basis der Gleichberechtigung. Dieser Widerstreit spielt sich ab a) auf dem Hintergrund des Versuchs der Nationalsozialisten, die Familie für bevölkerungs- und rassepolitische Ziele zu instrumentalisieren, b) im Zusammenhang eines umfassenden Restaurationsprozesses der politischen und ökonomischen Gesellschaftsordnung in Richtung einer Neuauflage der bürgerlich-kapitalistischen Gesellschaftsformation Ende der 40er Jahre und c) unter Betroffenen, die nicht nur die ökonomischen Folgen des Krieges, den Verlust von Eigentum und Arbeitsplatz, sondern auch seine sozialen Folgen, den sozialen Abstieg und die Zerstörung vieler Familien, verarbeiten mußten.

Nicht alle diese Aspekte können hier eingehend erörtert werden. Zu a) mögen die oben gemachten Ausführungen hier genügen. Diese Instrumentalisierung der Familie hatte im Familienrecht einen Doppelcharakter: einerseits die Zwangsmaßnahmen der Sterilisierungen, der rasse- und bevölkerungspolitischen Eheverbote, der verstärkten Bestrafung von Abtreibungen etc., andererseits eine erhöhte Freiheit derjenigen, von deren freier Entscheidung man sich eine Zunahme von Zeugungsakten versprach: die kinderlosen Scheidungswilligen und die nichtehelichen Mütter. Allerdings waren diese neugewonnenen Freiheiten nicht erkämpft worden; hinter ihnen stand kein politisches Subjekt. Sie waren vielmehr die ungeplanten oder in Kauf genommenen Nebenfolgen eines menschenverachtenden Rassismus.

Zu b) sei auf die zahlreichen historischen Analysen dieser Restaurationsperiode verwiesen[165]. Die Abwehr strukturell anomischer gesellschaftlicher Verhältnisse erfolgte auf der ideologischen Ebene der Festigung konservativer Werthaltungen, vermittelt über die autoritärpatriarchalische Familie, der unterstellt wird, sie sichere die Staats- und Wirtschaftsordnung ab. Diese Staatsideologie wurde dann später, in der Diskussion um die „formierte Gesellschaft" an bundesrepublikanische Verhältnisse adaptiert, nachgeliefert[166]. In der Rechtswissenschaft läuft dazu parallel die Wiedererweckung eines vorkritischen Naturrechts[167], zu dessen auf die katholische Soziallehre gestützter Variante sich die Rechtsprechung des BGH auch ausdrücklich bekannte[168].

Zu c) sollen hier jedoch noch einige Ausführungen gemacht werden[169]. Nach dem Krieg waren mindestens ein Viertel aller Familien unvollständig, mehr in den unteren, weniger in den oberen Schichten, denn je höher der Status, desto geringer war die Chance gewesen, eingezogen zu werden und im Krieg zu fallen. Die Scheidungsrate erreichte 1948 ungeahnte Höhen, mehr als das Doppelte von 1939. Sie fiel ab 1950 schnell wieder ab und sackte in den 50er Jahren sogar unter das Niveau von 1939. Es handelte sich dabei nicht um den Ausdruck einer säkularen Entwicklung, sondern um eine Bereinigung der zerstörerischen Folgen des Krieges, quasi eine familiäre Reorganisationsphase. Bei der Nichtehelichenquote ergibt sich ein ähnliches Bild. Sie betrug 1946 fast das Doppelte von 1935 und fiel bis Mitte der 50er Jahre wieder auf dieses Niveau zurück.

Auf den ersten Blick ergeben sich daher äußerst bedrohliche Tendenzen: extrem hohe Scheidungsquote, hohe Zahl von Ein-Eltern-Familien, hohe Zahl unehelicher Geburten und ein relativ großer Frauenüberschuß. Diese Frauen würden entweder keine Ehe (mehr) schließen oder den Ehefrauen Konkurrenz machen und damit die Scheidungsquote nach oben drücken. Kurz: Destabilisierung und Unmoral allerorten, die auch noch überhandzunehmen drohten! So spiegelt es sich im Bewußtsein der Familienjuristen, wie oben gezeigt. Bei ruhiger Betrachtung der Lage ergibt sich jedoch das Bild einer sehr gefestigten Familie entgegen der hohen Scheidungs- und Nichtehelichenrate. Andere Formen des Zusammenlebens hatte niemand im Sinn. Im Gegenteil, es wurden praktisch alle verfügbaren Männer geheiratet, das Eheschließungspotential also ausgeschöpft. Auch die hohe Nichtehelichenquote war eine vorübergehende Erscheinung und ein großer Anteil dieser Kinder wurde durch nachfolgende Eheschließung legitimiert. In wirtschaftlichen Krisenzeiten wurden Heiratspläne eben nur aufgeschoben. Gleichwohl, die äußeren Anzeichen signalisierten Destabilisierung und wurden von Verfechtern einer patriarchalisch strukturierten ehelichen Familie als Grundstein gesellschaftlicher Ordnung gerne aufgegriffen. Aber auch die liberaleren Teile der juristischen Profession, die z. B. Gleichberechtigung bei Aufrechterhaltung geschlechtsspezifischer Rollenverteilung forderten, waren nicht gerade scheidungsfreundlich eingestellt und auch nicht bereit, die Interessen der unehelichen Kinder wahrzunehmen. Die innere Stabilität der Institutionen Ehe und Familie, die gerade auch in dieser Familienumbildungsphase zu sehen ist, war weniger greifbar und zeigte sich erst in den niedrigen Scheidungs- und Nichtehelichenraten sowie der extrem hohen Eheschließungsquote der 50er und 60er Jahre.

Die eigentliche Gefährdung der traditionellen Familienstruktur lag denn auch woanders: in der Veränderung der Autoritätsstruktur der Mittelschichtfamilien durch sozialen Abstieg und die Aufwertung der Bedeutung der Hauswirtschaft für das Überleben. Der Verlust der autoritären Stellung des Vaters war von den unterschiedlichsten Positionen her diagnostiziert worden. Amerikanische Bemühungen um die Demokratisierung der Familie versuchten diesen Trend zu unterstützen, da sie in der autoritären Stellung des deutschen Vaters eine wesentliche Ursache der Anfälligkeit für faschistische Ideen sahen[170]. Die entgegengesetzte Ansicht der Kirchen haben wir oben bereits angeführt. Aber auch die Psychoanalyse hatte Probleme mit dem Autoritätsverlust des Vaters; er führe zur Verwahrlosung der Kinder[171].

Dieser Autoritätsverlust des Vaters war im wesentlichen ein Mittelschichtsphänomen. Denn die Wahrscheinlichkeit der Dominanz des Mannes hängt empirischen Untersuchungen zufolge von seiner Schulbildung und seinem Einkommen ab. Wenn jedoch die höhere Schulbildung nicht zugleich mit einem höheren Einkommen verbunden ist, liegt eine Tendenz zur Gleichrangigkeit der Ehepartner oder eine uneindeutige Dominanzstruktur vor. Mit sinkendem Einkommen steigt der Einfluß der Frau in der Familie[172]. Betroffen von dieser Deklassierung waren vor allem Männer der Mittelschicht. Da mit der Schul- und Hochschulbildung die Parteimitgliedschaftsquote stark anstieg, waren Ende der 40er Jahre vor allem die höheren Beamten wegen der damals noch durchgeführten Entnazifizierung noch nicht wieder in Amt und Würden. Zudem waren von der hohen Arbeitslosigkeit insbesondere Angestellte betroffen. Hingegen traf die Deklassierung bei der großen Gruppe der Flüchtlinge vor allem die Selbständigen und Bauern, Schichten, in denen die autoritäre Position des Mannes stark ausgeprägt war[173]. Gleichzeitig mit dieser ökonomischen Deklassierung des Mannes gewann der traditionelle Arbeitsbereich der Frau, die Hausarbeit aufgrund der Versorgungsschwierigkeiten und der reduzierten

Einkommen an Bedeutung, während ihre Erwerbsbeteiligung äußerst niedrig lag[174]. Damit näherte sich das Familienmuster der Mittelschichtfamilien dem der proletarischen Familie an. Wie bereits der erste Weltkrieg wurde auch der zweite Weltkrieg zu einem Schrittmacher der Gleichberechtigung der Frauen. Bereits während des Krieges waren die Frauen, allein auf sich gestellt, selbständiger und vor allem selbstbewußter geworden. Dies verstärkte sich noch in der Nachkriegszeit.

Von der hauswirtschaftlichen Kompetenz der Frauen, ihrer Fähigkeit, die knappen Lebensmittel einzuteilen und Güter herzustellen, hing im wesentlichen Umfang das Überleben der Familie ab. Hinzu kam die Eigeninitiative der Frauen bei Schwarzmarkt- und Tauschgeschäften und Hamsterfahrten. Gerade die Retraditionalisierung der weiblichen Rolle als Hauswirtschafterin verstärkte den Prozeß der Gleichberechtigung. Aufgrund der Aufwertung der Hausfrauenrolle und der zeit- und kräfteintensiven Arbeit der Hausfrauen wurde die Aufhebung der geschlechtsspezifischen Arbeitsteilung jedoch nicht zum Thema öffentlicher, privater oder familiärer Auseinandersetzungen. Hingegen wurden die geschlechtsspezifisch bedingten Orientierungsmuster von Männern und Frauen nivelliert durch die gemeinsame Verantwortung in Ehe und Familie, insbesondere in bezug auf den sozialen Wiederaufstieg. Typisch war hierfür erstmalig für viele Familien die gemeinsame Planung der Alltagsprobleme. Auch die Erwerbstätigkeit der verheirateten Frauen bestand in der Regel in der traditionalen Aufgabe, als mithelfendes Familienmitglied tätig zu sein, da die Rentabilität der landwirtschaftlichen Betriebe infolge des hohen Wertes der Lebensmittel gestiegen war und ein zusätzlicher Teil der arbeitslosen Männer versuchte, sich als Selbständiger eine Existenz zu schaffen.[175]

Der damit eingeleitete Wertwandel stützte sich also nicht wie in den 60er Jahren auf eine steigende Erwerbsbeteiligung der Frauen, sondern auf die Aufwertung des Haushaltsbereichs bei Aufrechterhaltung der geschlechtsspezifischen Arbeitsteilung. Auch die Begründung für die verfassungsrechtliche Verankerung der Gleichberechtigung der Frauen stützte sich auf die anerkannten Leistungen der Frauen im Krieg und in der Nachkriegszeit[176].

Die Grundlagen dieses sich hier abzeichnenden Modernisierungsprozesses waren jedoch prekär. Die Einkommenssituation der Mittelschichtfamilien verbesserte sich bald, so daß die Voraussetzungen für die alte patriarchalische Familienstruktur wieder erstand. Forderungen nach einem liberaleren Scheidungsrecht und einer verbesserten Stellung der unehelichen Kinder konnten als Ausfluß der nationalsozialistischen Bevölkerungspolitik und als Element der Destabilisierung der Familie als Institution angegriffen werden. Es gab mächtige Interessen (Kirche und CDU), die für eine Wiederherstellung der autoritären patriarchalischen Familie sich einsetzten.

Insofern bestätigte sich die Vermutung von Baumert, die Gleichberechtigung sei Folge des temporären Einkommens- und Statusverlusts der Männer, die nach der Überwindung des sozialen Abstiegs wieder versuchen würden, ihre alte Position zurückzugewinnen.[177]

Gleichwohl haben die oben beschriebenen Restaurationsprozesse langfristig keine nennenswerten Auswirkungen gehabt. Bestrebungen, die Autoritätsstruktur der patriarchalischen Familie wiederherzustellen, wurden z. T. im Gleichberechtigungsgesetz vom Parlament z. T. später vom Bundesverfassungsgericht abgeblockt. Die Gleichstellung der unehelichen Kinder, einer Gruppe ohne jegliche Lobby, die zudem bis Anfang der 70er Jahre ständig abnahm, verfolgte das Bundesverfassungsgericht praktisch im Alleingang und setzte sie nach mehreren Mahnungen – nach 20 Jahren – dann endlich durch[178]. 1977 schließlich tilgte das 1. Eherechtsreformgesetz die Reste der patriarchalischen Familienstruktur aus dem Familienrecht. Und im Scheidungsrecht hatten die Betroffenen – zusammen mit der juristischen Profession – durch die oben beschriebene Konventionalscheidung die einverständliche Scheidung und das Zerrüttungsprinzip schon lange eingeführt, bevor der Gesetzgeber sie auch formal zuließ.

Anmerkungen

1 Vgl. Thilo Ramm, Das nationalsozialistische Familien- und Jugendrecht, Heidelberg 1984; Heinz Holzhauer, Die Scheidungsgründe in der nationalsozialistischen Familienrechtsgesetzgebung, in: NS-Recht in historischer Perspektive, Kolloquien des Instituts für Zeitgeschichte, München, Wien 1981.
2 Gesetz zum Schutze der Erbgesundheit des deutschen Volkes vom 18.10.1935, RGBL I, S. 1246. Die Eheverbote dieses Gesetzes wurden von § 5 Ehegesetz 1938 übernommen.
3 Abschnitt V des Gesetzes zur Verminderung der Arbeitslosigkeit vom 1.6.1933, RGBL I, S. 323.
4 RGBL I, S. 1146; dieses Eheverbot wurde in § 4 Ehegesetz 1938 übernommen.
5 Palandt, 6. Aufl. 1944, Vorb. zu Anh. I zu § 4 Ehegesetz, Anm. 2.
6 Hans Wrobel, Die Anfechtung der Rassenmischehe. Diskriminierung und Entrechtung der Juden in den Jahren 1933 bis 1935, in: Kritische Justiz 1983, S. 349 ff.
7 AVO Blutschutzgesetz vom 14.11.1935, RGBL I, S. 1334.
8 Palandt, 6. Aufl. 1944, Anh. II zu § 4 Ehegesetz, § 6 BlSchG AVO, Anm. 1.
9 RGBL I, S. 1488.
10 Abl KR, S. 77.
11 SJZ 1946, S. 130.
12 SJZ 1947, S. 45.
13 Günter Beitzke, Zum Ehegesetz vom 20.2.1946, in: DRZ 1946, S. 136.
14 Heinrich Dörner, Industrialisierung und Familienrecht, Berlin 1974, S. 104 f.
15 Dörte Winkler, Frauenarbeit versus Frauenideologie, in: Archiv für Sozialgeschichte 1977, S. 107 f.
16 Tim Mason, Zur Lage der Frauen in Deutschland 1930 bis 1940: Wohlfahrt, Arbeit und Familie, in: Gesellschaft, Beiträge zur Marxschen Theorie, Bd. 6, Frankfurt a.M. 1976, S. 118 ff.
17 Protokolle des Hauptausschusses des Parlamentarischen Rates, 17. Sitzung, S. 206, 209.
18 Z. B. Becher (FDP), daselbst, S. 207; Kaufmann (CDU), daselbst, S. 207 f.
19 Von Mangold (CDU), daselbst, S. 207.
20 Kaufmann (CDU) (FN 18).
21 Protokolle ... (FN 17), S. 208.
22 Selbert (SPD), daselbst, S. 207.
23 Protokolle des Hauptausschusses des Parlamentarischen Rates, 42. Sitzung, S. 543.
24 Annette Kuhn, Frauen in der deutschen Nachkriegszeit, Düsseldorf, 1984, S. 323 f.
25 Paul Lüttinger, Die Entwicklung der Erwerbschancen von Vertriebenen und Flüchtlingen, Diplomarbeit, Mannheim WS 1983/84.
26 Werner Abelshauser, Wirtschaft in Deutschland 1945–1948, Stuttgart 1975, S. 113.
27 Christa Jacobsohn, Familienrechte Frauenarbeit, Diss. Berlin 1961, S. 45.
28 Annette Kuhn, Die vergessene Frauenarbeit in der Nachkriegszeit, in: Anna-Elisabeth Freier und Annette Kuhn, Hrsg., Frauen in der Geschichte V, Düsseldorf 1984, S. 170–201.

Angelika Willms, Grundzüge der Frauenarbeit von 1880–1980, in: Walter Müller, Johann Handl, Angelika Willms, Strukturwandel der Frauenarbeit von 1880–1980, Frankfurt 1983, S. 35.
29 Harold Hurwitz, Demokratie und Antikommunismus in Berlin nach 1945, Köln 1983, S. 161.
30 Brigitte Kurreck, Frauen fordern gleiche Rechte, München 1950.
31 Alice Scherrer, Die Frau, Freiburg 1951, S. 265.
Hartmut Titze, Die zyklische Überproduktion von Akademikern im 19. und 20. Jahrhundert, in: Geschichte und Gesellschaft 1984, S. 107.
32 W. Strecker, Vorschläge für eine Reform des Eherechtes, JR 1950, S. 267 ff.; Heinrich Mitteis, Die Anpassung des Familienrechts an das Bonner Grundgesetz, SJZ 1950, S. 242 ff.; Hedwig Maier-Reimer, Die Gleichberechtigung der Frau, DRZ 1950, S. 289 ff.; Ludwig Schnorr von Carolsfeld, Über das Problem der rechtlichen Gleichstellung von Mann und Frau nach der Bonner Bundesverfassung, JR 1950, S. 417 ff.; Walter Stephan, Die Gleichberechtigung der Frau, NJW 1950, S. 664 ff.; Hans Dölle, Die Gleichberechtigung von Mann und Frau im Familienrecht, in: Um Recht und Gerechtigkeit, Festgabe für Erich Kaufmann, Stuttgart und Köln 1950, S. 19 ff.; Günter Beitzke, Die Gleichberechtigung der Geschlechter und das Bonner Grundgesetz, Beihefte zur deutschen Rechtszeitschrift, Bd. 14, Tübingen 1950, S. 37 ff.
33 Verhandlungen des 33. Deutschen Juristentages 1925.
34 Wolfram Müller-Freienfels, Gleichberechtigungsprinzip und eheliches Güterrecht, zit. nach Spiros Semitis, Gisela Zenz, Seminar: Familie und Familienrecht, Bd. 1, Frankfurt 1975, S. 258 ff., 268.
35 Gfrörer, DR 1934, S. 151 ff.; Felgenträger, DR 1935, S. 88 ff.; Bosch, DJ 1935, S. 783 ff.; Steinhaus, ZAkdR 1936, S. 319 ff.
36 LG Freiburg, DRZ 1949, S. 88; ähnlich OLG Koblenz, NJW 1949, S. 185.
37 Vgl. Palandt (FN 8) § 1354.
38 Sibylle Meyer, Eva Schulze, Von Liebe sprach damals keiner, München 1985, S. 77 f.
39 Sibylle Meyer, Eva Schulze, Krieg im Frieden – Veränderungen des Geschlechtsverhältnisses untersucht am Beispiel familiärer Konflikte nach 1945, in: Jutta Dalhoff, Uschi Frey, Ingrid Schöll (Hrsg.), Frauenmacht in der Geschichte, Düsseldorf 1986, S. 184 f.
40 Wolfgang Voegeli, Barbara Willenbacher, Die Ausgestaltung des Gleichberechtigungssatzes im Eherecht, in: ZfRSoz 1984, S. 235 ff.
41 Maier-Reimer (FN 32).
42 Mitteis, Schnorr v. Carolsfeld, Stephan, Beitzke (alle FN 32), F.W. Bosch, Gleichberechtigung im Bereich der elterlichen Gewalt, SJZ 1950, S. 625 ff.; nur bezüglich § 1354 Gustav Boehmer, Die Gleichberechtigung der Frau im Eherecht, MDR 1950, S. 386 ff.
43 Mit 81 : 2 Stimmen, vgl. Verhandlungen des 38. Deutschen Juristentages, München 1951, S. B 99.
44 Schnorr v. Carolsfeld (FN 32), Bosch (FN 42).
45 Bosch (FN 42).
46 BGHZ 11, Anh. S. 65.
47 Daselbst S. 66 f.
48 Stellungnahme der Evangelischen Kirche in Deutschland vom 22.3.1952, in: H.A. Dombois, S.K. Schumann (Hrsg.), Familienrechtsreform, Witten 1955, S. 21; Pius XII., Das Ideal der christlichen Ehe, 2. Aufl. Luzern 1946, S. 188.
49 F. W. Bosch, Familienrechtsreform, Siegburg 1952, S. 59.
50 Stellungnahme der Evangelischen Kirche in Deutschland von 1950, zit. nach Bosch (FN 49), S. 88.
51 Pius XII, (FN 48).
52 Bosch (FN 42), S. 641.
53 Daselbst, S. 642.
54 BVerfGE 10, S. 59 ff.; siehe dazu Voegeli/Willenbacher (FN 40).
55 BVerfGE 3, S. 225.
56 OLG Hamm, NJW 1953, S. 1354, LG Kassel, NJW 1953, S. 989, LG Hamburg, NJW 1953, S. 1106.
57 BGHZ 20, S. 313 f.
58 BVerfGE 10, S. 59 f.
59 Carlo Schmidt, Protokolle des Hauptausschusses des Parlamentarischen Rates, 21. Sitzung, S. 242.

60 Emmi Rebstein-Metzger, Diskussionsbeitrag, Verhandlungen des 38. Deutschen Juristentages, S. B 81 f.
61 Dieselbe und Erna Scheffler, Referat, Verhandlungen des 38. Deutschen Juristentages, S. B 55.
62 Rebstein-Metzger (FN 60).
63 Dölle, Strecker (beide FN 32).
64 So Palandt, Bürgerliches Gesetzbuch, bis 27. Aufl. 1968, § 1356, Anm. 1.
65 Vgl. Palandt, Bürgerliches Gesetzbuch, 28. Aufl. 1969, § 1356, Anm. 1.
66 BGH, NJW 1971, S. 1983; BGHZ 56, S. 389 ff., 393.
67 BVerfGE 39, S. 169 ff., 183.
68 E. Ulmer, Diskussionsbeitrag, Verhandlungen des 38. Deutschen Juristentages, S. B 84 und Leitsatz I 4, S. B 52.
69 Erna Scheffler (FN 61).
70 Palandt, Bürgerliches Gesetzbuch, 6. Aufl. 1944, § 66 Ehegesetz, Anm. 3 b.
71 Von Godin, Ehegesetz, § 58, Anm. 6; ders. Anm. zu Landgericht Berlin JR 1948, S. 162; Michaelis, Ehegesetz, § 58, Anm. 3.
72 Creifels, Die zonalen Sondervorschriften zum Eherecht, JR 1949, S. 35 ff.; F. W. Bosch, Der Unterhaltsanspruch der geschiedenen Ehefrau, DRZ 1947, S. 82 ff.; Palandt, Bürgerliches Gesetzbuch, 9. Aufl. 1951, § 58 Ehegesetz, Anm. 3 b.
73 Palandt (FN 72).
74 LG Berlin (FN 71).
75 Palandt (FN 72).
76 Ernst Wolf, Gerhard Lüke, Herbert Hax, Scheidungen und Scheidungsrecht, Tübingen 1959, S. 470.
77 Daselbst, S. 470 f.
78 Daselbst, S. 73 ff., 79 Anm. 254; Evelyn Kühn, Die Entwicklung und Diskussion des Ehescheidungsrechts in Deutschland, Diss. phil., Hamburg 1974, S. 48 ff.; Ramm (FN 1), S. 29, Anm. 90.
79 Ramm (FN 1).
80 RGZ 160, S. 144; 162, S. 44.
81 RG DR 1940, S. 242.
82 RGZ 159, S. 305; RG DR 1939, S. 639.
83 RGZ 159, S. 111.
84 RGRat a. D. Frantz, Zur Rechtsprechung des Reichsgerichts auf familienrechtlichem Gebiet, NJW 1949, S. 448.
85 So auch Frantz (FN 84).
86 RGZ 162, S. 124; 160, S. 41.
87 RGZ 159, S. 36; im vorliegenden Fall bot ein Professor kraft seiner Persönlichkeit und ökonomischen Situation dem RG die Gewähr, daß er seine Verpflichtung erfüllen werde.
88 RG Warneyer, Rechtsprechung des RG in Zivilsachen, 1940 Nr. 46; RGZ 160, S. 140.
89 RGZ 160, S. 41.
90 RGZ 162, S. 47.
91 RGZ 164, S. 155; 162, S. 20.
92 RGZ 161, S. 398; 160, S. 140.
93 Vgl. die Kabinetts-Ordere Friedrichs des Großen an den Regierungspräsidenten von Tevenar zu Magdeburg vom 26. Mai 1783, zit. nach Gesetz-Revision, Pensum XV, Berlin 1830, S. 369: „Da ich von Euch vernommen, daß es bei der Regierung noch einen Haufen Ehescheidungsprozesse, besonders unter den gemeinen Leuten giebet, so gebe ich Euch deshalb zu erkennen, daß man mit der Trennung der Ehe nicht sogar facil seyn muß, daß davon ein Mißbrauch entsteht, sowie man auf der anderen Seite auch nicht gar zu difficil seyn muß, sonsten hindert das die Population. Denn sobald zwei Eheleute durchaus wider einander so weit aufgebracht und erzürnt sind, daß gar keine Vereinigung wieder zu hoffen stehe, und die Gemüter in einer beständigen Verbitterung gegeneinander verbleiben, so werden sie auch keine Kinder miteinander erzeugen, und das ist der Population zum Nachteil. Dagegen wird ein solches Paar geschieden, und das Weib heiratet einen andern Kerl, so kommen doch noch eher Kinder davon; ...".
94 II 1 §§ 716, 718 a.
95 Zum Verhältnis von individualistischen und institutionellen Ehekonzepten unter ordnungs- und bevölkerungspolitischen Gesichtspunkten vgl. Wolfgang Voegeli, Funktionswandel des Scheidungsrechts, in: KJ 1982, S. 132 ff.

96 SJZ 1946, S. 93.
97 Übersicht bei Edgar Hoffmann, Walter Stephan, Ehegesetz, München 1950, § 48, Anm. 4c.
98 OGHZ 1, S. 19; OLG Freiburg, DRZ 1947, S. 339; KG JR 1949, S. 116; BayObLG SJZ 1949, S. 700.
99 OLG Hamburg (FN 96).
100 Johann Gottlieb Fichte, Grundlage des Naturrechts nach Prinzipien der Wissenschaftslehre, Bd. 2, 1796, S. 203 f.
101 Vgl. Voegeli (FN 95).
102 Hoffmann/Stephan (FN 97); Günter Beitzke, Zu § 48 des Ehegesetzes, DRZ 1948, S. 198; Rudolf Bruhns, Zur Auslegung des § 48 des Ehegesetzes 1946, SJZ 1947, S. 651 ff.; ders., Anmkerung zu OGHZ 1, S. 19 ff., SJZ 1948, S. 708; Hans Dölle, Anmerkung zu OGHZ 1, S. 19 ff., NJW 1947/48, S. 472.
103 BayObLGZ 1, S. 31 ff.; 67 ff.; OGH, DRZ 1949, S. 568; JR 1950, S. 241; JR 1949, S. 346; MDR 1948, S. 471; OLG Stuttgart, SJZ 1946, S. 93; OLG Oldenburg, NJW 1947/48, S. 103.
104 OGH, DRZ 1949, S. 568.
105 Z.B. OLG Freiburg, DRZ 1947, S. 339; diese Bewertung bezieht sich aber nur auf die veröffentlichten Entscheidungen.
106 OLG Hamburg (FN 96).
107 OGHZ 1, S. 16 ff.; OGH, JR 1950, S. 241.
108 BGHZ 18, S. 13 ff.
109 BGBl 1, S. 1221.
110 BGHZ 18, S. 13 ff., 18.
111 Wolf/Lüke/Hax (FN 76), S. 470 f.
112 Daselbst, S. 212 f.
113 F.W. Bosch, Neue Rechtsordnung in Ehe und Familie, Siegburg 1954, S. 54, Anm. 129; vgl. dazu auch Voegeli (FN 95).
114 Wolf/Lüke/Hax (FN 76), S. 225 ff.; vgl. auch Max Rheinstein, Marriage Stability Divorce and the Law 1971.
115 Bruhns (FN 102), S. 651; vgl. auch OLG Freiburg, DRZ 1947, S. 339.
116 Wolf/Lüke/Hax (FN 76), S. 214.
117 Daselbst, Anm. 90.
118 Frantz, FamRZ 1954, S. 192.
119 Barbara Willenbacher, Divorce procedures and strategies, in: XIXth International CFR Seminar on Divorce and Remarriage, Discussant Paper. Leuven 1981, S. 110–124.
120 Ehescheidungen im Bundesgebiet seit 1946, in: Wirtschaft und Statistik 1952, S. 291–293.
Die gerichtlichen Ehelösungen im Jahre 1950, in: Wirtschaft und Statistik 1952, S. 161–163.
121 Sibylle Meyer und Eva Schulze, „Allein war's schwieriger und einfach zugleich", in: Anna-Elisabeth Freier und Annette Kuhn, Hrsg., Frauen in der Geschichte V, Düsseldorf 1984, S. 375.
122 Allensbacher Jahrbuch der Demoskopie, Elisabeth Noelle-Neumann, Hrsg., 1978–1983, München 1984, S. 150.
Hierbei muß allerdings auch die Hungerprostitution berücksichtigt werden, Karl Hein Rothenberger, Die Hungerjahre nach dem zweiten Weltkrieg, Boppard 1980, S. 177, sowie die Vergewaltigungen.
123 Renate Künzel, Die Situation der geschiedenen Frau in der Bundesrepublik Deutschland, Arbeitskreis für Rechtssoziologie, eigene Auswertung der Scheidungen von 1945–1949.
In 40% der Fälle, in denen ein Ehegattenunterhaltsanspruch bestand bzw. zugesprochen worden war, wurde kein oder weniger Unterhalt gezahlt.
124 RGZ 72, S. 130.
125 RGZ 71, S. 75; 151, S. 159.
126 Heidi Rosenbaum, Formen der Familie, Frankfurt a.M. 1982, S. 263 ff.
127 Neumann-Duesberg, Schadensersatzpflicht des Ehebrechers, DRZ 1950, S. 511.
128 OLG Celle, Nds. Rpfl. 1949, S. 60.
129 LG Hannover, Nds. Rpfl. 1949, S. 18; OLG Köln, SJZ 1969, S. 623; KG, JR 1949, S. 51; OLG Schleswig, JR 1951, S. 623.
130 LG Hannover (FN 129).

131 BGHZ 6, S. 360.
132 G. Anschütz, Die Verfassung des Deutschen Reiches vom 11. Aug. 1919, 14. Aufl. 1933, Neudruck Darmstadt 1960, zu Art. 121.
133 Vgl. dazu Jill Stephenson, Women in Nazi Society, London 1975, S. 57 ff.
134 Vgl. Ute Gerhard, Verhältnisse u. Verhinderungen, Frankfurt a. M. 1978, S. 178 ff.
135 Bechert und Cornelius, DR 1934, S. 422, 442.
136 Boehmer, Verhandlungen des 44. Deutschen Juristentages 1962, Bd. 1, S. A 120 ff.
137 Entwurf eines Gesetzes zur Änderung familien- und erbrechtlicher Vorschriften vom 28.6.1940, FamRZ 1984, S. 6 ff.
138 W. Schubert, Der Entwurf eines Nichtehelichengesetzes ..., Fam RZ 1984, S. 1 ff.
139 § 32 Abs. 2 Nr. 1 c Einkommensteuergesetz vom 16.10.1934, RGBl I, S. 1005.
140 Nach dem Runderlaß des Reichsministers der Finanzen vom 10.6.1936, RStBl, S. 717, erhielten alleinstehende Frauen schon ab dem dritten Kind laufende Kinderbeihilfen, während vollständige Familien erst ab dem fünften Kind Kinderbeihilfen erhielten. Als allgemein mit der Kinderbeihilfeverordnung vom 9.12.1940, RGBl I, S. 1571, Kinderbeihilfen schon ab dem dritten Kind gezahlt wurden, erhielten alleinstehende Frauen diese schon ab dem ersten.
141 Reichshaushalts- und Besoldungsblatt 1937, S. 201.
142 Stephenson (FN 133), S. 65.
143 Brief Bormanns an Friedrichs und Kloepfer, veröffentlicht von O. J. Hale, Hitler and the Post-War German Birthrate, in: Journal of Central European Affairs, Bd. 17, S. 166.
144 Protokolle des Hauptausschusses des Parlamentarischen Rates, 21. Sitzung, S. 240.
145 Süsterhenn (CDU), daselbst.
146 Ders., S. 243.
147 Daselbst, S. 242.
148 Daselbst, S. 241.
149 BVerfGE 25, S. 167 ff.; den Zeitpunkt, zu dem Art. 6 Abs. 5 GG zu einer unmittelbar anwendbaren Verfassungsnorm werden sollte, setzte das BVerfG mit dem Ende der 5. Legislaturperiode an.
150 OGHZ 1, S. 16 ff.; OGH, JR 1950, S. 241.
151 OGH, JR 1949, S. 346.
152 Z. B. OLG Oldenburg, NJW 1947/48, S. 103.
153 OGH, MDR 1948, S. 471.
154 OGH, JR 1950, S. 241.
155 BayObLGZ 1, S. 31.
156 BayObLGZ 1, S. 67.
157 BGH LM Nr. 8 zu § 48 Abs. 1 Ehegesetz.
158 Anschütz (FN) zu Art. 121 WV; BVerfGE 9, S. 210.
159 Georg Hoppe, Soziologische Verhältnisse der Mütter unehelicher Kinder in Frankfurt/Main unter besonderer Berücksichtigung ihrer Heiratsaussichten, Diss., Münster 1962, S. 83.
160 Die unehelichen Kinder, in: Wirtschaft und Statistik 1967, S. 391–394.
161 Statistisches Jahrbuch für die Bundesrepublik 1952.
162 Gertrud Wiemeyer, Untersuchung der soziologischen Verhältnisse der Mütter unehelicher Kinder des Landkreises und der Stadt Osnabrück unter besonderer Berücksichtigung der Heiratsaussichten (1945–1954), Diss., Münster 1956, S. 79.
163 Gabriele Strecker, Überleben ist nicht genug, Freiburg 1981, S. 70 f.
164 Helmut Göing, Das gesundheitliche Schicksal des unehelichen Kindes, Diss., Göttingen 1951, S. 17.
165 Vgl. Eberhard Schmidt, Die verhinderte Neuordnung, Frankfurt a. M. 1970; Ute Schmidt, Tilmann Fichtner, Der erzwungene Kapitalismus, Berlin 1971.
166 Rüdiger Altmann, Johannes Gross, Die neue Gesellschaft, Stuttgart 1958; Rüdiger Altmann, Die formierte Gesellschaft, in: Gesellschaftspolitische Kommentare 1966, S. 173; „Altmann und seinesgleichen machen ernst mit der wieder modernen Ansicht, Demokratie bedeute Vertrauen von unten, Verantwortung von oben" – Gerd Schäfer, Leitlinien stabilitätskonformen Verhaltens, in: Schäfer/Nedelmann, Der CDU-Staat, Bd. 2, Frankfurt 1969, S. 425 ff., 446.
167 Franz Wieacker, Privatrechtsgeschichte der Neuzeit, 2. Aufl., Göttingen 1967, S. 599 ff.

168 Hermann Weinkauff (1. Präsident des BGH), Der Naturrechtsgedanke in der Rechtsprechung des BGH, NJW 1960, S. 1689 ff.
169 Vgl. aber auch Helmut Schelsky, Wandlungen der deutschen Familie der Gegenwart, Stuttgart 1955, Gerhard Wurzbacher, Leitbilder des gegenwärtigen deutschen Familienlebens, Stuttgart 1969; Gerhard Baumert, Deutsche Familien nach dem Kriege, Darmstadt 1954; Barbara Willenbacher, Zerrüttung und Bewährung der Nachkriegsfamilie, in: Von Stalingrad zur Währungsreform, erscheint demnächst.
170 Bertram Schaffner, Fatherland, New York 1948.
Die Amerikaner unterstützten daher auch finanziell das Wiesbadener Büro für Frauenfragen in der Gesellschaft zur Gestaltung des öffentlichen Lebens, das durch seine Stellungnahmen zur Gleichberechtigung hervortrat.
Vgl. Gabriele Strecker, (FN 163), S. 70 f.
171 Alexander Mitscherlich, Aktuelles zum Problem der Verwahrlosung, in: Psyche 1947.
172 René König, Family and Authority: The German Father in 1955, in: The British Sociological Review 1957, S. 107–127.
173 Eugen Lupri, Contemporary Authority Patterns in the West German Family, in: Journal of Marriage and the Family 1969, S. 134–169.
174 Angelika Willms. (FN 28).
175 Walter Müller, Der Lebenslauf von Geburtskohorten, in: Martin Kohli, Hrsg., Soziologie des Lebenslaufs, Neuwied 1978, S. 64 f.
176 Voegeli, Willenbacher, (FN 40).
177 Gerhard Baumert, (FN 169), S. 186 f.
178 BVerfG (FN 149).

GPSR Compliance

The European Union's (EU) General Product Safety Regulation (GPSR) is a set of rules that requires consumer products to be safe and our obligations to ensure this.

If you have any concerns about our products, you can contact us on ProductSafety@springernature.com

In case Publisher is established outside the EU, the EU authorized representative is:

Springer Nature Customer Service Center GmbH
Europaplatz 3
69115 Heidelberg, Germany

Batch number: 10809472

Printed by Printforce, the Netherlands